"十二五"国家重点图书出版规划项目

中国社会科学院创新工程学术出版资助项目

总主编：金 碚

经济管理学科前沿研究报告系列丛书

THE FRONTIER
RESEARCH REPORT ON
DISCIPLINE OF
ACCOUNTING AND AUDITION

陈宋生　罗少东　主编

会计（审计）学学科前沿研究报告

经济管理出版社
ECONOMY & MANAGEMENT PUBLISHING HOUSE

《经济管理学科前沿研究报告》
编辑委员会

总主编：金 碚

副总主编：高 闯　徐二明

编辑委员会委员（按姓氏笔划排序）：

于亢亢	王 钦	王伟光	王京安	王国成	王默凡	史 丹	史小红
叶明确	刘 飞	刘文革	刘兴国	刘建丽	孙久文	孙若梅	朱 彤
朱 晶	许月明	何 瑛	吴东梅	宋 华	张世贤	张永军	张延群
李 枫	李小北	李俊峰	李禹桥	杨世伟	杨志勇	杨明辉	杨冠琼
杨春河	杨德林	沈志渔	肖 霞	陈宋生	周小虎	周应恒	周晓明
罗少东	金 准	贺 俊	赵占波	赵顺龙	钟甫宁	唐 镶	夏杰长
徐二明	郭燕青	高 闯	康 鹏	操建华			

序　言

为了落实中国社会科学院哲学社会科学创新工程的实施，加快建设哲学社会科学创新体系，实现中国社会科学院成为马克思主义的坚强阵地、党中央国务院的思想库和智囊团、哲学社会科学的最高殿堂的定位要求，提升中国社会科学院在国际、国内哲学社会科学领域的话语权和影响力，加快中国社会科学院哲学社会科学学科建设，推进哲学社会科学的繁荣发展具有重大意义。

旨在准确把握经济和管理学科前沿发展状况，评估各学科发展近况，及时跟踪国内外学科发展的最新动态，准确把握学科前沿，引领学科发展方向，积极推进学科建设，特组织院内外专家研究撰写《经济管理学科前沿研究报告》。本系列报告的研究和出版得到了国家新闻出版广播电影电视总局的支持和肯定，特将本系列报告丛书列为"十二五"国家重点图书出版项目。

《经济管理学科前沿研究报告》包括经济学和管理学两大学科。经济学包括能源经济学、旅游经济学、服务经济学、农业经济学、国际经济合作、世界经济学、资源与环境经济学、区域经济学、财政学、金融学、产业经济学、国际贸易学、劳动经济学、数量经济学、统计学。管理学包括管理学、创新管理学、战略管理学、技术管理与技术创新、公司治理学、会计（审计）学、财务管理学、市场营销学、人力资源管理学、组织行为学、企业信息管理学、公共政策与政府管理、物流供应链管理、创业与中小企业管理、管理科学与工程。

《经济管理学科前沿研究报告》依托中国社会科学院独特的学术地位和超前的研究优势，撰写出具有一流水准的哲学社会科学前沿报告，致力于体现以下特点：

（1）前沿性。本系列报告要体现国内外学科发展的最新前沿动态，包括各学术领域内的最新理论观点和方法、热点问题及重大理论创新。

（2）系统性。本系列报告将囊括学科发展的所有范畴和领域。一方面，学科覆盖具有全面性，包括不同学科的科研成果、理论发展、科研队伍的建设，以及某学科发展过程中具有的优势和存在的问题。另一方面，就各学科而言，还将涉及该学科下的各个二级学科，既包括学科的传统范畴，也包括新兴领域。

（3）权威性。本系列报告将由各个学科内长期从事理论研究的专家、学者主编，组织本领域内一流的专家、学者进行撰写，无疑将是各学科内的权威学术研究。

（4）资料性。本系列报告不仅系统总结和评价了每年各个学科的发展历程，还提炼了各学科学术发展进程中的重大问题、重大事件及重要学术成果，因此具有工具书式的资料性，为哲学社会科学研究的进一步发展奠定了新的基础。

《经济管理学科前沿研究报告》全面体现了经济、管理学科及其分支学科国内外的发展状况、最新动态、重要理论观点、前沿问题、热点问题等。该系列报告包括经济学和管理学一级学科和二级学科，其中经济学科 15 个，管理学科 15 个。将按年度撰写出版 30 个学科前沿报告，成为系统研究的年度连续出版物。这项工作虽然是学术研究的一项基础工作，但意义十分重大。要想做好这项工作，需要大量的组织、协调、研究工作，更需要专家学者付出大量的时间和艰苦的努力，在此，特向参与本研究的院内外专家、学者和参与出版工作的同仁表示由衷的敬意和感谢。相信在大家的齐心努力下，将会进一步推动中国对经济学和管理学学科建设的研究，同时，也希望本报告的连续出版将推动我国经济和管理学科研究水平有较大提高。

金　碚

2013 年 3 月

前　言

举凡史实性汇萃，当是声望如苍穹之大家所为。吾辈乃无名书匠，斗胆编撰《会计（审计）学学科前沿研究报告》，如履薄冰，如临深渊！

会计与审计学科发展一日千里，研究内容冗长繁杂，在给定时间的硬约束条件下，用最短时间浏览学科前沿与现状，乃是正确方式做最正确的事。因此，中国社会科学院组织出版《管理学学科前沿研究报告》系列丛书，本书作为该丛书系列之一得以编撰出版。

本书主要遵从诸如美国会计学会每年评选优秀论文、评比近五年成果之方式，因为论文至少需要二至三年的学术引用与沉淀，方能看出端倪。

本报告从五个视角延展，第一部分是会计与审计学科 2010 年国内外研究综述，从会计基本理论的发展、会计准则与制度、成本管理和管理会计、财务管理、审计、公司治理、内部控制和风险管理等方面进行阐述，将后续章节内容简单归纳整理。第二部分是会计与审计学科 2010 年中英文期刊论文精选。为了避免歧义与争议，中文论文一般以期刊网上的引用率排序，兼顾中国会计学会每年论文评奖情况。英文论文以 ESI 排名筛选。第三部分是会计与审计学科 2010 年出版的相关精品图书，中文图书以知名出版社结合中国会计学会杨纪婉会计学奖中的获奖论文作为筛选依据；英文图书以美国《会计评论》杂志上的书评作为基础，同时参考 Elsevier 和 Springer 等图书数据库，再根据亚马逊图书网站上的销量择优选定。第四部分是会计与审计学科 2010 年国内与国外大事记，国内大事主要查询中国会计学会、中国审计学会等期刊的网站相关信息，结合我们参加的各种研讨会及咨询相关专家获得的结果；国外大事主要来自美国、英国、加拿大、欧盟等国家和地区的会计学会、机构及国际会计准则理事会、国际会计联合会等组织举办的各种会议。最后一部分是会计与审计学科 2010 年文献索引，中文以 CSSCI 检索期刊为主，英文以 SCI/SSCI 检索的文献为主，结合部分专业会计期刊筛选而成。

与已有的综述性书籍相比，本书具有以下特色：一是本书以国际通行的引用率等客观标准为依据，较好地避免了主观性；二是经典书籍图文并茂，尽可能将原版书的封面呈现给读者，并将英文书籍的摘要等检索信息译成中文，有利于读者查阅；三是将一些经典文献全文收录于本书，以便难以获取全文时，方便直接阅读。

本书由北京理工大学会计系团队负责汇编整理。陈宋生教授设计了整个论文的框架并进行整体协调、统稿、审阅与校对，会计系博士生罗少东对书稿进行整体汇总、编写与校对，会计系硕士生盖希娟、陈海红、杨培培、马婷婷等同学进行了细致的资料整理与搜集，付出了辛勤的汗水。编纂一本专业前沿研究报告是一个复杂的系统工程，编者团队在阅读大量文献的基础上反复研讨确定文献来源以保证内容的代表性和权威性。为使书籍内容的通顺易懂，团队锱铢必较、数次删改，尽量提高本书的可读性与权威性，力图将碎片化的知识系统化与结构化。这一过程不仅是对编者知识储备的检验，也是一次知识的升华，过程中偶有的挣扎与彷徨阻挡不了对学术的虔诚与挚爱。本书编写过程中，经济管理出版社杨世伟副社长多次进行书稿审阅，并给予宝贵的鼓励与肯定，使得本书能够顺利成稿，张艳女士、杨雪女士的精心编辑使得书稿少了诸多瑕疵，还有李玉敏女士的精心校对。此外，北京大学光华管理学院王立彦教授、中国人民大学商学院宋常教授也对本书的编撰给予了诸多的指导与帮助，在此深表感谢！当然，本书的完成，有赖于编者与学者们一次次的心灵交流与对话，没有他们，本书将是无源之水，没有灵魂与骨架，正是他们为我们这个世界创造了这样一批丰富的精神食粮，使得当今社会不会过于物化，为"中国梦"抹上了一层暖融融的春意，感谢他们！

本书适合于会计领域的教师、研究生及感兴趣的读者阅读，希冀带给他们些许启迪与思考。

今后每年将会出版一本会计类汇编书籍，本书作为首部，兼之编者能力所限，书中错误与疏漏在所难免，欢迎批评指正。任何意见与建议都将是弥足珍贵的财富，如蒙不弃，愿意与编者（chenss@bit.edu.cn）分享，幸甚！

陈宋生　罗少东

目　录

第一章 会计与审计学科 2010 年国内外研究综述

2010 年是会计和审计发展历程中很重要的一年，在这一年，会计和审计领域的研究有了很多新的突破，如有关金融危机过后资本市场的研究等。这些研究主要可以从会计基本理论、会计准则与制度、成本与管理会计、财务管理、审计、公司治理、内部控制与风险管理七个方面阐述。与此同时，我国的会计与审计研究也取得了新的发展，研究内容和研究方法更加多元化，通过对国内几大顶尖期刊及学术著作的研读，可以发现我国会计与审计研究富有鲜明的时代气息，审计理论研究与以前相比更加活跃，而且更加注重与国际惯例接轨。

第一节 会计基本理论

会计基本理论是对会计最为基础的理论问题的本质和规律性的认识，是整个会计理论的基础，是研究会计应用理论的出发点和前提。当代世界级的会计大师 A.C.利特尔顿教授在《会计理论结构》一书中向人们提出忠告："会计理论有助于我们更好地理解会计思想和行为；理论可以为评估会计师的思想趋势提供依据；有时，理论还可以作为系统地分析挑战性建设的手段"。如果会计研究缺乏基本理论支持，"将变成一种纯统计方法和彻头彻尾的实用手段。它的原则由于失去概念之间的凝聚力，从而将土崩瓦解并逐渐被遗弃，会计的逻辑性将丧失殆尽，会计很可能变成人们各取所需的工具，以用来支持人们的任何观点"。由此可见会计基本理论在会计研究中的重要性：要保证会计的科学性、逻辑性与持续性，就必须以会计基本理论研究做支撑，所以会计基本理论研究也成为会计研究领域一直存在的研究主题之一。

会计基本理论是对当前存在的一些现状进行的本质上的解释，涉及会计和审计学科最核心的概念和价值观。2010 年，有关基本理论的研究也是颇多，会计（大类）是一个不断发展的学科，也是一个和实务紧密相连的学科，随着经济的发展，旧的问题可能被解决，新的问题又可能产生，基本理论的研究过程就是一个不断向前的过程。2010 年有关会计基本理论的研究表现为学者对会计一些基本原则的关注，关注度比较高的有会计透明度（Elliott W. Brooke, Krische Susan D. 等）、会计稳健性（Nikolaev Valeri V.等）、资产定价（Callen Jeffrey L.，Segal Dan 等）、会计行为（Walker Stephen P.等）、会计职业道德（O'Regan Philip 等）等。

我国将会计理论划分为基本理论与应用理论，其中，会计基本理论包括社会环境、会计定义、会计职能、会计对象、会计基本程序和方法、会计与相邻学科关系、会计发展史等；应用理论包括会计准则、会计制度等会计准则理论和会计法、会计人员职责、会计人员职业道德等会计行为理论。这两种理论都以会计假设、会计要素、会计目标等会计中的基本概念为基础，并做深入研究。

近些年出现的各种会计丑闻，让大家开始怀疑会计从业人员的专业素质，他们是否能高素质地履行职业义务，现状如何，如何进行改善，国内学者一直在进行这方面的研究，尤其是会计从业人员在独立、诚信等方面的作为；多种教育方式（如 MBA、MPACC 等）的出现，使得会计教育成为学术界关注的热点之一，如对 MBA 教育模式、学科教育发展及内容等的探索研究。此外，会计基本理论方面的研究还包括：中国会计学会第七届会计史暨会计史国际学术研讨会综述中对会计史做了相关总结并思考未来研究的方向；对国家审计理论属性的探索；对会计研究范式的分析；还有一些关于公允价值、公司透明度等具体结合会计基本理论的研究。这些基本理论研究为会计及审计领域的应用理论研究奠定了坚实的基础。

第二节　会计准则和制度

会计准则的相关研究也在不断的发展中，尤其是其中有关金融工具的准则是 2010 年最受关注的话题之一。许多国家都采纳了国际财务报告准则，但是美国企业依然在等待美国证券交易委员会（SEC）宣布上市公司可以采用国际财务报告准则来编制财务报表，美国证券交易委员会给许多公司的感觉是过分自信，因此它们对于国际财务报告准则的态度比较冷淡，直到 2010 年年末才允许部分企业采用国际财务报告准则，但是无论如何，不断发展和变化的会计准则对上市公司已经产生了影响，并且可以肯定的是，未来这些影响将远不止会计这一个领域，每个新颁布的准则都有很明显的商业含义以及操作上的含义，也需要大量时间来分析和执行，管理层必须对准则具有敏感性，因为准则对企业的合同、企业战略、人力资源等通常都有直接或者潜在的影响。国际财务报告准则委员会和美国的财务会计准则委员会对金融工具的观点有诸多异议，许多学者就这一问题进行了研究，而对美国证券交易委员会而言，它们也在不断修正自己的时间表让美国的上市公司都来执行国际会计准则，而这也是 G20 领导人所倡议的。企业也非常关注金融工具相关的规定，根据要求，金融工具相关信息需要在表内披露，许多银行和金融机构已经披露这一变化对企业资本状况以及资产负债表的影响。

近几年，公允价值饱受争议，业界很多人认为公允价值计量不能说是危机的根本原因，但是起到了火上浇油的作用，2008年金融危机达到高峰的时候，国际会计准则委员会一度迫于强大的政治压力要求金融企业对部分指定的资产终止公允价值计量。金融危机虽然告一段落，在危机后的几年公允价值计量依然被热议。2010年理论界部分学者回顾了金融危机中会计准则委员会对公允价值相关准则的修正，并研究这些修正行为的经济后果。

国内近些年不断出现的会计丑闻一直吸引着大家的目光，相关领域的学者在不断反思问题的原因，希望从中得到启示，或试图从实证的角度总结经验；此外，财政部也从准则规定的角度积极探索减少甚至避免问题再次发生的方法，同时在许多国家都采用了国际财务报告准则的情况下，我国也在逐步实现与国际财务报告准则的趋同，于是，在多方因素的共同作用下，财政部于2006年2月15日在人民大会堂发布了新的企业会计准则和独立审计准则，其中新会计准则于2007年1月1日起在上市公司中执行，其他企业鼓励执行。对于这套新的准则，财政部副部长王军给予极高的评价，称之为"与中国国情相适应同时又充分与国际财务报告准则趋同的、涵盖各类企业各项经济业务、能够独立实施的会计准则体系"。自此之后，对新会计准则中相关规定的研究不断涌现，成为学术界的新热点。

会计丑闻的出现让利益相关者开始怀疑企业公布信息的真实性、可靠性，新准则的颁布能否改善这一状况？国内学者对此展开了进一步的验证分析，如：企业会计准则实施的经济效果——基于上市公司2009年度财务报告的分析；新会计准则下利润信息的合理使用；新会计准则、会计信息质量与股价同步性；基于新会计准则的会计信息价值相关性分析；等等。此外，2007年12月美国爆发了次贷危机，也引起了会计学术界关于会计核算、会计计量、公允价值等内容的不断讨论研究；同时，据不完全统计，在新会计准则体系中，颁布的38个具体准则中至少有17个不同程度地运用了公允价值计量属性，主要有投资性房地产的公允价值计量、金融工具的公允价值计量、非货币性资产交换、债务重组和非共同控制下的企业合并等交易或事项，这些事项会在很大程度上影响企业的报表信息。鉴于此，很多学者对公允价值的本质、改革历程、可靠性及其对相关方的影响做了深入研究，如：企业会计准则公允价值应用研究；试论公允价值的本质及其计量的可靠性；公允价值的决策有用性：从经济分析视角的思考；公允价值计量与管理层薪酬契约；等等。还有少量宏观政策方面的研究，如增值税转型、股权分置改革、政府管制等。

从长远的眼光来看，2010年准则制定者对会计准则变化的争论依然在进行。

第三节　成本和管理会计

管理会计的研究对象是管理者所需的企业内部的财务信息，管理会计为决策者提供必要的信息。2010年是具有转折性意义的一年，在经历全球金融危机之后，一些企业逐渐复苏，学者对这一现象十分关注。随着企业社会责任意识的增强，越来越多的企业对外披露它们对环境、社会、经济所做的贡献。但是伴随着环境信息和企业社会责任信息披露压力的增加，传统的信息披露方式已经无法满足公众和其他利益相关者的需要，因此，一些走在改革前沿的企业选择了新的交流方式，在这种交流方式中，企业将可持续发展计量方式融入到战略绩效计量系统中，常见的战略绩效计量系统如平衡计分卡，这种计量方式也体现了企业的发展要与时俱进。尽管将非财务指标纳入战略绩效计量系统由来已久，但是将可持续发展计量方式放入该系统却刚刚兴起，而对于将可持续发展计量方式融入到战略绩效计量系统是否有助于促进企业管理者执行战略一直停留在理论层面的分析，2010 年，部分学者通过实证方法对这一现象进行了检验。在成本计量方面，由于企业管理上的需要，很多企业推广作业成本法、零库存管理、目标成本法等，学者以前曾预测原有的成本核算方法已不再适应市场竞争环境，需要更具竞争性的核算方法来取代它。2010 年最新的研究发现，目前世界上主流的成本核算方法依然是标准成本法，虽然标准成本法并不强调成本控制，但是该方法和质量管理联系在了一起。

我们知道，管理会计是面向企业内部的，一些大型企业，尤其是跨国公司，为了达到降低税务负担的目的，往往通过转移定价这种手段，但是这些情况没有瞒过我们的专家，政府对转移定价的法律规范也日趋严谨，因此企业和政府之间存在一种博弈。在国际金融危机后的这两年，转移定价现象越来越普遍，管理会计理论和实践脱节，理论的发展要满足实践的需要并在实践中发展，一些新的管理会计理论应运而生。

在所有的研究中，跨学科的交叉研究也越来越多，2010 年学术界将组织行为学和管理会计学结合在一起，研究企业领导的行为对公司管理会计体系的影响，亮点在于学者对管理者和企业的影响描绘了一张真实的图片，从而方便外界对号入座。

目前，西方发达国家管理会计应用广泛，不仅在工商企业中得到广泛应用，而且在银行业和服务业中得到推广且成效显著。与之相比，管理会计在我国企业中的应用极为有限，大量的技术方法并没有在实践中真正得到应用。据调查表明，我国管理会计主要应用于成本会计系统、短期决策、资本预算、标准成本核算以及管理控制五个领域。目前为止，国内对管理会计的研究还处于初级探索阶段，如中国企业管理会计研究框架；管理会计研究方法体系框架的构建与应用——基于国内外现有研究成果的初步分析；金融危机与中国管理会计；等等。

第四节　财务管理

相对于会计而言，财务管理涉及更多的是资本市场。2010 年学术界的研究热点是发展中国家，而这又以研究中国资本市场为甚。在这一年中，有学者研究了发展中国家资本结构的决定因素，而且还对上市公司、大公司和小公司的资本结构决定因素进行对比，根据资本结构理论，公司规模对资本结构的影响十分明显，学者的研究结果也表明，发展中国家的上市公司和大的公司更容易融资，对小型企业和民营企业来说，融资成功与否取决于经济环境。

随着中国经济影响力的增加，中国资本市场也备受关注。2010 年许多主流学者研究了中国股票市场改革的经济后果，中国股票市场改革集中在 2005~2006 年，大量非流通股解禁，而这一改革也对股价产生了广泛的影响，学者们研究发现，那些基础薄弱但是善于抓住股票控制权对利润影响的公司是主要的改革获利者。有关中国资本市场的研究还有很多，比较典型的是关于中国上市公司的过度投资问题，实际上这些过度投资问题原因很复杂，有的属于决策问题，有的属于经营者和所有者之间博弈的结果。

证券市场是一个开放的市场，2010 年的财务管理领域研究前沿中也存在着一些有趣的研究。学者发现一个现象，当企业存在财务报告重述的时候，股价一般与之同步变化。财务报告重述反映了公司的财务信息存在一定的问题，股票价格变化到底体现的是一种信息还是一项噪音不得而知。学者的研究表明，这种价格变化往往未必是财务报告重述本身所引起的。

财务管理与风险紧密相关，财务管理的目标是合理安排企业的资金以最小的风险获得最大的收益，这些年来有关风险的研究未曾停过，2010 年财务管理领域兴起一股研究风险资本的浪潮。一些学者对风险资本投资者选择投资对象的影响因素加以研究，数据来自美国，结果发现这些风投更喜欢那些独资企业，对于一些有政府背景、企业投资设立的初创企业并未表现出太多的热情。

2010 年，在经历过金融危机后，企业对资金的需求大大增加，资金不足是许多企业面临的问题，在这样的背景下，有关企业通过 IPO 上市融资的案例十分丰富，存在很多现象值得研究。有学者对 IPO 动机进行研究，这些动机主要还是从企业利益出发，获得良好的市场反馈以及收获 IPO 后的回报。许多国家的证券监管部门都对 IPO 的信息披露做了特殊规定，但是 IPO 企业在披露这些信息时经常采用一些模棱两可的表达方式，投资者对这些信息的判断直接影响了他们对股票的反应，而"软信息"对后期回报的影响更大。

随着社会和经济的发展，不论是在营利性的企业组织，还是在非营利性的政府机构或事业单位，财务管理的重要性都日益凸显。同时，财务管理环境的日新月异与财务管理实践的快速发展直接促进了财务管理理论的蓬勃发展，这在我国自改革开放至今的 30 多年里表现得尤为明显。在此期间，中国的生产力水平实现了跨越式发展，国家整体经济状况明显改善，政府的经济调控观念发生重大转变，以上因素的交互作用进一步改变了财务管理环境，我国财务管理研究也正是以此为契机而逐步深化发展，并一直是会计领域研究的热点。

2007 年开始的全球金融危机一直延续至今，其间国内通货膨胀严重，这就为通货膨胀财务管理研究创造了很好的条件。价格不断上涨，严重影响到公司的财务活动；大规模的持续通货膨胀导致资金占用迅速上升，筹资成本随利率上涨，有价证券贬值，企业融资更加困难，公司利润虚增，资金流失严重。严重的通货膨胀给财务管理带来了一系列前所未有的问题，财务管理的任务是尽可能地减弱这些问题的影响，做好营运资本的管理，确保企业资产的流动性，做出正确的投资决策，以实现企业价值的增加。相应的，学术界的研究内容主要包括资产流动性、营运资金管理、企业投资行为等，而且这些内容通常与企业绩效、企业价值相结合。

经济全球化促使世界各国经济交往日益密切，公司不断朝着国际化和集团化的方向发展，国际贸易和跨国经营空前活跃，在新的经济形势下，财务管理理论的注意力转向国际财务管理领域。其中，企业海外并购或跨境并购成为研究的热点。国际金融危机使众多国外公司面临残酷的选择，宏观经济形势对中国的企业，尤其是对大企业来说，创造了产业重组、资本运作、海外并购的战略机遇。但中国企业海外并购的时间短、速度快，海外并购也有政治、法律、市场、财务、技术、管理等诸多方面的巨大风险。跨国并购的过程中能否实现预期目的，企业能否在并购过程中识别、度量、防范并购风险，建立一个能为并购达到预期效果的保障体系，不仅具有理论意义，而且具有现实意义。该领域的研究内容包括企业海外并购的目标、战略、管理能力、运营能力、财务承受力的评估等。

从理论上讲，企业融资有资本市场直接融资、获得风险投资基金、私募、商业信用及向银行贷款等五种方式。银行贷款尽管是中小企业融资的重要渠道，但由于中小企业与大型企业处在同一金融体系下，银行出于利润最大化的目的，一直把风险小、利润大的大型企业作为服务的重点，而忽视中小企业信贷业务的开展，所以实际上中小企业获得银行贷款的难度相当大。尤其是在金融海啸席卷全球的 2008 年，一大批沿海地区的制造业企业相继倒闭，大量员工被裁，媒体称这次大量的企业倒闭为中小企业倒闭潮，2010 年情况虽有所缓和，但仍不容乐观。这种现象的出现，除了企业生存环境恶化等因素以外，中小企业固有的融资难题成为重要原因之一。很多国内学者对债务研究做了详细研究，其中涉及债务融资模式、融资约束、债务融资与政治关系及其对公司绩效的影响等各方面；还有对民营企业或中小型企业贷款歧视，国有公司信贷优惠等的具体研究，以期分析现状，寻找解决方法。

第五节　审计

2010 年对审计领域而言，依然是一个审计准则不断推陈出新的年份，为了帮助审计实务更加适应变化的环境，美国注册会计师协会发布了多个审计指引，这些指引包括分析程序、审计抽样等，还有两个全新的有关质量控制的准则分别为第 7 号——会计师事务所的质量控制系统以及第 115 号——审计中发现的问题与内部控制的交流。这两项准则对之前审计实务的影响较大。

审计和会计是两个紧密相连的领域（这里的会计是狭义的概念），从理论的角度上说，会计是企业经营运作，或者说是经济活动信息的反映和输出，而审计却是对这些信息进行审查，以验证和核实这些信息的真实性。审计委员会也会在会计准则发展的同时亦步亦趋，在"会计准则和监管"中我们提到证券交易委员会对企业会计准则的选择，而这也是审计领域所关注的，2010年审计委员会更加关注企业是如何应对会计准则的变化，并做出什么反应，从而采取相应的应对措施。"道高一尺，魔高一丈"，企业和监管机构之间的博弈从未停息。

2010年是美国上市公司会计监督委员会（PCAOB）成立的第七个年头，该委员会在2002年经过《萨班斯法案》(SOX) 授权后已经累计花费超过7.5亿美元用来维持对上市公司的监管。美国上市公司会计监督委员会产生于2002年颁布的《萨班斯法案》，学者对这七年来该委员会发挥的作用进行了总结和研究，并提出了当前复杂经济环境下所面临的挑战。在学术方面，学者研究了美国上市公司会计监督委员会对会计研究领域的影响和互动。

2010年国际上审计领域还有一个热点需要特别提出。内部审计师研究所（IIA）和国际审计准则委员会（IASB）共同对内部审计职业实务的国际准则进行了一次深入的回顾。内部审计师研究所（IIA）提议改变部分内部审计准则并推荐了新的准则，然后提供了一个为期90天的征求意见稿（2010年2月15日至2010年5月14日），以便感兴趣的团体检查和建议，美国会计协会（AAA）下属的审计委员会对该征求意见稿提出了肯定的同时也发表了一些建议。

提及审计，不可避免会提到审计师，审计师作为一个独立第三方应当公正、公平，因此审计师的职业道德也是2010年审计研究领域关注的重点。美国的审计准则委员会在2010年对审计人员职业道德规范提出新的要求，例如《向第三方分配客户信息》等准则都备受关注。

受审计署委托，中国审计学会于2010年2~4月组织进行了审计署2010~2011年度重点科研课题面向社会公开招标和立项评审工作。招标的五个课题研究方向是：政府审计如何维护国家经济安全、政府审计在应对公共危机中如何发挥作用、信息化与政府审计、经济责任审计和资源环境审计。

2008年爆发的国际金融危机对我国经济社会发展产生了严重影响，为了总结国家审计在应对金融危机中发挥的作用和取得的经验，探讨国家审计应对金融危机发挥作用的机制和方法，同时研究其他一些国家的审计机关为应对金融危机所采取的主要措施及其对我国审计工作的借鉴意义，中国审计学会2010年4月在厦门市召开"国家审计在应对金融危机中的作用"专题研讨会，60余位来自全国各级审计机关、审计学会和科研院所以及部分大专院校的领导、专家学者参加了会议。

为深入贯彻落实党的十七大和十七届四中全会精神，推动深化财政审计工作，2010年6月中旬，中国审计学会在北京召开了深化财政审计工作专题研讨会，对于财政审计工作面临的形势和要求、财政审计工作的经验和存在的问题、进一步深化财政审计工作的目标和方式方法，以及深化财政审计工作应采取的措施等，进行了深入的研讨。中国审计学会会长翟熙贵还指出，财政审计是国家审计的永恒主题。

2010年7月3日，为加强审计基础理论和应用理论的研究，《审计研究》编辑部和北京大学光华管理学院在北京大学联合召开了"审计基本问题研究"学术研讨会，会议围绕政府审计、民间审计和内部审计的一些基本问题展开了讨论。

为了总结交流外资项目绩效审计工作经验，2010 年进一步推动外资项目绩效审计工作深入发展，中国审计学会和审计署外资运用审计司于 10 月中旬在西安联合举办了外资项目绩效审计专题研讨会。审计署孙宝厚总审计师在讲话中根据外资项目绩效审计的特点，提出外资项目绩效审计要主辅结合，坚持"三主三辅"，即以财务审计为主，以专项绩效审计为辅；以历年的持续审计为主，以中后期集中绩效审计为辅；以微观绩效审计为主，以行业、类别或全部项目绩效审计为辅。研讨会上，与会人员对全国外资项目绩效审计开展情况及相关经验进行了总结，就外资项目绩效审计的理论和实务问题进行了深入研讨，在如何进一步推进外资项目绩效审计上达成了共识。

审计学会的会议内容很好地为国内学术研究指引了方向。结合会议主题，2010 年审计研究前沿问题主要包括以下几个方面：①企业内部审计研究，亚洲内部审计师协会联合会主席陈华认为，内部审计产生于经济危机中，每次经济危机都给内部审计带来机遇和挑战，2008 年延续至今的全球金融危机给内部审计研究创新提供了新的契机；②政府审计，近些年不断进行的审计风暴曝光了很多政府方面存在的问题，政府审计的目的是让政府更好地接受老百姓的监督，同时政府审计作为重要媒介，也成为众人关注的焦点，具体包括财政审计、政府及公共部门绩效审计、党政领导干部经济责任审计等；③传统审计研究，如审计师变更、审计收费和审计质量等。

第六节　公司治理

公司治理是和实务最紧密相关的领域之一，公司治理领域也和其他领域结合颇多。大约十年前，"公司治理"一词很少听闻，如今它就像气候变化和低碳生活一样，成为一种日常的商业语言。2010 年 SSRN 网站中有关"公司治理"（Corporate Governance）的文献超过 1000 篇（SSRN 网站自 2009 年开始开辟了"公司治理网络"板块，简称 CGN）。

2010 年，在金融危机后的两年，理论界和实务界回过头来将金融危机前后的公司治理状况进行比较，但是站的角度不尽相同，有的从风险管理的角度，有的从融资的角度等。这一年中，理论界通过对大量金融危机中受影响的企业进行研究，探索公司治理的形式对企业的绩效有何影响以及影响程度，在此基础上为目前的公司如何度过后金融危机时代提供一定的建议。

公司治理是一项复杂的活动，是一个自上而下、从内到外的过程。2010 年有关公司治理的研究主要集中在七个层面：股东和股东维权主义（Shareholders and Shareholder Activism）、公司董事（Corporate Directors）、高管和他们的薪酬（Executives and Their Compensation）、拥有控制性股东的公司（Companies with Controlling Shareholders）、跨国公司的公司治理对比（Cross-country Comparisons）、跨境投资（Cross-border Investments）、

公司治理的政治经济学（Political Economy of Corporate Governance）。

公司治理的内容包括组织结构、资本结构、董事会、经理层、职工补偿和公司股权结构、公司贷款、股东参与程度、审计情况以及公司的信息披露政策。"公司治理是一门艺术"，不同类型的企业其公司治理模式区别很大，不同国家的企业在公司治理上也各有千秋，一些学者对一些典型的企业进行了对比，探究影响公司治理的影响因素。

2010年有关盈余管理的研究也达到了前所未有的高峰。众多学者从很多方面对盈余管理问题进行研究，包括盈余管理的动机、IPO与盈余管理的关系、盈余管理的计量等。当然，盈余管理问题也非公司治理独有，在许多其他领域也有关于盈余管理的研究，只是从盈余管理定义出发，在这里我们将其纳入公司治理领域加以总结。

中国社会科学院公司治理研究中心通过对中国上市公司2010年治理状况的系统评估，及时追踪上市公司的治理动向，全面客观地揭示了公司治理存在的主要问题和风险；并在不断完善的基础上，为企业提供一套自我检测的公司治理分析工具，同时为政府相关政策的制定提供决策依据。报告指出，2009年，在积极的财政政策和适度宽松的货币政策的刺激下，中国经济开始企稳，上市公司业绩普遍回升。在经济复苏的背景下，上市公司治理出现了一些新特点。主要表现在，公司治理整体水平呈现稳步上升态势，有相当一部分公司把改善治理水平当做企业发展的必要手段，从而进入了持续自我改进的轨道；上市公司积极探索适合自己发展需要的特色公司治理实践；金融企业的公司治理在各行业中仍处于遥遥领先的地位；上市公司董事会的独立性有了进一步提高；为了吸取金融危机的教训，董事会和管理层加强了公司风险的监督和管理。随着上市公司决策层对企业风险控制认识的逐步深化，引入风险管理机制将成为上市公司下一步工作的重点领域。

目前，公司控制权市场已呈现形式多样和创新不断的新趋势。以控制权市场为核心的公司外部治理机制的加强，将为提升上市公司治理水平提供新的渠道。由于历史和制度的原因，我国控制权市场的公司控制权交易尚带有较强的行政色彩，国有上市公司股权高度集中，控制权转移的形式主要是协议转让或行政划拨。而股权分置改革为我国公司控制权市场的壮大提供了发展空间。近年来，上市公司控制权市场已经建立起一整套法律法规体系，对控制权市场的规范发展起到了重要的作用。值得注意的是，控制权市场对公司治理的约束力不断提升，其积极影响主要体现为两个方面：一是管理惩戒功能，二是股东的治理功能。控制权市场的市场治理效力的发挥主要是通过股权转让过程中股东控制格局的调整来实现的，这一点在一些企业并购案例中得到了充分的体现。

与公司控制权市场的迅速发展相关的问题是控股股东的规范和约束问题。国有控股上市公司与控股股东的关系是有中国特色的公司治理问题。如何通过公司治理机制，优化控股股东与上市公司的关系，形成相互制衡的现代企业产权主体，仍然是国有控股公司面临的主要挑战。

股权分置改革后，国有股东所处的市场环境和股东权利行使所依据的法规制度发生了重大转变。为了规范上市公司国有股东行为，以杜绝信息披露不规范、内幕交易、操纵市场等问题，国务院国有资产监督管理委员会（以下简称"国资委"）于2009年7月3日出台了三份文件，即《关于规范上市公司国有股东行为的若干意见》、《关于规范国有股东与上市公司进行资产重组有关事项的通知》和《关于规范上市公司国有股东发行可交换公司债券及国有控股上市公司发行证券有关事项的通知》。上述文件对国有股东如何依法履行股东职责，保证信息披露的及时、公平、准确、完整，维护好各类投资者合法权益等提出了全方位、原则性的要求。可见，国资委已经把规范国有股东行为提上议事日程。

2010年公司治理研究主要包括以下几个方面：一是公司治理基本问题。主要是围绕公司治理的基本定义，结合理论与实践，对相关方面做深入研究，包括公司治理理论、结构、环境、行为、绩效、评价等具体方面的分析。二是管理层激励。企业所有者与管理层之间的代理问题是学术界与实务界一直关注的问题，为了改善所有者与管理层之间的利益冲突关系，出现了各种各样的解决方法，其中实务界采用最多、理论界最为关注的就是管理层激励，包括薪酬激励、股权激励以及管理层变更等。三是信息披露问题。公司治理问题起源于现代公司制企业所有权与经营权分离导致的代理冲突，信息披露作为一种缓解代理冲突的手段，在公司治理制度框架中占有举足轻重的地位。主要涉及公司治理结构、独立董事特征、资源性信息披露、社会责任信息披露等方面。四是股权结构。在实践中，由于法律规定股东是企业唯一合法的所有者，公司治理结构和治理效率在很大程度上是由股权结构决定的。主要包括股权集中度、大股东控制、终极控制人和家族企业治理等。五是高管个人特征研究。公司高级管理人员作为最终决策的执行者，其行为会直接影响决策的执行效果，所以很多学者对企业高管的政治背景、过度自信、自利行为做了进一步研究。

当然，以上研究内容都不是孤立的，大多数与公司治理的最终目的和效果相结合，如与企业绩效、企业价值、信息披露、盈余管理等进行综合研究。

第七节　内部控制和风险管理

自2002年《萨班斯法案》(SOX)颁布以来，内部控制的影响力越来越大，《萨班斯法案》404条款要求所有上市公司都应当建立内部控制制度，企业管理层应当为此负责，企业有责任识别、确认与经营活动相关的风险并加以管理，而企业管理层最终的责任还是落实到内部控制和风险管理之中。经历过2008年金融危机后，2010年有关内部控制的研究如火如荼。

进入21世纪以来，伴随我国具有中国特色的社会主义市场经济的发展和推进，不少企业因控制不严、管理不善而导致倒闭或陷入困境，从"郑百文"、"中航油"到"三鹿奶粉"等事件。国外此间从"世通"舞弊案、"巴林银行"倒闭案，到"雷曼兄弟"破产引起的次贷和金融危机，进而蔓延到全球的经济危机等事件，促使我国理论界和政府管理部门高度重视内部控制制度建设问题，也极大激发了学术界对内控问题的研究兴趣。实务界也对此做出一系列反应，2008年财政部等五部委联合颁布《企业内部控制基本规范》，从 2009 年起，上市公司董事会开始披露《内部控制自我评估报告》，2010 年财政部等五部委再次联合颁布《企业内部控制配套指引》，充分吸收了全面风险管理的理念和方法，强调了内部控制与风险管理的统一。至此，以"基本规范"为基础，以"配套指引"为补充的层次分明、衔接有序的企业内部控制规范体系已经初步建立，中国企业的内部控制工作将有统一的标准可循。这说明我国从理论界到实践界都对"内部控制"有了较高程度的认识，也对推进我国内控的发展奠定了坚实基础。自此之后，我国上市公司的内部风险意识和内控制度也有了明显提高。

总结 2010 年我国内部控制与风险管理研究的主要特点，它是以企业风险管理为借鉴，融入内部控制环境、ERP 等软性因素，挖掘内部控制相关理论基础，从内部控制的概念、框架体系的再延伸，到内部控制的制度建设、执行、评价、信息披露等理论和实践体系的发展和改进，呈现出内部控制与企业战略、公司治理、企业价值等内容的紧密结合。2010 年文献最重要的特点就是其研究主题恰好与相关法规的发布、推进和执行紧密相关，很好地促进了理论与实践的结合。

具体分析 2010 年相关文献的研究内容，主要有以下特点：一是内部控制更多是与公司治理、企业价值和企业风险管理相结合，对应财政部提出的内部控制从最早的"三目标"到现在"五目标"的转变；二是较多关注内部控制的结果，如内部控制的有效性及信息披露的可靠性等；三是内部控制的理论研究更多从经济学等相关理论深入展开，从不同视角挖掘其根源，主要运用委托—代理理论、契约论，还有新制度经济学、系统理论和动力学等，夯实了内部控制的理论基础，避免控制论单一；四是与我国企业在这一期间加强经营管理和财务管理的实践相匹配，因此内部控制文献更多是与企业控制环境、企业文化、ERP、盈余管理等相结合。其中对盈余管理的研究尤为突出。

第二章 会计与审计学科 2010 年 期刊论文精选

第一节

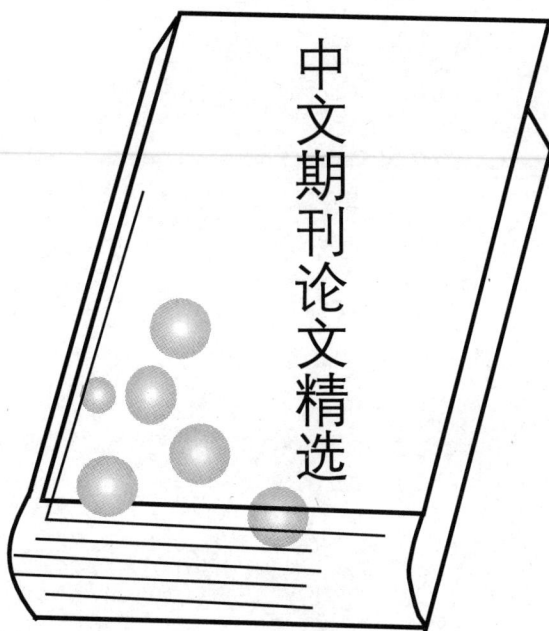

中文期刊论文精选

国有企业的政府控制权转让研究 *

杨记军　逯　东　杨　丹

【内容提要】本文以 2003~2007 年国有企业的股权转让数据为样本，考察了政府转让控制权的决策及控制权转让后的短期市场反应和中长期业绩表现。研究发现：①近几年来政府转让国有企业控制权的政治动机明显，而追求企业经营业绩的经济动机减弱，转让中倾向于保留规模大的和有战略意义的企业；②市场对国有股权转让事件总体上给出了积极评价，但因投资者能理性预期到政府转让控制权的政治顾虑，民营化带来的短期累积超额回报并不明显高于其他转让方式；③民营化确实提高了企业经营业绩，但终极控制权仍保留在政府内部的"换汤不换药"的控制权转让方式并没有显著改善企业业绩。尽管民营化带来了国企事后的业绩改善，但政府事前却因为政治顾虑而不存在把业绩不好的企业转让出去的明显倾向，这种逻辑不一致性折射出我国当前国有企业改革面临的困境。

【关键词】国有企业；政府控制权；动机；民营化；业绩

一、引　言

从世界范围来看，国有企业经营业绩不佳是一个普遍性的现象。如何才能搞活国有企业？近年来，根据一些经典的研究文献（Tonneli，2000；Megginson and Netter，2001；Djankov and Murrel，2002；等等），"人们的研究越来越多地集中到这样一个观点，即民营化对改革国有企业至关重要，许多已经实施的民营化改革方案都对企业的运作产生了积极

* 本文选自《经济研究》2010 年第 2 期。

基金项目：西南财经大学 211 工程三期项目与青年教师成长项目（211QN09008）、国家自然科学基金项目（70672112）、国家社会科学基金重点项目（08AJ Y045）、教育部人文社会科学基金项目（07JC630013）、教育部新世纪优秀人才支持计划基金项目（NCET20620816）、四川省哲学社会科学规划项目（SC08B22）。

作者简介：杨记军，西南财经大学国际商学院，邮政编码：610074，电子信箱：yangjijun@swufe.edu.cn；逯东，西南财经大学会计学院博士研究生，邮政编码：610074，电子信箱：luxingdong2006@yahoo.com.cn；杨丹，西南财经大学工商管理学院，邮政编码：610074，电子信箱：yangd@swufe.edu.cn。

的影响"（王红领等，2001）。然而仍有许多研究者认为，一些转型经济国家国有企业民营化改革的速度和方式值得讨论（Lipton and Sachs，1990；Murrell，1992）。例如，20世纪90年代早期，以俄罗斯为代表国家的国有企业大规模快速民营化模式所带来的经济成本和社会成本，之后便遭到了许多研究者的批评（Stiglitz，1999；Black et al，2000）。当然，Lin等（1998）指出，由于政策性负担的存在，即使企业被民营化，但只要预算始终是软约束的，就会导致无法区分企业经营的失败是政策性负担所致抑或管理层经营不善所致。他们认为要提高国有企业的效率，最首要的是移出政策性负担，而非民营化改革。所以，一国特别是转型经济的国家，如果对国有企业实施民营化改革，必须充分考虑该国的制度背景与实际情况，否则可能得不偿失。

从中国来看，政府对国有企业推行的民营化改革更多是在制度变迁过程中逐渐形成的。20世纪80年代至90年代初期，国企改革的特点表现为放权让利和推行企业承包经营责任制。这一阶段的国企改革始终没有突破传统的计划经济框架，改革虽然在总体取得了一些成功（胡一帆等，2006），但政府对企业过多的行政干预以及预算软约束等问题，始终无法有效解决（Qian，1996）。20世纪90年代中期至今，随着市场经济体制改革的深入，国企改革进入了战略性改组改制阶段。这一阶段，政府对国企改革的思路侧重从所有权改革入手，主要体现为通过民营化搞活国有企业。所以，与俄罗斯等转型经济体国有企业的快速民营化不同，中国国有企业走的是一条循序渐进的民营化改革之路。

政府为什么要对国有企业进行民营化改革？或者，政府为什么要放弃国有企业的控制权？从政府的视角，国有企业的民营化意味着政府对国有企业控制权的放弃。对这一问题，当前学术界大致有三个主流的观点（王红领等，2001）：一是企业经营效率观，认为政府放弃国企是为了增进企业的经营效率；二是政府财政收入观，认为政府放弃国企是为了增加财政收入而不是增进企业的经营效率；三是政治博弈战略观，认为政府放弃国企的举动是作为政治博弈中的一个战略行动，例如东欧和苏联改革派政治家选择大规模民营化是为进一步改革寻求政治支持。

中国的情况如何呢？根据现有文献，我们认为对中国政府放弃国有企业控制权的实证研究大致包括两类：第一类，侧重以政府主体的视角来直接度量民营化中政府放弃或保持控制权的动机。例如，王红领等（2001）以1980~1999年的调查数据实证后发现，政府想消除因补贴运营糟糕的国有企业而造成的财政负担的动机非常明显，倾向于将运营糟糕的国有企业民营化；但是，避免增加失业和失去控制国有企业的政治利益是阻止政府做出民营化决策的重要考虑。夏立军、陈信元（2007）则以2001~2003年中国地方政府控制的上市公司为对象，发现地区市场化进程减轻了地方政府控制公司的经济动机，而中央政府的"抓大放小"和"战略调整"的国企改革策略使得地方政府具有控制大规模公司和管制性行业公司的政治动机。第二类，侧重以企业推行民营化之后的公司业绩表现或其他效率表现来间接地反推政府放弃国有企业控制权的动机。例如，胡一帆、宋敏、郑红亮（2006）利用1996~2001年间的调查数据，发现民营化后的企业业绩表现好于政府控股的国有企业，该结论基于事后（Expost）的逻辑认为政府推行国有企业民营化改革的目的是为了增进企业的经营效率，且政府首先选择盈利能力和生产效率高而规模较小的公司实施民营化，是"靓女先嫁"。此外，类似的实证结论还包括刘小玄、李利英（2005），宋立刚、姚洋（2005），胡一帆等（2006），Chen 等（2008），样本期间基本上集中于 1994~2001 年。而韩朝华、戴慕珍（2008）通过 1994~2004 年的调查数据，发现产权重组显著提高了改制企业的纳税水平和创税效率；通过这样一个改制后的税收效果分析，他们认为政府在民营化过程中存在追求财政收益最大化的动机。

综合以上对中国政府放弃国有企业控制权的实证文献，我们认为，现有实证文献的样本期间普遍集中在 2003 年以前，少有对 2003 年以后样本期间的研究。而且，结论上存在一定差异：一是王红领等（2001）、胡一帆等（2006）等对 2001 年以前样本期间的实证结论总体上认为政府实施民营化主要以经济动机为主，包括增加财政收入或提高企业经济效率；二是夏立军、陈信元（2007）以 2001~2003 年数据分析的结论，表现为经济动机与政治动机并重，但地区市场化进程减轻了地方政府控制公司的经济动机。我们认为，2003年以后，国务院国资委的建立明确了中央及地方各级政府主体在国有资产出资人地位与责任，政府主体之间在国有资产具体所有权拥有上的差别决定了国有企业在各级政府主体之间的转移包含着自身利益倾向，这为我们研究政府主体之间国有企业政府控制权转让提供了有利的契机。此外，这个阶段的中国已经加入 WTO，制度变迁和经济快速增长可能对政府转让国有企业控制权的动机产生了一些新的影响。所以，本文对 2003~2007 年间国有企业政府控制权转让进行了实证分析且得出了一些有价值的结论。

本文的贡献在于：第一，在样本期间的选择上，我们以 2003~2007 年作为研究期间，弥补了当前文献在最近几年这个样本期间实证研究上的匮乏。第二，在研究的结论上，我们发现在 2003~2007 年，政府在推行民营化改革时，更多是出于保持稳定和战略性行业的政治考虑，政治动机显著而以往文献提到的经济动机则不明显。第三，我们基于事前（Exante）政府控制权转让动机和事后公司业绩表现的检验，发现以往文献多以事后（民营化后）的公司业绩表现来反推政府事前的放权动机，但事后业绩与政府的事前动机可能是不一致的——尽管民营化带来了企业事后的业绩改善，但政府事前却没有明显地把业绩不好的企业放权出去的倾向，这种逻辑不一致性折射了我国当前国有企业改革的困境。

二、政府转让国有企业控制权的决定因素

（一）制度背景概述

20 世纪 80 年代国有企业先后经历了放权让利、承包经营责任制等改革阶段后，1993年的中共十四届三中全会提出了建立"产权清晰、权责明确、政企分开、管理科学"的现代企业制度，标志着国企制度改革和产权改革的全面展开。1995 年后，中央政府采取了

"抓大放小"和"战略调整"的国企改革策略（夏立军、陈信元，2007），进一步明确了国企改革的方向和途径。国有企业渐进式改革的步伐尽管一直持续进行着，但由于缺乏专门的国有资产管理机构，国有企业一直存在着政企不分、出资人缺位、内部人控制现象严重等问题，国企产权改革往往可能伴随着国有资产的流失，未能完全体现政府的战略动机，例如曾经引发广泛社会争议的管理层收购（MBO）就是一个典型。2003 年，国有资产监督管理委员会的成立，意味着出资人缺位问题的解决，各级政府的国企产权改革更能体现出政府的意志和动机。

2003 年后，如何进一步明确国有企业的定位，成为近几年来国资委所关注的重大问题。2006 年底，在对过去多年推行的"抓大放小"和"战略调整"的国企改革经验总结基础上，国资委发布了《关于推进国有资本调整和国有企业重组的指导意见》（以下简称《指导意见》），明确了中央企业的重组目标和国有资本所应集中的重要行业和关键领域。《指导意见》发布后，国资委进一步明确强调，国有经济要对关系国家安全和国民经济命脉的重要行业和关键领域保持绝对控制力，包括军工、电网电力、石油石化、电信、煤炭、民航、航运等七大行业。[1] 2007 年，中共十七大进一步指出要优化国有经济布局和结构，增强国有经济活力、控制力、影响力。操作层面上，国有企业通过联合、兼并、改组等多种方式逐步向关系国民经济命脉的重要行业和关键领域集中，而在一般竞争性行业中则逐步退出。所以，当前的国企改革更加明确了产权改革这一基本原则和思路。

（二）样本描述和政府控制权转让类型划分

我们选择的研究样本跨越 2003~2007 年。这个期间，上市公司共发生以政府作为终极控制人转让国有股份事件 282 次。为保证样本的一致性，本文剔除了同一公司在研究期间内发生多次转让的样本 20 个，剔除了 4 家 B 股公司，最后剩余样本为 258 个。样本数据来自于 CSMAR 的国有股拍卖与转让数据库。

本文采用了 CSMAR 数据库披露的国有企业实际控制人数据，考虑到在政府作为终极控股股东情况下，由于中央和地方政府在管理国有资产的过程中存在利益差异（叶勇等，2007），所以本文将国有企业的政府终极控制权分为中央政府终极控制和地方政府终极控制。中央政府终极控制的企业，包括中央国有企业、中央国家机关和国资委等直接与间接控制的国有上市公司。地方政府（以省为单位）终极控制的企业，包括地方国有企业、地方政府和地方国资委等直接与间接控制的国有上市公司。尽管国有股的转让具体包括协议转让（有偿）、拍卖、无偿划转、抵债、合并重组等多种形式，但在本文中，我们只考虑国有企业最初是属于某一中央或地方政府作为终极控股股东前提下的情况。为更好地理解政府转让国企控制权的方式，与以往大量文献不同，我们根据当前中央及地方各级政府在国有企业出资人主体上的具体差异性（例如，国务院国资委、四川省国资委和湖南省国资

---

① 参见国资委主任李荣融在 2006 年底就《关于推进国有资本调整和国有企业重组的指导意见》和国资委下一步部署接受新华社记者采访时的讲话。

委之间存在具体政府主体上的差异性），将国有股转让样本区分为三个类别（见表1）：

Ⅰ.终极控制权保持不变，是指某国有企业在国有股转让过程中，企业的终极控制权未变化，最终控制人仍为原来的那个政府主体。例如，企业1和企业2都同时由四川省国资委直接控制。当企业1被企业2收购时，企业1的直接控股股东变成了企业2，但其最终控制人仍是四川省国资委，只是四川省国资委对企业1的控制由直接控制变成了间接控制。

Ⅱ.终极控制权转让给其他政府主体，是指某个政府主体将自己所保持的国有企业终极控制权转让给其他政府主体。例如，国资委将某一国有企业的控制权转让给湖南省这一地方政府主体。

Ⅲ.终极控制权转让给非政府主体，即民营化，是指中央或地方政府这一政府主体，将国有企业的控制权转让给个人或集体等非政府主体。

表1　国有股转让类型的样本划分

转让类型	样本个数
Ⅰ.终极控制权保持不变	117
Ⅱ.终极控制权转让给其他政府主体	50
Ⅲ.终极控制权转让给非政府主体（民营化）	91

我们把国有股权转让样本做上述分类，目的在于区别控制权在不同政府主体之间、政府主体与非政府主体之间转让的事前决策考虑及事后经济效率差异。

（三）研究假设

杨灿明（2001）认为，我国国有企业面临的主要问题并不是产权不明晰，而是产权结构和产业结构错位，即把大量应采用私人产权结构的竞争性、营利性产业放置到了公有产权的舞台。为了提高国企的经营效率，政府应当优先将具备竞争性和营利性特点的国有企业民营化，但政府的考虑也许并非如此。杨丹（1999）认为，政府从自身利益出发，愿意把亏损严重、前景不好或改造需要付出高昂成本的劣质企业推向市场。Shleifer和Vishny（1998）的"掠夺之手"模型则表明政府追求的目标并非社会福利最大化，而是自身的私利，任何改革都必须在迎合政治利益的约束条件下进行。所以，政府转让国企控制权的动机可能绝非仅仅为提高社会效率，可能包含着就业、社会稳定和国家安全等政治动机和增加财政收入的经济动机。

根据已有文献研究结论，结合我国国企改革制度背景，我们认为影响政府放弃国有企业控制权的主要因素大致包括：①企业规模。规模越大的企业，由于其对当地的社会影响较大，特别是规模大所带来的当地就业稳定，政府主体往往会更加顾忌放弃控制权后可能引起的就业不稳定，继而不轻易放弃对规模大的企业的控制权。②企业过去业绩表现。过去经营业绩较差的企业，可能往往需要政府的财政补贴，而转让给其他政府主体或民营化可以节省本地政府的财政支出甚至可能带来直接的财政收入，所以不管是从提高企业经营业绩还是出于增加本地财政收入等目的，政府主体可能更加有动机把业绩差的企业转让给其他政府主体或非政府主体。③企业的战略性行业特征。战略性行业往往表现为关系国家安全和国民经济命脉的重要行业，其提供的产品和服务是社会经济稳定发展的重要基础，必然会受到中央政府的高度重视。这类企业无论是被中央政府控制还是被地方政府掌管，即使面临着经营困难，其控制权一般也只会局限于整个政府内部进行战略性调整，而不会轻易选择民营化。基于以上三点，我们给出如下研究假设：

假设1：企业规模越小，政府主体越可能将国企控制权转让出去，且实施民营化的可能性越大。

假设2：企业过去的经营业绩越差，政府主体越可能将国企控制权转让出去，且实施民营化的可能性越大。

假设3：企业属于非战略性行业时，实施民营化的可能性越大。

进一步看，王红领等（2001）将政府放弃国有企业控制权的动机归纳为三种：企业经济效率最大化、政府财政收入最大化和政治博弈利益最大化。但是，准确区分这三种动机非常困难，这是因为经济效率、政府收入、政治利益之间存在着很强的关联性，经济效率的提高可能带来政府收入的增加，而政府收入的增加也意味着政府拥有更多的资源来寻求政治利益，很难找到有效的变量来分别度量这三种动机。此外，考虑到我国的渐进式改革路径一直存在自上而下的政策式引导（罗仲伟，2009），尤其是对地方政府而言，改革除了要提高本地企业的经营业绩和促进地方经济增长外，更要兼顾中央政府的政治决策。夏立军、陈信元（2007）将影响政府控制国企的内生性因素归纳为政治动机和经济动机两大类。具体而言，他们将规模和管制性行业因素归入政治动机，①将市场化进程作为影响经济动机的外在因素。他们的分析充分考虑了国家的改革策略和市场化竞争等外部因素，但没有对经济动机做直接的度量。

本文借鉴夏立军、陈信元（2007）的划分，将可能影响政府转让国企控制权的因素同样归纳为政治动机和经济动机两大类，但存在一定区别：本文讲的政治动机主要考虑企业规模、战略性行业因素，而经济动机则主要考虑企业过去的经营业绩。需要指出，企业规模和战略性行业与经济动机并非能够完全划清界限，其间也必然存在一定的关联性。但考虑到企业规模的大小与就业等影响社会稳定的因素更为密切相关，而战略性行业与国家安全战略紧密相关，加之我国中央政府从1995年开始就明确提出"抓大放小"和"战略调整"的国企改革策略，相对而言这两种因素的政治意味更浓，在政府选择是否转让控制权的决策过程中作为政治性因素更为明显。经济动机既包括提高经济效率的目的，也包括政府增加自身财政收入的目的，因而选择过去的经营业绩作为反映经济动机的代理变量是合理的。

---

① 夏立军、陈信元（2007）界定的管制性行业包括：采掘业；石油、化学、塑料、塑胶；金属、非金属；电力、煤气及水的生产和供应业；交通运输、仓储业；信息技术业。

（四）计量模型设计

我们构建了如下两个层次的回归模型，来检验以上研究假设：

$$Type = \alpha + \beta_1 \, Past\text{-}roa + \beta_2 \, Size + \beta_3 \, Non\text{-} \, strategic + \beta_4 \, Indirect + \beta_5 \, Market + \beta_6 \, Year + \varepsilon \tag{1}$$

$$Private = \alpha + \beta_1 \, Past\text{-}roa + \beta_2 \, Size + \beta_3 \, Non\text{-}strategic + \beta_4 \, Indirect + \beta_5 \, Market + \beta_6 \, Year + \varepsilon \tag{2}$$

方程（1）是以终极控制权不变（类型Ⅰ）为基准样本，分别考察某个政府主体将国企控制权转让给其他政府主体（类型Ⅱ）和转让给非政府主体（类型Ⅲ）的主要影响因素，且重点考察过去业绩、企业规模、战略性行业三个因素，并将市场化进程作为主要控制变量。这里，市场化进程变量可以控制住我们忽视的其他可能影响政府转让国企控制权的因素，在一定程度上起到缓解模型中可能出现遗漏相关变量的估计偏误。为进一步考察政府对国企实施民营化的动机，我们设计了方程（2），解释变量与方程（1）相同。其中，α 为常数项，$\beta_1 \sim \beta_6$ 为系数，ε 为残差。模型中各变量定义如下：

1. 因变量

Type 为分类变量，取值为 1、2、3，具体为：终极控制权保持不变（类型Ⅰ，Type = 1）、终极控制权转让给其他政府主体（类型Ⅱ，Type = 2）、终极控制权转让给非政府主体（类型Ⅲ，Type = 3）。

Private 为哑变量，取 1 表示民营化（类型Ⅲ），取 0 表示控制权保持在整个政府内部（类型Ⅰ和类型Ⅱ）。

方程（1）采用多项选择 Logit 回归分析方法，方程（2）采用 Logit 回归分析方法。

2. 测试变量

Past-roa：样本公司过去的经过行业均值调整的总资产报酬率，分别使用 Past3-roa 和 Past2-roa 来度量。其中，Past3-roa 表示样本公司过去三年经过每年行业均值调整的总资产报酬率的平均值，Past2-roa 表示样本公司过去两年经过每年行业均值调整的总资产报酬率的平均值。

Size：企业规模，分别采用 Asset 和 Staff 来度量。其中，Asset 用国有股转让公告前一年的年末总资产从小到大进行排序，分十组，取值为 1~10；Staff 用国有股转让公告前一年的年末职工人数从小到大进行排序，分十组，取值为 1~10。

Non-strategic：非战略性行业，为哑变量。取 1 表示样本公司为非战略性行业，取 0 表示样本公司为战略性行业。对于战略性行业的划分标准我们参考了前述的国务院国资委主任在 2006 年年末的讲话，将军工、电网电力、石油石化、电信、煤炭、民航、航运等七大行业确定为战略性行业。

3. 控制变量

Indirect：控制度，为哑变量。取 1 表示样本公司在国有股转让前为政府间接控制，取

0 表示样本公司在国有股转让前为政府直接控制。[①]

Market：市场化进程。夏立军、陈信元（2007）发现市场化进程会影响地方政府对上市公司的控制程度，因此本文将市场化进程作为可能影响政府转让国企控制权的一个外部因素，将其作为一个主要的控制变量。我们分别采用两个指标来反映该变量：①Marketindex：市场化指数，该指标采用的是樊纲等编制的《中国市场化指数———各省区市场化相对进程 2006 年度报告》中所提供的 2001 年、2002 年、2003 年、2004 年、2005 年这五年的指数。对于 2006 年、2007 年的指数计算，我们采用的方法是 2006 年的指数等于 2005 年的指数加上 2002 年、2003 年、2004 年这三年相对于前一年指数增加值的平均数，2007 年的指数等于 2006 年的指数加上 2003 年、2004 年、2005 年这三年相对于前一年指数增加值的平均数。②Region：地区哑变量，样本公司注册地在东部地区为 1，在中西部地区为 0。由于东部地区的市场化程度普遍高于中西部地区，故将该指标也作为市场化进程的一个替代变量。其中，东部包括京、津、冀、沪、辽、鲁、苏、浙、闽、粤、琼 11 个省市。

Year：年度哑变量。

（五）描述性统计与回归分析

表 2 给出了主要测试变量的描述性统计。先看 Panel A，战略性行业的个数从类型Ⅰ到类型Ⅲ逐渐减少。其中，类型Ⅰ和类型Ⅱ的配对差异检验中，Past3-roa 和 Past2-roa 在 5%水平显著，而 Asset 和 Staff 差异不明显。类型Ⅰ和类型Ⅲ的配对差异检验中，Past3-roa、Past2-roa、Asset 和 Staff 都在 1%水平显著。再看 Panel B，非民营化组中属于战略性行业的企业数量远多于民营化组，表明民营化过程中可能考虑了战略性行业因素。民营化组的 Past3-roa 和 Past2-roa 都显著小于非民营化组，表明民营化过程中可能考虑了企业过去经营业绩。从 Asset 和 Staff 来看，政府在选择是否民营化的过程中也可能考虑了企业规模因素。

表 2　主要测试变量的描述性统计与非参数检验

			Panel A							
组别	样本数量	战略性行业	Past3-roa		Past2-roa		Asset		Staff	
			均值	中位数	均值	中位数	均值	中位数	均值	中位数
Type=1	117	12	−0.025	0.005	−0.036	0.007	6.179	6.000	5.949	6.000
Type=2	50	10	−0.045	−0.010	−0.027	−0.009	5.480	5.000	5.740	6.000
Type=3	91	3	−0.042	−0.010	−0.050	−0.004	4.637	4.000	4.791	5.000
Mann-Whitney U 检验 Z 值（Type=1 和 Type=2）			2.261**		2.352***		1.520		0.516	
Mann-Whitney U 检验 Z 值（Type=1 和 Type=3）			3.243***		2.978***		3.805***		2.815***	

[①] 对直接控制和间接控制的划分，依据终极控制人的现金流权和控制权是否分离来确定，当现金流权与控制权一致时我们确定为直接控制，当现金流权和控制权存在分离时，便确定为间接控制。

续表

组别	样本数量	战略性行业	Past3-roa		Past2-roa		Asset		Staff	
			均值	中位数	均值	中位数	均值	中位数	均值	中位数
Private=0	167	22	−0.031	0.002	−0.033	0.004	5.970	6.000	5.886	6.000
Private=1	91	3	−0.042	−0.010	−0.050	−0.004	4.637	4.000	4.791	5.000
Mann−Whitney U 检验 Z 值			2.714***		2.376***		3.572***		2.911***	

注：***、**、* 分别表示在 1%、5%、10%的显著性水平。

以上配对差异检验在一定程度上初步验证了我们提出的假设，即政府在转让国企控制权时尤其在民营化过程中，可能同时存在着政治动机和经济动机。但是，配对差异检验缺乏对其他因素的控制，结论不一定可靠。为有效控制其他可能的因素以得到可靠的结论，以下我们将通过多元回归分析做进一步的验证，回归方程具体见方程（1）和方程（2），详细结果见表 3 和表 4。

表 3 Multinomial Choice Logit 回归：分类检验

	模型 1	模型 2	模型 3	模型 4	模型 5	模型 6	模型 7	模型 8
				因变量：Type				
Type = 2								
Past3-roa	−0.299 (−0.25)	−0.274 (−0.20)	−0.625 (−0.46)	−0.642 (−0.40)				
Past2-roa					0.550 (0.78)	0.570 (0.83)	0.344 (0.47)	0.354 (0.48)
Asset	−0.079 (−1.27)	−0.083 (−1.34)			−0.090 (−1.45)	−0.094 (−1.53)		
Staff			−0.045 (−0.74)	−0.042 (−0.70)			−0.044 (−0.73)	−0.041 (−0.69)
Non−strategic	−0.563 (−1.22)	−0.615 (−1.33)	−0.539 (−1.15)	−0.601 (−1.29)	−0.539 (−1.16)	−0.592 (−1.27)	−0.502 (−1.07)	−0.565 (−1.21)
Indirect	−0.003 (−0.01)	−0.069 (−0.13)	0.011 (0.02)	−0.060 (−0.11)	−0.094 (−0.17)	−0.164 (−0.30)	−0.086 (−0.16)	−0.164 (−0.30)
Marketindex	−0.199 (−2.13)**		−0.223 (−2.40)**		−0.202 (−2.15)**		−0.227 (−2.45)**	
Region		−0.793 (−2.21)**		−0.862 (−2.46)**		−0.811 (−2.26)**		−0.886 (−2.51)***
Type=3								
Past3-roa	0.248 (0.24)	0.234 (0.20)	−0.449 (−0.37)	−0.476 (−0.33)				
Past2-roa					0.302 (0.53)	0.340 (0.56)	−0.103 (−0.16)	−0.056 (−0.08)
Asset	−0.174 (−3.11)***	−0.171 (−3.06)***			−0.176 (−3.15)***	−0.173 (−3.11)***		
Staff			−0.147 (−2.90)***	−0.147 (−2.92)***			−0.148 (−2.90)***	−0.147 (−2.92)***

	因变量：Type							
	模型 1	模型 2	模型 3	模型 4	模型 5	模型 6	模型 7	模型 8
Non–strategic	1.166 (1.74)*	1.183 (1.76)*	1.198 (1.69)*	1.190 (1.69)*	1.166 (1.73)*	1.185 (1.76)*	1.212 (1.71)*	1.206 (1.71)*
Indirect	−0.002 (−0.00)	−0.009 (−0.02)	−0.003 (−0.01)	−0.035 (−0.08)	−0.007 (−0.02)	−0.018 (−0.04)	−0.028 (−0.06)	−0.065 (−0.15)
Marketindex	−0.073 (−0.98)		−0.129 (−1.74)*		−0.074 (−0.99)		−0.130 (−1.75)*	
Region		−0.488 (−1.59)		−0.666 (−2.20)**		−0.496 (−1.62)		−0.671 (−2.21)**
方程 χ² 值	38.96	39.72	35.69	37.31	38.47	38.80	35.52	37.03
Pseudo R²	0.075	0.077	0.071	0.073	0.075	0.077	0.071	0.073
样本个数	258	258	258	258	258	258	258	258

注：①表格内的数字上面表示边际影响系数，下面括号内的数字表示经过 Robust Standard Error 修正后的 Z 值。②***、**、* 分别表示在 1%、5%、10% 的显著性水平。③以上回归模型都控制了年度因素，限于篇幅，省略了对年度哑变量和常数项的回归系数的报告。

表 4　Logit 回归：民营化

	因变量：Private							
	模型 1	模型 2	模型 3	模型 4	模型 5	模型 6	模型 7	模型 8
Past3–roa	0.083 (0.56)	0.084 (0.56)	−0.046 (−0.30)	−0.040 (−0.25)				
Past2–roa					0.038 (0.33)	0.041 (0.36)	−0.040 (−0.33)	−0.033 (−0.26)
Asset	−0.034 (−2.96)***	−0.033 (−2.88)***			−0.034 (−2.94)***	−0.032 (−2.87)***		
Staff			−0.030 (−2.89)***	−0.030 (−2.91)***			−0.030 (−2.89)***	−0.030 (−2.91)***
Non–strategic	0.238 (2.16)**	0.243 (2.22)**	0.242 (2.10)**	0.244 (2.14)**	0.237 (2.15)**	0.243 (2.21)**	0.242 (2.10)**	0.244 (2.14)**
Indirect	−0.002 (−0.02)	0.002 (0.02)	−0.002 (−0.02)	−0.004 (−0.05)	0.003 (0.03)	0.006 (0.06)	−0.002 (−0.02)	−0.005 (−0.05)
Marketindex	−0.003 (−0.21)		−0.015 (−0.97)		−0.003 (−0.22)		−0.015 (−0.96)	
Region		−0.057 (−0.89)		−0.093 (−1.48)		−0.058 (−0.90)		−0.093 (−1.47)
Year	控制	控制	控制	控制	控制	控制	控制	控制
Wald 检验 χ²	28.15	27.89	26.19	26.68	28.10	27.78	26.28	26.77
Pseudo R²	0.081	0.084	0.078	0.082	0.081	0.084	0.078	0.082
样本个数	258	258	258	258	258	258	258	258

注：①表格内的数字上面表示边际影响系数，下面括号内的数字表示经过 Robust Standard Error 修正后的 Z 值。②限于篇幅，省略了对各变量和常数项的回归系数的报告。③***、**、* 分别表示在 1%、5%、10%的显著性水平。

表 3 给出了方程（1）的多项选择 Logit 回归分析结果，以类型 I 作为基准样本。其中，反映企业规模的两个指标 Asset 和 Staff 以及反映市场化程度的两个指标 Marketindex 和 Region 被分别引入方程（1）进行分析，见模型 1 至模型 8。Type = 2 部分，反映过去经营业绩的 Past3-roa 和 Past2-roa、反映企业规模的 Asset 和 Staff 以及战略性行业变量 Non-strategic 的回归系数都不显著，表明相对于选择终极控制权保持不变，不同政府主体之间的控制权转让并不受到本文所关注的政治动机和经济动机的影响。反映市场化进程的两个变量 Marketindex 和 Region 都显著为负，而 Type = 3 中的 Marketindex 和 Region 这两个变量的回归系数也都为负，且部分出现了显著负相关。

上述表明，相对于终极控制权保持不变，市场化程度越高，政府主体越不愿意将国企控制权转让给其他政府主体或非政府主体。我们判断，这种现象的产生可能是由国企改制的外在趋势所致，即市场化程度较高的东部地区的国企改制高峰期集中于 20 世纪 90 年代，进入 21 世纪后，这些地区的国企改制已大体完成，剩下未改制的少数国企往往属于改制困难或政府根本不愿意放权的企业；而市场化程度较低的中西部地区由于其国企改制相对滞后，进入 21 世纪后才开始进入国企改制的高峰期，会出现更多的控制权转让现象，即会有更多的国企被转让给其他政府主体或非政府主体。

本文的研究样本集中于 2003 年及以后，正符合这一外在趋势。Type = 3 部分，反映过去经营业绩的 Past3-roa 和 Past2-roa 的回归系数不显著；反映企业规模的 Asset 和 Staff 的回归系数在 1%水平显著负相关，表明相对于终极控制权不变，企业规模越大导致政府主体选择将控制权转让给非政府主体的可能性越小；而 Non-strategic 的回归系数都在 10%水平显著正相关，表明相对于终极控制权不变，企业属于战略性行业时，政府主体选择将控制权转让给非政府主体的可能性越小。

综合表 3 报告结果，可以得到两个结论：①相对于类型 I，政府主体选择类型 II 主要是由国企改制的外在趋势所推动，本文所讨论的政治动机和经济动机则影响不明显；②相对于类型 I，政府主体选择类型 III 确实考虑了企业规模和战略性行业这两个反映政治动机的因素，而经济动机则表现不明显。两个结论表明，假设 1 和假设 3 部分得到了支持，而假设 2 未得到支持。

此外，我们还以类型 III 为基准样本，重复了以上的多项选择 Logit 回归，① 结果发现：①相对于类型 III，政府主体选择类型 I 主要受到企业规模和战略性行业两个反映政治动机的因素影响；②相对于类型 III，政府主体选择类型 II 主要受到战略性行业因素的影响。这些结论对上述分析提供了进一步的支持。

表 4 给出了方程（2）的 Logit 回归分析结果。从模型 1 到模型 8，Asset 和 Staff 的系数都在 1%水平显著负相关，表明企业的规模越大，实施民营化的可能性越小；假设 1 的

① 由于本文重点在于讨论政府将国企控制权转让出去的动机，故多项选择 Logit 回归主要以类型 I 为基准样本。为进一步考察政府主体在选择类型 II 和类型 III 的动机差异，我们也以类型 III 为基准样本，分别考察选择类型 I 和选择类型 II 的影响因素。限于篇幅，我们未列出统计表格。

后半部分被支持。在模型 1 到模型 8 中，Non-strategic 的系数都在 5%水平显著正相关，假设 3 得到了验证，即当企业属于战略性行业时，民营化的可能性越小。在模型 1 到模型 8 中，代表过去经营业绩的两个指标 Past3-roa 和 Past2-roa 的系数都不显著，假设 2 未得到支持。回归结果表明，政府在选择国有企业民营化的过程中，主要考虑了企业规模和战略性行业两个因素，即将小规模和非战略性行业的企业优先民营化。因此，结合前面的多项选择 Logit 的回归分析结论，可以确定"政治性考虑"构成了当前国企改革中政府转让国企控制权的主要动机，而代表经济动机的过去经营业绩并没得到本文回归检验的显著支持。

本文实证结果与以前的研究结论（王红领等，2001；胡一帆等，2006；夏立军、陈信元，2007；韩朝华、戴慕珍，2008）都存在差异。我们认为其原因主要有两点：①样本期间差异。我们的研究样本期间集中在 2003 年及其后，而以前研究的样本区间大多集中在 2003 年以前；②样本选择的期间存在着经济背景差异。我们认为，随着改革开放的深入特别是加入 WTO 后的近几年，非国有经济在国民经济中的地位逐渐重要，对于政府财政收入的贡献也越来越大，而国有企业对于地方经济增长和财政收入的影响在逐渐减弱，这种经济背景的变化使政府在国有企业改革过程中的动机发生变化。如王红领等（2001）的研究样本主要集中在改革开放初期和中期，一方面国有企业对政府财政收入的影响较大，另一方面国有企业在面临日益激烈的市场竞争状况下其经营效率不断下降，因而政府迫于经济压力而进行改革的经济动机表现明显。夏立军、陈信元（2007）的研究样本集中于 2001~2003 年，政府对国有企业的控制表现为经济动机与政治动机并重。而我们的研究样本都在 2003 年及其后，非国有经济对国民经济的贡献更加突出，因而政府对国有企业的改革更多源于渐进式改革所带来的政治压力。结合以前的研究结论和本文的结论，我们推测可能存在着这样一种情况：在近 30 年的国有企业改革进程中，随着改革开放的逐步深入，政府转让国有企业产权的动机可能经历了一个"以经济动机为主→经济动机与政治动机并重→以政治动机为主"的渐进式变迁路径。

三、政府控制权转让后的公司业绩表现

（一）短期市场反应

我们采用事件研究法来考察国有企业控制权转让的市场反应。一些相关研究结论（王志诚、张翼，2004；徐莉萍等，2005；Chen 等，2008）表明，在股权转让或控制权转让等事件中，大部分非正常回报发生在公告之前，即事件在公告之前存在各种类型的信息扩散。在本文的研究样本中，交易公告日与协议签订日相差的时间平均为 255 天，中位数为 198 天，同时为避免过长事件窗口容易产生的重叠和交叉影响，并借鉴以前研究者所选择

的事件窗口，[1] 我们选择的事件窗口跨越-125 日到 60 日，研究这一期间的累积非正常回报（CAR）的变化。我们计算 CAR 的方法如下：

$$CAR(t_1, t_2) = \frac{1}{N} \sum_{i=1}^{N} \sum_{t=t_1}^{t_2} AR_{it} \tag{3}$$

其中，N 为研究样本的公司个数，t_1 和 t_2 为起止天数，AR_{it} 为公司 i 在 t 日的非正常回报。对于 AR_{it} 的计算，我们采用的是样本公司每日的实际回报率减去通过资本资产定价模型计算的当日期望回报得到。其中，计算非正常回报的数据来自 CSMAR 数据库的股票市场交易数据库、资本资产定价模型研究数据库和风险评价系数 β 数据库。无风险利率采用的是将银行存款年利率转化为日利率，日市场回报率选择的是考虑现金红利再投资的综合 A 股市场日回报率，β 使用的是 CSMAR 数据库提供的综合市场日 Beta 值，而个股实际回报率选择的是考虑现金红利再投资的日个股回报率。由于个别样本存在数据缺失问题，参与 CAR 计算的样本共有 253 个。

根据图 1，市场对于国有股转让事件的反应总体而言是正面的。对全部样本而言，从-125 日到 60 日的平均累积超额回报显著为正，均值为 16.78%，t 值为 4.93。接着，我们比较了三种转让类型在事件窗口内 CAR 的差异。可以发现，在整个事件窗口期，三种转让类型在市场反应上存在的差异并不大，且从公告日的前 60 天开始，都存在一个向上的趋势，说明确实存在着信息的提前泄露。在公告日的前后 5 天，三种转让类型的市场反应都非常明显，CAR 值都有一个突然的增加。

根据表 5 对三种国有股转让类型平均 CAR 值的描述性统计，民营化的企业在事件窗口的平均 CAR 值比其他两组都略高，但均值差异检验和非参数检验均不显著。总的结果表明，投资者对于国有股转让事件存在积极的正面评价，预期国有股转让事件会增加公司价值，且相对而言，投资者对国有企业的民营化寄予了更高的厚望。但配对差异检验的不显著说明投资者并不明显偏好民营化的企业。前面的研究已表明政府在控制权转让过程中存在战略性考虑，政府一般不会把规模较大、属于国家战略性行业的企业民营化，尤其是一些战略性行业的企业都属于投资风险更小的大型垄断性企业。投资者很可能已理性地预期到政府的动机，尽管对于国有股转让事件持积极态度，但并不明显偏向于民营化的企业。

（二）中长期业绩表现

尽管市场的短期反应并没有明显偏好于民营化的企业，但我们判断民营化后的企业由于经营更具有灵活性，避免了政策性负担，其经营业绩的提升应当更快。且大量研究也表明民营化往往会获得积极的效果（Megginson 等，1994；Megginson 和 Netter，2001；Shirley 和 Walsh，2000；胡一帆等，2006）。因此，我们提出如下假设：

---

[1] 王志诚和张翼（2004）研究的事件窗口跨越-124 日到 75 日，而徐莉萍等（2005）和 Chen 等（2008）选择的事件窗口都是-60 日到 60 日。

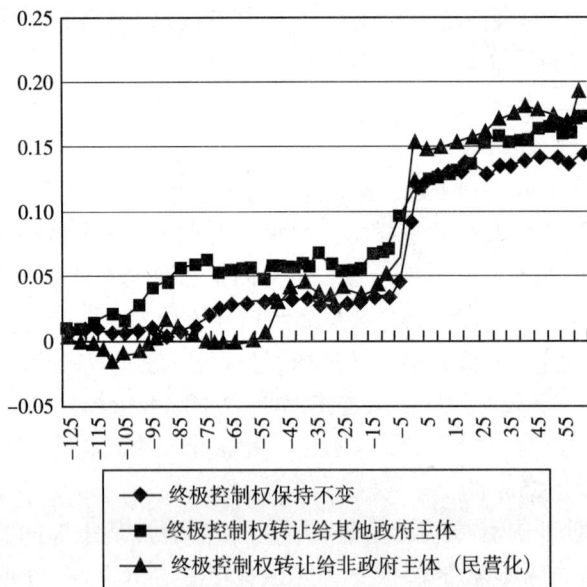

图1 累积非正常回报（CAR）[-125，60]

注：横轴为事件日期，第0天为公告日，纵轴为平均累积超额收益率。

表5 不同国有股转让类型的平均CAR值

转让类型	样本个数	CAR [-125, 60]
Ⅰ.终极控制权保持不变	115	14.92%
Ⅱ.终极控制权转让给其他政府主体	49	17.49%
Ⅲ.终极控制权转让给非政府主体（民营化）	89	19.58%

假设4： 民营化的企业在控制权转让后其经营业绩将显著增加。

Chen等（2008）通过考察1996~2000年国有企业的控制权转让事件，发现控制权转让给其他国有机构时其业绩并没显著变化。因为这类企业政府控制权性质没有改变，即所谓的"换汤不换药"。其经营行为仍不可避免地受到政府较大的影响，国有企业的弊端并没得到根除，因而我们判断这类企业其经营业绩的提升在控制权转让后不明显。故提出以下假设：

假设5： 终极控制权转让给其他政府主体的企业在控制权转让后其经营业绩提升并不显著。

我们主要通过构建以下的回归方程（4）来验证这两个假设：

$$\Delta Value = \alpha + \beta_1 Dum1 + \beta_2 Dum2 + \beta_3 Lnsize + \beta_4 Ind - \Delta Value + \varepsilon \qquad (4)$$

详细变量定义如下：

$\Delta Value$：因变量，表示样本企业控制权转让前后一年的业绩变化，我们分别采用托宾Q、ROA（总资产报酬率）、ROE（净资产收益率）三个业绩指标来表示业绩，将$\Delta Value$分别替换为ΔQ、ΔROA、ΔROE。其中，Q =（总市值 + 负债的账面价值）/总资产。

Dum1：哑变量，当控制权转让为第 3 类即民营化时取值为 1，控制权转让为其他时取值为 0。

Dum2：哑变量，当控制权转让为第 2 类即终极控制权转让给其他政府主体时取值为 1，控制权转让为其他类型时取值为 0。

Lnsize：控制变量，表示企业规模，用样本企业控制权转让当年年底总资产的自然对数度量。规模越小的企业由于其相对更灵活，以前遗留的问题相对更少，在控制权转让后其经营业绩应当提升得更快。

Ind-ΔValue：控制变量，表示样本企业所处行业在控制权转让前后一年的平均业绩变化值，分别用行业平均托宾 Q 的变化值、行业平均 ROA 的变化值和行业平均 ROE 的变化值来替代该指标，符号分别表示为 Ind-ΔQ、Ind-ΔROA 和 Ind-ΔROE。该变量能控制行业因素。

由于对中长期业绩的考核需要考察公司控制权转让前后一年的公司业绩变化，限于数据的获取，我们选取 2003~2006 年间发生控制权转让的公司进行行业业绩分析，去掉 3 家缺少公告后一年数据的公司，剩余样本 217 个。为解决可能存在的异方差问题和保证结果的稳健性，我们同时提供了方差加权最小二乘法（Variance2 Weighted Least Squares）和基于 White 稳健标准差修正后的普通最小二乘法（OLS）两种回归方法的结果，详见表 6。另外，前文表 3 和表 4 的回归结论已经表明过去的经营业绩对民营化或终极控制权转让给其他政府主体的概率并没有显著影响，且方程（4）所采用的因变量是企业发生控制权转让前后的业绩变化量，因此，我们认为 Dum1 和 Dum2 这两个变量在方程（4）中并不具有内生性，可不考虑内生性的处理。

根据表 6 的模型 1 到模型 5，Dum1 与业绩变化值都显著正相关，说明民营化确实起到了提升公司价值的作用，验证了假设 4。而在模型 1 到模型 6 中，Dum2 与业绩变化值都不显著相关，说明虽然终极控制人发生了变化，但只要控制权仍保留在政府内部，控制权转让就无法起到提升公司价值的作用，假设 5 得到了验证。另外，为保证结果的稳健性，我们将 Dum1 和 Dum2[①] 各自单独引入模型 1 到模型 6 中重复进行了回归分析，基本结论未发生变化。

表 6　中长期业绩的多元回归结果

	因变量为 ΔQ		因变量为 ΔROA		因变量为 ΔROE	
	模型 1	模型 2	模型 3	模型 4	模型 5	模型 6
	VWLS	OLS	VWLS	OLS	VWLS	OLS
Dum 1	0.198 (2.58)***	0.546 (1.69)*	0.028 (2.45)**	0.072 (1.78)*	0.179 (2.88)***	0.754 (1.09)
Dum 2	−0.028 (−0.30)	0.035 (0.11)	−0.002 (−0.17)	−0.025 (−0.82)	0.071 (1.06)	0.510 (0.88)

① 我们也在剔除发生民营化的企业样本后，单独考察了 Dum2，该变量的系数仍然不显著。

续表

| | 因变量为 ΔQ | | 因变量为 ΔROA | | 因变量为 ΔROE | |
| | 模型 1 | 模型 2 | 模型 3 | 模型 4 | 模型 5 | 模型 6 |
	VWLS	OLS	VWLS	OLS	VWLS	OLS
Lnsize	−0.073 (−2.36)**	−0.379 (−1.84)*	−0.019 (−3.89)***	−0.044 (−2.63)***	0.040 (1.49)	0.288 (1.06)
Ind−ΔQ	1.171 (28.06)***	1.054 (5.68)***				
Ind−ΔROA			0.275 (2.58)***	−1.315 (−1.24)		
Ind−ΔROE					5.089 (5.98)***	13.580 (1.35)
常数项	1.522 (2.30)**	7.910 (1.82)*	0.357 (3.49)***	0.945 (2.57)**	−0.987 (−1.65)*	−6.903 (−1.06)
方程 χ² 值	793.67	—	34.66	—	38.71	—
F 值	—	9.23	—	1.84	—	0.98
R²	—	0.3170	—	0.1511	—	0.0332
样本个数	217	217	217	217	217	217

注：①表格内的数字上面表示估计的系数，下面括号内的数字：在 VWLS 方法下，表示 Z 值；在 OLS 方法下，表示经过 Robust Standard Error 修正后的 t 统计量。②***、**、* 分别表示在 1%、5%、10% 的显著性水平。

四、结论与启示

本文以 2003~2007 年国有企业的政府控制权转让数据，考察了政府转让控制权的动机与不同类型的控制权转让所带来的短期市场反应和中长期经营业绩差异。研究发现：①近几年来政府转让国有企业控制权的政治动机明显，而追求企业经营业绩的经济动机在这一阶段不明显，转让中倾向于保留大规模的和有战略性意义的企业。②市场对国有股转让事件表现出了积极的评价，但民营化所带来的短期累积超额回报并不明显高于其他转让方式。③民营化确实有效提高了企业的经营业绩，但终极控制权仍保留在政府内部这种"换汤不换药"的控制权转让方式并没带来企业业绩的显著提高。本文的经验证据与已有支持民营化的研究结论较为一致。然而，本文证据也表明，尽管民营化带来了国企事后的业绩改善，但政府事前却没有明显的把业绩不好的企业放权出去的倾向，这种不一致性折射了我国当前国有企业改革中面临的困境，本文的经验证据对此提供了重要的支持。

我们认为，政府可能已经充分意识到，推行民营化确实可以带来事后的业绩改善，而未实行民营化的国企其经营业绩并不能得到显著提高，所以中央政府在国企改革战略上始终坚持着民营化改革方向。随着小规模且非战略性行业的国有企业民营化改革的逐步完成，大规模和战略性行业的国有企业改革被提上议程。尽管我国政府早已开始了针对大型国企和垄断性企业的改革，采用了推行现代企业制度的建立、上市、战略重组等各种方式，但是民营化的实施又可能会与政府保持社会就业稳定和国家安全战略等政治目标相冲突，这导致政府在转让国企控制权时，又具有显著的事前严格限制大规模企业的民营化和加强对战略性行业控制的政治动机。改革的关键是在于寻求如何解决中国国有企业改革当前面临的上述改革困境。正如 Shleifer 和 Vishny（1998）在他们所写的《掠夺之手》一书中提出，最好的改革时机正好就是政府的政治利益与社会福利相一致的时候，即改革必须在迎合政治利益和约束的条件下进行。

参考文献

[1] 樊纲，王小鲁，朱恒鹏. 中国市场化指数——各省区市场化相对进程 2006 年度报告（2001、2002、2003、2004、2005 指数）[M]. 北京：经济科学出版社，2006.

[2] 韩朝华，戴慕珍. 中国民营化的财政动因 [J]. 经济研究，2008（2）.

[3] 胡一帆，宋敏，张俊喜. 中国国有企业民营化绩效研究 [J]. 经济研究，2006（7）.

[4] 胡一帆，宋敏，郑红亮. 所有制结构改革对中国企业绩效的影响 [J]. 中国社会科学，2006（4）.

[5] 刘小玄，李利英. 企业产权变更的效率分析 [J]. 中国社会科学，2005（2）.

[6] 罗仲伟. 中国国有企业改革：方法论和策略 [J]. 中国工业经济，2009（1）.

[7] 宋立刚，姚洋. 改制对企业绩效的影响 [J]. 中国社会科学，2005（2）.

[8] 王红领，李稻葵，雷鼎鸣. 政府为什么会放弃国有企业的产权 [J]. 经济研究，2001（8）.

[9] 王志诚，张翼. 大宗股权转让和公司控制 [J]. 管理世界，2004（5）.

[10] 夏立军，陈信元. 市场化进程、国企改革策略与公司治理结构的内生决定 [J]. 经济研究，2007（7）.

[11] 徐莉萍，陈工孟、辛宇. 产权改革、控制权转移及其市场反应研究 [J]. 审计研究，2005（5）.

[12] 杨灿明. 产权特性与产业定位——关于国有企业的另一个分析框架 [J]. 经济研究，2001（9）.

[13] 杨丹. 国有企业资产转让定价行为分析——兼评国有资产流失观 [J]. 经济研究，1999（12）.

[14] 叶勇，刘波，黄雷. 终极控制权、现金流量权与企业价值——基于隐性终极控制论的中国上市公司治理实证研究 [J]. 管理科学学报，2007，10（2）.

[15] Black, B., R. Kraakman, and A. Tarassova, 2000, "Russian Privatization and Corporate Governance: What Went Wrong?", Stanford Law Review, 52: 1731–1808.

[16] Chen, G., M. Firth, Y. Xin, and L. Xu, 2008, "Control Transfers, Privatization, and Corporate Performance: Efficiency Gains in China's Listed Companies", Journal of Financial and Quantitative Analysis, 43: 161–190.

[17] Djankov, S. and P. Murrell. 2002, "Enterprise Restructuring in Transition: A Quantitative Survey", Journal of Economic Literatur, 40 (3): 739–792.

[18] Lin, J. Y., F. Cai, and Z. Li, 1998, "Competition, Policy Burdens, and State–Owned Enterprise Reform", American Economic Review, 88 (2): 422–427.

[19] Lipton, D., and J. Sachs, 1990, "Privatization in Eastern Europe: The Case of Poland", Brookings Papers on Economic Activity, 2: 293–342.

[20] Megginson, W., R. Nash, and M. Randenborgh, 1994, "The Financial and Operating Performance of Newly Privatized Firms: An International Empirical Analysis", Journal of Finance, 49 (2): 403–452.

[21] Megginson, W. and J. Netter, 2001, "From State to Market: A Survey of Empirical Studies on

Privatization", Journal of Economic Literature, 39 (2): 321–389.

[22] Murrell, P., 1992, "Evolution in Economics and in the Economic Reform of the Centrally Planned Economies", in Clague, Christopher and Gordon C. Rausser, eds. Emergence of Market Economies in Eastern Europe, Blackwell Publishers.

[23] Qian, Y., 1996, "Enterprise Reform in China: Agency Problems and Political Control", Economics of Transition, 4 (2): 422–447.

[24] Shleifer, A. and R. Vishny, 1998, The Grabbing Hand: Government Pathologies and Their Cures, Harvard University Press.

[25] Shirley, M. M. and P. Walsh, 2000, "Public Versus Private Ownership: The Current State of the Debate", Working Paper, The World Bank.

[26] Stiglitz, J. E., 1999, "Whither Reform? Ten Years of the Transition", The World Bank, Washington, DC, Annual Bank Conference on Development Economics, April 28–30.

[27] Toninelli, P., 2000, The Rise and Fall of Stage –Owned Enterprises in the Western World, Cambridge University Press.

State–owned Enterprise Government Control Right Transfer

Yang Jijun, Lu Dong and Yang Dan

Abstract: Focusing on state–owned enterprises' government control right transfer events from 2003 to 2007, the article studies the Government motives of control right transfer as well as the market response and the operating performance difference caused by various types of control transfer. The research draws the following conclusions: ① In recent years, political motives such as concerns for size and strategic industry are the main motives of property rights reform of state–owned enterprises, while economic motives are not obvious; ② Market gives positive evaluation to state–owned enterprises' government control transfer events, but since investors can make a rational anticipation to the government control transfer driven by political purposes, thus the short–term cumulative abnormal return brought by privatization is not significantly higher than other types; ③ Privatization of enterprises improves operating performance effectively, while the control transfer in which the ultimate control right still retained in the government does not lead to significant performance improvement. Although the privatization has improved the state–owned enterprise's ex–post performance, the government has not shown any tendency to privatize the enterprises with poor performance out of the concern of ex-ante political concerns. It is a difficult dilemma which Chinese government faces in the progress of state-owned enterprises' reform.

Key Words: state-owned enterprises, government control right, motives, privatization, performance

预期、投机与中国城市房价波动 *

况伟大

【内容提要】 本文在住房存量调整模型基础上，考察了预期和投机对房价的影响。理性预期模型表明，理性预期房价越高，投机越盛，房价波动越大。适应性预期模型表明，当消费性需求占主导时，上期房价越高，房价波动越小；当投机性需求占主导时，上期房价越高，房价波动越大。本文对中国 35 个大中城市 1996~2007 年数据的实证结果表明，预期及其投机对中国城市房价波动都具有较强的解释力。研究发现，经济基本面对房价波动影响大于预期和投机，但这并不意味着个别城市房价变动不是由预期和投机决定的；上期房价波动对本期房价波动影响大于下期房价波动，这表明适应性预期作用大于理性预期；利率变动对房价波动影响最大，这表明央行的利率政策加剧了房价波动；收入作用大于开发成本，开发成本并非房价波动的重要因素；人口增长较快的城市，房价波动较大；房价波动并未在地理位置上表现出明显差异。

【关键词】 理性预期；适应性预期；投机；房价波动

一、引 言

自 20 世纪 90 年代初海南房地产泡沫以来，中国 35 个大中城市房价不断上升，但涨幅不同。2008 年，美国次贷危机引发的国际金融危机波及全球，中国许多城市房价开始下滑。2009 年上半年，中国许多城市房价又开始上涨。于是，人们担心若房价继续上涨，房地产泡沫将破灭，房地产市场拐点将出现。此外，日本、美国和中国香港等国家和地区的经验表明，房价波动将给房地产市场和宏观经济带来灾难性后果。值得研究的问题是，哪些因素引起了房价波动？笔者认为，因为收入、成本等经济基本面因素很少出现大的波

* 本文选自《经济研究》2010 年第 9 期。感谢中国人民大学张成思、谭松涛、陈彦斌、李焰、朱勇以及中央财经大学李涛的有益讨论。

作者简介：况伟大，中国人民大学商学院财务与金融系，邮政编码：100872，电子信箱：weidakuang@ruc.edu.cn。

动，预期和投机对房价波动可能发挥了重要作用。例如，国务院发展研究中心中国企业家调查系统 2007 年 11 月 10 日发布的调查报告显示，90% 以上被调查者预期房价上涨，4.7% 预期房价持平，1.5% 预期房价下降。在房价上涨预期下，消费者存在"晚买不如早买"心理，进一步拉动了房价上涨。在房价下降预期下，消费者会持币待购，将进一步打压房价。另外，投机对房价产生重大影响。房价增长越快，投机越猖獗。因此，投机者大都存在"买涨不买跌"心理，房价越高，更多投机者进入房地产市场，从而放大成交量，造成高房价与高交易量并存现象。为抑制房价快速上涨和房地产投机，中国出台了一系列从紧的货币政策和金融政策，但收效甚微。因此，本文从预期和投机角度研究房价波动，为防止房地产投机和房地产泡沫，制定宏观调控政策提供理论依据和经验支持。

现有文献最早从供求和经济增长角度研究房价波动，预期和投机未引起研究者重视。例如，Kuznets（1952）以及 Grebler 等（1956）识别了 15~25 年房地产长周期。他们认为，房地产长周期主要是由城市化和人口出生高峰造成的。Maisel（1960）、Easterlin（1966）、Jaffee 和 Rosen（1979）、Smith（1984）以及 Hendershott 和 Smith（1985）从人口变动、家庭结构解释了房地产长周期产生的原因。Ortalo-Magn 和 Rady（2006）识别了房价变动另一个驱动因素——年轻人首付支付能力。研究发现，房价与年轻人收入和交易量存在显著正相关关系。Maisel（1963）认为，住房存量是由家庭数量和空置率决定的，住房流量是由家庭结构、空置率和损坏率决定的。当受到收入、人口等外部冲击时，开发商根据未来住房市场变动预期调整住房开工量，从而导致空置率变化，引起住房市场波动。此外，住房供给滞后也会导致住房市场波动。Chen 等（2004）对香港、新加坡、东京和台北四城市房价波动的研究发现，香港、新加坡和台北具有较高房价长期波动率，这与它们高速经济增长紧密相关。Capozza 等（2004）对美国 62 个大都市区（MSA）1979~1995 年面板数据估计结果显示，这些大都市区均存在序列相关性，但均值恢复（Mean Reversion）仅存在于较大都市区和增长较快城市。Miller 和 Peng（2006）运用美国 277 个大都市区 1990~2002 年季度数据考察了大都市区住房价格的波动性问题。研究发现，大都市区产出增长率是房价波动的 Granger 因；房价波动又是人均收入和未来房价波动的 Granger 因。此外，正的冲击对房价波动影响较小、持续时间较短，但负的冲击对房价波动的影响较大、持续时间较长。梁云芳和高铁梅（2007）运用中国 1999~2006 年 28 个省份数据考察了房价波动的区域差异。研究发现，经济增长对中部房价变动影响最大，对东部和西部影响较小；房地产开发信贷规模对东、西部影响较大，对中部较小；实际利率对东、中、西部房价短期波动影响较小。综上所述，需求冲击、供给滞后以及经济增长将导致房价剧烈波动。

最近一部分文献从预期和投机角度研究了房价波动原因。Clayton（1996）采用加拿大温哥华数据检验了房价与基本价值和理性预期之间的关系。研究发现，基本价值能够解释房价波动的大部分，但理性预期对房价波动的解释微乎其微，说明房价波动是非理性的。

Muellbauer 和 Murphy（1997）对 1957~1994 年英国住房价格波动的研究发现，金融自由化是房价波动的主要原因，实际利率和收入预期也是房价波动的重要原因。Malpezzi

和 Wachter（2005）在住房存量调整（Stock Adjustment）模型和适应性预期基础上，建立了一个房地产投机模型。模拟结果显示，与需求一样，不仅供给对房价波动产生重大影响，投机对房价波动也产生重大影响。当供不应求时，投机对房价波动影响更大。沈悦、刘洪玉（2004）对中国 1995~2002 年 14 个城市数据的研究发现，若无年度虚拟变量，城市经济基本面可以解释住宅价格变动；加入年度虚拟变量，城市经济基本面的解释力大大下降了，但适应性预期对住宅价格变动具有显著影响。

综上所述，现有文献主要从实证角度研究房价波动原因，理论研究较少。在现有理论文献中，一部分文献从供求角度研究房价波动原因，但未考虑投机对房价波动的影响；另一部分文献从预期和投机角度研究房价波动原因，但预期和投机对供求的分析不完整。例如，Malpezzi 和 Wachter（2005）住房投机模型仅考虑了适应性预期而未考虑理性预期。另外，该模型未考察开发滞后对供给的影响。为此，本文在住房存量调整模型基础上，不仅考察了适应性预期和理性预期对房价波动的影响，而且考察了开发滞后对房价波动的影响。本文余下部分如下：第二部分构建附加预期和投机的房价波动理论模型；第三部分使用中国 35 个大中城市数据对理论模型进行了实证检验；最后是结论与政策含义。

二、理 论 模 型

本文在住房存量调整模型基础上，建立了一个同时考虑预期和投机的住房市场均衡模型，来说明房价波动。简单起见，我们对住房市场①做以下假定：①房价波动是指房价差分波动；②收入、人口、开发成本、上期房屋存量是外生的；③对未来价格预期包括理性预期和适应性预期两种；④未来价格预期仅有一期；⑤适应性预期是投机者依据过去房价信息对未来房价做出预测；⑥理性预期是投机者能够对未来房价做出正确预测；⑦投机是指套利行为，是未来房价的函数；⑧住房空置率为 v（v ≥ 0）；⑨开发滞后期只有一期；⑩住房损坏率为 δ；⑪供求函数是对数、加法可分的。

（一）需求函数

众所周知，住房既是消费品又是投资品。因此，住房需求既包括消费性需求又包括投资性需求。其中，消费性需求是本期价格的减函数，投资性需求②是未来价格的增函数。根据上述假设，住房需求函数可表示为：

$$\ln D_t = \alpha_0 + \alpha_1 \ln p_t + \alpha_2 \ln p^e_{t+1} + \alpha_3 \ln Y_t + \alpha_4 \ln N_t$$

$$(\alpha_1 < 0, \ \alpha_2 > 0, \ \alpha_3 > 0, \ \alpha_4 > 0) \tag{1}$$

---

① 通常，住房市场可分为买卖市场和租赁市场。为考察房价波动，本文仅分析买卖市场。
② 本文对投机与投资不作严格区分。

其中，D_t 表示 t 期住房需求量；p_t 表示 t 期房价；p_{t+1}^e 表示投资者在 t 期对 t+1 期房价的预期；Y_t 表示 t 期居民收入；N_t 表示 t 期总人口。显然，α_1、α_2、α_3 和 α_4 分别表示需求价格弹性、投机对需求影响、需求收入弹性、人口对需求的影响。

（二）供给函数

同样，考虑投机因素，住房供给函数不仅是本期房价的函数，也是未来房价的函数。换言之，开发商根据本期房价以及未来房价决定开发量。只有当房价高于开发成本时，开发才会发生。根据假设（9），住房开发具有滞后性，住房实际供给发生在下一期。因本期供给由上一期供给和本期新增供给构成，住房供给函数可表示为：

$$\ln S_t = (1 - \delta_{t-1} - v_{t-1})\ln S_{t-1} + \Delta\ln S_t \tag{2}$$

$$\Delta\ln S_t = \beta_0 + \beta_1 \ln p_{t-1} + \beta_2 \ln p_t^e + \beta_3 \ln C_{t-1}(\beta_1 > 0,\ \beta_2 > 0,\ \beta_3 < 0) \tag{3}$$

其中，S_{t-1} 表示 t-1 期住房存量；$\Delta\ln S_t$ 表示 t 期新增住房供给；p_{t-1} 表示 t-1 期房价；p_t^e 表示开发商在 t-1 期对 t 期房价的预期；C_{t-1} 表示 t-1 期住房开发成本。

式（3）表明，新增供给是上期房价和本期房价预期的增函数，是上期开发成本的减函数。同样，β_1 和 β_2 分别表示供给价格弹性、投机对供给的影响。

需要指出的是，本文将投机与预期关系界定为，投机是在预期下产生的。换言之，只有当投机者预期下期房价上涨时，才会进行投机。

（三）市场均衡

当住房市场均衡时，$\ln D_t = \ln S_t$。由式（1）和式（2）可得：

$$\alpha_0 + \alpha_1 \ln p_t + \alpha_2 \ln p_{t+1}^e + \alpha_3 \ln Y_t + \alpha_4 \ln N_t = (1 - \delta_{t-1} - v_{t-1})\ln S_{t-1} + \beta_0 + \beta_1 \ln p_{t-1} + \beta_2 \ln p_t^e$$
$$+ \beta_3 \ln C_{t-1} \tag{4}$$

1. 理性预期、投机与市场均衡

若投机者预期为理性预期，根据假设（4）和假设（6），则 $\ln p_{t+1}^e = E_t \ln p_{t+1}$，$\ln p_t^e = E_{t-1}\ln p_t$。由 Gali 和 Gertler（1999）对理性预期的定义可得，$E_t \ln p_{t+1} = \ln p_{t+1} - \varepsilon_{t+1}$，$E_{t-1}\ln p_t = \ln p_t - \varepsilon_t$。其中，$\varepsilon \sim N(0,\ \sigma^2)$。由式（4）可得：

$$\Delta\ln p_t = \frac{\alpha_2 \Delta\ln p_{t+1}}{\beta_2 - \alpha_1} - \frac{\beta_1 \Delta\ln p_{t-1}}{\beta_2 - \alpha_1} - \frac{(1 - \delta - v_{t-1})\Delta\ln S_{t-1}}{\beta_2 - \alpha_1} - \frac{\beta_3 \Delta\ln C_{t-1}}{\beta_2 - \alpha_1} + \frac{\alpha_3 \Delta\ln Y_t}{\beta_2 - \alpha_1} +$$
$$\frac{\alpha_4 \Delta\ln N_t}{\beta_2 - \alpha_1} + \frac{-\alpha_2 \Delta\varepsilon_{t+1} + \beta_2 \Delta\varepsilon_t}{\beta_2 - \alpha_1} \tag{5}$$

式（5）表明，在理性预期下，本期房价变动不仅受下期房价变动（预期及其投机）影响，而且受上期房价变动（开发滞后）影响；不仅受经济基本面变动（$\Delta\ln Y_t$、$\Delta\ln N_t$ 和 $\Delta\ln C_{t-1}$）影响，而且受预期和投机影响。由式（5）可得命题 1。

命题 1：若满足上述假设条件，且 $\alpha_1 < 0$，$\alpha_2 > 0$，$\alpha_3 > 0$，$\alpha_4 > 0$，$\beta_1 > 0$，$\beta_2 > 0$，$\beta_3 < 0$，则

$$\frac{\partial\left(\Delta\ln p_t\right)}{\partial\left(\Delta\ln p_{t+1}\right)} > 0, \quad \frac{\partial\left(\Delta\ln p_t\right)}{\partial\left(\Delta\ln p_{t-1}\right)} < 0, \quad \frac{\partial\left(\Delta\ln p_t\right)}{\partial\left(\Delta\ln S_{t-1}\right)} < 0, \quad \frac{\partial\left(\Delta\ln p_t\right)}{\partial\left(\Delta\ln C_{t-1}\right)} > 0, \quad \frac{\partial\left(\Delta\ln p_t\right)}{\partial\left(\Delta\ln Y_t\right)} > 0,$$

$$\frac{\partial\left(\Delta\ln p_t\right)}{\partial\left(\Delta\ln N_t\right)} > 0, \quad \frac{\partial\left(\Delta\ln p_t\right)}{\partial v_{t-1}} > 0_\circ$$

命题 1 的经济含义为：第一，下期房价增加越大，本期房价增加越大。也就是说，当投机者预测下期房价增加时，将增加本期需求，本期房价增加越大。第二，上期房价增加越大，在其他条件不变情形下，本期供给增加，本期房价增加越小。第三，上期住房存量增加越大，本期供给弹性越大，本期房价增加越小。第四，上期开发成本增加越大，本期住房供给增加越小，本期房价增加越大。第五，本期收入和人口增加越大，需求增加越大，本期房价增加越大。第六，上期空置率越大，投机活动越盛，从而本期房价增加越大。

2. 适应性预期、投机与市场均衡

若投机者预期为适应性预期，根据假设 (4) 和假设 (5)，则 $\ln p_{t+1}^e = \eta_1 \ln p_t$，$\ln p_t^e = \eta_2 \ln p_{t-1}$。其中，$\eta_1$ 和 η_2 表示适应性预期。显然，$\eta_1 > 1$，$\eta_2 > 1$。否则，投机者的投机行为毫无意义。由此可得：

$$\Delta\ln p_t = \frac{(\beta_1 + \beta_2\eta_2)\Delta\ln p_{t-1}}{\alpha_1 + \alpha_2\eta_1} + \frac{(1 - \delta - v_{t-1})\Delta\ln S_{t-1}}{\alpha_1 + \alpha_2\eta_1} + \frac{\beta_3\Delta\ln C_{t-1}}{\alpha_1 + \alpha_2\eta_1} - \frac{\alpha_3\Delta\ln Y_t}{\alpha_1 + \alpha_2\eta_1}$$
$$- \frac{\alpha_4\Delta\ln N_t}{\alpha_1 + \alpha_2\eta_1} \tag{6}$$

式 (6) 表明，在适应性预期下，本期房价变动只与上期房价变动相关，与下期房价变动无关。这是因为，投机者只根据过去房价预测未来房价。适应性预期被 Herring 和 Wachter (2002) 称为"灾难性近视"(Disaster Myopia)。由式 (6) 可得命题 2 和命题 3。

命题 2： 若满足上述假设条件，且 $\alpha_1 < 0$，$\alpha_2 > 0$，$\alpha_3 > 0$，$\alpha_4 > 0$，$\beta_1 > 0$，$\beta_2 > 0$，$\beta_3 < 0$，$\alpha_1 + \alpha_2\eta_1 < 0$，则 $\frac{\partial\left(\Delta\ln p_t\right)}{\partial\left(\Delta\ln p_{t-1}\right)} < 0$，$\frac{\partial\left(\Delta\ln p_t\right)}{\partial\left(\Delta\ln S_{t-1}\right)} < 0$，$\frac{\partial\left(\Delta\ln p_t\right)}{\partial\left(\Delta\ln C_{t-1}\right)} > 0$，$\frac{\partial\left(\Delta\ln p_t\right)}{\partial\left(\Delta\ln Y_t\right)} > 0$，

$\frac{\partial\left(\Delta\ln p_t\right)}{\partial\left(\Delta\ln N_t\right)} > 0$，$\frac{\partial\left(\Delta\ln p_t\right)}{\partial v_{t-1}} > 0_\circ$

命题 2 的经济含义为：当 $\alpha_1 + \alpha_2\eta_1 < 0$ 时，消费性需求占主导。因此，上期房价增加越大，本期房价越高，一方面将增加本期供给，另一方面将减少本期消费性需求，从而使本期房价增幅减小。同样，上期空置率越大，本期投机越大，本期房价增幅越大。

命题 3： 若满足上述假设条件，且 $\alpha_1 < 0$，$\alpha_2 > 0$，$\alpha_3 > 0$，$\alpha_4 > 0$，$\beta_1 > 0$，$\beta_2 > 0$，$\beta_3 < 0$，$\alpha_1 + \alpha_2\eta_1 > 0$，则 $\frac{\partial\left(\Delta\ln p_t\right)}{\partial\left(\Delta\ln p_{t-1}\right)} > 0$，$\frac{\partial\left(\Delta\ln p_t\right)}{\partial\left(\Delta\ln S_{t-1}\right)} > 0$，$\frac{\partial\left(\Delta\ln p_t\right)}{\partial\left(\Delta\ln C_{t-1}\right)} < 0$，$\frac{\partial\left(\Delta\ln p_t\right)}{\partial\left(\Delta\ln Y_t\right)} < 0$，

$\frac{\partial\left(\Delta\ln p_t\right)}{\partial\left(\Delta\ln N_t\right)} < 0$，$\frac{\partial\left(\Delta\ln p_t\right)}{\partial v_{t-1}} < 0_\circ$

命题 3 的经济含义为：当 $\alpha_1 + \alpha_2\eta_1 > 0$ 时，投机性需求占主导。因此，上期房价增加越大，本期房价越高，一方面将增加本期供给，另一方面将增加本期投机性需求，但供给缺乏弹性，导致本期房价增幅越大。此外，上期空置率越大，本期投机性供给越大，本期房价增幅越小。

三、实证检验

（一）数据

本文使用中国 35 个大中城市 1996~2007 年住房市场数据。房价、家庭收入、人口、住房施工面积、住房销售面积、人均住房面积和 CPI 来自各城市的《统计年鉴（1997~2008）》。各市土地开发投资、土地开发面积、土地购置费用、土地购置面积、房屋竣工价值和房屋竣工面积来自《中国房地产年鉴（2001~2008）》。名义抵押贷款利率来自中国人民银行网站（http：//www. pbc. gov. cn/）。[①] 其中，房屋造价由单位面积土地购置费用、单位面积土地开发投资和单位面积房屋竣工价值构成。[②] 前两者反映了土地成本，后者反映了房屋建造成本。住房存量由人均住房建筑面积与城市非农人口得到（存量住房＝人均住房建筑面积×城市非农人口）。为消除通货膨胀影响，我们以 1996 年为基年，经各市 CPI 将模型中所有价值型变量（房价、家庭收入、房屋造价）转化为实际变量。因各市名义抵押贷款利率相同，无法考察利率变动与房价变动之关系。为此，我们经各市 CPI 将名义抵押贷款利率转化为实际抵押贷款利率。最后，因无空置率数据，本文未考察空置率对房价变动的影响。

（二）经济计量模型

由式（5）可建立以下理性预期对数型房价波动模型：

$$\Delta \ln p_{it} = \phi_0 + \phi_1 \Delta \ln p_{it+1} + \phi_2 \Delta \ln p_{it-1} + \phi_3 \Delta \ln S_{it-1} + \phi_4 \Delta \ln c_{it} + \phi_5 \Delta \ln C_{it-1} + \phi_6 \Delta \ln N_{it}$$

$$+ \phi_7 \Delta \ln t_{it} + \phi_8 DE_i + \phi_9 DM_i + \sum_{T=1996}^{2007} \phi_{10} DY + \varepsilon_{it} \tag{7}$$

其中，p_{it+1} 和 p_{it-1} 分别为 i 市 t+1 期和 t-1 期实际住房均价；S_{it-1} 为 i 市 t-1 期住房存量，考察上期住房存量变动对本期房价变动影响；$\ln c_{it}$ 为 i 市 t 期平均家庭实际可支配收入；C_{it-1} 为 i 市 t-1 期住房实际平均造价；N_{it} 为 i 市 t 期非农人口；$\ln t_{it}$ 为 i 市 t 期实际利率，考察利率变动对房价变动影响；为考察地理位置对房价波动影响，我们以西部为基准，分别设立东部（DE_i）和中部（DM_i）两个地理位置虚拟变量；为反映宏观经济因素对房价波动影响，本文引入年度虚拟变量 DY。

---

① 对利率调整年份，我们通过天数加权计算每年抵押贷款利率。

② 单位面积土地购置费用＝土地购置费用/土地购置面积；单位面积土地开发投资＝土地开发投资/土地开发面积；单位面积房屋竣工价值＝房屋竣工价值/房屋竣工面积；房屋造价＝（单位面积土地购置费用＋单位面积土地开发投资）/容积率＋单位面积房屋竣工价值。

实际上，测度理性预期非常困难。对理性预期实际测度时，学界通常采用两种方法：一是将未来一期的实际变量作为本期理性预期变量。例如，Blanchard 和 Kahn（1980）以及 Gali 和 Gertler（1999）的经典文献都采用该法。二是以替代变量来表示理性预期。例如，Carlson 和 Parkin（1975）以及 Fluri 和 Spoerndli（1987）均使用调查数据来测度通货膨胀理性预期值。因无房价预期调查数据，本文依据学界对通胀预期的标准处理方法，采用下期实际变量作为本期理性预期变量。[①]

同样，由式（6）可建立以下适应性预期对数型房价波动模型：

$$\Delta \ln p_{it} = \gamma_0 + \gamma_1 \Delta \ln p_{it-1} + \gamma_2 \Delta \ln S_{it} + \gamma_3 \Delta \ln c_{it} + \gamma_4 \Delta \ln C_{it-1} + \gamma_5 \Delta \ln N_{it} + \gamma_6 \Delta \ln t_{it} + \gamma_7 DE_i$$

$$+ \gamma_8 DM_i + \sum_{T=1996}^{2007} \gamma_9 DY + u_{it} \tag{8}$$

在上述模型中，上期房价和下期房价与本期家庭收入、上期房价与下期房价可能存在多重共线性问题。经相关性检验，上述变量的一阶差分不存在多重共线性问题。[②]此外，本期房价变动、下期房价变动与上期房价变动还可能存在内生性问题。下文中，我们通过系统 GMM 方法解决内生性问题。

（三）描述性分析

附表 1 显示，35 个大中城市自 1999 年以来均经历了房价持续不断的增长。[③]首先，2004 年后，大多数城市经历了房价快速增长，但增速不同。其中，武汉、广州、厦门、杭州、大连、青岛、成都、石家庄、郑州、海口、重庆、贵阳、南京、合肥、南昌、长沙和呼和浩特这 17 个城市房价增速最快，环比增速都在 15% 以上。这些城市不仅包括东部城市，还包括中、西部城市。这表明，房价快速上涨并非个别城市现象，而是普遍现象。

其次，个别城市出现房价增速大起大落现象。例如，济南 2004 年房价增速为 45.3%，2005 年降为 1.4%，2006 年升至 12.5%，2007 年降至 7.1%。福州 2004 年房价增速为 45.5%，2005 年降至 -0.9%，2006 年升至 6.7%。乌鲁木齐 2004 年房价增速为 -12.5%，2005 年升为 10.5%，2006 年降至 -11.7%，2007 年升至 27.3%。房价增速的大起大落，易导致房价泡沫破灭。因此，政府必须将房价控制在合理水平。

最后，大部分城市房价均出现了明显负增长现象。这些城市包括福州、乌鲁木齐、银川、合肥、长沙、广州、海口、成都、呼和浩特、西安、兰州、太原、深圳、北京、乌鲁木齐、沈阳、长春、上海、南宁、石家庄和昆明。这些城市房价负增长主要出现在 1999 年房改前后。这段时间中国正经历通货紧缩。

---

① 此外，根据匿名审稿人意见，本文还运用与预期房价相关的滞后变量（开工量和地价）对预期房价进行预测，但预期房价预测值回归系数不显著，本文未报告回归结果，感兴趣的读者可向作者索取。

② 限于篇幅，本文未报告变量相关系数矩阵，感兴趣的读者可向作者索取。

③ 限于篇幅，本文未给出 1999 年之前数据，感兴趣的读者可向作者索取。

（四）单位根检验

为避免伪回归，需对模型中变量进行单位根检验。通常，单位根检验包括同质面板的单位根检验和异质面板的单位根检验两类。前者主要有 LLC 检验（Levin 等，2002）；后者主要有 LPS（Im 等，2003）、Fisher-ADF 和 Fisher-PP 检验（Maddala 和 Wu，1999）。表 1 显示，所有变量一阶差分是稳定的。这表明一阶差分方程符合建模要求。

表 1　变量单位根检验

变量	水平值方程				一阶差分方程			
	Levin–Lin	IPS	Fisher–ADF	Fisher–PP	Levin–Lin	LPS	Fisher–ADF	Fisher–PP
$\ln p_{it}$	−15.76*** (0.00)	0.23 (0.59)	41.55 (0.99)	58.77 (0.82)	−18.46*** (0.00)	−3.70*** (0.00)	122.78*** (0.00)	361.21*** (0.00)
$\ln S_{it}$	−7.50*** (0.00)	0.29 (0.61)	10.63 (1.00)	11.88 (1.00)	−16.09*** (0.00)	−5.23*** (0.00)	105.31*** (0.00)	288.74*** (0.00)
$\ln Inc_{it}$	−18.42*** (0.00)	−1.17 (0.12)	157.59*** (0.00)	160.63*** (0.00)	−26.06*** (0.00)	−3.31*** (0.00)	108.01*** (0.00)	321.27*** (0.00)
$\ln C_{it-1}$	−19.58*** (0.00)	0.12 (0.55)	80.68 (0.18)	203.41*** (0.00)	−12.16*** (0.00)	−50.36*** (0.00)	101.95*** (0.01)	360.80*** (0.00)
$\ln t_{it}$	−16.31*** (0.00)	−6.82*** (0.00)	66.24 (0.61)	80.50 (0.18)	−23.42*** (0.00)	−9.06*** (0.00)	661.39*** (0.00)	460.31*** (0.00)
$\ln N_{it}$	−11.94*** (0.00)	2.83 (0.99)	68.95 (0.51)	64.91 (0.65)	−19.89*** (0.00)	−3.64** (0.00)	184.11*** (0.00)	259.85*** (0.00)

注：①括号内为 P 值；②***、**、* 分别表示在 1%、5% 和 10% 水平上拒绝"有单位根"的原假设；③估计方程含截距项、滞后项和时间趋势项。

（五）实证结果

因滞后因变量作为自变量，本文经济计量模型为动态面板数据（DPD）模型。因滞后因变量与误差项相关，OLS、RE 和 FE 估计结果是有偏的。为此，本文采用 Arellano 和 Bond（1995）以及 Blundell 和 Bond（1998）提出的系统 GMM（SYS-GMM）估计方法。Hansen 和 Singleton（1982）也建议使用 GMM 方法对带有预期变量的动态优化模型进行估计。系统 GMM 首先通过一阶差分解决了变量不稳定性问题，然后通过工具变量解决了内生性问题，最后通过引入滞后因变量解决了序列相关问题。① 在实际估计时，上期房价和下期房价视为内生变量，其他变量视为外生变量。两步系统 GMM 估计结果如表 2 所示。

表 2 表明，无论是理性预期模型还是适应性预期模型，解释变量符号与理论符号基本一致。Sargan 检验结果表明，工具变量是有效的。AR（1）和 AR（2）结果表明，模型差分误差项不存在序列相关。

---

① 限于篇幅，本文未将 SYS-GMM 估计过程列出，感兴趣的读者可向作者索取。

表 2　1996~2007 年中国 35 个大中城市房价波动 GMM 回归结果

$\Delta\ln p_{it}$	适应性预期模型			理性预期模型		
	模型 1	模型 2	模型 3	模型 4	模型 5	模型 6
$\Delta\ln p_{it-1}$	−0.16*** (−24.39)	−0.18*** (−9.42)	−0.17*** (−7.47)	−0.19*** (−45.89)	−0.18*** (−8.16)	−0.18*** (−9.68)
$\Delta\ln p_{it+1}$				0.07*** (11.38)	0.05* (1.98)	0.04* (1.70)
$\Delta\ln S_{it-1}$		−0.07*** (−6.45)	−0.06*** (−4.55)		−0.09*** (−6.37)	−0.09*** (−7.53)
$\Delta\ln Inc_{it}$		0.18*** (3.69)	0.16*** (3.11)		0.14*** (4.32)	0.15*** (4.28)
$\Delta\ln C_{it-1}$		0.05*** (9.99)	0.06*** (9.85)		0.10*** (11.07)	0.10*** (11.92)
$\Delta\ln N_{it}$		0.01 (0.18)	0.03 (0.78)		0.13*** (3.20)	0.11*** (2.66)
$\Delta\ln t_{it}$		0.40*** (5.91)	0.42*** (7.72)		0.73*** (6.80)	0.78*** (8.20)
DE			−0.06** (−2.42)			−0.01 (−0.38)
DM			0.05 (1.43)			−0.07 (−1.60)
常数项	0.07*** (32.22)	0.06** (9.55)	0.07*** (3.51)	0.06*** (43.53)	0.04*** (9.40)	0.06*** (3.37)
AR（1）值	−3.91 (0.00)	−3.47 (0.00)	−3.61 (0.00)	−3.58 (0.00)	−3.16 (0.00)	−3.24 (0.00)
AR（2）值	−0.16 (0.87)	0.38 (0.70)	0.47 (0.63)	−2.23 (0.43)	−0.43 (0.66)	−0.14 (0.89)
Sargan 值	34.97 (0.99)	32.83 (0.99)	31.71 (0.99)	34.17 (0.99)	30.83 (1.00)	31.99 (0.99)
Wald chi2	594.81	2145.23	1023.60	2549.54	489.66	1377.28
观测值	315	280	280	280	245	245

注：①括号内为 Z 值；②***、** 和 * 分别表示在 1%、5% 和 10% 水平上显著；③AR（1）和 AR（2）值为一阶差分残差序列相关性的检验值，Sargan 值为过度识别限制的检验值，括号内为 P 值；④限于篇幅，未报告年度虚拟变量估计结果。

对适应性预期模型而言，模型 1 显示，若不考虑经济基本面，上期房价系数为负，且在 1% 水平上显著。上期房价每增加 1%，本期房价增长率将减少 0.16%。可见，上期房价增加越大，开发商则会增加本期供给，消费者减少本期需求，致使本期房价增幅减小。由命题 2 和命题 3，说明中国城市房价波动并非由投机性需求决定，而是由消费性需求决定。模型 2 显示，若考虑经济基本面，上期房价作用基本不变，但经济基本面的作用大于预期。上期房价每增加 1%，本期房价增长率将减少 0.18%；上期住房存量每增加 1%，本期房价增长率将减少 0.07%。本期收入每增加 1%，本期房价增长率将增加 0.18%；上期开发成本每增加 1%，本期房价增长率将增加 0.05%。可见，收入对房价波动的影响大于成本。因此，城市房价波动并非成本推动而是需求拉动的。本期利率每增加 1%，本期房价增长率将增加 0.40%。可见，央行的利率政策加剧了房价波动。模型 3 显示，若考虑地理位置，大部分系数的估计结果与模型 2 基本一致，这表明回归结果基本是稳健的。

对理性预期模型而言，因包含了 p_{it+1} 和 p_{it-1}，该模型实际上既包含了理性预期又包含了适应性预期，可同时对其进行考察。模型 4 显示，若不考虑经济基本面，上期房价和下期房价回归系数均在 1% 水平上显著，且符号符合理论预期。上期房价每增加 1%，本期房价增长率将减少 0.19%；下期房价每增加 1%，本期房价增长率将增加 0.07%。这表明，理性预期作用小于适应性预期作用。换言之，投机者主要是依据上期房价变动从事投机活动。这与 Herring 和 Wachter（2002）认为房地产市场预期大多为适应性预期是一致的。模型 5 显示，若考虑经济基本面，下期房价回归系数在 10% 水平上显著，但经济基本面因素作用大于预期。上期房价每增加 1%，本期房价增长率将减少 0.18%；下期房价每增加 1%，本期房价增长率将增加 0.05%；上期住房存量每增加 1%，本期房价增长率将减少 0.09%；本期收入每增加 1%，本期房价增长率将增加 0.14%；上期开发成本每增加 1%，本期房价增长率将增加 0.10%；本期人口每增加 1%，本期房价增长率将增加 0.13%；本期利率每增加 1%，本期房价增长率将增加 0.73%。可见，利率作用最大，其次是上期房价，然后是收入和人口。这表明，利率政策更易引起房价波动；收入和人口变动较大的城市，房价波动也较大。其中，基本经济面作用（经济面因素系数求和）大于预期作用（上期房价和下期房价回归系数绝对值求和）。这表明，中国大中城市房价波动总体上是由经济面因素决定的，而非预期和投机决定的。但这并非意味着个别城市房价波动不是由预期和投机决定的。模型 6 显示，若考虑地理位置，下期房价回归系数在 10% 水平上显著。此外，其他变量系数的估计结果与模型 5 基本一致。这同样表明，模型 6 回归结果基本是稳健的。最后，东部和中部城市地理位置虚拟变量回归系数不显著。这表明，房价波动并未在地理位置上表现出明显差异。

四、结 论 与 政 策 含 义

通过理论分析和实证分析，本文得出了以下结论：

（1）本文在住房存量调整模型基础上，论证了预期和投机对房价波动的影响。理性预期模型表明，理性预期房价越高，投机越盛，本期房价波动越大。适应性预期模型表明，当投机性需求占主导时，上期房价增加越大，本期房价增加越大；当消费性需求占主导时，上期房价增加越大，本期房价增加越小。本文实证结果支持了上述命题。

（2）35 个大中城市的回归结果表明，第一，预期及其投机对中国城市房价波动都具有较强解释力。下期房价每增加 1%，本期房价增长率将增加 0.04%；上期房价每增加 1%，本期房价增长率将减少 0.17%。因此，为防止房价大起大落，政府应采取有效措施对房价增长预期进行调整，同时打击投机行为。第二，理性预期作用小于适应性预期作用。这表明，投机者主要是依据上期房价变动从事投机活动。因此，政府应重视适应性预期对房价波动的影响。第三，经济基本面作用大于预期。这表明中国城市房价波动主要是由经济面而非预期决定的，但这并非意味着个别城市房价波动不是由预期和投机决定的。因此，政府应高度重视预期和投机对房价波动的影响。第四，在经济基本面因素中，利率变动对房价波动影响最大。这表明央行的利率政策加剧了房价波动。第五，收入作用大于开发成本。这说明，开发成本并非房价波动的重要因素。第六，人口增长较快城市，房价增加较快。这意味着，城市化较快城市易产生房价泡沫。因此，政府应重点控制城市化较快城市房价的上涨。第七，因地理位置虚拟变量回归系数不显著，房价波动并未在地理位置上表现出明显差异。

参考文献

［1］梁云芳，高铁梅. 中国房地产价格波动区域差异的实证分析 ［J］. 经济研究，2007（8）.

［2］沈悦，刘洪玉. 住宅价格与经济基本面：1995~2002 年中国 14 城市的实证研究 ［J］. 经济研究，2004（6）.

［3］Capozza, R. Dennis, Patric H. Hendershott, and Charlotte Mack, 2004, "An Anatomy of Price Dynamics in Illiquid Markets: Analysis and Evidence from Local Housing Markets", Real Estate Economics, Vol. 32, 1, pp. 1–32.

［4］Chen, Ming-Chi, Yuichiro Kawaguchi, and Kanak Patel, 2004, "An Analysis of the Trends and Cyclical Behaviours of House Prices in the Asian Markets", Journal of Property Investment & Finance; Vol. 22, 1, pp. 55–75.

［5］Clayton, Jim, 1996, "Rational Expectations, Market Fundamentals and Housing Price Volatility", Journal of Real Estate Economics, Vol. 24, 4, pp. 441–470.

［6］Easterlin, A. Richard , 1966, "Economic-Demographic Interactions and Long Swings in Economic Growth", America Economic Review, Vol. 56, pp. 1063–1104.

［7］Fluri, R., and E. Spoerndli, 1987, "Rationality of Consumers' Price Expectations—Empirical Testsusing Swiss Qualitative Survey Data", Paper Presented to 18th CIRET Conference.

［8］G. S. Maddala, and S. Wu, 1999, "A Comparative Study of Unit Root Tests with Panel Data and A New Sample Test", Oxford Bulletin of Economics and Statistics, Vol. 61, pp. 631–651.

［9］Gal, Jordi and Mark Gertler, 1999, "Inflation Dynamics: A Structural Econometric Approach", Journal of Monetary Economics, Vol. 44, 2, pp. 195–222.

［10］Grebler, Leo; David Blank, and Louis Winnick, 1956, Capitalformation in Resident ial Real Estat e. Princeton, NJ: NBER, Princeton U. Press.

［11］Hansen, Lars Peter and Kenneth J. Singleton, 1982, "Generalized Instrumental Variables Estimation of Nonlinear Rational Expectations Model." Econometrica, Vol. 27, No. 105, pp. 1–31.

［12］Hendershott, H. Patric and Smith Marc, 1985, Household Formations in the Level and Composition of Household Saving, Ed.: Patric H. Hendershott. Cambridge, MA: Ballinger Pub. Co., pp. 183–203.

［13］ Herring, J. Richard and Susan Wachter, 2002, "Bubbles in Real Estate Markets", Working Paper, No. 402, Zell/Lurie Real Estate Center, University of Pennsylvania.

［14］ Im, Kyung So, M. Hashem Pesaran, and Yongcheol Shin, 2003, "Testing for Unit Roots in Heterogeneous Panels", Journal of Econometrics, Vol. 115, pp. 53-74.

［15］ J. A. Carlson, and J. M. Parkin, 1975, "Inflation Expectations", Econometrica, Vol. 42, No. 166, pp. 123-138.

［16］ Jaffee, M. Dwight and T. Rosen Kenneth, 1979, "Mortgage Credit Availability and Residential Construction", Brookings Papers of Economic Activity, Vol. 2, pp. 333-376.

［17］ Kuznets, Simon, 1952, "Long Term Changes in National Income of the United States Since 1870", in Income and Wealth, Series II. Ed.: Simon Kuzents. London and NY: Cambridge U. Press.

［18］ Levin, Andrew, Chien-Fu Lin, and Chia-Shang James Chu, 2002, "Unit Root Tests in Panel Data: Asymptotic and Finite Sample Properties", Journal of Econometrics, Vol. 108, pp. 1-24.

［19］ M. Arellano, and O. Bover, 1995, "Another Look at the Instrumental Variable Estimation of Error-Components Models", Journal of Econometrics, Vol. 68, pp. 29 3/52.

［20］ Maisel, J. Sherman, 1963, "A Theory of Volatilities in Residential Construction Starts", American Economic Review, Vol. 53, No. 3, pp.359-383.

［21］ Maisel, J. Shierman, 1960, "Changes in the Rate and Components of Household Formation", Journal of American Statistical Association, Vol. 55, 2, pp. 268-283.

［22］ Malpezzi, Stephen and Susan M. Wachter, 2005, "The Role of Speculation in Real Estate Cycles", Journal of Real Estate Literature. Vol.13, No. 2, pp. 143-164.

［23］ Miles, William, 2008, "Volatility Clustering in U. S. Home Prices", Journal of Real Estate Research, Vol. 30, 1, pp. 73-90.

［24］ Miller, Norman and Liang Peng, 2006, "Exploring Metropolitan Housing Price Volatility", Journal of Real Estate Finance and Economics, Vol. 133, pp. 5-18.

［25］ Muellbauer, John and Anthony Murphy, 1997, "Booms and Busts in the UK Housing Market", Economic Journal, Vol. 107, No. 445, pp.1701-1727.

［26］ O. Blanchard and C. Kahn, 1980, "The Solution of Linear Difference Equations under Rational Expectation", Econometric, Vol. 48, pp.1305-1311.

［27］ Ortalo-Magn, Francois and Sven Rady, 2006, "Housing Market Dynamics: On the Contribution of Income Shocks and Credit Constraints", Review of Economic Studies, Vol. 73, pp. 459-485.

［28］ R. Blundell, and S. Bond, 1998, "Initial Conditions and Moment Restrict ions in Dynamic Panel Data Models", Journal of Econometri cs, Vol. 87, pp. 115-143.

［29］ Smith, B. Lawrence, 1984, "Household Headship Rates, Household Formation and Housing Demand in Canada", Land Economics, Vol. 60, 2, pp. 180-188.

附表 1　1999~2007 年中国 35 个大中城市房价及其增长率

单位: 元/平方米、%

城市	指标	1999	2000	2001	2002	2003	2004	2005	2006	2007
石家庄 (中部)	房价	1808	1875	1949	1811	1816	1547	1870	2041	2452
	房价增长率	3.7	3.7	3.9	−7.1	0.3	−14.8	20.8	9.1	20.1
南京 (东部)	房价	2846	2892	2907	2923	35101	3516	4072	4477	5303
	房价增长率	1.6	1.6	0.5	0.5	20.1	1.0	15.8	9.9	18.4
杭州 (东部)	房价	2563	2689	2845	3526	3871	4248	5619	5967	7432
	房价增长率	2.9	4.9	5.8	23.9	9.8	9.7	32.2	6.1	24.5
合肥 (中部)	房价	1744	1744	1753	1753	1859	2491	3006	2874	3326
	房价增长率	−0.6	0.0	0.5	0.0	6.1	33.9	20.6	−4.3	15.7
南昌 (中部)	房价	1435	1481	1541	1688	1757	2430	2587	3126	3558
	房价增长率	1.6	3.2	4.0	9.5	4.1	38.2	6.4	20.8	13.8
郑州 (中部)	房价	1956	1946	1958	2027	2083	2099	2638	2888	3573
	房价增长率	1.1	−0.5	0.6	3.5	2.8	0.7	25.6	9.4	23.7
武汉 (中部)	房价	1683	1708	1813	1928	2020	2516	3062	3535	4664
	房价增长率	−1.4	1.5	6.1	6.3	4.8	24.5	21.7	15.4	31.9
长沙 (中部)	房价	1789	1782	1820	1802	1857	2039	2314	2431	3308
	房价增长率	−1.5	−0.4	2.1	−0.9	3.1	9.7	13.4	5.0	36.0
广州 (东部)	房价	4367	4249	4262	4200	4813	4356	5041	6125	8439
	房价增长率	−4.9	−2.7	0.3	−1.4	14.6	−9.4	15.7	21.5	37.7
海口 (东部)	房价	1974	1962	1959	2119	2199	2237	2650	2786	3516
	房价增长率	−4.1	−0.6	−0.2	8.1	3.8	1.7	18.4	5.1	26.2
重庆 (西部)	房价	1403	1423	1443	1556	1563	1751	2134	2269	2722
	房价增长率	3.3	1.4	1.4	7.8	0.5	11.9	21.9	6.2	19.9
成都 (西部)	房价	1818	1842	1848	1975	1961	2224	2870	3499	3645
	房价增长率	3.3	1.3	0.3	6.8	−0.7	13.4	29.0	21.9	4.1
贵阳 (西部)	房价	1420	1476	1488	1643	1679	1802	2169	2338	2902
	房价增长率	3.3	3.9	0.8	10.4	2.2	7.3	20.3	7.7	24.1
大连 (东部)	房价	2789	2795	2801	2843	2882	2973	3580	4256	5567
	房价增长率	2.4	0.2	0.2	1.4	1.4	3.1	20.4	18.8	30.8
青岛 (东部)	房价	1853	1896	1974	2186	2225	2966	3604	4001	5105
	房价增长率	3.7	2.3	4.1	10.7	1.8	33.2	21.5	11.0	27.5
厦门 (东部)	房价	2777	2779	2841	3072	3136	4146	5503	6340	8250
	房价增长率	0.5	1.0	2.2	8.1	2.1	32.1	32.7	15.2	30.1
呼和 浩特 (西部)	房价	1473	1502	1539	1498	1508	1648	2057	2368	2596
	房价增长率	−1.8	2.0	2.4	−2.6	0.7	9.2	24.8	15.1	9.6
济南 (东部)	房价	1896	1949	1985	2101	2124	3087	3132	3524	3776
	房价增长率	1.5	2.8	1.8	5.8	1.1	45.3	1.4	12.5	7.1
福州 (东部)	房价	2105	2111	2133	2451	2857	4159	4119	4396	4694
	房价增长率	−0.1	0.3	1.0	14.9	16.6	45.5	−0.9	6.7	6.8

续表

城市	指标	1999	2000	2001	2002	2003	2004	2005	2006	2007
西安 （西部）	房价	2029	2055	2095	2042	2097	2663	3444	3316	3379
	房价增长率	0.4	1.3	1.9	−2.5	2.7	26.9	29.3	−3.6	0.8
兰州 （西部）	房价	1609	1617	1660	1643	1690	2282	2590	2614	2967
	房价增长率	1.5	0.5	2.6	−1.0	9.0	34.9	13.4	0.9	13.5
太原 （中部）	房价	2008	2030	2035	2191	2252	2675	3575	3565	3862
	房价增长率	−2.2	1.1	0.2	7.6	2.8	18.7	33.6	−0.2	8.3
西宁 （西部）	房价	1348	1363	1370	1464	1483	1725	1877	1940	2313
	房价增长率	1.0	1.1	0.5	6.8	1.3	16.3	8.8	3.3	19.2
深圳 （东部）	房价	5806	5760	5818	5802	5796	6045	6474	7238	8346
	房价增长率	−2.2	−0.8	1.0	−0.2	−0.1	3.0	7.1	11.8	15.3
北京 （东部）	房价	5022	4997	5062	4764	4778	5053	5401	5877	6546
	房价增长率	0.1	−0.5	1.3	−5.8	0.3	5.7	6.9	8.8	11.4
天津 （东部）	房价	2346	2346	2375	2487	2588	2938	3114	3323	3556
	房价增长率	0.0	0.0	1.2	4.7	4.1	13.5	6.0	6.7	7.0
乌鲁 木齐 （西部）	房价	1915	1961	1981	2315	2456	2147	2373	2095	2667
	房价增长率	1.4	2.4	1.0	16.8	6.1	−12.5	10.5	−11.7	27.3
沈阳 （东部）	房价	2792	2686	2739	2738	2753	2926	3027	3376	3699
	房价增长率	14.2	−3.0	1.9	0.0	0.5	6.2	3.4	11.5	9.5
长春 （中部）	房价	2086	2224	2282	2421	2437	2260	2393	2572	3250
	房价增长率	4.6	6.6	2.6	6.1	0.7	−7.2	5.8	7.4	26.3
哈尔滨 （中部）	房价	2175	2214	2257	2336	2340	2494	2700	2703	3053
	房价增长率	0.2	1.8	1.9	3.5	0.2	6.5	8.2	0.1	12.9
上海 （东部）	房价	3755	3703	3866	4134	4142	4800	5266	5198	5374
	房价增长率	−3.8	−1.4	4.4	6.9	0.2	15.9	9.7	−1.3	3.4
南宁 （西部）	房价	2210	2194	2230	2372	2419	2482	2388	2656	2924
	房价增长率	−2.1	−0.7	1.6	6.3	2.0	2.5	−3.7	11.2	10.0
宁波 （东部）	房价	1803	1902	2040	2613	2662	3032	3220	329	3574
	房价增长率	0.6	5.5	7.2	28.0	1.9	13.9	6.2	2.2	8.6
银川 （西部）	房价	1771	1810	1887	2207	2187	2077	2593	2398	2407
	房价增长率	6.1	2.2	4.2	16.9	−0.9	−5.0	24.8	−7.5	0.3
昆明 （西部）	房价	2381	2386	2379	2276	2323	2474	2640	2674	2767
	房价增长率	2.3	1.2	−0.3	−4.3	2.1	6.4	6.7	1.3	3.5

Expectation, Speculation and Urban Housing Price Volatility in China

Kuang Weida

Abstract: Based on the housing stock adjustment model, the paper investigates the impact of the expectation and its speculation upon housing prices. The theoretical model illustrates that the higher is the rational expectation housing price, the rampant is the speculation and the greater is the housing price volatility. The increase of the lagged housing price will give rise to the depreciation of current housing price, should the consumption demand dominates the aggregate demand. The increase of the lagged housing price, however, will lead to the escalation of current housing price provided that speculative demand dominates the aggregate demand. Using the data of 35 major cities in China from 1996 to 2007, the paper shows that the expectation and its speculation are testified to have a greater influence on the housing price volatility. The other findings include: the role of the economic fundamentals is more important than that of expectation, but it does not imply that the housing price volatilities in some cities will not derived from the expectation and speculation; the impact of the lagged housing price is greater than that of the forward housing price, which means the role of adaptive expectation is more important than that of rational expectation; the actual interest rate has the greatest impact on housing price volatility, which indicates that interest policies exacerbate housing price volatility; the role of household income is more significant than that of developing cost; the population growth will facilitate the housing price volatility; the housing price volatility does not vary across cities.

Key Words: rational expectation, adaptive expectation, speculation, housing price volatility

媒体的公司治理作用：中国的经验证据 *

李培功　　沈艺峰

【内容提要】借助一个独特的样本，本文实证分析了我国媒体的公司治理作用，证实媒体在完善公司治理水平、保护投资者权益方面具有积极作用。随着媒体曝光数量的增加，上市公司改正违规行为的概率也随之提高。通过对媒体不同特征的分类，本文发现，相对于政策导向性媒体，市场导向性媒体具有更加积极的治理作用；深度报道以及曝光内容涉及对投资者构成严重侵害的报道也表现出显著的治理效果。进一步的研究表明，我国媒体公司治理作用的发挥是通过引起相关行政机构的介入实现的。这一发现符合行政治理文献的一般原理，也为行政治理理论在转型国家的有效性提供了一份新的经验证据。本文不仅拓展了文献对媒体在转型国家发挥治理作用机制的认识，也为转型国家如何充分发挥媒体的治理作用提供了政策建议。

【关键词】媒体；公司治理；社会监督

一、引　言

迄今，绝大部分公司治理文献都是沿用经济理论的委托—代理分析框架，将公司治理看成是由于所有权和控制权分离而必须在股东、董事会和管理层之间所做出的制度安排（Shleifer 和 Vishny，1997），或由于大股东与中小投资者的利益冲突而引发的法律保护问题（La Porta 等，1998，2000）。然而，许多问题仍然没有得到很好的解答。一方面，虽然

* 本文选自《经济研究》2010 年第 4 期。

基金项目：本文得到国家自然科学基金重点项目（70632001）和教育部人文社科研究项目（09YJC630140）的资助。作者感谢 Shijun Cheng 教授、原红旗教授、肖珉副教授、姜国华教授、夏立军教授、黄庆堂副教授和 Jerry Parwada 教授为本文提供的宝贵意见，以及 2009 年"新兴市场公司财务与治理国际研讨会"与会者的有益评论，特别感谢匿名审稿人富有启发性的评论和修改建议，文责自负。

作者简介：李培功、沈艺峰，厦门大学管理学院财务学系，邮政编码：361005，电子信箱：pgli@xmu.edu.cn，yf-shen@xmu.edu.cn。

法与金融理论表明，完善法律对投资者权利的保护可能是促进金融市场发展、提高公司治理水平的重要途径（Demirgüc-kunt 和 Maksimovic，1998；Allen 等，2005），但转型经济学家却指出，在转型国家里，正式法律制度的完善并非朝夕可就。首先，文化、宗教和语言的差异使新兴和转型经济体国家无法完整地移植发达国家成熟的投资者法律保护制度；其次，转型国家普遍存在执法效率低下、信息披露不充分等缺陷；最后，由于历史原因，既有社会网络和政治规范等法律外制度已经成为投资者法律保护的自然替代，用法律制度来替代法律外制度需要一个过程（钱颖一，1995；Pistor 和 Xu，2005）。因此，目前必须同样重视对法律外替代机制在公司治理中作用的研究（Coffee，2001；Stultz 和 Williamson，2003；郑志刚，2007；Hilary 和 Hui，2009）。在这些替代机制中，媒体的公司治理作用获得了广泛的重视（Dyck 和 Zingales，2004；Monks 和 Minow，2004；Miller，2006；Joe 等，2009）。另一方面，近年来，大众对公司承担更多社会责任的期望、相关利益者理论的盛行和公司投资者关系管理的需要，使得公司治理问题日益社会化。从公司社会责任角度来看，公司作为社会公民，应承担起自己的责任，在社会治理中扮演积极的角色（Davis，1975；Marsden，2000）；从相关利益者角度来看，按照相关利益者理论的定义，除股东、债权人、员工、客户、供应商等第一层级的相关利益者外，能够影响公司或受公司影响的人还包括媒体和其他在公司具有特殊利益的人，他们属于相关利益者的第二层级。虽然公司的生存不取决于这部分人，但却同样受到他们的影响（Freeman，1984；Clarkson，1995）；从公司投资者关系管理角度来看，媒体是投资者关系管理的重要客体，在投资者关系管理中发挥双重作用：其一，作为公司信息披露的载体，媒体向资本市场传递相关信息；其二，媒体对公司行为进行有效的外部监督（Craven 和 Marston，1997；潘功胜等，2008）。以上表明，公司治理问题的社会化已经要求公司治理不仅仅局限于公司内部的监督与控制，还要接受社会的监督。借助于媒体传播的新闻舆论便是公司治理社会监督的重要组成部分。

国外学者对媒体的公司治理角色普遍抱有乐观的态度。使用发行量作为媒体影响力的代理变量，Dyck 和 Zingales（2004）报告说，媒体能有效降低控制权的私人收益。Miller（2006）的研究表明，媒体在揭示会计丑闻的过程中扮演了积极的角色。Dyck 等（2008）进一步发现，媒体曝光能够促使企业改正侵害外部投资者权益的行为。Joe 等（2009）则将研究聚焦在媒体曝光对董事会的影响。他们发现，在媒体曝光缺乏效率的董事会名单后，这些公司通常会采取积极措施来提高董事会效率。

那么，媒体在我国上市公司的治理中又扮演了怎样的角色呢？据我们所知，目前国内该方面的文献很少，如贺建刚等（2008）的案例研究。通过对五粮液公司2003年之后的关联交易和现金股利的追踪分析，贺建刚等发现媒体并没有起到抑制大股东掏空行为的作用。然而，案例分析的结论能在多大程度上推广为一般性结论仍需进一步的研究。

借助一个独特的样本，本文详细研究了媒体在完善公司治理、保护投资者利益方面所扮演的角色。分析表明，随着媒体负面报道的增加，上市公司改正违规行为的概率也随之提高。媒体的性质、报道方式以及报道手法等也会对企业改正违规行为产生不同的影响。

进一步，我们发现，媒体曝光提高了行政机构介入违规公司的可能性，而行政机构的介入则显著提高了上市公司改正违规行为的概率。这表明，媒体在我国的公司治理作用主要是通过引起行政机构的介入实现的。在控制内生性问题后，上述结论保持不变。本文的贡献在于拓展了现有文献对媒体公司治理机制的认识，特别是为转型国家如何充分发挥媒体的治理作用提供了政策建议。

本文其余部分安排如下：第二部分就文献中媒体发挥治理作用的机制进行了整理，并重点分析了我国独特的制度背景；第三部分介绍本文的研究样本、变量定义，并报告相关的描述性统计；第四部分实证分析媒体是否在我国发挥了积极的公司治理作用以及媒体在我国发挥治理作用的机制；第五部分总结全文。

二、理论与制度背景分析

媒体通常不拥有其他公司的所有权，也不掌握这些公司的控制权。那么，理论上如何理解媒体在公司治理中的作用呢？文献表明，媒体主要通过声誉机制来影响公司治理。Dyck 等（2008）指出，在私有产权和成熟的经理人市场这两个前提条件下，媒体的治理作用是通过影响经理人的声誉实现的。Fama（1980）以及 Fama 和 Jensen（1983）表明，出于对未来就业机会和薪酬的考量，经理人往往十分重视自身的声誉。由于负面报道会伤及经理人的声誉，因而他们通常会积极应对报道。

然而，声誉机制在约束我国企业管理者行为方面的作用可能十分有限。首先，我国正处于经济转型阶段，国有股权在公司所有权结构中仍占有庞大的比重；其次，上市公司尚未形成由董事会根据公开、合理的程序和完全竞争的方式独立选择经理层的聘任机制。据调查，在我国，只有 17.63% 的上市公司经理层是通过竞争方式产生的（沈艺峰等，2009）。特别是国有企业，公司高管不仅拥有相当的行政特权，还可以享受高额的在职消费（陈冬华等，2005）。通常，他们不会因为经营不善而被降低行政级别和待遇，即使出了问题，也可以通过调任到其他国有企业而保留行政级别（王珺，2001）。正常情况下，这些经理人都可以在国有企业做到退休，不会出现解聘的威胁。由于缺乏失业的压力，声誉机制难以对国企高管施加有效的威胁。[①] 对于民营企业的经理人，由于经理人市场还不成熟，在创业与职业经理人两者之间的转换成本较低，致使经理人市场缺乏稳定性，这在很大程度上导致声誉机制失去作用（张维迎，2000）。

从上面的分析可以看出，至少在现阶段，声誉机制难以保障媒体治理作用的有效发挥。那么，在像中国这样的经济转型国家中，媒体是通过什么机制来发挥公司治理作用的

---

① 正如 Dyck 等（2008）所观察到的，由于"媒体仅仅报道政党希望它们报道的，所以在苏联成长起来的企业家并不会将媒体施加的声誉成本考虑在他们的决策程序中"。

呢？大量文献表明，在经济转型国家中，由于法律制度的缺失，行政治理可以成为一种保障投资者利益的替代机制（Glaeser 等，2001；Pistor 和 Xu，2005；陈冬华等，2008）。在一定场合下，行政治理甚至比正式的法律治理更加有效（Glaeser 和 Shleifer，2001）。由此我们认为，在转型经济国家中，媒体公司治理作用的发挥，可能是通过引发行政机构的关注实现的。行政机构的介入最终提高了违规公司的行政成本，从而促使这些公司改正侵害投资者利益的违规行为。① 图 1 简要表述了这种关系。

图 1　媒体与行政治理的作用机制

就受命于行政组织的国企高管而言，一旦媒体曝光引起行政机构介入，他们的政治前途便会不可避免地受到影响，因此媒体曝光能够促使国有企业改正违规行为；就民营企业而言，其存在和发展往往依赖于政府的支持，与当地政府的关系成为民营企业的重要资源（张建君和张志学，2005；余明桂和潘红波，2008）。一旦媒体曝光引发行政机构介入，民营企业与政府的关系无疑会遭受损害，不利于其长久发展，因此媒体曝光也能促使民营企业改正违规行为。可见，通过引发行政机构介入，媒体能发挥积极的公司治理作用。

那么，媒体又为什么能够引发行政机构的介入呢？这是因为媒体可以修正行政治理机制自身的某些内在缺陷。首先，行政治理机制容易受到信息不对称的影响。由于国有资产规模庞大，经营决策复杂，作为出资人代表的行政机构很难监督国企高管的日常决策。通过提供虚假信息，违规企业很容易躲过行政监管，而媒体报道在一定程度上消除了这种弊端。通过曝光企业的违规行为，媒体能够把不对称信息适当地传递给相关部门，引发它们的关注，从而提高行政部门对这些企业调查的可能性。其次，企业还可能通过寻租行为来降低行政监管，获取利益（Krueger，1974）。在行政治理体系中，不同级别的行政机构负责监管特定的行业和企业，上级行政机构通常不会复查下级行政机构的监管对象。一旦下级行政机构的官员被收买，行政治理机制的链条就会断裂。通过曝光和舆论压力，媒体可以引发更高级别行政机构的介入，从而确保行政治理机制不会因为某一行政层级的腐败而失去效力。通过上述两种途径，媒体能有效保障行政治理机制在经济转型国家发挥作用。

---

① 在强调声誉重要性之余，Dyck 等（2008）也注意到法律处罚在媒体发挥治理作用过程中的重要性，这里的法律处罚特指经过司法调查和法庭审讯的处罚。然而，我国对中小投资者的法律保护还不完善，依靠法庭诉讼威慑企业管理者亦缺乏实效（Pistor 和 Xu，2005）。正如贺建刚等（2008）所观察到的，许多侵害中小投资者权益的行为并没有明显违反现有的法律规定。即使违反了，判决的周期也很长，量刑和处罚也较低，投资者从审判中获得的补偿也十分有限，所有这些都使得法律处罚对企业管理者的威胁大打折扣。我们这里使用的行政成本不同于 Dyck 等（2008）所说的法律处罚。行政成本指的是来自行政机构（而不是司法机构）的劝导、谴责、罚款、撤销职务、降低或取消行政级别等。如果涉案情节严重的话，也可能导致直接的司法调查和法庭审讯。与行政机构介入相比，投资者通过法律诉讼获得赔偿并不容易，而行政机构的及时介入可能更迅速地终止企业对投资者的侵害，并迫使违规企业做出相应的改正，这可能比司法处罚更加有效地保护投资者的利益。

三、样本、变量与描述性统计

（一）样本公司的选择

为了确保媒体曝光的外生性以及媒体曝光与企业改正两者之间的因果关系，最好能够在媒体曝光前识别出违反公司治理准则的企业（Dyck 等，2008），为此我们选择如下样本：2004 年 12 月，《董事会》杂志联合新浪财经共同推出"中国董事会排行榜"，评选出 50 家"最差董事会"公司。[①] 根据评选单位介绍，入选 50 家"最差董事会"称号的上市公司在不同程度上都存在着违反公司治理准则，侵害投资者利益的行为。因此，媒体在此次评选前对这 50 家企业的负面报道就很可能源自这些企业违反了公司治理准则，而不是其他原因。[②] 使用这一样本带给我们两个好处：其一，减轻了可能的内生性问题；其二，降低了我们在选择违规或者潜在违规公司时的主观性。[③]

（二）媒体的选择

我们选择了六份报纸作为报道的来源，分别是《中国证券报》、《证券日报》、《证券时报》、《中国经营报》、《经济观察报》和《21 世纪经济报道》。[④] 其中，《中国证券报》、《证券日报》和《证券时报》是证监会指定的上市公司信息披露的专门报纸。由于主办单位的特殊身份，这三份报纸又带有半官方的色彩，[⑤] 具备传达政策导向的功能，我们将其合称为政策导向报；而《中国经营报》、《经济观察报》和《21 世纪经济报道》则在市场影响力和受众覆盖方面位于财经类报纸的龙头，常常通过原创性的深度报道率先曝光一些上市公司的违规行为，我们将这三份报纸合称为市场导向报。

没有将网站和杂志作为报道来源的主要原因有：第一，2004 年之前，网络的影响力、普及度和公信力还不如报纸；第二，许多网络信息来自对报纸、杂志的转载，分离这些信

[①] 由《董事会》杂志发起的"董事会金圆桌奖"年度评选活动每年都受到海内外众多媒体的关注。就我们所知，2004 年的"中国董事会排行榜"是迄今唯一一次设置"最差董事会"奖项的评选活动。

[②] 除了 Dyck 等（2008）指出的媒体可能"本能"地关注某些类型的企业外，负面报道还可能来自受到诸如金融危机或者宏观调控等带来的"坏运气"，甚至是某些利益集团操纵或者政治因素。使用 50 家"最差董事会"公司作为潜在违反公司治理准则的样本公司能够有效消除这些可能的影响因素。

[③] 我们使用这 50 家公司作为样本，看重的是它们系由独立第三方客观评选出的潜在违反公司治理准则的企业。选用这一样本，有效降低了我们选择违规公司时的主观性。

[④]《中国证券报》、《证券日报》、《证券时报》和《上海证券报》合称四大证券报。我们之所以没有将《上海证券报》纳入我们的媒体报道来源，是因为该报直到 2005 年才进入《中国重要报纸全文数据库》，而我们媒体曝光数据的窗口期为 2003 年和 2004 年。

[⑤]《中国证券报》的主管单位是新华通讯社；《证券日报》的主管单位是经济日报报业集团；而《证券时报》的主管单位是人民日报社。

息是相当困难的；第三，虽然杂志报道更有深度，但整体而言，信息覆盖面较窄，而且缺乏时效性。①

我们收集了前述六份报纸对 50 家"最差董事会"公司于 2003 年和 2004 年间的全部负面报道，数据来自《中国重要报纸全文数据库》，该数据库对这六份报纸内容的覆盖率超过 99.9%。为了降低数据遗漏的可能性，我们分别使用"标题查询"和"主题查询"对样本公司的全称及简称进行搜索。在收集数据的过程中，我们过滤了上市公司公告以及一则报道中涉及多家上市公司的报道。之所以选择 2003 年和 2004 年的长窗口期，主要有两方面的原因：第一，在我国，从媒体曝光到企业做出正式改正往往需要很长的时间；② 第二，"最差董事会"公司的评选依据是 2003 年和 2004 年的公开数据，选用这两年的负面报道可以确保媒体曝光是源于公司治理问题。

另外，按照不同的特征维度，我们还对媒体的负面报道进行了若干分类。首先，根据媒体曝光内容，我们将其划分为对投资者构成"严重侵害"和"一般侵害"两类；③ 其次，根据媒体曝光的方式，我们将其划分为"深度报道"与"重述报道"两类；④ 最后，根据媒体曝光的手法，我们将其划分为"追踪报道"与"仅报道一次"两类。⑤ 在表 1 的 Panel A 和 Panel B 部分，我们报告了媒体在不同特征维度下的描述性统计。

（三）媒体曝光效果的度量

我们使用媒体曝光后上市公司的实际行动来度量媒体曝光的效果。在收集随后年度媒体对样本公司的全部相关报道后，⑥ 我们采取与 Dyck 等（2008）相同的方式进行编码：如果样本公司对媒体曝光有积极响应，该公司取值为 2。所谓积极响应，指的是被曝光公司彻底改正了媒体曝光的违规行为或者在治理结构方面做出重大改进（例如，更换董事长或

① 我们浏览了包括《财经》、《新财富》、《商业周刊》等在内的八本主要财经类杂志自 2002 年以来的全部报道。结果发现这些杂志对上市公司的报道非常有限，并不适合做大样本研究之用。

② 虽然我们没有关于从媒体曝光到企业最终改正所需时间的正式统计，但根据陈冬华等（2008）的发现，从 2003 年到 2005 年，企业从违规行为开始到最终被处罚所需的平均时间分别为 828.3 天、806.5 天以及 919.8 天，均超过两年。

③ 对于一般侵害与严重侵害的划分，我们采用的方法是：首先，根据曝光内容将事件划分为"信息披露"、"资金占用与担保"、"兼并重组"、"股权稀释"、"上市公司与集团公司冲突"、"关联交易"、"风险控制"、"产权交易"以及"其他"等九类；其次，根据事件对投资者的侵害程度，我们将"信息披露"、"兼并重组"以及"其他"划入"一般侵害"，将另外六类划入"严重侵害"。之所以将"兼并重组"划入"一般侵害"，是因为在我们收集的曝光数据中，媒体对这一类事件的报道集中在收购后的亏损上，而收购后的短期亏损很难与企业严重侵害投资者利益画上等号。当上市公司同时存在若干种违规行为时，我们选取其中最严重的那一种。

④ 所谓深度报道，就是媒体在曝光企业行为时不仅给出具体的证据，例如时间、地点、涉及人员和金额等信息，还对事件的来龙去脉进行剖析，许多报道中涉及的资料可能来自记者的深度采访与调查；而重述报道则主要基于上市公司自己发布的公告或者上市公司近期的股价表现，辅之以简短的评论。

⑤ 所谓追踪报道，指的是一家媒体或多家媒体对同一家上市公司的多次报道。当一家公司的负面报道数量超过一篇时，我们就将这家公司界定为被媒体进行了追踪报道。

⑥ 在如何选取企业改正行为的截止时间上，现有的文献没有提供清楚的说明，Dyck 等（2008）是通过阅读"未来若干年"的报道来判断企业是否改正了违规行为的。但"若干年"究竟是多少年，Dyck 等没有交代。如果选取的时间太短，企业可能尚来不及改正；如果选取的时间太长，企业改正违规行为又可能是由其他原因造成的。结合陈冬华等（2008）的发现，在本文中，我们选取的截止时间为 2006 年 12 月 31 日。作者感谢匿名审稿人的意见。

总经理），从而能够有效防止违规行为再次发生；[1] 如果样本公司无视媒体曝光，继续从事侵害投资者利益的违规行为，并且在治理结构上没有任何改善，那么该公司取值为 0；如果样本公司仅仅部分改正了对投资者的侵害行为，该公司取值为 1。[2]

由于上述编码方式在区分取值为 1 和取值为 2 的公司时涉及较多的主观判断，为了确保结论的稳健性，本文还采取了另外一种编码方式。我们将完全改正的公司（取值为 2）和仅仅部分改正的公司（取值为 1）合并为一类，统称为改正违规行为的公司，并赋值为 1，完全没有改正的公司取值为 0。由于这种编码方式降低了划分企业改正行为过程中的主观性，因此在后文中，除做特别说明外，我们都使用这一分类方法。

（四）行政机构介入的度量

根据行政机构介入的强度，我们将其划分为软性介入和硬性介入两类。前者如上级主管部门召集相关责任人开会或者私下劝导等方式；后者包括公开谴责、罚款、降级、取消行政职务，直至追究刑事责任等。通常，软性介入是不可观测的，因此在本文中，我们使用的"行政机构介入"特指那些可被观测的硬性介入。对于硬性介入，根据行政机构性质的差异，我们又将其分为地方政府和国资委介入，以及证监会和交易所介入。对于国有企业，政府行使出资人权利，对高管人员有直接的监督和任命权，因此政府介入对企业改正违规行为会产生强烈的影响；证监会与交易所可以通过谴责、罚款，直至永久禁入等方式对上市公司管理层施加影响，但相对于政府而言，证监会和交易所对上市公司的影响力较弱。证监会和交易所的介入数据来自 CSMAR 数据库，政府和国资委的介入数据则来自媒体对样本公司后续报道的整理，相关报道来自《中国重要报纸全文数据库》。

（五）控制变量

除媒体曝光外，其他因素也可能影响企业改正违规行为的概率。例如，大公司通常受到来自市场和媒体更多的关注，因而大公司在媒体曝光后受到的压力要超过那些规模较小的公司（Dyck 等，2008）。在舆论压力之下，这些大公司更有可能改正违规行为。我们使用资产账面价值的对数来控制这一效应。此外，我们还控制了机构投资者的持股比例。Joe 等（2009）指出，机构投资者"用脚投票"的成本很高。通过媒体曝光向上市公司施加压

---

① 为了明确体现媒体曝光与公司治理结构重大改进两者之间的关联性，不宜选用那些在媒体曝光后很久才在治理结构上发生重大变化的上市公司作为完全改正的样本。为此，我们选用 2004 年底董事长或总经理发生非正常变更（剔除任职到期或者代理任职到期等情况）的上市公司作为对媒体曝光做出积极响应的样本。感谢匿名审稿人指出这一点。

② 为了便于理解，下面以招商银行为例，说明我们是如何度量媒体曝光效果的。为了满足银监会关于资本充足率不低于 8% 的刚性规定，招商银行在 2003 年 8 月宣布拟发行 100 亿元的可转债。该公告引起了券商和基金公司的不满，因为可转债摊薄了现有股东的收益。在媒体广泛报道这一事件后，招商银行面临巨大的压力。经过一系列的协调和磋商，招商银行最终将可转债规模调整为 65 亿元，同时发行 35 亿元的次级债。尽管这一决定仍然没有改变招商银行稀释现有股东收益的事实，但在发行规模和具体条款上，招商银行尽可能地尊重了现有股东的权益。为此，我们认为招商银行部分改正了违反公司治理准则的行为。如果招商银行宣布放弃可转债计划的话（实际上没有），我们就认为该公司完全改正了违规行为。

力，机构投资者能够实现完善公司治理的目的（Gillan，2006；Kahan 和 Rock，2006）。由于机构投资者持股比例越高，它们"用脚投票"的成本也越大，因而更可能借助媒体实现诉求。与机构投资者相反，公司的第一大股东，特别是国有企业的第一大股东，可能会通过各种政治关系来阻挠媒体对公司的曝光和行政机构的介入，从而降低了公司改正违规行为的可能性。我们使用上市公司第一大股东的持股比例来控制这一效应。公司资产价值、机构投资者持股比例以及第一大股东持股比例的数据来自 Wind 数据库。

此外，违规行为的严重程度也会影响企业改正违规行为的概率。违规行为越严重，企业自身做出改正的可能性也越高。更重要的是，违规程度越高的公司也越可能吸引媒体的注意，从而导致更多的负面报道。也就是说，违规行为的严重程度可以同时影响媒体曝光和企业自身对违规行为的改正，从而产生内生性问题。为了尽可能准确地度量违规行为的严重程度，消除可能的内生性问题，我们使用上市公司违规金额与公司账面资产比来进行控制。之所以没有直接使用违规金额这一指标，是因为我们发现，样本公司的总资产对数从最小的 8.39 到最大的 11.78，差异巨大。这种规模差异将使得同样 5000 万元的违规金额对资产分别为 1 亿元和 100 亿元的两家上市公司产生不同的影响。使用违规金额与资产账面价值比能更准确地反映上市公司违规行为的严重程度。违规金额数据来自我们对媒体报道和证监会处罚公告的手工整理。[1] 控制变量的描述性统计如表 1 的 Panel C 所示。

表 1　变量描述性统计

Panel A.媒体曝光量的描述性统计						
	平均数	中位数	标准差	最小值	最大值	样本量
每家上市公司负面报道的数量	2.08	0	4.57	0	25	50
Log（1+每家公司负面报道的数量）	0.27	0	0.37	0	1.41	50
按报纸类型分类						
政策报对每家公司的曝光量	1.60	0	3.49	0	21	50
市场报对每家公司的曝光量	0.48	0	1.31	0	7	50
Log（1+政策报曝光量）	0.24	0	0.33	0	1.34	50
Log（1+市场报曝光量）	0.09	0	0.22	0	0.90	50
Panel B.媒体不同分类下的描述性统计						
	公司数量		占媒体报道公司%		占全部公司%	
按媒体曝光内容分类						
一般侵害	7		29.17		14	
严重侵害	17		70.83		34	
按媒体曝光方式分类						
深度报道	15		62.50		30	
重述报道	9		37.50		18	
按媒体曝光手法分类						
仅报道一次	12		50.00		24	
追踪报道	12		50.00		24	

---

　① 作为稳健性测试，我们也使用违规类型作为企业违规程度的替代变量。在使用这一新的控制变量后，所有结论未发生显著变化。限于篇幅，我们没有报告这一结果。

Panel C.控制变量的描述性统计						
	平均数	中位数	标准差	最小值	最大值	样本量
第一大股东持股比例	45.48%	45.32%	0.20	13.75%	83.75%	50
机构投资者持股比例	4.19%	0.76%	0.10	0	47.12%	48
总资产对数	9.29	9.23	0.55	8.39	11.78	50
违规金额/总资产	0.15	0	0.44	0	2.99	48

四、实证检验结果与讨论

（一）媒体曝光对企业改正行为的影响

判断媒体是否发挥治理作用，最直接的方法就是对比企业在曝光与未曝光两种状态下改正违规行为的概率是否存在显著差异。我们发现，在所有被媒体曝光的公司中，有79%的企业改正了违规行为；而在未被媒体曝光的公司中，这一比例只有38%，如表2所示。Mann-Whitney检验在1%水平下（P = 0.003）拒绝了两者分布相同的原假设。这表明，媒体曝光在统计意义上显著提高了企业改正违规行为的概率，有效发挥了公司治理作用。

表2 媒体曝光效果的非参数检验

	企业改正 （全部改正或者部分改正）	企业没有改正	样本总量	改正样本的比例
被媒体曝光企业	19	5	24	79%
没有被媒体曝光企业	10	16	26	38%
样本总量	29	21	50	58%

注：在比较曝光与否对企业改正违规行为的影响时，我们使用原假设 H0：无论媒体曝光与否，违规企业改正的概率相同。双尾 Mann-Whitney 检验拒绝了原假设，统计结果为：Z 值 = -2.88，Prob > $|z|$ = 0.003。

虽然上述结果比较直观，但却没有控制其他因素对结论可能造成的影响。在表3中，我们报告了使用标准回归方法所得到的实证检验结果。由于因变量采用的是企业改正的实际效果（取值为0、1和2），因此我们使用排序 logit 模型。

在表3第一列中，[①] 我们使用媒体曝光量来检验媒体曝光的效果。结果表明，媒体曝光对企业改正违规行为产生了积极影响。我们发现，当其他变量取均值时，媒体每增加一篇曝光文章，企业完全改正（取值为2）的概率将提高5.35个百分点。虽然排序 Logit 回

---

① 由于两家上市公司的机构投资者持股比例数据缺失，另外两家上市公司的违规金额无法识别，致使我们在回归分析中所使用的样本最终下降为46个。

归并没有对自变量的分布做特别规定，但为了得到更加可靠的分析结果，我们对媒体曝光量进行了对数转换，第二列报告了使用媒体曝光量对数得到的检验结果。我们发现，媒体曝光显著提高了企业改正违规行为的概率，媒体发挥了积极的公司治理作用。

表 3　媒体曝光与企业改正行为的回归检验

	排序 Logit 模型				稳健性检验		
	1	2	3	4	5	6	7
媒体曝光量	0.24*** (0.09)				0.49** (0.22)		
Log（1+媒体曝光量）		1.95** (0.99)				2.59** (1.20)	
Log（1+政策报曝光量）			1.75* (1.06)				2.48* (1.27)
Log（1+市场报曝光量）				6.19*** (1.97)			
第一大股东持股比例	−1.44 (1.67)	−1.33 (1.69)	−1.45 (1.69)	−0.98 (1.65)	−1.22 (1.85)	−1.03 (1.87)	−1.15 (1.84)
机构投资者持股比例	−0.42 (4.43)	0.64 (3.73)	1.06 (3.80)	−2.09 (4.09)	4.11 (10.07)	5.14 (9.14)	5.16 (8.74)
总资产对数	−0.16 (0.80)	−0.21 (0.74)	−0.09 (0.71)	−0.50 (0.89)	1.47 (1.30)	1.18 (1.13)	1.22 (1.09)
违规金额/总资产	0.57 (0.53)	0.43 (0.52)	0.55 (0.52)	0.59 (0.90)	−0.38 (0.60)	−0.16 (0.57)	−0.02 (0.55)
Log Likelihood	−43.94	−44.50	−44.97	−42.79	−25.34	−25.78	−26.04
Pseudo R^2	0.10	0.09	0.08	0.12	0.20	0.18	0.17
观测样本量	46	46	46	46	46	46	46

在表 3 第三列和第四列中，我们分别考察了不同性质的媒体对企业改正行为可能产生的影响。由于我国尚处于经济转型期，媒体在一定程度上还受到行政管制。主办单位的性质对媒体报道的风格、内容、深度等都有潜移默化的影响。根据主办单位的性质，我们将本文使用的六份报纸分为政策导向报和市场导向报两类。在第三列和第四列中，我们分别引入这两类报纸曝光量的对数来研究不同类型媒体对企业改正违规行为的影响。回归结果表明，市场导向报的负面报道能够显著提高企业改正违规行为的概率，政策导向报虽然也具备这一功能，但效果较市场导向报要弱一些。一种可能的解释是，市场导向报的报道更加深入，对上市公司的违规行为提供了更加具体的证据，从而对违规公司形成更大的压力。这与 Miller（2006）的发现一致。Miller 指出，相对于非市场导向媒体，市场导向媒体倾向于发布"原创性"报道，由于"原创性"报道包含新的信息，因而市场对其反应也更为强烈，对上市公司形成的压力也更大。[①]

---

　① 通过进一步的分析，我们发现政策导向报有超过 75% 的曝光内容属于对上市公司公告或其近期股价表现的"再解释"；而这一比例在市场导向报曝光中所占的比例不超过 12.5%。

接下来，作为稳健性检验，我们在表 3 的最后三列重复了之前所做的回归。不同之处在于，我们将先前回归分析中的完全改正（取值为 2）与部分改正（取值为 1）合并为一组，取值为 1，视为企业改正了违规行为，没有改正的企业依旧取值为 0，从而形成两个新的组别。结果表明，当其他变量取平均值时，媒体每增加一篇负面报道，企业完全改正（取值为 2）的概率将提高 9.45 个百分点。在使用新的编码方式后，回归结果没有发生明显改变，表明我们的结论具有相当的稳健性。[①]

（二）媒体曝光内容、曝光方式和曝光手法对企业改正行为的影响

上述结果表明，在我国，媒体对企业改正违规行为发挥了积极的治理作用。然而，什么样的曝光能更有效地促使违规企业做出积极的响应呢？在表 4 中，我们对这一问题进行了尝试性的回答。使用 Logit 回归，我们分别考察了媒体曝光内容、曝光方式和曝光手法等对企业改正行为的影响。

表 4　媒体曝光内容、曝光方式和曝光手法对企业改正行为的影响

1		2		3	
曝光内容		曝光方式		曝光手法	
严重侵害	1.54^* (0.86)	追踪报道	1.50 (0.99)	深度报道	1.74^* (1.04)
一般侵害	0.24 (1.07)	仅报道一次	0.92 (0.85)	重述报道	0.63 (0.90)
第一大股东持股比例	−0.85 (1.83)	第一大股东持股比例	−0.73 (1.79)	第一大股东持股比例	−0.75 (1.86)
机构投资者持股比例	8.83 (7.65)	机构投资者持股比例	8.86 (7.02)	机构投资者持股比例	7.52 (6.97)
总资产对数	−0.01 (0.11)	总资产对数	−0.02 (0.11)	总资产对数	−0.02 (0.11)
违规金额/总资产	0.35 (0.52)	违规金额/总资产	0.35 (0.54)	违规金额/总资产	0.26 (0.58)
Log Likelihood	−26.68	Log Likelihood	−27.12	Log Likelihood	−26.77
Pseudo R^2	0.12	Pseudo R^2	0.18	Pseudo R^2	0.09
观测样本量	46	观测样本量	46	观测样本量	46

注：***、**、* 分别表示 1%、5%、10%的显著性水平，括号内为 Huber-White 稳健标准误。

一般来说，企业对投资者利益的侵害程度越高，经媒体曝光后，投资者的情绪越强烈，形成的社会压力也越大，从而企业采取改正行为的可能性也越高。为此，我们考察了媒体曝光内容对企业改正行为的影响。在表 4 第一列中，我们加入了反映企业对投资者侵害程度的变量。

---

① 在稳健性检验部分，我们没有报告市场报曝光量对数的回归结果。这是因为在 Logit 回归中，该变量完美地预测了结果（Perfectly Predict the Outcome），因此无法获得相关的回归系数和统计量。

实证结果表明，与未被曝光的企业相比，媒体对严重侵害投资者利益公司的报道显著提高了企业改正违规行为的概率。但是，媒体对一般侵害投资者利益公司的曝光并没有表现出更加积极的治理效果。

在第二列中，我们考察了媒体曝光方式对企业改正违规行为的影响。通常，追踪报道能够将事件的来龙去脉做深度的剖析，并与首次报道呼应，增强受众对事件的反应强度。如果对违规公司的曝光来自不同媒体，在治理效果上还会起到叠加的作用。这是因为，不同媒体锁定的受众有所不同，当多家媒体对同一事件进行曝光时，信息能够在更为广泛的群体中传播，从而对上市公司产生更大的压力。然而，回归结果表明，与未被曝光的企业相比，无论是追踪报道，还是仅报道一次的负面报道都没有显著提高企业改正违规行为的概率。

最后，我们研究了媒体曝光手法与企业改正之间的关系。我们将媒体曝光手法分为深度报道和重述报道两类。由于深度报道提供了翔实的证据和记者第一手的调查资料，不仅可以成为投资者法律诉讼的依据，也为监管层介入指明了方向，从而更容易引起投资者和监管层的注意，企业也更可能采取改正违规行为的措施，表4第三列报告了检验结果。我们发现，相对于没有被媒体曝光的企业，深度报道能够显著提高企业改正违规行为的概率，而重述报道则没有表现出更加积极的治理效果。

（三）媒体发挥治理作用的机制

由于媒体的治理作用往往是间接的，因此需要借助某种中间机制来发挥最终的作用。那么，我国媒体是通过何种机制实现治理作用的呢？以下，我们将分析媒体是如何通过引发行政机构介入来实现公司治理作用的。

1. 媒体曝光能引起行政机构介入吗？

首先，根据媒体是否曝光以及行政机构是否介入，我们将样本公司分为四个维度，如表5所示。从表5可以看出，在所有被媒体曝光的企业中，有高达67%的企业出现了行政机构的介入，而在未被媒体曝光的企业中，这一比例只有8%。Mann-Whitney检验在1%显著水平下拒绝了媒体曝光与行政机构介入无关的原假设（P = 0.000）。

表5　行政介入效果的非参数检验

	行政机构介入			行政机构未介入			行政介入率
	企业改正	企业未改正	改正率	企业改正	企业未改正	改正率	
被媒体曝光企业	13	3	0.81	6	2	0.75	0.67
未被媒体曝光企业	2	0	1.00	8	16	0.33	0.08
合计	15	3	0.83	14	18	0.44	0.36

注：在比较曝光与否对行政介入的影响时，我们使用原假设HoA：无论媒体是否曝光，行政介入违规企业的概率相同。双尾Mann-Whitney检验拒绝了HoA，统计结果为：Z值 = − 4.30，Prob > |Z| = 0.000。在比较行政介入与否对企业改正违规行为的影响时，我们使用原假设HoB：无论行政机构是否介入，违规企业的改正概率相同。双尾Mann-Whitney检验拒绝了HoB，统计结果为：Z = −2.70，Prob > |Z| = 0.007。

表5的结论没有控制其他因素的影响。在表6中，我们采用标准的回归方法进行分析。由于因变量采用的是行政机构是否介入的二值变量，所以我们使用传统的Logit回归模型。

表6　媒体曝光对行政机构介入的影响

	行政机构介入					政府/国资委	证监会/交易所
	1	2	3	4	5	6	7
Log（1+媒体曝光量）	9.83*** (3.55)				9.75** (3.85)	3.80*** (1.38)	5.71*** (1.88)
Log（1+政策报曝光量）		9.01*** (2.65)					
严重侵害			2.60** (1.09)				
一般侵害			3.16* (1.71)				
深度报道				2.45** (1.17)			
重述报道				3.04** (1.32)			
控制人性质					−1.11 (0.98)		
第一大股东持股比例	1.81 (2.55)	0.64 (2.61)	0.27 (2.50)	0.18 (2.47)	2.31 (2.40)	2.47 (2.46)	1.20 (2.70)
机构投资者持股比例	8.57 (13.26)	4.68 (10.23)	8.67* (4.85)	9.22* (5.29)	11.43 (14.22)	−0.91 (5.35)	−16.34** (8.29)
总资产对数	−1.25 (2.38)	−0.45 (1.86)	−0.14 (0.99)	−0.13 (1.03)	−1.04 (2.55)	0.36 (1.04)	1.14 (0.96)
违规金额/总资产	1.25 (4.37)	0.76 (2.69)	2.16 (3.07)	2.31 (3.13)	1.63 (4.73)	1.43 (1.96)	−1.67** (0.80)
Log Likelihood	−13.41	−14.40	−17.97	−17.92	−13.06	−14.37	−18.63
Pseudo R^2	0.56	0.52	0.41	0.41	0.57	0.37	0.32
观测样本量	46	46	46	46	46	46	46

注：***、**、*分别表示1%、5%、10%的显著性水平，括号内为Huber–White稳健标准误。

在表6第一列中，我们首先考察了媒体曝光量的对数与行政机构介入两者之间的关系。回归结果表明，媒体负面报道越多的企业越容易引起监管部门的介入，两者的回归系数为8.99，在1%统计水平下显著。媒体的性质同样会影响行政机构的介入程度，表6第二列显示，被政策导向报曝光越多的企业越容易引起监管层的关注。[①]

根据上文对媒体报道的分类，在表6第三列和第四列中，我们分别讨论媒体曝光内

① 我们没有报告市场报曝光量对行政机构介入程度的影响，这是因为在Logit回归中，该变量完美地预测了结果，从而无法获取回归系数和相关统计量。

容、曝光方式以及曝光手法对行政机构介入产生的影响。结果表明，不论曝光内容涉及对投资者的侵害程度如何，只要被媒体曝光，行政机构介入的概率就会提高；同样，与没有被媒体曝光的企业相比，不论深度报道，还是重述报道，也都更能引起行政机构的介入。①

我们还考虑了上市公司最终控制人性质对行政机构介入的可能影响。在媒体曝光量相同的前提下，行政机构介入国有上市公司的概率是否与其介入非国有上市公司的概率存在差异呢？② 遗憾的是，当我们将媒体曝光量、上市公司控制人类型以及两者的交乘项同时放入回归方程时，无法获得回归结果。③ 为此，我们仅仅报告了媒体曝光数量和控制人性质的回归结果，如表6第五列所示。与非国有企业相比，行政机构介入国有上市公司的概率要小一些，但这一结论在统计意义上并不显著。

在表6第六列和第七列中，我们进一步将行政机构分为两类：政府和国资委；证监会和交易所。限于篇幅，我们仅仅报告了媒体曝光量对不同类型行政机构介入程度的影响。结果表明，媒体曝光能显著提高不同类别行政机构介入违规公司的概率。④

2. 行政机构的介入能促使企业改正违规行为吗？

以上分析表明，媒体曝光能够引起行政机构的介入。如果行政机构的介入能够转化成对企业违规行为的纠正，那么就可以很好地解释为什么媒体曝光能够有效提高企业改正违规行为的概率。从而也就可以建立起图1中从媒体到行政机构介入，再到企业改正违规行为的因果链条。

如表5所示，在所有行政机构介入的公司中，有高达83%的企业最终改正了违规行为，而这一比例在没有行政机构介入的公司中仅为44%。Mann-Whitney检验在1%显著水平下拒绝了行政机构介入与企业改正违规行为无关的原假设（P = 0.007）。为了控制其他因素可能对该结论造成的影响，我们使用Logit模型进行了回归分析，因变量为企业改正违规行为的实际效果，结果如表7第一列和第二列所示。第一列表明，行政机构的介入能够有效提高上市公司改正违规行为的概率。在第二列中，我们考察了不同类型的控制人对企业改正违规行为产生的影响。结果显示，在行政机构介入后，国有上市公司会采取更加积极的措施改正违规行为。

3. 行政机构介入的内生性问题

虽然表5和表6显示，媒体曝光与行政机构介入两者在统计上有显著的相关关系，但是这种相关性不能保证在媒体曝光与行政介入的因果链条中，媒体曝光是"因"，行政介入是"果"。一种可能的情况是，在行政机构介入后，媒体加大了对违规公司的报道力度。

---

① 我们没有报告"追踪报道"和"仅报道一次"两个变量对行政机构介入程度的影响，这是因为在回归中，"追踪报道"完美地预测了结果，并导致12个观测值未被使用。

② 这是一个很有趣的问题，感谢原红旗教授和匿名审稿人指出这一点。控制人性质使用的是2004年末的最终控制人类型。当上市公司为政府控制时，取值为1，否则为0。最终控制人的类型来自样本公司的年度报告。

③ 不论我们使用媒体曝光的绝对数量还是对数形式，都会出现变量完美预测结果的情况。当我们使用政策报和市场报的曝光量来做替代检验时，上述问题依然存在。

④ 在考虑媒体性质、曝光内容以及手法等因素后，上述结论没有发生显著的变化。限于篇幅，我们没有报告这些结论。

如此一来，媒体曝光与企业改正两者之间也会存在很高的相关性，但是在这一因果链条中，媒体曝光不再是"因"，而变成行政介入的"果"。

为了消除上述内生性问题对结论可能产生的影响，就需要明确判断哪些行政介入是由媒体曝光引起的，哪些不是。最理想的情况是，在介入违规企业时，行政机构可以公告"本次介入是（不是）由媒体曝光引起的"。然而，通常这种情况不会发生。作为一种次优选择，如果可以准确识别行政机构介入的时间，那么我们也可以挑选出那些媒体曝光时间早于行政机构介入时间的公司。遗憾的是，在我们的样本中，仅有 3 家上市公司可以通过媒体报道识别出行政机构介入的确切时间。在这种情况下，我们所能选择的方案就只剩下识别媒体曝光时间早于行政处罚公告时间的上市公司。在筛选出媒体曝光时间早于行政处罚公告时间的公司后，我们进一步判断媒体曝光的内容与行政处罚的原因是否匹配。如果匹配，我们就认为行政机构的介入是由媒体曝光引起的。经过上面的处理，我们最终确定了 12 家"因果关系明确"的上市公司，这些公司的行政介入可以被归因为媒体曝光。

接下来，我们构造了一个新的虚拟变量"媒体引起的行政介入"，当观测样本来自这 12 家被选出的公司时，取值为 1，否则为 0，并重新进行 Logit 回归，因变量仍然是企业改正违规行为的实际效果（取值 0 和 1），结果如表 7 第三列所示。我们发现，媒体曝光引起的行政介入能够显著提高上市公司改正违规行为的概率。换句话说，在控制可能的内生性问题后，媒体公司治理作用的发挥确实是通过引起行政机构的介入实现的。[1]

表 7　行政介入对企业改正违规行为的影响

	1	2	3
行政机构介入/媒体引起的行政介入	1.53* (0.82)	-0.55 (1.23)	2.05* (1.21)
控制人性质		-0.75 (1.01)	
行政机构介入 * 控制人性质		3.53* (1.99)	
第一大股东持股比例	-1.55 (1.76)	-2.89 (2.10)	-1.05 (1.79)
机构投资者持股比例	7.23 (10.02)	8.72 (12.89)	6.75 (8.77)
总资产对数	1.32 (1.01)	1.76 (1.38)	1.02 (1.04)
违规金额/总资产	0.13 (0.59)	-0.06 (0.78)	0.16 (0.68)
Log Likelihood	-25.63	-23.80	-25.57
Pseudo R^2	0.19	0.24	0.19
样本观测量	46	46	46

注：***、**、* 分别表示 1%、5%、10% 的显著性水平，括号内为 Huber-White 稳健标准误。

---

[1] 我们也考虑了最终控制人性质对结论可能产生的影响。遗憾的是，"媒体引起的行政介入"与控制人性质的交乘项完美预测了结果，并导致 8 个样本损失。因此，我们无法报告这一结果。

五、结　论

本文首次实证分析了媒体对我国上市公司治理的影响，证据表明媒体发挥了积极的公司治理作用。首先，媒体曝光在促进企业改正违规行为，保护投资者利益方面具有十分积极的作用。我们发现，六份财经类报纸对上市公司的负面报道能够有效提高企业改正违规行为的概率。从经济意义和统计意义上看，虽然政策导向报的曝光能够提高企业改正违规行为的概率，但其效果稍稍弱于市场导向报。产生这一现象的原因可能是，市场导向报的报道更加深入，且包含大量新的信息。其次，我们发现媒体曝光内容、曝光方式以及曝光手法也对企业改正行为产生了不同程度的影响。深度报道以及对严重侵害投资者利益公司的报道表现出更加显著的治理效果。最后，我们发现，媒体曝光能够显著提高行政机构介入的可能性；而行政机构的介入最终显著提高企业改正违规行为的概率。在控制内生性问题后，我们的主要结论保持不变：媒体曝光引发的行政介入能够显著提高企业改正违规行为的概率。这表明，我国媒体的治理作用是通过引发行政机构的介入实现的。

本文的可能贡献在于拓展了文献关于公司外部治理机制的认识。在转型经济体中，由于正式法律制度不完善，执法效率低下，信息披露不充分，加上经理人市场的不成熟和声誉机制的缺失，行政治理机制成为公司治理的一种次优选择。媒体通过舆论压力，引发行政机构的关注可以有效地保障投资者的权利。这一发现有助于帮助包括中国在内的转型国家充分发挥媒体对上市公司的治理作用。本文的另一处可能贡献在于补充了公司治理问题社会化领域的研究。在公司社会责任、相关利益者理论和投资者关系管理等视角之外，提出媒体的舆论监督是解决公司治理社会化问题的有效途径之一。

参考文献

[1] 陈冬华，章铁生，李翔. 法律环境、政府管制与隐性契约 [J]. 经济研究，2008 (3).

[2] 陈冬华，陈信元，万华林. 国有企业中的薪酬管制与在职消费 [J]. 经济研究，2005 (2).

[3] 贺建刚，魏明海，刘峰. 利益输送、媒体监督与公司治理：五粮液案例研究 [J]. 管理世界，2008 (10).

[4] 潘功胜，刘亚干，吕宁，王昌盛，徐可达，郑斌，孙慧. 上市公司投资者关系管理 [M]. 北京：中国金融出版社，2008。

[5] 钱颖一. 企业的治理结构改革和融资结构改革 [J]. 经济研究，1995 (1).

[6] 沈艺峰，肖珉，林涛. 投资者保护与上市公司资本结构 [J]. 经济研究，2009 (7).

[7] 王珺. 双重博弈中的激励与行为——对转轨时期国有企业经理激励不足的一种新解释 [J]. 经济研究，2001 (8).

[8] 余明桂，潘红波. 政治关系、制度环境与民营企业银行贷款 [J]. 管理世界，2008 (8).

[9] 张建君，张志学. 中国民营企业家的政治战略 [J]. 管理世界，2005 (7).

［10］张维迎. 产权安排与企业内部的权力斗争［J］. 经济研究，2000（6）.

［11］郑志刚. 法律外制度的公司治理角色—— 一个文献综述［J］. 管理世界，2007（9）.

［12］Allen, Franklin, Jun Qian and Meijun Qian, 2005, "Law, Finance and Economic Growth in China", Journal of Financial Economics, 77, pp. 57–116.

［13］Craven, B. M, C. L. Marston, 1997, "Investor Relations and Corporate Governance in Large UK Companies", Corporate Governance: An International Review, 5, pp. 137–151.

［14］Clarkson, Max, 1995, "A Stakeholder Framework for Analyzing and Evaluating Corporate Social Performance", Academy of Management Review, 20, pp. 92–117.

［15］Coffee, John, 2001, "Do Norms Matter? A Cross–Country Evaluation", University of Pennsylvania Law Review, 149, pp. 2151–2177.

［16］Davis, Keith, 1975, "Five Propositions for Social Responsibility", Business Horizons, 18, pp. 19–24.

［17］Demirguc–Kunt, Asli and Vojislav Maksimovic, 1998, "Law, Finance, and Firm Growth", Journal of Finance, 53, pp. 2107–2137.

［18］Dyck, Alexander, Natalya Volchkova, and Luigi Zingales, 2008 "The Corporate Governance Role of the Media: Evidence from Russia", Journal of Finance, 63, pp. 1093–1136.

［19］Dyck, Alexander, and Luigi Zingales, 2004, "Private Benefits of Control: An International Comparison", Journal of Finance, 59, pp. 537–600.

［20］Fama, Eugene, 1980, "Agency Problems and the Theory of the Firm", Journal of Political Economy, 88, pp. 288–307.

［21］Fama, Eugene, and Michael Jensen, 1983, "Separation of Ownership and Control", Journal of Law and Economics, 114, pp. 280–316.

［22］Freeman, Edward, 1984, Strategic Management: A Stakeholder Approach, Pitman Publishing Inc., New York.

［23］Gillan, Stuart, 2006, "Recent Developments in Corporate Governance: An Overview". Journal of Corporate Finance, 12, pp. 381–402.

［24］Glaeser, Edward, and Andrei Shleifer, 2001, "A Reason for Quantity Regulation", American Economic Review, Papers and Proceedings, May, pp. 431–435.

［25］Glaeser, Edward, Simon Johnson and Andrei Shleifer, 2001, "Coase versus the Coasians", Quarterly Journal of Economics, August, pp. 853–899.

［26］Hilary, Gilles and Kai Wai Hui, 2009, "Does Religion Matter in Corporate Decision Making in America?", Journal of Financial Economics, 93, pp. 455–473.

［27］Joe, Jennifer, Henock Louis, and Dahlia Robinson, 2009, "Managers' and Investors' Responses to Media Exposure of Board Ineffectiveness", Journal of Financial and Quantitative Analysis, 44, pp. 579–605.

［28］Kahan, Marcel, and Edward Rock, 2006, "Hedge Funds in Corporate Governance and Corporate Control", Institute for Law and Economic Research Paper 06–16, University of Pennsylvania.

［29］Krueger, Anne, 1974, "The Political Economy of the Rent–Seeking Society", American Economic Review, 64, pp. 291–303.

［30］La Porta, Rafael, Florencio Lopez–de–Silanes, Andrei Shleifer, and Robert Vishny, 1998. "Law and Finance", Journal of Political Economy, 106, pp. 1113–1155.

[31] La Porta, Rafael, Florencio Lopez –de –Silanes, Andrei Shleifer, and Robert Vishny, 2000. "Investor Protection and Corporate Governance", Journal of Financial Economics, 58, pp. 3–27.

[32] Marsden, Chris, 2000, "The New Corporate Citizenship of Big Business: Part of the Solution to Sustainability", Business and Society Review, 105, pp. 9–25.

[33] Miller, Greg, 2006, "The Press as a Watchdog for Accounting Fraud", Journal of Accounting Research, 44, pp. 1001–1033.

[34] Monks, Robert, and Nell Minow, 2004, Corporate Governance, Blackwell, Cambridge, MA.

[35] Morris, Stephen, and Hyun Song Shin, 2002, "Social Value of Public Information", American Economic Review, 92, pp. 1521–1534.

[36] Mullinaithan, Sendhil, and Andrei Shleifer, 2005, "The Market for News", American Economic Review, 95, pp. 1031–1053.

[37] Pistor, Katharina and Chenggang Xu, 2005, "Governing Stock Markets in Transition Economies: Lessons from China", American Law and Economics Review, 7, pp. 184–210.

[38] Shleifer, Andrei and Robert Vishny, 1997, "A Survey of Corporate Governance", Journal of Finance, 52, pp. 737–783.

[39] Stulz, Rene and Rohan Williamson, 2003, "Culture, Openness, and Finance", Journal of Financial Economics, 70, pp. 313–349.

[40] Waddock, Sandra, 2004, "Parallel Universes: Companies, Academics, and the Progress of Corporate Citizenship", Business and Society Review, 109, pp. 5–42.

The Corporate Governance Role of Media: Empirical Evidence from China

Li Peigong and Shen Yifeng

Abstract: Using a unique sample, we empirically test the corporate governance role of the media in China. Results indicate that the media takes a positive part in improving corporate governance and protecting minority shareholders. The probability for listed companies to redress violations of corporate governance increases as the number of media exposure climbs. Interestingly, we find that politically-oriented media has greater influence over the firms violating governance rules than the commercially-oriented ones do. Besides, coverage with continuation and coverage with comments both exhibit better governance effects. We further investigate the mechanism under which the media shape its governance role in China. Evidence shows that the basic mechanism is the involvement of administrative organizations, which is motivated by the media exposure of governance violations of the listed firms. This finding is in line with the literature of administrative governance, and meanwhile provides empirical evidence supporting the effectiveness of administrative governance mechanisms in the transitional economies. Our paper provides new foundation for understanding the mechanisms that shape the corporate governance role of the media and advice on how to make the most use of governance role of media in the transitional economies.

Key Words: media, corporate governance, social surveillance

终极控股股东控制权与自由现金流过度投资 *

俞红海　徐龙炳　陈百助

【内容提要】本文从投资行为视角，研究控股股东侵占与公司治理问题。理论上首次通过动态模型方法，研究发现股权集中、控股股东的存在会导致公司过度投资，控股股东控制权与现金流权分离进一步加剧了这一行为，同时自由现金流水平也对过度投资有正向影响；现金流权水平的提高、公司治理机制的改善，则可以有效抑制过度投资。实证上基于Richardson（2006）预期投资模型，采用面板数据方法，研究表明控制权与现金流权分离度对过度投资有显著为正的影响，相对于私人控股，政府控股公司过度投资更严重，而外部治理环境的改善一定程度上抑制了过度投资。这一研究为中国改革开放以来大规模低效率投资现象提供了一定的解释，同时也为控股股东侵占提供了新的证据。

【关键词】终极控制权；自由现金流；过度投资；公司治理；面板数据

一、引　言

自 La Porta 等（1999）以来，一系列的研究（Claessens 等，2000；Faccio 等，2002）表明，除英、美国家之外，股权集中现象在世界范围内普遍存在。在这一背景下，公司治理研究的重点，开始从管理层与投资者之间的代理问题，转移到控制性大股东与外部中小投资者之间的代理问题。现有文献分别从关联交易（Betrand 等，2002；Bae 等，2002；Cheung 等，2006）、股利政策（La Porta 等，2000；Faccio 等，2001）、债务融资（Faccio

---

* 本文选自《经济研究》2010 年第 8 期。

基金项目：本文得到国家自然科学基金项目（70673056，70803027，70873080）、教育部新世纪优秀人才支持计划项目（NCET 07 0533）、上海市哲学社会科学规划项目（2008BJB003）、上海市重点学科建设项目（B802）、上海财经大学 "211 工程" 三期重点学科建设项目资助。感谢匿名审稿人，美国南加州大学 Wayne Ferson、ChrisJones、Mingyi Hung、John Matsusaka、Kevin Murphy、Heikki Rantakari 和 Oguzhan Ozbas 教授，波士顿学院钱军教授，上海财经大学金融学院李曜、刘莉亚、韩其恒教授，以及 2009 年中国金融国际年会上许年行博士等提供的宝贵修改意见。文责自负。

作者简介：俞红海、徐龙炳，上海财经大学金融学院，邮政编码：200433，电子信箱：yuhonghai_nj@163.com，xlb@mail.shufe.edu.cn。陈百助，美国南加州大学马歇尔商学院，电子信箱：baizhu@marshall.usc.edu。

等，2003；Aslan 和 Kumar，2008）等角度研究了控股股东侵占行为。与此同时，尽管有部分学者（Richardson，2006；杨华军等，2007）从公司治理角度探讨了公司投资行为，但并未针对股权集中市场，从终极控制权、尤其是控制权与现金流权分离角度进行研究。股权集中、控股股东的存在会对公司投资决策产生怎样的影响？控股股东是否会利用公司投资行为进行侵占？股权集中及金字塔式结构能否解释中国改革开放以来大规模低效率投资现象（Kuijs，2005）？本文将就这些问题展开系统研究。

理论上本文基于 La Porta 等（2002）、Shleifer 和 Wolfenzon（2002）等的工作，通过动态模型研究股权集中下的公司投资决策。实证上本文基于 Richardson（2006）预期投资模型，利用 2004~2007 年中国上市公司样本数据，采用面板数据方法对理论分析进行检验。相对于已有文献，本文的主要贡献在于：第一，在理论上首次通过动态模型对过度投资进行研究，揭示了股权集中市场上，控股股东利用控制权、尤其是通过金字塔结构影响公司投资决策进行侵占的内在机制，也为杨华军等（2007）、胡建平等（2007）的实证发现提供了理论解释；第二，在实证上首次发现控股股东控制权与现金流权分离加剧了过度投资，为控股股东侵占提供了新证据，也进一步支持了 Jensen（1986）、Stulz（1990）的自由现金流代理理论。同时，本文的研究也为中国改革开放 30 多年来大规模低效率投资现象提供了一定的解释。此外，相对于 Rechardson（2006）、杨华军等（2007）的研究，本文在实证研究过程中采用面板数据方法，克服了混合数据方法存在的不足，使得研究结论更加可靠。

二、文献回顾

本文的研究涉及股权集中下控股股东侵占及公司投资行为两方面，本部分分别就这两方面的文献进行系统述评。

（一）股权集中与控股股东侵占

自 La Porta 等（1999）以来，一系列的研究（La Porta 等，1999；Claessens 等，2000；Faccio 等，2002）表明，在世界范围内，除英、美国家之外，股权集中是一种更为普遍的所有权结构，且控股股东往往是国家或家族。相应地，公司治理研究的重点，开始从管理层与投资者之间的代理问题，转移到控制性大股东与外部中小投资者之间的代理问题（Shleifer 和 Vishny，1997）。大量研究（La Porta 等，2002；Claessens 等，2002；Lemmon 和 Lins，2003）表明，控股股东持股具有侵占和激励效应，一方面，控股股东控制权水平越高，公司价值越低；另一方面，控股股东现金流权水平越高，公司价值越大。Johnson 等（2000a）将控股股东利用控制权进行侵占的行为称为掏空（Tunnelling），并指出了具体的掏空方式。理论上，Johnson 等（2000b）、La Porta 等（2002）用静态模型方法，Shleifer 和 Wolfenzon

（2002）、Almeida 和 Wolfenzon（2006）用动态模型方法，分别对控股股东利用控制权侵占问题进行了研究，在一定程度上揭示了股权集中下控股股东侵占与公司治理的内在机制。

在控股股东具体侵占方式上，Betrand 等（2002）、Bae 等（2002）和 Cheung 等（2006）利用关联交易数据，分别对印度、韩国和中国香港市场上的控股股东侵占行为进行直接研究，进一步佐证了上述理论研究结论。La Porta 等（2000）、Faccio 等（2001）从股利政策角度研究了控股股东侵占，发现法制环境越差，股利发放越少。Faccio 等（2003）、Aslan 和 Kumar（2008）则从债务融资角度研究了控股股东侵占，发现在股权集中市场上，债务融资并非如 Jensen（1986）所言，可以抑制公司内部代理问题，反而便于控股股东侵占。

在国内市场上，部分学者基于 La Porta 等（1999）及 Claessens 等（2002），研究了股权集中对公司绩效或价值的影响（刘芍佳等，2003；徐莉萍等，2006；王鹏和周黎安，2006；王鹏，2008），发现控股股东持股对公司价值具有侵占效应和激励效应，其中王鹏（2008）进一步表明控股股东控制权侵占效应随着投资者法律保护的增强而减弱。与此同时，在具体侵占方式上，李增泉等（2005）、高雷等（2006）从控股股东资金占用角度，肖珉（2005）、雷光勇等（2007）、王化成等（2007）从股利政策角度，分别探讨了控股股东侵占问题。

上述针对股权集中市场下控股股东侵占研究，主要集中在控制权与公司价值，以及关联交易、股利政策及债务融资政策等，据笔者所知，目前尚未有文献从公司投资行为角度系统探讨控股股东侵占问题。而投资决策作为公司最重要经营决策之一，影响甚至决定着公司价值。因此分析控股股东对投资决策的影响，对揭示控股股东侵占与公司价值内在关系显得尤为重要。

（二）投资行为与公司治理

自 Fazzari 等（1988）以来，国内外学者主要围绕投资现金流的敏感性对公司投资行为进行了广泛研究。其中 Fazzari 等（1988）、Shin 等（1999）从信息不对称角度研究了投资现金流敏感性，认为是公司内外部的信息不对称性导致了这一问题；而 Hubbard（1998）、Bates（2005）等认为是管理层与投资者之间的代理问题造成了投资现金流的敏感性。Richardson（2006）采用投资预期模型，在控制成长机会和融资约束即信息不对称的前提下，采用大样本数据，研究表明自由现金流过度投资问题来自管理层与投资者之间的代理问题。

国内市场上，杨华军等（2007）基于 Richardson（2002），结合中国的制度环境研究了自由现金流的过度投资问题，发现地方政府控股和地方政府干预显著提高了自由现金流的过度投资，而金融发展可以降低这一现象。胡建平等（2007）基于 Richardson（2006）方法，在控制成长机会和融资约束的基础上，发现自由现金流过度投资问题，支持了代理理论。何源等（2007）通过建立负债融资对大股东过度投资行为的相机治理模型，研究表明，控股股东持股比例越高，因谋取私利而导致的过度投资趋势越弱，同时负债融资能够抑制控股股东过度投资行为。

上述针对公司投资行为的研究中，Richardson（2006）研究了股权分散的美国市场上，公司治理对过度投资的影响。胡建平等（2007）研究了股权集中的中国市场上，自由现金流对过度投资的影响，但并未考虑终极控股股东因素的影响；杨华军等（2007）虽然考虑了终极控股股东性质，但未考虑控股股东控制权水平和现金流权水平等因素，并且该文的实证分析中，在计算过度投资和自由现金流时，仅考虑了预期投资，而忽略了维持性投资，因此其结论有一定的偏差。

三、理论模型与研究假设

本部分基于 La Porta 等（2002）、Shleifer 和 Wolfenzon（2002）等理论研究，结合内外部公司治理机制，建立两期动态决策模型，分析不同性质终极控股股东持股与自由现金流过度投资关系。和上述研究不同的是，我们进一步考虑了控股股东性质对控制权私利的影响，以及控制权与现金流权分离对侵占成本的影响，并且首次专门对公司投资决策进行理论研究。基本思路是：第一期出现一个投资机会，控股股东对是否投资进行决策，第二期投资产生回报，控股股东在控制权私利与股利分红之间进行权衡，实现利益最大化。具体采用逆向求解法进行求解。

（一）基本假设

（1）公司在满足维持性投资及 NPV > 0 项目投资之后，还有自由现金流 I。

（2）市场上出现一个新的投资机会，该投资机会的回报分两种情况：一种是高回报，发生概率为 P，相应投资回报为 R_h；另一种为低回报，发生概率为（1-P），相应投资回报为 R_l，其中 $R_1 > I > R_l$。

（3）终极控股股东现金流权水平为 α，相应控制权水平为 $t\alpha$，其中 t 为控制权与现金流权分离度，是控制权与现金流权之比，$t \geq 1$。

（4）控股股东侵占比例为 s，则剩余用于股利分配的部分为（1-s）R，其中 $R = R_h$ 或 R_l。

（5）侵占成本函数为 $C = C（s，k，t\alpha）$，其中 s 表示侵占比例，k 表示内外部公司治理机制，k 越大代表治理机制越好，$t\alpha$ 则表示控制权水平。侵占成本函数与各变量之间有如下关系：$C_s > 0$，$C_{ss} > 0$，即侵占成本随着侵占比例的增加，以递增方式增加；$C_k > 0$，即公司治理机制的改善，将增加侵占成本；$C（t\alpha）< 0$，即随着控制权水平提高，相应的侵占成本降低。

（6）不同控股股东性质对控制权私利有影响，控制权私利为 msR，其中 m 是控制权私利放大系数，代表控股股东不同性质。

（二）第2期：控股股东最优侵占决策

第2期项目投资产生回报，控股股东选择最优侵占比例，来实现其目标利益最大化，其中目标利益包括股利分红所得及侵占净收益两部分，用 F 表示控股股东目标利益，控股股东在第2期面临的决策如方程（1）：

$$\text{Max}_s F = \text{Max}_s \left[\alpha(1-s)R + msR - C(s,\ k,\ t\alpha)R \right] \tag{1}$$

与 Johnson 等（2000b）、La Porta 等（2002）不同的是，我们考虑了控股股东性质 m 对控制权私利的影响，即同样的侵占比例，由于不同性质控股股东使用方式不同，导致其产生的收益是有差异的。与此同时，在 Johnson 等（2000b）、La Porta 等（2002）中，侵占成本由侵占比例和公司治理水平对投资者的保护 k 决定，且和侵占比例呈二次关系，如方程 $C(s, k) = \dfrac{ks^2}{2}$，这一侵占成本函数仅考虑了侵占比例和法制环境的影响，忽略了控制权水平的影响，而事实上随着控制权水平的增加，控股股东的侵占成本将下降，例如控股股东拥有 20% 的控制权和 60% 的控制权对应的侵占成本是不同的。此外，本文中 k 表示公司内外部治理机制，不仅包括外部法制环境，还包括内部独立董事比例、外部机构投资者持股等。为简化起见，本文设定侵占成本函数如方程（2）：

$$C(s,\ k,\ t\alpha) = \frac{ks^2}{2t\alpha} \tag{2}$$

相应的控股股东在第二期的最优侵占比例为：

$$s^* = \frac{t\alpha(m-\alpha)}{k} \tag{3}$$

方程（3）表示终极控股股东最优侵占比例，其中 $t\alpha$ 表示控制权水平。从方程（3）我们可以看到，给定控制权水平，现金流权水平与最优侵占比例负相关；给定现金流权水平，控制权水平与最优侵占比例正相关；给定控制权或现金流权，两者分离度越大，侵占比例越高。此外，公司治理水平越高，则控股股东侵占比例越低。

（三）第1期：投资决策

作为上市公司，以全体股东利益最大化为目标，若未来平均投资回报高于投资额度，则公司进行投资，即

$$PR_h + (1-P)R_l > I \tag{4}$$

从方程（4）中，我们可以得到以全体股东利益为出发点进行投资时，所要求的高回报的临界概率，如方程（5）：

$$P_1^* = \frac{I - R_l}{R_h - R_l} \tag{5}$$

P_1^* 表示当上市公司管理层代表全体投资者利益进行投资时所要求的高回报概率临界值，即只有当外部投资项目产生高回报的概率 $P > P_1^*$ 时，公司将进行投资。

而作为控股股东，在投资过程中，除了获得相应份额的股利分红之外，还有控制权私

利，其对应的投资决策为：

$$P[\alpha(1-s^*)+ms^*-C(s,\ k,\ t\alpha)]R_h+(1-P)[\alpha(1-s^*)+ms^*-C(s,\ k,\ t\alpha)]R_l\geqslant\alpha I \tag{6}$$

则相应所要求的高回报的临界概率为：

$$P_2^*=\frac{I-R_l}{R_h-R_l}-\frac{(m-\alpha)s^*-C}{[\alpha(1-s^*)+ms^*-C](R_h-R_l)} \tag{7}$$

即当外部投资项目产生高回报的概率 $P>P_2^*$ 时，控股股东做出投资决策。

以控股股东利益为出发点所要求的高回报临界概率，和以上市公司全体投资者利益为出发点所要求的高回报临界概率的差值，即代表了过度投资出现的可能性，如方程 (8)：

$$\Delta P=P_1^*-P_2^*=\frac{(m-\alpha)s^*-C}{[\alpha(1-s^*)+ms^*-C](R_h-R_l)} \tag{8}$$

ΔP 表示从公司角度出发不应该进行投资的项目而从控股股东角度出发应该进行投资的项目，由于控股股东在上市公司决策中的地位，导致了上市公司过度投资。

为了分析内在关系，我们基于终极控股股东第 2 期最优侵占决策，选择具体函数形式 (2) 和 (3)，则

$$E=\Delta PI=(P_1^*-P_2^*)I=[1-\frac{2k}{2k+t(m-\alpha)^2}]\frac{I^2}{R_h-R_l}>0 \tag{9}$$

ΔPI 为过度投资部分，由此得到命题 1：

命题 1：股权集中、控股股东的存在，导致公司出现过度投资现象。

命题 1 表示控股股东代理成本导致了自由现金流过度投资。这一思想和 Jensen (1986)、Richardson (2006) 关于过度投资的内涵及产生根源的分析相一致，即控制权私利的存在导致了公司过度投资现象。[①]

进一步从方程 (9) 我们可以看到，公司自由现金流水平越高、控股股东控制权与现金流权分离度越大，公司过度投资现象越严重；公司治理水平越高，公司过度投资现象越轻。此外，考虑控制权私利及现金流权水平对过度投资的影响，在 $m-\alpha>0$ 的条件[②] 下，控制权私利越大，过度投资越严重；现金流权水平越高，过度投资现象越轻。

基于上述分析，提出本文命题 2：

命题 2：公司自由现金流水平越高、控股股东控制权与现金流权分离度越大、控制权私利越大，公司过度投资现象越严重；控股股东现金流权水平越高、公司治理水平越高，过度投资现象越轻。

（四）研究假设

在中国经济转型过程中，国有企业承担了大量政策性负担（Lin 等，1998；林毅夫等，

---

① 所不同的是，Jensen (1986)、Stulz (1990) 以及 Richardson (2006) 研究的是股权分散的美国市场，是由于管理层控制权私利的存在导致了过度投资，而中国市场则是由于控股股东控制权私利的存在导致了过度投资。

② 一般来说，独占获得的全部收益高于分红所得部分收益，因此 $m-\alpha>0$ 满足。

2004)，包括促进经济增长、提高就业率以及增加税收等。政府作为国有企业控股股东，其控制权私利体现在政策性目标的实现，而这些政策性目标的实现，具有较大的溢出效应，往往会带动其他企业发展、推动经济增长，例如大规模基础设施建设对经济发展的推动。因此，相对于侵占所获取的货币性收益，这些政策性目标的实现具有更大的效应，能够产生更大的价值，即相对于私人控股，政府控股下的控制权私利更大。结合命题 2，提出本文需要检验的假设：

H1：自由现金流水平越高，公司过度投资现象越严重；

H2：控股股东控制权与现金流权分离度越大，公司过度投资现象越严重；

H3：相对于私人控股而言，政府控股的上市公司过度投资现象更严重；

H4：控股股东现金流权水平越高，公司过度投资现象越轻；

H5：公司治理机制越完善，则公司过度投资现象越轻，其中治理机制包括外部治理环境、独立董事比例，以及外部机构投资者持股等。

四、研究设计

（一）样本选择与数据来源

本文数据主要包括两部分：第一部分是 2004~2007 年终极控股股东数据，包括终极控股股东性质、现金流权和控制权水平，该数据是通过从上海证券交易所和巨潮网站收集上市公司年报，再从公司年报"实际控制人"一栏中的控制权链图进行手工整理而得，其中控股股东的定义是按照 La Porta 等（2002），指拥有上市公司超过 10% 投票权的终极控制人，当存在两个或两个以上超过 10% 投票权的大股东时，取投票权最大者为公司终极控股股东。现金流权和控制权水平的定义和计算基于 La Porta 等（1999），控股股东的性质分为政府、私人及其他，其中政府包括中央政府和地方政府，私人包括终极控制人为个人、夫妻、家族、村委会、职工委员会等形式。本文剔除控股股东性质为其他，以及终极控制权发生变动的上市公司。第二部分是 2004~2007 年相关财务数据，[1] 包括投资、经营性现金流量、财务杠杆、总资产回报率等，均来自 Wind 数据库，剔除金融行业和 ST 股票；经过数据匹配之后，总共获得 2004~2007 年 1086 家上市公司 2918 条记录。

此外，外部治理环境的度量，本文采用樊纲等（2007）中的相关指数，分别选取"减少政府干预"指标并取相反数，市场中介组织发育和法律制度环境指标，以及各地区市场化指数来作为外部治理环境的度量指标，这三个指标的值越大，代表外部治理环境越好。由于该报告仅提供 2001~2005 年数据，本文直接选取其中 2004~2005 年数据，同时考虑到

---

① 文中投资机会用前两年销售增长率的算术平均值来表示，因此销售增长率数据选择从 2002 年到 2006 年。

治理环境的稳定性和延续性，采用 2001~2005 年各地区指标的年平均增长幅度作为 2005~2006 年以及 2006~2007 年增长幅度，来获取 2006~2007 年各地区外部治理环境数据。

（二）研究模型与变量定义

本文实证上基于 Richardson（2006）预期投资模型，在考虑投资机会和融资约束的基础上，用上一年数据估计本年度投资，如方程（10），其中投资分为三部分，包括维持性投资（用固定资产折旧和无形资产摊销来衡量）、预期投资和过度投资，该方程的残差表示真实投资和预期投资的差值，若残差为正，表示过度投资；若残差为负，表示投资不足。本文中仅考虑投资为正，即过度投资问题。需要指出的是，本文用过去两年平均销售增长率来代表投资机会，而不是和市场价格有关的指标如市盈率、市净率等，其中的原因在于：一方面，中国股票市场远未达到有效，股票价格受投资者行为和宏观政策影响严重，另一方面，本文研究样本区间恰好涉及股权分置改革，股改前后公司股本往往会发生变化，因此选择了销售增长率这一不易受股票市场影响的指标来代表投资机会。这一度量方法被国内外学者广泛采用（La Porta 等，2002；沈艺峰等，2008）。方程（10）中 u_i 代表公司个体效应，若 u_i 和其他解释变量相关，则采用固定效应（Fixed Effect）模型；若 u_i 和其他解释变量无关，则采用随机效应（Random Effect）模型。各变量的定义参见表 1。

表 1　变量名称、符号及定义

变量名称	符号	变量描述
总投资	I_{total}	取现金流量表中投资活动净现金流量的相反数，并除以本年度总资产
维持性投资	I_m	取现金流量表附注中固定资产折旧和无形资产摊销之和，并除以本年度总资产
新投资	I_{new}	$I_{new} = I_{total} - I_{m1}$
预期新投资	I_{exp}	投资预期模型（10）的预测值
过度投资	I_{over}	投资预期模型（10）中正的残差值
经营现金流量	CFO	取现金流量表中的经营性活动现金净流量，除以年末总资产
自由现金流量	FCF	$FCF = CFO - I_m - I_{exp}$
现金流权	Cashflow-right	$Cashflow\text{-}rigat = \sum_{i=1}^{n} \prod_{j=1}^{t} a_{ij}$，$a_{it}$，…，$a_{it}$ 为第 i 条控制链的链间控股比例
控制权	Control-right	终极控股股东直接和间接持有的投票权总和，具体参见 La Porta 等（1999）
控制权与现金流权分离度	Level	控制权与现金流权的比值
金字塔层数	Layer	从终极控股股东到上市公司的控制链层数
独立董事比例	Independent	独立董事占董事会的比例
外部机构持股	Institution-holding	上市公司十大流通股股东持股占总股本的比例
政府干预指数	Index-gov	取自樊纲等（2007）报告"减少政府干预"指数，并取相反数
法制水平	Index-legal	取自樊纲等（2007）报告"市场中介组织发育和法律制度环境"指数

变量名称	符号	变量描述
市场指数	Index-mar	取自樊纲等（2007）报告市场化指数
投资机会	Invest-oppt	取前两年销售增长率的算术平均值
会计收益	ROA	总资产收益率
股票回报	Return	股票年回报率
资产负债率	Leverage	年末总负债/年末总资产
现金持有水平	Money	资产负债表中的货币资金除以年末总资产
公司上市时间	List-age	以公司公告上市年度到相应年度的差值
公司规模	Size	年末总资产取自然对数
股权分置改革	Split-dummy	若已发生股权分置改革，设为1；否则为0
年度控制变量	Year Indicator	控制年度固定效应，2004~2007年共四年，设置三个控制性哑变量
行业控制变量	Ind Indicator	行业控制变量，制造业按二级分类，其他行业按一级分类，剔除制造业后共21个行业，并以综合业为基础，共设20个控制哑变量

$$I_{new,it} = \alpha_0 + \alpha_1 Invoppt_{it-1} + \alpha_2 Size_{it-1} + \alpha_3 ROA_{it-1} + \alpha_4 Return_{it-1} + \alpha_5 Leverage_{it-1} + \alpha_6 List - age_{it-1}$$
$$+ \alpha_7 Money_{it-1} + \alpha_8 I_{new,it-1} + \alpha_9 Split - dummy + \sum YearIndicator + \sum IndIndicator$$
$$+ u_i + \varepsilon_{it} \tag{10}$$

在通过投资预期模型获得预期投资，过度投资及自由现金流的基础上，进一步研究自由现金流及控股股东持股和公司治理机制对过度投资的影响，解释变量包括控制权与现金流权分离度，自由现金流、控股股东性质、现金流权水平，以及内外部公司治理机制等，此外，为了更深入地研究控制权与现金流权分离度对过度投资的影响，还包括了分离度的平方项，具体如方程（11），[①]相关变量定义见表1。

$$I_{new,it} = \beta_0 + \beta_1 FCF_{it} + \beta_2 Level_{it} + \beta_3 Level_{it}^2 + \beta_4 Cashflow-right_{it} + \beta_5 State-dummy_{it} +$$
$$\beta_6 Index-legal_{it} + \beta_7 Independant_{it} + \beta_8 Institution-holding_{it} + u_i + \varepsilon_{it} \tag{11}$$

五、实证结果与分析

为了对本文的理论分析进行检验，本部分基于 Richardson（2006）预期投资理论模型，在计算预期投资、过度投资和自由现金流的基础上，研究公司治理与自由现金流过度投资关系问题，其中核心是研究控制权与现金流权分离对过度投资的影响。

---

① 本文实证分析过程中，也考虑了自由现金流与控制权及现金流权分离度，自由现金流与政府控股哑变量的交叉项影响，在分析中发现交叉项均不显著，并且导致了较为严重的多重共线性，因此在结果报告中并未包含交叉项。

（一）描述性统计分析

表 2 提供了主要变量的描述性统计结果。从表 2 可以看到，平均来说，终极控股股东拥有 35.37% 的上市公司现金流权水平，以及 41.51% 的控制权水平，平均的控制权与现金流权分离度为 1.48，说明中国市场两权分离现象较为严重；同时分离度最小为 1，最大则达到 27.04，说明不同公司间分离度具有较大的差异性。与此同时，金字塔结构在中国市场普遍存在，平均来说每个控股股东通过 2.42 层控制链来控制上市公司，最高则达到 8 层。此外，公司规模、总资产收益率、股票年回报率等指标在不同公司间均具有较大的变异性。

表 2　变量描述性统计

	均值	中位数	最大值	最小值	方差
Cashflow-right	35.37	33.05	88.06	0.53	17.65
Control-right	41.51	40.60	88.06	8.94	15.82
Level	1.48	1	27.04	1	1.41
Layer	2.42	2	8	1	0.83
Size	21.56	21.45	27.30	18.50	1.05
Return	8.06	−8.65	533.33	−90.93	56.15
ROA	5.62	5.44	138.29	−84.20	7.38
List-age	6.35	6	14	1	3.20
Leverage	50.58	51.34	368.25	4.30	18.77

（二）预期投资与过度投资

基于方程（10）对公司预期投资进行分析，经 Hausman 检验，拒绝原假设，因此采用固定效应模型进行估计，同时考虑到存在的异方差问题，本文对实证结果进行 Huber – White（1980）调整，得到的结论如表 3。从表 3 可以看到，考虑融资约束及其他影响因素，投资机会的影响系数为正但不显著，其中的原因在于，用过去两年销售平均增长率无法反映公司面临的全部投资机会。股票年增长率也在一定程度上体现了未来投资机会，对公司投资有显著为正的影响。同时，公司总资产回报率对公司投资有显著的正向影响，而财务杠杆对企业投资具有较大的约束作用，且在 1% 的水平下显著。公司规模及上一期投资对本期投资活动的影响显著为负，这与 Richardson（2006）相反，其中原因很有可能是因为不同制度背景及不同市场发展阶段造成的。

表 3　投资预期模型估计结果

变量	模型 1
Invest-oppt	0.0001 (0.79)
Size	−0.0193** (−1.93)

续表

变量	模型 1
ROA	0.0008**
	(2.16)
Return	0.0001***
	(3.65)
Leverage	−0.0012***
	(−4.40)
List−Age	−0.0012*
	(−1.73)
Money	0.0988***
	(3.41)
$I_{new,-1}$	−0.0547
	(−1.74)
Split−dummy	−0.0004
	(−0.07)
Hausman 检验值	160.65
P 值	0.00
R−sqb	0.109

注：***、** 和 * 分别表示 1%、5% 和 10% 的显著性水平，括号内为 t 值，经过 Huber-White 异方差调整。

总体而言，模型 1 的 R−sq 达 0.109，具有较强解释力。下面进一步用模型 1 生成的预期投资及过度投资进行分析。

（三）公司治理与自由现金流的过度投资

在获得自由现金流和过度投资的基础上，进一步基于方程（11），分析公司治理因素对自由现金流过度投资的影响。经 Hausman 检验，无法拒绝原假设，因此采用随机效应进行估计，结果如表 4。在表 4 中我们分别用法制水平、政府干预指数以及市场化指数作为外部治理环境的代理变量。从表 4 可以看到，自由现金流对过度投资影响为正，尽管不显著，一定程度上验证了本文的假设 H1，即自由现金流水平越高，过度投资越严重。与此同时，从模型 2、模型 3、模型 4 可以看到，无论是用法制水平、政府干预指数还是各地区市场化指数来度量外部治理环境，控制权与现金流权分离度对过度投资影响始终为正且在 5% 或 10% 水平下显著，从而很好地验证了本文的假设 H2，其原因是随着控制权与现金流权分离度的增加，控股股东侵占动机越强烈，导致的上市公司过度投资越严重。同时也可以看到，随着分离度本身的增加，其对过度投资的边际影响逐步减小，即控制权与现金流权分离度对过度投资的影响呈倒 U 型，当控制权与现金流权分离度较小时，分离度的增加所导致的上市公司过度投资更加严重。

与此同时，从表 4 可以看到，相对于私人控股，政府控股对过度投资有显著为正的影响，从而验证了本文的假设 H3，说明政府作为控股股东时，为了实现其控制权私利，更

表4　公司治理与自由现金流过度投资

变量	预期符号	模型2	模型3	模型4
FCF	+	0.0651 (1.04)	0.0642 (1.03)	0.0647 (1.03)
Cashflsw-right	−	0.0002 (1.37)	0.0002 (1.27)	0.0002 (1.29)
Level	+	0.0099** (1.94)	0.0094* (1.82)	0.0095** (1.85)
Level^2	?	−0.0005* (−1.73)	−0.0005* (−1.63)	−0.0005* (−1.68)
State-dummy	+	0.0129* (1.72)	0.0126* (1.68)	0.0127* (1.69)
Independent	−	−0.0178 (−0.45)	−0.0193 (−0.49)	−0.0183 (−0.47)
Institution-holding	−	0.0007*** (2.51)	0.0007*** (2.51)	0.0007*** (2.53)
Index-legal	−	−0.0012 (−1.50)		
Index-gov	−		−0.0008 (−0.91)	
Index-mar	−			−0.0015 (−1.05)
Hausman 检验值		0.14	0.43	0.79
P 值		1.00	0.99	0.99
R-sqb		0.055	0.050	0.052

注：***、** 和 * 分别表示 1%、5%和 10%的显著性水平，括号内为 t 值，经过 Huber-White 异方差调整。

有可能使上市公司进行过度投资，这与我们经常看到的国有企业大规模低效率投资现象相符。此外，现金流权水平的影响和预期相反但显著水平很低，即控股股东现金流权水平对上市公司过度投资并未起到有效的抑制作用，无法验证本文的假设 H4。而对公司治理机制的分析发现，外部治理环境及独立董事比例对过度投资的影响如预期，尽管不显著但在一定程度上抑制了过度投资，从而部分验证本文的假设 H5，然而外部机构持股却和预期相反，非但没有抑制过度投资反而加剧了过度投资，体现出外部机构投资者与内部控股股东的共谋行为。

六、稳健性分析

在上述分析中，类似于 La Porta 等（2002），我们采用平均销售增长率来度量投资机会。作为影响预期投资及过度投资的重要变量，投资机会的度量会对结论的可靠性产生一定的影响。为此，我们进一步借鉴 Richardson（2006），使用 P/E（价格与盈余比）、P/B（市场价值与账面价值比），以及 Richardson（2006）构建的新指标 VP 度量投资机会，其中，P/B、P/E 越大，VP 越小，代表投资机会越好。从表 5 可以看到，用 VP 来度量投资机会时，对投资的影响和预期一致且显著，P/B 对投资影响为正但不显著，P/E 对投资的影响很小且和预期相反，其中的原因，很有可能是因为使用和价格相关变量度量投资机会时受市场影响较大。表 6 是分别用市净率 P/B、市盈率 P/E 和 VP 来度量投资机会进行投资预期的基础上，进一步分析过度投资与公司治理关系。从表 6 可以看到，控制权与现金流权分离度对过度投资影响显著为正，并且其边际影响随着分离度的增加而减小，相对于私人控股，政府控股下的过度投资更严重。此外，外部法制水平[①]一定程度上抑制了过度投资，尤其是当用 VP 衡量投资机会时，法制水平对过度投资的影响显著为负。因此，总体来说，表 6 进一步验证了本文的相关假设，并和表 4 所得的基本结论保持一致。

表 5　投资预期模型估计结果

	模型 5 P/B	模型 6 P/E	模型 7 VP
Invest−oppt	0.0002 (1.03)	−0.0000 (−0.22)	−0.0167** (−2.37)
Sized	−0.0194** (−1.94)	−0.0189* (−1.90)	−0.0155 (−1.10)
ROA	0.0007** (2.09)	0.0008** (2.15)	0.0012*** (3.18)
Returnd	0.0001*** (3.52)	0.0001*** (3.63)	0.0001** (2.05)
Leverage	−0.0012*** (−4.40)	−0.0012*** (−4.38)	−0.0014*** (−4.80)
List−aged	−0.0042 (−1.60)	−0.0045* (−1.73)	−0.0035 (−1.32)
Money	0.0996*** (3.44)	0.0989*** (3.41)	0.1005*** (3.49)
$I_{new,-1}$	−0.0535* (−1.71)	−0.0539* (−1.72)	−0.0544* (−1.74)
Split−dummy	−0.0006 (−0.11)	−0.0004 (−0.08)	−0.00004 (−0.01)
Hausman 检验值	160.15	209.41	162.55
P 值	0.00	0.00	0.00
R−sq	0.109	0.109	0.112

注：***、**、* 分别表示 1%、5%、10% 的显著性水平，括号内为 t 值，经过 Huber-White 异方差调整。

---

① 我们也使用政府干预指数及市场化指数来度量外部治理环境，所得结论类似。

表6 公司治理与自由现金流过度投资

	模型 8 P/B	模型 9 P/E	模型 10 VP
FCF	0.0691 (1.09)	0.0627 (1.00)	0.0679 (1.41)
Cashflow-right	0.0002 (1.37)	0.0003 (1.48)	0.0002 (1.04)
Level	0.0114** (2.22)	0.0105** (2.04)	0.0115** (2.30)
Level^2	−0.0006** (−1.96)	−0.0006* (−1.83)	−0.0007** (−2.04)
State-dummy	0.0151** (2.04)	0.0143** (1.94)	0.0104 (1.30)
Independant	−0.0178 (−0.45)	−0.0132 (−0.34)	−0.0217 (−0.60)
Institution-holding	0.0007*** (2.64)	0.0007*** (2.60)	0.0005* (1.90)
Index-legal	−0.0012 (−1.43)	−0.0012 (−1.44)	0.0015* (−1.70)
Hausman 检验值	0.62	0.80	11.90
P 值	0.99	0.99	0.156
R-sq	0.059	0.055	0.027

注：***、**、* 分别表示 1%、5%、10%的显著性水平，括号内为 t 值，经过 Huber-White 异方差调整。

此外，不同于上述用预期投资模型残差表示过度投资，我们用行业均值作为最优投资水平，超过行业均值部分投资作为过度投资进行稳健性分析，基本结论和表 4 一致，进一步证明本文结论是可靠的。限于篇幅，本文不再赘述。

七、主要结论与政策建议

在股权集中、投资者法律保护不足的市场上，公司治理面对的主要问题是控制性大股东与外部中小投资者之间的代理问题（Shleifer 和 Vishny，1997）。本文从公司投资决策与投资行为视角，对这一代理问题进行研究。理论上，本文首次通过两阶段动态模型，系统探讨了终极控股股东控制权对公司投资决策的影响，研究结果表明，股权集中、控股股东的存在导致了公司过度投资，控股股东控制权与现金流权的分离进一步加剧了过度投资，同时也可以看到，随着自由现金流水平的提高、控制权私利的增加，公司过度投资变得更严重；而控股股东现金流权水平的提高，公司治理机制的改善，则可以有效抑制过度投资。这一研究为中国改革开放 30 多年大规模低效率的投资现象提供了一定的理论解释。

实证上，本文基于 Richardson（2006）方法，利用 2004~2007 年中国上市公司样本数据，采用面板数据方法对理论分析进行检验。研究结果表明，控制权与现金流权分离度对过度投资有显著为正的影响，并且随着分离程度的增加，其边际影响减少。同时，自由现金流水平对过度投资影响为正，尽管不显著；相对于私人控股，政府控股情况下过度投资现象更严重。此外，外部治理环境在一定程度上有效抑制了上市公司过度投资。这一系列实证结果基本验证了本文的理论分析，同时也从公司投资行为角度为控股股东侵占提供了新的证据。

基于本文的理论研究和实证研究，我们认为，改变中国改革开放以来大规模低效率的投资现象，需要从两个方面着手：一方面需要结合当前股权分置改革，改变股权集中、一股独大的所有权结构，尤其是控股股东通过金字塔结构实现控制权与现金流权分离的现象，在当前投资者法律保护相对不足的情况下，实现内部股权制衡（Bennedsen 和 Wolfenzon，2000）是一种有效改革措施；另一方面改善法制环境，在进一步完善相关法律条款的同时，着重提高执法效率，从而有效抑制控股股东侵占行为。

参考文献

[1] 樊纲，王小鲁，朱恒鹏. 中国市场化指数——各地区市场化相对进程2006 年度报告 [M]. 北京：经济科学出版社，2007.

[2] 胡建平，干胜道. 钱多办坏事：自由现金流量与过度投资 [J]. 当代财经，2007（11）.

[3] 雷光勇，刘慧龙. 市场化进程、最终控制人性质与现金股利行为——来自中国 A 股公司的经验证据 [J]. 管理世界，2007（7）.

[4] 林毅夫，刘明兴，章奇. 政策性负担、政府干预与企业债务期限结构——来自中国上市公司的经验证据 [J]. 管理世界，2004（8）.

[5] 刘芍佳，孙霈，刘乃全. 终极产权论、股权结构及公司绩效 [J]. 经济研究，2003（3）.

[6] 沈艺峰，况学文，聂亚娟. 终极控股股东超额控制与现金持有量价值的实证研究 [J]. 南开管理评论，2008（11）.

[7] 王化成，李春，卢闯. 控股股东对上市公司现金股利影响的实证研究 [J]. 管理世界，2007（1）.

[8] 王鹏，周黎安. 控股股东的控制权、所有权与公司绩效：基于中国上市公司的证据 [J]. 金融研究，2006（2）.

[9] 王鹏. 投资者保护、代理成本与公司绩效 [J]. 经济研究，2008（2）.

[10] 肖珉. 自由现金流量、利益输送与现金股利 [J]. 经济科学，2005（2）.

[11] 杨华军，胡奕明. 制度环境与自由现金流的过度投资 [J]. 管理世界，2007（9）.

[12] Bae, Kee Hong, Jun Koo Kang, and Jin Mo Kim, 2002, "Tunneling or Value Added? Evidence from Mergers by Korean Business Groups", Journal of Finance, 57, pp.2695-2740.

[13] Bertrand, Marianne, Paras Mehta, and Sendhil Mullainathan, 2002, "Ferreting out Tunneling: An Application to Indian Business Groups", Quarterly Journal of Economics, 117, pp.121-148.

[14] Cheung, Yan Leung, P. Raghqvendra Rau, and Aris Stouraitis, 2006, "Tunneling, Propping, and Expropriation: Evidence from Connected Party Transactions in Hong Kong", Journal of Financial Economics, 82, pp.343-386.

[15] Claessens, Stijn, Simeon Djankov, and Larry Lang, 2000, "The Separation of Ownership and Control

in East Asian Corporations", Journal of Financial Economics, 58, pp.81–112.

[16] Claessens, Stijn, Simeon Djankov, Joseph P. H. Fan, Larry H. P. Lang, 2002, "Disentangling the Incentive and Entrenchment Effects of Large Shareholdings", Journal of Finance, 57, pp.2741–2771.

[17] Faccio, Mara, Larry H. P. Lang, and L. Young, 2001, "Expropriation and Dividends", American Economic Review, 91, pp.1–25.

[18] Faccio, Mara, Larry H. P. Lang, and Leslie Young, 2003, "Debt and Expropriation", Working Paper.

[19] Hubbard, R. G., 1998, "Capital Market Imperfections and Investment", Journal of Economic Literature, 36, pp.193–225.

[20] Johnson, Simon, Rafael La Porta, Florencio Lopez de Silanes, and Andrei Shleifer, 2000a, "Tunneling", American Economic Review, 90, pp.22–27.

[21] Johnson, Simon, Peter Boone, Alasdair Breach, and Eric Friedman, 2000b, "Corporate Governance in the Asian Financial Crisis", Journal of Financial Economics, 58, pp.141–186.

[22] Kuijs, Louis, 2005, "Saving and Investment in China", World Bank Policy Research Working Paper, pp.3633.

[23] La Porta, Rafael, Florencio Lopez de Silanes, and Andrei Shleifer, 1999, "Corporate Ownership around the World", Journal of Finance, 54, pp.471–517.

[24] La Porta, Rafael, Florencio Lopez de Silanes, Andrei Shleifer, and Robert W. Vishny, 2002, "Invest or Protection and Corporate Valuation", Journal of Finance, 57, pp.1147–1170.

[25] Lemmon, Michael L., and Karl V. Lins, 2003, "Ownership Structure, Corporate Governance and Firm Value: Evidence from the East Asian Financial Crisis", Journal of Finance, 58, pp.1445–1468.

[26] Lin, Justin Yifu, Fang Cai, and Zhi Li, 1998, "Competition, Policy Burdens, and State owned Enterprise Reform", American Economic Review, 88, pp.422– 427.

[27] Richardson, Scott, 2006, "Over investment of Free Cash Flow", Review of Accounting Studies, 11, pp.159–189.

[28] Shleifer, Andrei, and Daniel Wolfenzon, 2002, "Investor Protection and Equity Markets", Journal of Financial Economics, 66, pp.3–27.

[29] Stulz, Rene, 1990, "Managerial Discretion and Optimal Financing Policies", Journal of Financial Economics, 26.

The Control Right of Ultimate Controlling Shareholder and Overinvestment of Free Cash Flow

Yu Honghai, Xu Longbing and Chen Baizhu

Abstract: This paper studies controlling shareholder's expropriation and corporate governance through the perspective of investment. Theoretically this paper builds up two-period dynamic model to study overinvestment and expropriation, and finds out that the existence of controlling shareholder results to overinvestment, separation of control right and cash flow right further strengthens this action, and free cash flow also has positive effect to overinvestment. The improvement of cash flow right and corporate governance could constrain overinvestment. Empirically based on Richardson (2006), this paper uses the panel data of 2004—2007 to verify the theoretical predictions, and finds out that separation of control right and cash flow right has significant positive impact to overinvestment, and when the company is controlled by government, overinvestment is more serious. This paper explains the phenomena of high-level but low-efficiency investment since China economic reform, and also provides evidences for controlling shareholder's expropriation from the perspective of investment.

Key Words: ultimate controlling right, free cash flow, overinvestment, panel data

产权保护、公允价值与会计稳健性 *

张荣武　伍中信

【内容提要】 在金融危机和会计国际趋同的宏观背景下，以产权保护为逻辑主线，本文重点考察了公允价值与会计稳健性之间的关系。研究发现，在历史成本会计模式下，公允价值与会计稳健性之间若即若离；在公允价值会计模式下，公允价值与会计稳健性之间彻底悖离；在混合会计模式下，公允价值与会计稳健性之间适度耦合；金融危机中公允价值论战的焦点表面上是会计的"技术性"问题，实质上是会计的"社会性"问题，即公允价值充当了一个产权博弈的筹码。

【关键词】 公允价值；会计稳健性；产权保护；顺周期效应

基于金融危机和会计国际趋同背景，本文将以产权会计观为学派基础，以产权保护为逻辑主线，从历史成本会计模式、公允价值会计模式和混合会计模式三个维度对公允价值与会计稳健性的关系问题进行深入探讨，力图澄清公允价值与会计稳健性的关系、恰当定格公允价值顺周期效应论争和厘清公允价值计量属性认识误区，从而为产权会计观提供一个扩展视角。

一、产权保护导向：从会计稳健性到公允价值的嬗变

产权是一个使人受益或受损的权利束，是对财产的广义所有权，包括狭义所有权（归属权）、占有权、支配权和使用权；其直观形式是人对物的关系，实质上却是产权主体之间的经济权利关系。产权具有减少不确定性、外部性内在化、激励与约束功能、资源配置

* 本文选自《会计研究》2010 年第 1 期。

基金项目：本文受到国家社科基金项目（08BJY012）、中国博士后科学基金项目（20090461016）、广东省哲学社会科学规划项目（07Y002）和广东商学院科研项目（07Y JRC08）的资助。

作者通信地址：广东商学院会计学院（510320）；湖南大学会计学院/湖南财经高等专科学校（410079）。

功能以及收入分配功能（黄少安，2004）。产权理论的核心就是研究如何通过界定、变更和安排产权来降低交易费用，提高经济运行效率，从而优化资源配置。经济学本质上就是研究稀缺资源的产权。产权制度是一项基础性的母制度，是其他制度衍生的源泉。市场经济是产权经济，中国改革开放是从根本上解决社会主义市场经济体制建立中的产权问题，会计改革的首要变化是产权会计观的确立，它决定着会计改革的大方向（郭道扬，2004）。会计与产权之间的紧密关系是与生俱来的。换言之，会计发展史就是一部对正当产权经济利益进行界定和保护的历史。

计量是会计的核心，而计量属性是会计计量的内核。要完成资产计价和收益确定两大使命，会计计量属性的合理选择和有效运用是关键。历史成本和公允价值是财务报告中两种最重要、最具有代表性的会计计量属性。会计是产权结构变化的产物，作为一种国际通用的商业语言和低成本的信任机制，是为监督企业契约签订和执行而产生的。会计契约在企业契约耦合体中居于中心地位（雷光勇，2004）。公允价值会计信息的"结果真实"导向比历史成本会计信息的"程序真实"导向更具有产权经济意义；理想条件下的全面的公允价值计量使会计学收益向经济学收益逼近，而历史成本计量使会计学收益偏离经济学收益，必将扭曲会计界定产权和保护产权的功能，进而降低产权资源配置效率（曹越、伍中信，2009）。

历史成本计量属性难以对企业产权价值运动过程、结果及其所体现的产权经济关系进行有效的反映与控制，界定产权和保护产权的职能难以充分发挥，于是引入会计稳健性原则（惯例）进行部分弥补。稳健性原则是与历史成本计量属性相互配合或配套使用的。之所以要提出稳健性，主要是公允价值计量思想的"不完全"采纳。稳健性原则又称为谨慎性原则，起源于中世纪的欧洲。Bliss（1924）将早期会计稳健性思想明确表述为"不预计利润，但预计所有损失"。FASB 在 SFAC2 中指出，稳健性原则是指对不确定性的审慎反应，以确保对经济活动中内生的不确定性和风险给予充分考虑。Basu（1997）将稳健性定义为"会计人员倾向于对当期好消息的确认比对坏消息的确认要求有更严格的可证实性"。近年来经验研究发现，会计稳健性在许多国家都存在，并且在最近 30 年有逐渐增强的趋势（Watts，2003）。在不同国家，会计稳健性的程度会随着国家间法律、经济和政治等制度环境的差异而不同（Ball 等，2003）。会计稳健性的基本特征表现在：①稳健性对利得与损失、收入与费用、资产与负债的非对称性处理；②系统性地造成了企业净资产账面价值远低于其市场价值和盈利低于实施中性会计原则所要汇报的盈利；③稳健性基础上的会计信息与其反映的经济实质之间会产生一定程度的偏差，该偏差的大小体现了稳健性的强度。可见，会计稳健性对于债权人产权保护是一种有效的制度安排，但对股东等其他利益相关者就不是一种最优的制度。

由于现代企业本质上是利益相关者之间相互缔约形成的合作收益大于合作成本的产权契约联结体（张荣武，2009），企业存在和发展的根本原因在于利益相关者相互合作创造出合作剩余或组织租金，而合作剩余或组织租金的创造与分配需要利益相关者之间由非合作博弈转变为合作博弈，这一切均依赖于会计界定产权和保护产权。不论是公有产权还是私有产权，也不论是强势产权还是弱势产权，均应该得到平等有效的保护。现代财务报告不仅应为债权人服务，而且应为包括股东在内的利益相关者服务。产权界定和保护需要会计提供基础性的具有透明度、相关性、公允性和反映真实性的会计信息。有鉴于此，历史成本计量属性（及会计稳健性）逐渐让位于公允价值计量属性遂成必然。

IASC（1995）在 IAS32 中规定，公允价值是指"在公平交易中，熟悉情况的当事人自愿据以进行资产交换或负债清偿的金额"。IASB 于 2009 年 5 月 28 日发布的《公允价值计量（征求意见稿）》和 FASB 于 2006 年 9 月 15 日发布的 FAS157《公允价值计量》对公允价值的定义相同，即"在计量日当天，市场参与者在有序交易中出售资产收到的价格或转移负债支付的价格（退出价格）"。公允价值是经济学中价值概念的会计表达，公允价值计量就是基于价值和现值的会计计量（谢诗芬，2004）。自 20 世纪 90 年代以来，公允价值计量逐渐风靡全球，适度谨慎地引入了公允价值计量也被公认为我国 2006 年新会计准则体系最吸引眼球的亮点，标志着我国已建成与国际财务报告准则实质趋同的企业会计准则体系。我们将公允价值的基本特征凝练为三个方面：①公允性；②反映真实性，且结果真实甚于程序真实；③估计性。其中，"真实与公允观"是公允价值的最高理念和根本特征。公允价值是现实中充分发挥会计平等界定产权和保护产权功能的最重要计量属性，它使会计真正走上"价值计量"和"产权保护"的轨道。产权保护导向促使会计稳健性向公允价值嬗变。

二、公允价值与会计稳健性关系考析：产权保护视角

长期以来，中外会计学术界在公允价值与会计稳健性之间如何进行权衡一直争论不休，这种争论随着公允价值计量在会计国际趋同背景下的广泛运用而逐渐升温。"公允价值"如果作为一种会计计量属性，而"会计稳健性"作为一种会计计量原则，表面上看，两者是不同的事件，似乎不具可比性，实则从一个侧面反映出二者之间错综复杂的关系。计量是会计的核心，按照计量对象的不同，会计计量可细分为资产计价和收益确定。"计量虽很重要，但某一属性的计量，不应等同于某一属性的会计。"（葛家澍，2009）会计计量模式的选择是多种因素（尤其是产权博弈）共同作用的结果。我们认为，当全部或绝大部分项目都按历史成本计量并纳入财务报表时称为历史成本会计模式；当全部或绝大部分项目都按公允价值计量并纳入财务报表时称为公允价值会计模式；当历史成本计量属性和公允价值计量属性在会计计量中都没有绝对主导优势时，即介于历史成本会计模式与公允价值会计模式之间的会计模式，称为混合会计模式。会计模式与会计稳健性的关系用图 1表示。

会计及其准则具有技术性和社会性双重属性，在经济全球化和金融自由化导致的会计国际趋同过程中，会计准则具有经济后果的性质使会计国际趋同的本质从会计技术性之争

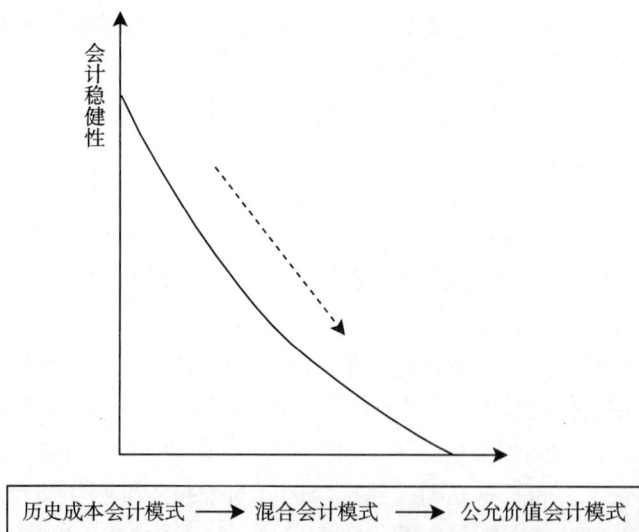

图 1 历史成本会计模式、混合会计模式、公允价值会计模式与会计稳健性关系

演变为产权博弈之争。正如著名会计学家郭道扬教授（2009）所言，全球化所引发的利益分配关系的复杂性，集中体现在跨国产权价值运动周而复始的循环过程之中，矛盾的集中点极其深刻地反映在以国家为利益主体的会计制度博弈方面；掌握全球会计制度变革的控制权，是当今会计规则大变革中的焦点问题。我们认为，无论是杨纪琬教授和阎达五教授提出的"会计管理活动论"，还是葛家澍教授和余绪缨教授主张的"会计信息系统论"，抑或是杨时展教授和郭道扬教授首创的"会计控制系统论"，虽然考察视角各异，但均与产权保护密切关联。换言之，会计管理活动论的核心是价值管理，而价值管理的内核是产权管理；会计信息系统论认为会计是一个提供财务信息为主的经济信息系统，虽更强调技术性，但也承认会计的社会性，而会计的社会性必然涉及产权问题；会计控制系统论的核心是受托责任，直接触及并深刻体现出产权思想。鉴于此，本文从产权保护视角来考析公允价值与会计稳健性这两个会计基本范畴的关系问题，也是切实可行的。

（一）历史成本会计模式下的公允价值与会计稳健性：若即若离

我们认为，会计是一个以提供财务信息为主的人造的界定和保护产权的反映与控制系统。在历史成本会计模式下，全部或绝大部分项目都按历史成本计量并纳入财务报表，它所倚重的事实性基础要求计量时要做到客观、具备可验证性和数据易得性，其确认基础建立在过去已经发生的交易或事项基础上，它最显著的特点与缺陷都是面向过去，并引致会计计量也面向过去。

"会计的发展是反应性的"，会计环境对会计（准则）的重要性已受到国内外会计学界的普遍重视。事实上，会计计量属性和会计模式的选择深受会计环境的影响。在会计发轫之早期，债权人产权保护（解决债权人与企业之间的信息不对称问题）成为会计信息服务的重点。在市场经济和证券市场不发达的相对稳定的会计环境中，历史成本会计模式生成的会计信息基本能满足债权人等信息使用者的需要。随着现实经济环境中不确定性和风险的增加，缔约各方之间存在信息不对称和复杂利益博弈关系，代理冲突难以彻底消除，纯粹的历史成本会计模式越来越与会计环境的变化不相适应。于是引入会计稳健性原则局部修正历史成本会计模式的不足，避免企业高估资产和收入、低估负债和费用，进而避免损害债权人的物质资本产权。稳健性是最古老最普及的会计原则（惯例），在财务会计和报告中占有一席之地，其存在的客观前提是经济环境中的不确定性和风险。可以说，稳健性原则、实现原则、面向过去的传统会计确认和计量都是与历史成本会计模式相互配合或配套的。有关研究表明，契约需求、股东诉讼、税收和会计管制构成西方会计稳健性存在的主要根源；政策管制、管理层与股东之间、大股东与中小股东之间的代理问题以及文化、心理等因素的影响，使会计稳健性在我国具备存在的根基。

会计稳健性对于产权界定与产权保护来说是一把"双刃剑"。稳健性本质上是一种限制性的或者附加条件的会计信息质量特征，虽然应用非常普遍，但在理论上更多的是被视为一种"惯例"而非"原则"。虽然文献普遍发现了稳健性的好处，但价值相关性和可靠性之间必定需要权衡，过度的稳健性会损害会计信息的价值相关性，提高信息不对称程度，进而降低会计信息的有用性，这意味着稳健性也是有成本的（杨华军，2007）。稳健性基础上的会计信息与其反映的经济实质之间会产生程度不同的偏差，该偏差的幅度反映了稳健性的强度，也体现了对客观、公正、平等地界定产权和保护产权的悖离程度。会计稳健性不是万能的，不可能解决历史成本会计模式固有的全部问题。因此，在历史成本计量属性占绝对主导地位的历史成本会计模式下，逐渐引入公允价值计量属性成为必然，这与计量观取代信息观的会计发展趋势也是非常吻合的。事实上，针对稳健性的系统研究正是在20世纪90年代各国会计准则越来越多地采用公允价值计量的情形下才开始兴起的。

在历史成本会计模式下，历史成本计量属性始终占据绝对主导地位，而公允价值应用的广度和深度都是非常有限的。为了更有效地反映与控制产权价值运动过程、结果及其所体现的产权经济关系，认定和解除受托责任，提供决策有用信息，历史成本会计模式程度不同地先后导入了会计稳健性和公允价值计量属性。值得注意的是，公允价值与会计稳健性在基本理念上是矛盾的，这注定了二者在共同弥补历史成本会计模式缺憾的同时，不可能深度有机契合，而是悖离与耦合并存。总体而言，在历史成本会计模式下，公允价值与会计稳健性是一种若即若离的关系。

（二）公允价值会计模式下的公允价值与会计稳健性：彻底悖离

随着金融创新和金融自由化迅速发展、虚拟经济和实体经济的比重逐步易位、企业组织形式的不断变化、无形资产的大量涌现、信息技术的飞速发展以及利益相关者对会计信息需求的变化，经济与会计环境的不确定性和风险显著增加，使得历史成本计量属性受到巨大冲击，暴露出诸多缺陷，更能适应会计环境变化的公允价值计量属性应运而生。随着资本市场日益发达等会计环境急剧变化，历史成本会计模式向公允价值会计模式演化是大势所趋。为实现会计的定价功能和治理功能，达到企业各利益相关者的利益冲突有机协调和合法产权平等保护的目的，会计务必提供具有相关性、透明度、如实反映（可靠性）和公允性的会计信息，为此，公允价值式强和会计稳健性及其母体（历史成本会计模式）式微同样不可避免。

公允价值会计模式下，全部或绝大部分项目都按公允价值计量并纳入财务报表，会计的根本使命是为信息使用者提供决策有用的信息。公允价值计量属性与产权具有深层契合关系。平等、公平、等价、自愿和诚信五项原则是公平高效产权制度的基础，这些基本原则的实现有赖于公允价值计量（陈美华，2006）。整体而言，会计对产权的界定和保护是微观层次的、基础性的，而法律对产权的界定和保护却是宏观层次的、总括性的；两个层次的产权界定和保护都需要会计提供基础性的真实公允的会计信息；公允价值计量基础是现实中充分发挥会计界定产权和保护产权功能的最佳计量基础（曹越、伍中信，2009）。公允价值将"真实与公允观"奉为圭臬，它给企业利益相关者提供一个"机会均等"和"规则公平公正"的利益博弈、分享与保护机制，因而能促进会计契约的顺利签订和有效履行、提高会计信息质量和均衡产权利益。

而稳健性对利得与损失、收入与费用、资产与负债的非对称性处理，人为地制造一种主观偏差，扭曲了会计信息对经济业务真实情况的反映，与真实性、中立性（可靠性的核心要素）等会计信息基本质量特征相悖。会计信息只有真实，才能公允。因此，过于稳健的会计信息，在丧失反映真实性的同时也丧失了公允性、中立性，与"真实与公允观"最高会计理念相悖，在本质上与会计理论的逻辑相冲突。会计在维护与保护利益相关者权益及保障市场经济有序、有效运作中的作用都是基础性的，也是不可替代的（郭道扬，2004）。企业存在和发展需要契约共同体相互合作创造出合作剩余或组织租金，会计稳健性对利益相关者产权的非对称性界定和保护，极大地打击了要素所有者之间由非合作博弈转变为合作博弈以便创造尽可能多的合作剩余或组织租金的积极性，既不利于通用会计契约的有效履行，也有损于剩余会计信息产权的合理配置，从而阻滞了公司绩效的提高和会计目标的实现。

简言之，在一个理想（纯粹）的公允价值会计模式下，公允价值与会计稳健性二者之间彻底悖离。为了更清楚地阐明这种悖离关系，我们提出公允价值会计模式和历史成本会计模式下的两条概念链：

（1）公允价值会计模式下的概念链：目的性基础——价值/现值——公允价值——摧毁会计稳健性——产权保护平等——经济收益/全面收益——决策有用观——损益满计观——资产负债观——相关性——未来经济利益——权责发生制——计量观

（2）历史成本会计模式下的概念链：事实性基础——成本——历史成本——引入会计稳健性——产权保护异化——会计收益——受托责任观——当期营业观——收入/费用观——可靠性（如实反映）——过去经济利益——权责发生制——信息观

对比上述两条概念链，我们可以发现：公允价值会计模式摧毁会计稳健性，历史成本会计模式引入会计稳健性；公允价值会计模式促进企业会计契约各方的产权平等保护，历史成本会计模式引致企业会计契约各方的产权保护异化；公允价值会计模式下，公允价值与会计稳健性彻底悖离。

（三）混合会计模式下的公允价值与会计稳健性：适度耦合

当历史成本计量属性和公允价值计量属性在会计计量中都没有绝对主导优势时，即介于历史成本会计模式与公允价值会计模式之间的会计模式，被称为混合会计模式。值得注意的是，公允价值会计（模式）与公允价值计量存在区别，公允价值会计模式与历史成本会计模式相对应，现行会计体系虽然适度谨慎地引入了公允价值计量，但公允价值会计模式尚未最终建立。总体而言，我国的会计模式仍属于混合会计模式。IASB 和 FASB 联合成立的金融危机咨询组（FCAG）调查显示金融机构对大部分资产仍是以历史成本计量的，印证了全球会计模式也属于混合会计模式，尽管当今世界对公允价值计量的推广如火如荼。会计具有经济后果性，计量属性的选择及其修正受各利益相关者相互作用的影响，是会计契约方产权博弈的结果。会计环境的变化促使公允价值计量属性逐渐向历史成本会计模式渗透，其应用的广度和深度向纵深发展，为会计模式的转换积聚能量。当会计环境发生了根本变革，股东（尤其是中小股东）产权保护（解决分散的股东与企业之间的信息不对称问题）就成为会计信息服务的重心。对股东来说，会计信息稳健和会计信息激进同样是有缺陷的，股东需要的是准确的信息，所以，会计准则有必要从稳健性向公允价值计量适当靠拢（姜国华、张然，2007）。高质量会计准则不仅要防止投资者高估企业价值，同时应防止投资者低估企业价值，两种错误定价都对股东不利并影响证券市场健康发展。因此，矫正会计稳健性的强度，拓展公允价值计量的应用范围，使会计政策由稳健性的一端向中性会计方向作适当调整，是混合会计模式下的必然选择。

纯粹的公允价值会计模式只存在于理想状况，在相当长的历史时期内是不可能完全采用公允价值计量而达到纯粹的公允价值会计模式的。因此，在今后漫长的时期内，一是我们务必坚定不移地推进历史成本会计模式向公允价值会计模式变迁以适应会计环境急剧变化的需要，从而有效完成会计所肩负的重要使命；二是我们尚不能完全抛弃历史成本和会计稳健性原则，以便在现实会计环境下与公允价值计量进行权衡，从而适应产权结构，平衡产权利益，这与当前决策有用观和受托责任观有机结合的会计目标融合观也是基本吻合的。在产权的世界里，会计的本质是受托责任；会计目标是认定和解除受托责任（决策有用观可视为受托责任观的高级阶段）；会计职能是界定产权和保护产权（伍中信，1998）。

公允价值遵循"真实与公允观"，凸显相关性和透明度，兼具合理可靠性，是反映和控制产权价值运动和产权经济关系的理想计量属性，从而实现会计契约方产权的平等有效保护；而会计稳健性偏离"真实与公允观"，偏离幅度的大小，取决于稳健性的强度，会计稳健性是以产权保护异化为代价来换取财务报表数字的稳定性；公允价值代表财务会计未来变革的根本方向，会计稳健性将日渐失去存在的合理性，其生存空间将被挤占。总体而言，在混合会计模式下，公允价值与会计稳健性是一种适度耦合的关系。

三、金融危机中公允价值与会计稳健性之争：一个产权博弈例证

公允价值自诞生以来始终是一个有争议性的话题，随着美国次贷危机演化为全球性金融危机，并由虚拟经济向实体经济渗透，人们对公允价值的争论越来越多，甚至在金融界和会计界之间引发了一场公允价值计量优劣与存废问题的激烈论战。金融界率先指责公允价值在金融危机中造成了顺周期效应，放大了财务报表项目的波动性（不确定性），是金融危机的"元凶"；会计界虽然坚决否定了公允价值是金融危机的主要根源，但对公允价值顺周期效应也存有不同声音。面对来自市场的各种压力和抨击，部分国家和国际组织纷纷修改"公允价值"的规则，以应对金融危机条件下公允价值的顺周期效应等诸多责难。拨开迷雾，深入研判，我们认为这些论争既从会计技术性层面映射了公允价值计量属性与会计稳健性原则的关系问题，又从会计社会性层面凸显了会计对于体现产权结构、反映产权关系和维护产权意志的极端重要性。

所谓的公允价值"顺周期效应"，是指市场高涨时，价格上涨计入收益将进一步推高资产价格，容易造成资产价值被高估；而市场低落时，价格下跌计入损益进一步打压资产价格，容易造成资产价格被低估的恶性循环。具体到本次导源于美国的金融危机，形成了一个"死亡螺旋"：交易价格下跌——资产减计——核减权益——恐慌性抛售——价格进一步下跌。

市场经济越发展，公允价值计量属性越重要。真实与公允并存、相关性优先兼具合理可靠性的公允价值，不仅不是金融危机爆发的根源，而且还是应对金融危机和改进会计准则的根本方向与契机。从根本上说，金融危机不是会计问题，而是经济问题，甚至是政治问题。公允价值的反对者一直质疑公允价值的可靠性和公允价值会计模式对历史成本会计模式高度悖离的合理性，并随着金融危机在金融界和会计界之间引发的关于公允价值会计优劣和存废的激烈论战，所谓的公允价值"顺周期效应"也成了反对者抨击公允价值的"靶子"。经济本身就有周期性和波动性，资产（尤其是金融资产）的价格受人类心理等多种因素影响而呈现剧烈波动性日益成为常态，会计能如实地反映经济的周期性和波动性正是会计功能有效发挥的体现；会计本身不能够抚平经济的周期性和波动性，抚平经济的周期性和波动性不是会计准则制定的目标；映射经济现实，捕获市场波动的影响，真实公允地反映会计事项和情况，向利益相关者提供具有透明度、相关性、公允性和反映真实性的会计信息才是会计准则制定的出发点，而公允价值计量属性恰好承担了这一使命。表面上看，所谓的"顺周期效应"论争是会计"技术性"之争，实际上是会计"社会性"之争，折射出"会计稳健性"原则的非对称性计量经济后果与"公允价值"所追求的"真实与公允观"最高会计理念的偏离，深刻揭示了不同利益相关者产权界定与保护、利益博弈和会计信息经济后果性之本质。

稳健性的非对称性会计处理，使得市场高涨时不至于助推资产泡沫，市场低落时，因稳健性运用范围的局部性也不至于像公允价值那样及时灵敏地捕获资产泡沫被挤兑的现实和在财务报表项目上呈现出"波动性"。会计稳健性表面上削弱了所谓的公允价值"顺周期效应"，实则以虚假的报表数字替代真实的企业财务状况、经营成果和现金流量事实，是一种自欺欺人的做法。在这次全球性金融危机中，公允价值似乎对于过度低估企业价值、引起恐慌性抛售和加剧资本市场风险的指责难辞其咎，尽管用于修订历史成本计量的会计稳健性也是以"低估净资产"为基本特征的，但会计稳健性相对于公允价值而言，其局部性、滞后性和迟钝性可以缓减顺周期效应，但这种缓减效应是以延误金融机构损失确认和隐藏更大风险为代价的，公允价值则发挥了对危机的早期预警作用，此为其一。其二，在市场高涨时，公允价值似乎对于高估价值、加速资产泡沫化负有责任，因而以低估净资产为基本特征的稳健性原则被很多人误认为是平抑市场风险的良策。公允价值计量基础上的财务报告只是企业在某一时点上的一张"快照"，即便财务报告是有效的，它与契合稳健性的历史成本计量基础上的财务报告一样，也具有无法洞察宏观经济影响、宏观金融与微观金融断裂等局限性，事实上，会计本身不应该也没有能力越权承担这些"分外"的重任。因此，所谓的"顺周期效应"只是金融界等利益集团强加给公允价值的"莫须有"罪名。

暂停公允价值计量属性的使用，全面转为历史成本计量属性，并辅之以广泛的会计稳健性，只会导致会计实务的逆转，导致不一致和增加投资者的不确定性。公允价值相对于历史成本计量（及会计稳健性）而言，因充分、真实地揭示经济波动性在企业经营上的反映而使财务报告项目呈现波动性。令人不解的是，在金融危机中，公允价值如实刻画会计对象的"波动性"却成了广为诟病的"靶子"。即便是在经济非理性繁荣或非理性衰退的特殊情境下，公允价值计量的层级理论受到重大挑战，我们也可以通过完善公允价值计量准则等措施（会计界已经开始行动，如IASB《公允价值计量》（征求意见稿）突出规范了不活跃市场下公允价值的计量），完成资产计价和收益确定的两大使命，合理平等地界定和有效保护会计契约方的产权，实现产权利益均衡。

综上所述，从全球范围来看，顺周期效应论争发生在公允价值与会计稳健性同时存在但又相互冲突的现实世界，由于当前全球会计仍处于混合会计模式阶段，因而公允价值与会计稳健性之间是一种适度耦合的关系；公允价值在金融危机引发的激烈论战中，充当了"替罪羊"角色，是利益相关者之间产权博弈的一个"筹码"和生动例证。

参考文献

[1] 陈美华. 公允价值计量基础研究 [M]. 北京：中国财政经济出版社，2006：17-18，92-93.

[2] 曹越，伍中信. 产权保护、公允价值与会计改革 [J]. 会计研究，2009（2）：28-33.

[3] 葛家澍. 关于公允价值会计的研究——面向财务会计的本质特征 [J]. 会计研究，2009（5）：6-13.

[4] 郭道扬. 论产权会计观与产权会计变革 [J]. 会计研究，2004（2）：8-15.

[5] 黄少安. 产权经济学导论 [M]. 北京：经济科学出版社，2004：194-215.

［6］姜国华，张然. 稳健性与公允价值：基于股票价格反应的规范性分析［J］. 会计研究，2007（6）：20-25.

［7］雷光勇. 会计契约论［M］. 北京：中国财政经济出版社，2004：5-6.

［8］谢诗芬. 公允价值：国际会计前沿问题研究［M］. 长沙：湖南人民出版社，2004：18.

［9］杨华军. 会计稳健性研究述评［J］. 会计研究，2007（1）：82-88.

［10］张荣武. 财务治理效率论纲［J］. 财经理论与实践，2009（4）：43-47.

［11］ Basu, S. The Conservatism Principle and the Asymmetric Timeliness of Earning［J］. Journal of Accounting and Economics, 1997:（24）: 3-37.

［12］ Ball R., A. Robin, and J. Wu. Incentives versus Standards: Properties of Accounting Income in Four East Asian Countries［J］. Journal of Accounting & Economics, 2003（36）: 235-270.

［13］ Watts, R. Conservatism in Accounting Part I: Theory and Implications［J］. Accounting Horizon, 2003, 17（3）: 207-221.

［14］ Watts, R. Conservatism in Accounting Part Ⅱ: Evidence and Research Opportunities［J］. Accounting Horizon, 2003, 17（4）: 287-301.

Property Rights Protection，Fair Value and Accounting Conservatism

Zhang Rongwu & Wu Zhongxin

Abstract: Against the macroscopic backdrop of the financial crisis and the convergence of accounting internationally, this paper looks into the relationship between fair value and accounting conservatism, revolving around property rights protection. It is found through the research, that under the historical cost model, fair value and accounting conservatism are loosely linked; under model, fair value and accounting conservatism are completely reversely connected; and under a mixed accounting model, fair value and accounting conservatism are in proper alignment. In the financial crisis, the heated debate on fair value seems to be focused on technical issues of accounting; but in fact, it is revolved around the social aspect of accounting. Therefore the fair value has served as a jetton in the game of property rights .

Key Words: property rights protection, fair value, accounting conservatism, pro-cyclical effect

公允价值计量的逻辑基础和价值基础 *

支晓强　童　盼

【内容提要】 在界定公允价值时，需要明确公允价值计量的逻辑基础和价值基础。逻辑基础的可能选择包括市场基础和主体基础，价值基础的可能选择包括买入价格、脱手价格和在用价值。目前被广泛接受的公允价值是市场基础的脱手价格。本文分别从逻辑基础和价值基础两个角度，对公允价值的概念进行了辨析，并针对我国的实践提出了建议。

【关键词】 公允价值计量；逻辑基础；价值基础；脱手价格

2006 年 2 月，我国颁布了新的企业会计准则，公允价值作为一种计量属性的出现，是新准则中最引人关注的概念之一。但是关于公允价值的讨论和争议由来已久，尤其是近年来国内外金融市场的动荡与起落，更引起了人们对公允价值的争议。例如，从新准则发布至今，我国证券市场经历了前所未有的大起大落，于是有人提出问题：在这样的市场中，市场价值还是公允价值吗？又如，在本次金融危机中，有人认为，公允价值计量是诱使公司抛售金融资产并进一步导致危机恶化的加速器。就在这些或赞成或反对或观望的声音中，我国的新会计准则顺利实施，而且由于适度、谨慎地引入公允价值的做法（刘玉廷，2007），针对我国企业公允价值采用的争议和抨击并未如国外那般激烈。

要想澄清关于公允价值的种种争议，必须对公允价值的内涵有深刻的理解和清晰的认识。虽然我国准则中已经有明确的公允价值定义，但对于什么是公允价值，尤其是在实务中如何认识公允价值等问题尚没有全面系统的回答。如果不能对公允价值有清楚的认识，势必会在准则执行中造成一定的混乱。为此，本文将对有关公允价值的一个基本问题——公允价值计量基础的选择——做出尝试性的回答，试图从逻辑基础和价值基础两个侧面厘清有关理论概念，也希望能够对准则具体执行指南的进一步细化或单独的公允价值准则推出有所裨益。

---

* 本文选自《会计研究》2010 年第 1 期。

作者通信地址：中国人民大学商学院（100872）；北京工商大学商学院（100048）。

一、关于公允价值的定义

"公允价值"这一提法很具有艺术性，这个词听起来很好，而"历史成本"则听起来比较消极（Penman，2007）。试想，谁愿意反对"公允"的东西，支持"不公允"的东西呢？当然，公允是一种个人判断，不是估价规则。使用公允价值一词是一种有趣的策略：这个聪明的标签使得反对者在辩论起始便处于守势（Sunder，2008）。所以，在讨论公允价值时，可能最好的方式是先把"公允"放到一边，先来分析现行的公允价值概念。换句话说，现行的公允价值定义并不一定就是"公允"价值的最佳定义，只是在目前的理论水平和实务发展情况下对"公允"价值的一种认识。

我国的企业会计准则将公允价值定义为，在公平交易中，熟悉情况的交易双方自愿进行资产交换或债务清偿的金额（财政部，2006）。这一定义与 IASB 目前的定义基本相同。目前 IASB 的公允价值定义为，在公平交易中熟悉交易情况的有意愿的各方交换资产、清偿债务和被授予的权益工具可以被交换的金额。这两个公允价值定义很类似，都强调了公允价值是在公平交易中产生的，是基于市场的。但是，它们都没有明确主体是在购买抑或出售资产；债务清偿的指向也不明确，从定义上看，公允价值不是针对债权人，而是针对熟悉交易情况的有意愿的各方；没有明确说明交换或清偿是否发生在计量日抑或别的日期（IASB，2009）。FAS157 对公允价值的界定要明确些。

按照 FAS157，公允价值是指计量日市场参与者之间的有序交易中，出售资产收到的或转让负债支付的价格。FAS157 明确指出，公允价值计量的目标就是确定计量日出售资产收到的或转让负债支付的价格，即脱手价格。IASB2009 年征求意见稿中对公允价值的定义是，在计量日的有序交易中市场参与者之间出售资产可以获得或转移负债将会支付的价格（脱手价格）。这一定义与 FAS157 的定义基本一致，只是在用词上稍有差异。

我们认为，可以从两个侧面来理解公允价值的概念。我们将之称为公允价值的逻辑基础和价值基础。所谓公允价值的逻辑基础，是指从谁的角度来判断公允价值。即一项资产的公允价值是否因报告主体而异，或者说公允价值是否是一个必须与特定报告主体相联系的概念。常见的逻辑基础选择有市场基础（Market-based）和主体基础（Entity-based）。所谓公允价值的价值基础，是指根据什么样的估价规则来确定公允价值。即公允价值是指购买所支付的价值，还是指出售所获取的价值，抑或是指持续使用所获得的价值。常见的价值基础选择有买入价格（Entry Price）、脱手价格（Exit Price）和在用价值（Value-in-use）。只有将这两项基础相结合才能清楚界定公允价值，我们也才能很好地理解公允价值。

在界定公允价值时，准则制定机构需要对上述两个基础做出选择。具体包括两个层次的选择：一是在逻辑基础和价值基础中做出具体的选择。关于公允价值的逻辑基础，虽然理论界存在不同的看法，但目前各个准则制定机构关于公允价值的逻辑基础选择都定位于市场基础。关于公允价值的价值基础则无论理论界还是实务界都争议较多。二是确定是否在准则中一直采用一致的基础。一致的基础是指在所有准则中贯彻唯一的选择，如市场基础的脱手价格、市场基础的买入价格等。不一致的基础是指在不同的准则中采用不同的基础，如在某些准则中公允价值指市场基础的脱手价格，而另一些准则中公允价值指市场基础的买入价格。当前我国会计准则以及 IFRS 都存在不一致的基础。其原因主要是，当时关于公允价值的理论认识可能尚未达到现有的深度，以及某些情况下获取脱手价格可能比较困难。

下面，我们对公允价值计量的逻辑基础和价值基础分别进行论述。

二、公允价值计量的逻辑基础

公允价值究竟是与特定报告主体相联系的概念，还是独立于特定报告主体的概念？这就是公允价值的逻辑基础问题。如上一部分所述，目前的主流观点是，公允价值计量是市场基础的计量，而不是主体基础的计量，公允价值是独立于主体（Entity- independent）的概念。

（一）公允价值的市场基础特征

虽然是企业作为报告主体来计量公允价值，但是公允价值计量并非报告主体基础的概念。报告主体应根据企业外部的市场，而非根据报告主体自身对该资产或者负债未来使用情况来计量公允价值。也就是说，公允价值计量的逻辑基础是市场基础。公允价值的市场基础特征在以下几方面得到了明确体现：

1. 公允价值不依赖于报告主体是否进入交易

在计量资产或负债的公允价值时，出售资产或转移负债的交易是在计量日假设的交易，是要从持有资产或承担债务的市场参与者的角度来思考的，不考虑可能会影响交易的报告主体特定因素。也就是说，报告主体在该日不需要具有进入交易的意图或能力。

2. 公允价值不依赖于报告主体的独特信息

对于一项资产或负债的价值，报告主体与市场的认识可能存在差异。例如，报告主体可能拥有不为市场所知晓的私人信息，按照这一信息对企业资产或负债的估价包括了管理者技能——包括资产协同、期权——所带来的无形资产的价值。但是，按照公允价值的逻辑，这种私人信息不应该体现在公允价值中。从剥夺价值（Deprival Value）与估计公允价值的成本法之间的区别可以很好地理解这一点。剥夺价值是指如果资产被剥夺后主体将会承担的损失，它是资产的重置成本和可收回金额二者的较低者。剥夺价值基于主体特定信息，如主体对替代资产的成本的估计。而估计公允价值的成本法使用的是市场参与者假设。尽管在某些情况下这两种方法会产生类似的结果，但关注特定主体的剥夺价值与关注市场基础的公允价值，在概念上和有时在实务中并不一致。

3. 公允价值不依赖于报告主体使用资产的意图

公允价值计量考虑了市场参与者使用资产或将其出售给将最高和最好地使用该项资产的其他市场参与者而创造经济利益的能力。"最高和最好的用途"是指，在计量日，通过对使用资产在实物上的可能性、法律上的允许性以及财务上的可行性的考虑，市场参与者对资产的使用能发挥出的资产或一组资产和负债（例如一家企业）的最大价值（IASB，2009）。

可见，公允价值不依赖于报告主体使用资产的意图或方式。即使报告主体打算按照另一种方式去使用资产，最高和最好用途也是从市场参与者的视角来确定的。例如，在企业合并中获得的资产的最高和最好用途可能会与并购者对资产的计划用途不同。出于竞争或其他方面的考虑，收购者可能不打算积极地使用所并购的资产，或他不打算以与其他市场参与者相同的方式来使用资产。这样的情况经常发生在某些无形资产上，例如并购所获得的商标与报告主体自身商标存在竞争。然而，主体应该按照假定的市场参与者的最高和最好用途来计量资产的公允价值（IASB，2009）。

4. 公允价值并不排斥"在用"（In Use）

公允价值的市场基础特征意味着以市场作为公允价值计量的标准。如果计量对象存在活跃市场，就用市场价格作为公允价值计量的依据。当没有活跃的市场可供作为公允价值计量的直接参照时，企业应根据市场的参数来估计公允价值。无论计量的是市场参与者的在用（In-use）价值还是交换（In-exchange）价值，计量是一种市场基础的计量尺度，而不是仅仅基于报告主体对资产使用决定的价值。企业要像市场参与者那样思考，以市场参与者对被计量对象风险、收益等参数的估计为依据来估计公允价值。

公允价值并不排斥"在用"，只是并非是报告主体的在用价值，而是市场参与者的在用价值。如果通过将资产与其他资产和负债结合在一起作为资产组使用将会为市场参与者提供最大价值，那么资产的最高和最佳用途是"在用"。如果资产的最高和最佳用途是在用，则应该利用在用估值前提来计量资产的公允价值。当利用在用估值前提时，相当于假设该资产将会与其他资产和负债作为资产组使用且市场参与者能够获得那些资产和负债（补充性的资产和负债），从而以在当前交易中出售资产将会获得价格作为基础来计量资产的公允价值。如果单独使用资产将会为市场参与者提供最大价值，那么资产的最高和最佳用途是交换。如果资产的最高和最佳用途是交换，则应该利用交换估值前提来计量资产的公允价值。当使用交换估值前提时，资产的公允价值是在当前交易中将资产出售给将会单独使用资产的市场参与者所获得的价格（IASB，2009）。

（二）市场基础与主体基础的比较

在市场不完美的情况下，以主体基础来界定公允价值最重要的优势在于，它反映了管理者根据自身的私人信息对企业资产或负债的估价，提供了不同的管理者所带来的无形资产的价值。但是这一价值很难执行，因为估计主体基础的公允价值需要根据企业特定的、潜在的私有信息。如果估计误差不严重，以主体基础来界定公允价值要比市场基础的公允价值更全面地反映持续经营假设下的企业价值。但是以主体基础界定公允价值的最大缺陷在于这些外部难以验证的私有信息容易引起公允价值的计量误差。计量误差主要来自两个方面：一是由于经济生活本身不确定性引起的非系统误差；二是管理者在进行估计判断时的系统误差。这些计量误差可能会大大削弱公允价值帮助报告使用者预测企业未来现金流的价值。如果要采用主体基础公允价值，则会计报表需要更多的披露，以反映管理者在估计公允价值时所依赖的前提和假设等。

市场基础的公允价值最大优势在于可验证性。其实它并不一定比以主体基础界定的公允价值误差小，至少是无法判断大小。市场基础的公允价值计量中同样存在非系统误差和系统误差。非系统误差是指市场价格本身偏离了计量对象的价值。由于不完美的市场中的市场基础公允价值没有结合报告主体本身的私有信息，所以它的计量误差决定于市场的不完美程度。如果企业私有信息对资产或负债定价的影响很大，则误差较大。如果私有信息对资产或负债的定价并无多大影响，则市场基础的公允价值的计量误差很小。市场基础的公允价值要求企业必须找到被认为是能够带来独立和无偏价格的市场参与者。如果计量对象及类似资产或负债不存在活跃市场，企业需要寻找假定的市场和市场参与者。在这种情况下，就存在管理者估计判断的系统误差了。按照假定的市场、市场参与者和市场参与者的参数估计的公允价值，企业管理者同样有很大的选择空间。尤其是当市场流动性较差时，不同市场的价格存在显著差异，此时企业管理者可能会根据自身的需要对市场、市场参与者及参数等做出选择。可以说，对市场基础和主体基础公允价值的选择在一定意义上实际上是对两种基础误差的判断。英国会计准则委员会（ASB，2007）认为，在实际生活中，大多数交易是企业特定的，而且并不存在针对它们的其他现实市场。在这种情况下，按照 FASB 的公允价值定义将会使企业没有意义地不断搜寻假定市场和市场参与者。ASB 认为，企业特定的公允价值计量——即基于交易价格——反映了企业解决这些问题的经济机会和约束，并且考虑了企业自身产生未来现金流的能力。

（三）公允价值逻辑基础的选择

如何确定公允价值的计量基础呢？一种观点主张统一公允价值的界定基础，必须在两种基础间择其一。如 FAS157 选择了市场基础，至少从准则基本条文看起来是如此。这种观点的逻辑是，这么做可以保持公允价值的一致性。另一种观点是不拘泥于某一种基础，而是在不同的准则中做具体界定，准则制定者判断哪个误差小就用哪种基础的公允价值。

如果两种都误差较大，则公允价值不适用。如果管理者能够诚实地利用自身私有信息做出判断，消除判断时的系统误差，那主体基础的公允价值或许是最佳选择。不过管理者诚实的假设想必大多数人都不会认可。例如，Dietrich 等（2001）研究了英国企业对投资性房地产公允价值估计的准确性，发现管理者通过选择各种会计方法来提高报告利润，通过调节销售时间来平滑报告利润的变化、平滑净资产的变化，等等。

如果准则实施环境中的市场相对是完美的，那么单一市场基础公允价值则是较好的选择。FASB 的选择与其准则实施的环境是紧密联系的。不难想象，如果 IASB 真想在全世界各个市场都推行其 IFRS，选择单一基础的公允价值也并非明智之举。典型地，当市场不活跃时，以及市场存在操纵价格和非正常交易价格时（无论在成熟市场还是非成熟市场都可能存在这种情况），基于市场的公允价值将可能会误导投资者的决策。当前金融危机下很多人对公允价值（准确地说是市场基础的公允价值）的抨击也源于此。FASB 也因之对 FAS157 做出了修正。在 FASB 对 FAS157 的第 3 号工作人员公告中，FASB 指出，当市场不活跃时，对公允价值估计参数的选择不必再按照原先的顺序（即首先是活跃市场相同资产或负债的报价，其次是市场可观察到的其他参数和数据，最后是管理层自行估计），可以绕过公允价值估值参数的优先顺序，直接由企业管理层自行估计，从而加大了管理层自行判断的空间（FASB，2008）。IASB 也做出了类似的规定，如果不能获得可观察的数据，公司管理层可以使用自己对未来现金流和风险调整折现率的假设（IASB，2009）。虽然这两个准则机构都坚持市场基础的逻辑，但在某种程度上，这一做法是对单一市场基础公允价值的一种修正。

我国现实的情况是，一方面，市场并不完美和完全，无法寻找市场参与者参数的情况比比皆是；另一方面，企业的估计误差可能会很严重。由于企业管理者与会计人员的能力所限，非系统误差可能会严重。更重要的是，以主体基础界定公允价值可能会引起比较严重的系统误差。证券市场的实践说明，给予企业考虑自身情况进行估计的权限越大，带来的盈余管理就会越大。以往会计改革的历程在某种意义上可以概括为，给予企业更大会计估计权限，更多的盈余管理，证券市场的重大压力，收缩权限或者转变会计处理理念等四个阶段。可以说，我国目前选择单一基础公允价值的条件并不存在。所以我们认为，我国的市场环境，乃至未来一段时期的市场环境决定了我国不适合采用单一基础的公允价值界定方式，而应该在各个准则中做出具体界定，依据就是对准则实施环境的判断。这种方式可能需要准则及时根据市场环境做出调整，直至条件成熟时才去考虑准则之间一致性的问题。在市场条件并不具备的情况下强求概念基础的一致可能会造成更大的不一致。当然，也可以有另一种选择，即采用明确的市场基础的公允价值界定，但是对公允价值的适用范围做严格规定。这样既保持了公允价值概念的理论一致性，又可以较好地控制市场价格不具公允性的问题。

三、公允价值计量的价值基础

无论选择市场基础还是选择主体基础的逻辑来计量公允价值，都需要进一步确定公允价值计量的价值基础。买入（Entry）、脱手（Exit）、在用价值（Value-in-use）是可供选择的据以界定公允价值的价值基础。就资产而言，买入价格是资产的采购价格，即资产的重置成本。脱手价格是指资产可以被出售或者清算的价格。在用价值是指一项资产带来的新增的企业价值。

如果以主体基础来界定公允价值，则在这一逻辑基础下，买入价格就是按照报告主体实际发生的交易来估计公允价值；脱手价格是报告主体进入市场出售资产的估计售价；在用价值是按照报告主体自身的经济机会和产生未来现金流的能力来估计公允价值。在取得资产时，对于理性的购买者，在用价值应该不低于买入价格。相反，如果企业未将资产出售，意味着在用价值大于脱手价值。

在当前通行的公允价值逻辑基础选择——市场基础的公允价值下，资产或负债的脱手价格体现了计量日市场参与者对与该资产或负债相联系的未来现金流入量和流出量的预期。报告主体通过使用资产或出售资产可以产生现金流入量。即使报告主体打算通过使用资产而非出售资产来产生现金流入量，脱手价格也体现了对资产的用途——将之出售给将会以相同方式使用资产的市场参与者——所带来的现金流的预期。资产或负债的买入价格是指，在计量日，在有序交易中市场参与者之间购买资产将会支付或承担负债将会获得的价格。这意味着报告主体实际支付的价格不一定是买入价格，例如在非公平交易中，如果不考虑交易成本，买入价格和脱手价格在同一个市场中应该是相同的。证券市场上的买卖价差（Bid-ask Spread）看似是一种买入和脱手价格在相同市场上有差异的例子，但这一差异实际上是由于交易成本的存在而引起的，而在计量公允价值时，交易成本是不包括在内的。但是市场缺乏流动性可能使得同一件商品在不同市场的价格不同。企业可能在某一个市场中购买资产或承担负债，而在另一个市场出售同样的资产或转移同样的负债。在这种情况下，买入价格和脱手价格是不一样的。市场基础下的在用价值是指资产对于市场参与者的持续使用价值。

公允价值的脱手价格定位引发的一个问题是交易日利润（Day One Profit）问题，即交易日买入（交易）价格与脱手价格不一致时的处理。一般来讲，二者的差异应该计入当期的利得或损失。需要注意的是，尽管从概念上讲买入价格与脱手价格是不同的，但在很多情况下，一项资产或负债的买入价格将会等于脱手价格。在下列情况外，交易价格可能并非资产或负债的公允价值：①交易发生在关联方之间。②交易是被迫发生的（如出售方陷入财务困境），或者出售方被迫接受交易价格。③交易价格所代表的数量单位与资产或负债以公允价值计量的数量单位不同。例如，如果以公允价值计量的资产或负债只是交易中的一个要素，而交易还包括未声明的权利，且这些权利是单独计量的，或者交易价格中包括交易成本。④交易所发生的市场与报告主体出售资产或转移负债的市场（即最有利的市场）不同（IASB，2009）。

FAS157明确选择了脱手价格。FASB关心的是企业现有资产或负债，而非将要取得的资产或负债的财务报告。所以他们认为应该从出售者的角度来理解公允价值。FASB认为，脱手价格体现了市场参与者对与资产有关的未来现金流入和与负债有关的未来现金流出的当前预期。而强调现金流入和现金流出与第六号财务会计概念公告中资产和负债的定义相一致。现行的IFRS没有明确选择哪种价值基础，从涉及公允价值计量的各个具体准则来看，三个价值基础都有使用。IASB（2006）指出，IASB 的成员大多数支持美国 FASB 的观点。但是也有委员认为，买入价格同样也反映了流入与流出企业的经济利益的当前市场基础预期。因此，他们建议用"当前买入价格"或"当前脱手价格"等更为描述性的计量属性来取代公允价值。在 2009 年的征求意见稿中，IASB 也选择了脱手价格。并且指出，当针对日期相同、形式相同且在同一市场的相同资产或负债时，当前买入价格和当前脱手价格是相同的。IASB 也注意到 IFRS 中一些关于公允价值计量的要求与当前脱手价格不一致。对于这些公允价值计量，IASB 将采取把这些计量排除在范围之外，或者修订这些 IFRS，用其他能够反映期望的计量目标的词语来替代"公允价值"。

FAS157 选择了脱手价格，并且在准则中保持了统一。在资产或负债的初始确认时也要求按照脱手价格计量。这样，当企业购入资产或承担负债的交易价格与脱手价格不一致时，企业需要按照脱手价格进行确认，并将交易价格与脱手价格之间的差异计入利得或损失。IASB 在 2009 年的征求意见稿中也指出，除非 IFRS 有相关的规定，否则主体应该将公允价值与交易价格之间的差异确认为利得或损失。显然，这种处理方式是对历史成本原则的极大颠覆。这种做法的优点在于保持了准则的内在一致性，认为初始确认时公允价值与取得成本之间的差异，同后续计量时公允价值与账面价值之间的差异并无不同。而且，既然在初始确认时已经存在这种差异，其所引起的损益自然应当归属于本期。对交易价格与脱手价格之间差异的调整能够很好地反映企业此项交易真正给企业带来的经济利益和经济影响。另外，对于某些情况下可能会有的盈余管理也有很强的治理作用。比如，对于关联方之间并不公允的交易。

脱手价格定位的公允价值体现出了交换的概念，而 FASB 和 IASB 在确定资产最高和最好的用途时都谈到了两种估值前提（Valuation Premise）：在用估值前提和交换估值前提（FAS157，13 段；IASB2009 征求意见稿，22 段），另外，FASB 和 IASB 还都指出了用于计量公允价值的三种估值技术（Valuation Techniques）：市场法、收入法和成本法（FAS157，18 段；IASB2009 征求意见稿，38 段）。无论是在用估值前提，还是成本法估值技术，都与公允价值定义中所体现的交换概念没有冲突。

当资产的最高和最好用途是将该资产与其他资产和负债作为一个整体使用时，在用估值前提适用。在用估值前提假设，脱手价格是针对那些拥有或能够取得利用该资产产生现金流所需的其他资产和负债的市场参与者的销售价格。当资产最高和最好用途是单独使用时，交换估值前提适用。它假设资产销售给自用该资产的市场参与者。如果一项资产最高和最好用途是在用，市场中的购买者愿意支付的价格就是反映了该用途的价格，市场中的销售者也不会接受一个更低的价格。因此，在用估值前提考虑了市场参与者从资产的使用中期望产生的现金流。因此，脱手价格考虑了市场参与者通过使用一项资产或将其出售给第三方以产生经济利益的能力。

成本法也与公允价值的脱手价格定义是一致的。成本法反映了替代当前资产服务能力所需要的金额（经常被称为现行重置成本）。从一个市场参与者（卖方）的角度来看，其资产的可接受价格取决于另一个市场参与者（买方）获得或购建相同效用替代资产的成本，并且根据资产的陈旧贬值予以调整后决定。陈旧贬值包括实体性损耗、功能性（技术）贬值以及经济性（外部）贬值。他们认为替代一项资产的成本与买入价格更一致。报告主体替换资产的成本将等于市场参与者买方（他将类似地使用该资产）愿意支付以获取该资产的价格（即在同一个市场中，买入价格和脱手价格将会相等）。

四、我国的情况和建议

我国会计准则适度谨慎地运用了公允价值计量，对适用公允价值的条件规定比较严格。各个具体准则对相应的公允价值计量做出了规定，没有对公允价值计量的逻辑基础和价值基础做明确的统一说明。从准则的具体规定看，我国基本遵循市场基础公允价值的逻辑，而对公允价值计量的价值基础则存在多重选择。如根据《企业会计准则第 8 号——资产减值》第 8 条的规定，对于本准则规范的资产，存在活跃市场时按照市场基础的买入价格计量公允价值，不存在活跃市场时也采取了市场基础，但是没有说明价值基础。再如，从《企业会计准则第 22 号——金融工具确认和计量》第 51、52、53 条的规定可以看出，金融工具的后续计量按照市场基础的逻辑计量公允价值，买入、脱手价格都有使用；金融工具的初始计量首选主体基础买入价格计量公允价值，除非有客观证据表明公开交易价格更公允。

我国会计准则对采用公允价值计量的资产、负债等，规定了严格的适用公允价值限制条件。财政部通过各种方式强调和提示企业，应当慎重采用公允价值计量。如投资性房地产，虽然《企业会计准则第 3 号——投资性房地产》规定了对投资性房地产采用公允价值后续计量模式，但同时规定了使用公允价值的严格限制条件。2007 年，1570 家上市公司中有 630 家持有投资性房地产，其中只有 18 家采用了公允价值模式对投资性房地产进行后续计量。2008 年，1624 家上市公司中有 690 家存在投资性房地产，其中只有 20 家采用公允价值模式（财政部会计司，2008，2009）。另外，财政部会计司（2009）发现，企业会计准则在上市公司实施后，涉及公允价值计量的交易性金融资产、可供出售金融资产、投资性房地产等，公允价值变动损益金额较小，影响甚微，对利润总额的影响不到 1%。尤其是美国过度创新的金融产品在我国基本不存在。在这一背景下，财政部会计司主张"不跟风"，提出了不随国际财务报告准则变动而修改我国会计准则的对策建议，即公允价值计量和金融资产重分类的规定均不做调整。IASB 明确表示赞同和认可，认为我国的做法不构成中国会计准则与国际财务报告准则的差异，也不影响中国会计准则的国际趋同（财政部会计司，2009）。

我们可以发现，虽然我国会计准则仅仅规定了公允价值的确定原则，对于估值技术的应用，如何选择估值模型和相关参数假设等都缺乏详细指南，但在公允价值使用范围受严格限制的情况下，准则的这一缺陷在实务中造成的负面影响很有限。不过，IASB 和 FASB

的研究进展为我们提供了可资借鉴的经验，准则制定机构需要针对我国的实践，细化公允价值的相关规范，指导企业在实务中正确地运用公允价值。我国也需要通过发布准则或指南等形式，对企业会计准则中涉及的所有公允价值计量建立一个标准，以降低准则的复杂性和提高应用的一致性。

目前 FASB 和 IASB 这两个世界最具影响力的准则制定机构均选择公允价值的逻辑基础为市场基础，公允价值的价值基础为脱手价格。从未来发展看，我国的准则也需与之趋同。但是，如本文所论述，我们认为，我国现阶段不应该对公允价值采取单一的价值界定。脱手价值、买入价值与在用价值也都存在自身的局限性，更实际的做法是在不同的准则中采取不同的界定方法。例如，在存在市场参与者且脱手价值等于买入价值的情况下采取脱手价值或买入价值，在不存在市场参与者的情况下采取在用价值应该更合适些。这样做的问题是，准则之间可能会存在公允价值计量的理论不一致的情况。但从我国准则改革的实践来看，理论层面的"高质量"不应该是准则制定者追求的终极目标，终极目标应该是服务于中国社会经济的实践。在这一目标指导下，准则在理论层面的高质量只应该是一个副产品。公允价值界定的一致性并非准则追求的目标。财务会计准则更重要的是保证会计信息的有用性，保证会计信息的相关性和可靠性。

参考文献

[1] 财政部会计司. 关于我国上市公司 2007 年执行新会计准则情况的分析报告 [N]. http：//www. mo f. gov. cn.

[2] 财政部会计司. 我国上市公司 2008 年执行企业会计准则情况分析报告 [N]. http：//www. mof. gov. cn.

[3] 刘玉廷. 关于企业会计准则体系几个具体问题的说明//财政部会计司编. 企业会计准则讲解 [M]. 人民出版社，2007.

[4] FASB. FSP FAS 157- 3：Determining the Fair Value of a Financial Asset When the Market for That Asset Is Not Active, 2008.

[5] Dietrich, J. R., M. S. Harr is, K. A. Muller Ⅲ. The Reliability of Investment Property Fair Value Estimates [J]. Journal of Accounting and Economics, 2001 (30)：125–158.

[6] Penman, S. H. Financial Reporting Quality：Is Fair Value a Plus or a Minus. Accounting and Business Research [J]. Special Issue：2007：33–44.

[7] Ronen, Joshua. To Fair Value or Not to Fair Value：A Broader Perspective [J]. Abacus, 2008, 44 (2)：181–208.

[8] Sunder, Shyam. Econometrics of Fair Values [J]. Accounting Horizons, 2008, 22 (1)：111–125.

Logical Basis and Value Basis of Fair Value Measurement

Zhi Xiaoqiang & Tong Pan

Abstract: In order to define fair value, it is necessary to identify its logical basis and value basis. Logical basis may include market basis and entity basis; and value basis possibly comprises entry price, exit price and value-in-use. The broadly accepted definition of fair value is market-based exit price. Focused on logical basis and value basis, this paper analyzes the concept of fair value, and has put forth practical proposals based on the realities in China.

Key Words: fair value measurement, logical basis, value basis, exit Price

控制结构+企业文化：内部控制要素新二元论 *

王竹泉　　隋　敏

【内容提要】内部控制要素在内部控制理论中居于核心地位。目前权威机构对内部控制要素尚未取得统一的认识。在分别从人性假设、企业理论、中国历史和传统文化角度对企业内部控制要素进行分析的基础上，本文提出了"控制结构 + 企业文化"的内部控制要素新二元论。由这两个要素共同构成的内部控制具有以下基本特点：①经济控制与文化控制并重；②制度主义和人本主义并举；③刚性（正式）控制和柔性（非正式）控制兼备；④激励机制和约束机制并用；⑤公司治理和企业管理兼容。

【关键词】内部控制要素；控制结构；企业文化；企业目标；内部控制目标

不同视角的内部控制所界定的控制目标、控制主体、控制环境、控制对象和控制方法均有不同，因此对内部控制要素的认识也不相同。其实，内部控制要素是相对于内部控制这个整体系统而言的，内部控制要素的划分，就是对内部控制系统如何分割的问题（李心合，2008），其不仅是一个内部控制的基本理论问题，而且直接影响着内部控制的设计、实施和评价等各个环节，因此在内部控制理论中居于核心地位。本文在分析已有理论对内部控制要素划分的局限性的基础上，提出"控制结构 + 企业文化"的内部控制要素新二元论，以期有助于内部控制理论的发展和完善。

一、内部控制要素文献综述

最早在理论上对内部控制构成要素进行划分的当属美国 1958 年发布的第 29 号审计程序公告，将内部控制划分为会计控制与管理控制。其中，管理控制着重于经营上的控制，主要是与贯彻管理方针和提高经营效率有关的方法和程序，而与会计记录没有直接的联

---

* 本文选自《会计研究》2010 年第 3 期。

作者通信地址：中国海洋大学管理学院（266100）。

系；会计控制则是与财产安全和会计记录的准确性、可靠性有直接联系的方法和程序。这种内部控制的两分法不仅存在界限模糊不清的弊端，而且容易误导企业内部控制的构建和实施，容易误导人们分别建立会计控制和管理控制体系，有效的内部控制应该是将二者有机地融为一体。

1988 年，AICPA 发布第 55 号审计准则公告《会计报表审计中对内部控制结构的关注》，首次提出了"内部控制结构"的概念，指出"企业的内部控制结构包括为提供取得企业特定目标的合理保证而建立的各种政策和程序"，并将内部控制结构划分为控制环境、会计系统和控制程序三个要素。与内部控制的两分法相比，三要素论最大的进步是将控制环境纳入内部控制框架之中，而不再是将控制环境作为内部控制的外部因素来看待，从而拓展了审计师在财务报表审计中考虑内部控制的责任。对于内部控制体系的构建和实施来说，三要素论不再区分会计控制与管理控制，并促使人们重视控制环境，会计系统和控制程序的设计必须与企业的控制环境融为一体。

1992 年，COSO 委员会发布了《内部控制整合框架》研究报告，指出，内部控制是由董事会、管理层和员工共同设计并实施的，旨在为财务报告的可靠性、经营效率与效果、相关法律法规的遵循性等提供合理保证的过程。COSO 报告将内部控制划分为五个要素：控制环境、风险评估、控制活动、信息与沟通、监督。其中控制环境更注重对实施内部控制的主体——人的因素的关注，认为人是诸多环境因素中具有决定性的因素。因此将控制环境归结为诚信、道德价值观和企业员工的竞争力；管理哲学和经营风格；管理当局的授权方式及职责分配；董事会提供的关注和指导。与内部控制两分法和三要素论相比，COSO 报告的五要素论首次将风险评估、信息与沟通作为基本要素引进内部控制领域，体现了内部控制的风险导向和对现代信息技术应用的重视。同时，在控制环境中强调人的重要性，丰富了内部控制的文化内涵。

1995 年，加拿大特许会计师协会（CICA）下设的 COCO 委员会经过三年的研究，正式发布了关于内部控制的框架性文件——控制指南，将内部控制划分为四个要素：目的（Purpose）、承诺（Commitment）、能力（Capability）、监控和学习（Monitoring and Learning）。COCO 委员会认为：企业员工在执行企业所指派的任务时，将以他对企业目的的理解为指南，并以其能力（包括所拥有的信息、资源、技能、工具等）作为支撑。员工的承诺或者说对企业的忠诚是员工在长时期内充分发挥自己能力和保持最优努力水平的保证。此外，员工必须对自身的工作业绩和外部环境进行监控以便及时采取适当的后续行动，并在调整自身行动以适应环境变化的过程中学会更好地完成工作。由此可见，COCO 的四要素论更强调人文因素在内部控制中的核心作用，其对内部控制要素的划分也不是将控制环境、风险评估、信息与沟通、控制活动等分裂开来，而是在每一个要素中都既包括环境因素，也包括风险评估、信息沟通以及控制活动。另外，目的、承诺、能力、监控和学习四个要素也更体现了内部控制的过程性特征。

2004 年，COSO 委员会发布了《企业风险管理——整合框架》研究报告，指出，内部控制是企业风险管理不可分割的一部分，企业风险管理框架涵盖了内部控制，从而构建一个更强有力的概念和管理工具。在该研究报告中，COSO 委员会将企业风险管理划分为八个相互关联的构成要素，并强调这些要素源于管理当局经营企业的方式，并与管理过程整合在一起。八个要素分别是：内部环境、目标设定、事项识别、风险评估、风险应对、控制活动、信息与沟通、监控。与 COSO 委员会的五要素论相比，八要素论更加强调了对风险的关注，突出体现了风险管理的导向。对风险的关注不仅直接体现在风险评估、风险应对、控制活动和监控等要素中，而且也体现在内部环境（如要求管理当局确立关于风险的理念，并确定风险容量）、目标设定（如要求确保所选定的目标支持和切合该主体的使命，并与它的风险容量相一致）、事项识别（如要求区分代表风险的事项和代表机会的事项，以及可能兼有的事项）、信息与沟通（如主体的各个层级都需要借助信息来识别、评估和应对风险）的要素之中。八要素论首次将目标设定作为要素之一，并指出，目标是一个主体力图实现什么，企业风险管理的构成要素则意味着需要什么来实现它们，二者之间有着直接的关系。但是，我们认为把目标设定作为企业风险管理的构成要素与 COSO 自己宣称的"目标是一个主体力图实现什么，企业风险管理的构成要素则意味着需要什么来实现它们"的主张存在逻辑上的缺陷。值得肯定的是，在《企业风险管理——整合框架》中，COSO 对人文的因素给予了特别的强调，指出，所有企业的核心都是人——他们的个人品性，包括诚信、道德价值观和胜任能力是内部环境中最重要的因素。

2008 年 6 月，我国财政部、证监会等五部委联合发布了《企业内部控制基本规范》，该规范借鉴 COSO 报告将内部控制划分为五个要素，即内部环境、风险评估、控制活动、信息与沟通、内部监督。其中，内部环境是企业实施内部控制的基础，一般包括治理结构、机构设置及权责分配、内部审计、人力资源政策、企业文化等；风险评估是企业及时识别、系统分析经营活动中与实现内部控制目标相关的风险，合理确定风险应对策略；控制活动是企业根据风险评估结果，采用相应的控制措施，将风险控制在可承受度之内；信息与沟通是企业及时、准确地收集、传递与内部控制相关的信息，确保信息在企业内部、企业与外部之间进行有效沟通；内部监督是企业对内部控制建立和实施情况进行监督检查，评价内部控制的有效性，发现内部控制缺陷，应当及时加以改进。与 COSO 报告相比，该规范将控制环境和监督两个要素进一步限定为内部环境和内部监督，突出了内部控制的"内部"特征。

但是，将内部审计作为内部环境的组成部分，而又规定内部监督是企业对内部控制建立和实施情况进行监督检查，这显然离不开内部审计，同一个内容出现在两个不同的要素之中，说明要素的划分不够清晰。与此类似，治理结构、机构设置和权责分配、人力资源政策同时具有内部环境和控制活动的特征。

从上述权威文献不难看出，虽然自 20 世纪中期至今，内部控制要素的划分方法越来越科学，要素内容日趋丰富；内部控制的文化内涵也受到越来越多的关注。但是目前权威机构对内部控制要素尚未取得统一的认识，主要的差异表现在：①对人文因素的重视程度不同。两要素论没有把人文因素列入内部控制要素，三要素论、五要素论和八要素论都是在控制环境或内部环境要素中提到人文的因素，而四要素论则在四个要素中都体现出了对人文因素的关注。②是否包括目标设定要素。两要素论、三要素论、五要素论都没有将目标设定作为要素，它们都将内部控制界定为实现特定目标提供合理保证的过程或程序，也就是认为内部控制是以目标既定作为前提。它们对内部控制要素的划分主要是按内部控制构成内容的性质进行划分，而四要素论和八要素论则都是按内部控制的过程划分内部控制或风险管理的要素。③对控制活动的认识不同。两要素论将所有的控制活动归结为会计控制和管理控制两大类，三要素论、五要素论和八要素论对控制活动或控制程序的认识也都是一种狭义的控制，其性质多属于约束性的活动。如三要素论认为控制程序包括：经济业务和活动的审批权；职责分工；充分的凭证、账表和记录；对接触资产和记录的控制；独立的业务审核等。我国内部控制基本规范虽然对此有所拓展，COCO 报告则完全不同，其对控制活动的视野是非常开阔的，以至于我们看不到专门的关于控制活动的要素，在其目的、承诺、能力、监控和学习的四要素中，包括了诸如企业的道德标准、人力资源政策、权力和责任的分配、员工之间的相互信任、知识、技能和工具、协调和控制活动、对经营业绩的考核等更积极的控制活动。

二、基于人性假设对内部控制要素的分析

每一种管理学理论都是基于特定的个人动机或人性假设。关于人性假设，著名的管理大师弗雷德里克·泰勒、埃尔顿·梅奥、道格拉斯·麦格雷戈、亚伯拉罕·马斯洛等都有过论述。道格拉斯·麦格雷戈提出了有关人性的两种截然不同的观点：一种是消极的 X 理论；另一种是积极的 Y 理论。美国管理控制专家罗伯特·西蒙斯在《控制》一书中指出，有经验证据显示，如果没有监督和激励措施，组织中有 70% 的人会逃避责任。因此，一些经济学家认为，在没有监督和惩罚措施时，关注自我利益的人会怠工和逃避应承担的责任。但是社会心理学家则更关注人的情感、激励、成就和个人及集体的社会行为。那 30% 表现积极、工作努力的人是他们感兴趣的重点。西蒙斯指出，有效的控制既要求拥有创新的自由，又要确保员工为实现既定目标努力工作，为此他设计了信念系统、边界系统、诊断控制系统和交互式控制系统四种基本杠杆来控制这一制约关系。其中，信念系统和交互式控制系统扩大和确定公司的机会空间，而边界系统和诊断控制系统则限制和重点关注战略领域和机会。

我们认为，从管理学两大人性假设的角度回顾内部控制的演进过程，可以看出在内部控制产生的早期，主要通过授权审批、职责分离、资产接触控制、核对记录等强制约束手段达到防止差错和舞弊的目的，其基于的人性假设是 X 理论。随着管理理论和内部控制的不断发展和完善，人们开始认识到人是内部控制的主体和主导力量，提倡充分发挥人的积极性和主观能动性。如前所述，COCO 报告认为企业员工在执行企业所指派的任务时，将以他对企业目的的理解为指南，并以其能力作为支撑。员工的承诺或者说对企业的忠诚是员

工在长时期内充分发挥自己能力和保持最优努力水平的保证。其基于的人性假设在很大程度上体现的是 Y 理论。但是，不论是 X 理论的人性假设还是 Y 理论的人性假设，都存在其固有的局限性，与企业的实际情况都有差异，而将这两种理论结合起来并维系两者之间恰当的平衡才是科学、合理的选择。因此，基于这种假设，内部控制不仅应该包括各种刚性意味浓厚的约束性控制活动，而且应该包括诱导人的主动性、创造性的激励机制和企业文化。

三、基于企业理论对内部控制要素的分析

虽然把企业内部控制界定为"为企业实现特定目标提供合理保证的过程"已得到了较为广泛的认可，但是，为什么对这一概念所界定的内部控制的构成要素仍然会存在上述差异呢？一个重要的原因就是人们对企业及其边界的认识有所不同，也就是所依据的企业理论存在差异。另外，"特定目标"是指企业目标还是内部控制的具体目标？对特定目标的理解不同，自然会影响到内部控制要素的划分。

在诸多的企业理论之中，委托—代理理论把企业解释为一种委托—代理关系，这种理论对企业目标的形成及由于委托人和代理人的目标不一致而导致的道德风险和逆向选择具有较好的解释力，但在划分企业的边界方面却缺乏解释力。交易成本理论把企业解释为替代市场的一种机制，根据交易成本理论我们能够划分出企业与市场的边界，但是又对企业目标的形成缺乏解释力。契约理论认为企业的本质是一系列契约的组合，这种理论不仅在解释企业目标形成方面缺乏解释力，而且如果不对契约进行限定，由契约集合所组成的企业及其边界也难以确定。针对上述情况，王竹泉在对公司治理和利益相关者会计的研究中，运用利益相关者理论和集体选择理论，提出了"企业的本质是利益相关者的集体选择"。参与这种集体选择的利益相关者通过集体选择确立了他们的共同利益，对这种共同利益的追求决定了企业的目标。我们可以按是否能够参与企业的集体选择将企业的利益相关者分为两大类：一类是企业内部的利益相关者，这类利益相关者参与企业的集体选择，他们达成的契约构成了企业契约，该类契约是在企业内部而不是在市场中履行的。内部利益相关者的共同利益决定了企业目标和企业价值，因此，准确地说，企业的本质是内部利益相关者的集体选择。另一类是企业外部的利益相关者，该类利益相关者不参与企业的集体选择，他们的利益是通过与企业签订交易契约并在市场中履行这些契约而实现的。企业的活动会对他们的利益产生直接的影响，这种影响体现为企业的社会价值。

但参与企业集体选择的利益相关者并非一成不变，而是随着企业的发展变化不断变化，并由此导致企业组织形式和企业共同利益的变化，企业的边界也随着内部利益相关者的变化而不断地进行调整。在不同的企业中，企业内部和企业外部利益相关者的构成可能极不相同，这意味着企业的边界和企业的目标可能不同。股东价值只是利益相关者治理下企业价值的一种表现形式，企业价值（内部利益相关者价值）应具有更为丰富的内涵。基

于这样的认识，我们认为，为企业实现特定目标提供合理保证的内部控制其所有权应属于内部利益相关者。由于企业的目标就是由这些内部利益相关者确定的，因此，企业目标设定的过程是在企业内部完成的。但"企业目标设定"是否可以作为内部控制的要素呢？如果定义中的"特定目标"指的是"企业目标"，那就意味着内部控制是以企业目标既定为前提，当然内部控制的要素中也就不应该再包括"企业目标设定"。但是不能以此否认"内部控制目标设定"作为内部控制的组成要素，因为"内部控制目标设定"和"企业目标设定"是两个不同的概念，在企业目标既定的情况下，内部控制可以根据企业的实际情况设置内部控制的具体目标。

由于不同企业其内部利益相关者的构成不同，需要协调的外部利益相关者也不相同，因此，他们的共同信仰、价值观、伦理标准和行为规范也就不同，因此就会形成不同的企业文化。而这种文化的因素对人的行为的影响是潜移默化的，它们会被认为是"这就是做事的方式"而被自动执行，因此，对企业实现特定目标来说，一方面，由内部利益相关者的共同信仰、价值观、伦理标准和行为规范所形成的企业文化必不可少，自然应作为企业内部控制的构成要素。另一方面，内部利益相关者所确定的企业目标要得以实现也必须构筑纵向贯穿公司治理和企业管理、横向贯穿内部业务流程的控制结构。在这种控制结构中，不仅需要有类似不相容职务分离控制、授权审批控制、会计系统控制、财产保护控制、预算控制、运营分析控制和绩效考核控制等传统的控制措施，而且也必须有治理结构、机构设置和权责分配、人力资源政策等控制方法和手段。相对于控制结构组成的内部控制要素来说，企业文化更具有非正式性的特征。正式的控制结构和非正式的企业文化共同为企业目标的实现提供合理保证。

四、基于中国历史和传统文化对内部控制要素的分析

纵观中国历史长河，中华文明源远流长，先后出现了以孔子、孟子等为主要代表的儒家学派，以墨子等为主要代表的墨家学派，以商鞅、韩非子等为主要代表的法家学派。这些学派的政治思想势必对现代企业管理思想的形成和发展产生重大的影响。儒家、道家仁政学说的主要出发点和理论依据是性善论，主张德治，重视伦理道德的作用，强调人的自律意识，把社会看成一个整体，劝导权力阶层实行仁政以使社会各个阶层的利益都得到适度的满足。法家思想学说的出发点和理论依据则是性恶论，认为人不是道德的人，而是逐于利益的人，好利的本性使人无法做到自律，否定了伦理道德的规范作用，完全着眼于用制度约束人。显然，这两种学说的出发点和依据几乎是相反的，在不同文化思想影响下所形成的内部控制观自然也就会有很大的差异。在法家文化思想的指导下，内部控制应该从人本恶的角度出发依靠刚性的制度来实现；在儒家文化思想的指引下，内部控制应该从人本善的角度出发依靠人本的柔性管理来实现。

我们认为，内部控制作为企业管理的重要领域，是经济和文化双重作用的结果，它不仅是一种经济手段，还具有较强的文化属性。刚性的企业文化易于维持正常的内部控制秩序，易于对员工执行内部控制的效果量化管理，可以引导人性向善，起到正向强化、抑恶扬善的作用；同样，软性的企业文化能够对员工的意识和行为构成"软"约束，深层次地激发员工的主动控制的动力，实现员工的自律和自控。由于传统的内部控制构成要素一味强调一系列具有控制职能的方法、措施和程序等刚性的制度安排，而忽视了"软因素"的重要作用，因此导致了内部控制实践的不乐观——内部控制制度设计往往流于形式，无法得到有效执行。另外，从中国传统文化的主流来看，在中国的文化体系中，法家思想始终没有占据主流，占主导地位的是儒家文化的学说，历史上一度出现了"罢黜百家，独尊儒术"的局面，因此，在这种大的文化背景下，过于刚性、过于管束的内部控制很难得到广泛的认同，从而导致执行上的困难。因此，只有构筑由"控制结构+企业文化"两大要素组成的刚柔并济的内部控制，才能有效服务于企业目标的实现。

五、内部控制两要素：控制结构+企业文化

突破已有内部控制制度把企业文化看成是内部控制环境因素的局限，将企业文化提升为与控制结构相并列的一种控制形式，形成了"控制结构 + 企业文化"的内部控制要素新二元论。我们认为，内部控制要素的划分应紧紧围绕内部控制的定义来进行，前文已经提到将企业内部控制界定为为企业实现特定目标提供合理保证的过程，那么无论是控制结构还是企业文化都是为了实现企业特定的目标而提供相应保证的程序，控制结构是一套通过内部控制目标设定、风险识别、风险评估、风险应对、控制活动、信息与沟通以及内部监督等刚性制度的设计来保证企业目标实现的程序；企业文化是企业组织在其发展过程中所形成的组织成员所共同信仰的管理哲学、行为规范和价值体系的总和，其作用的充分发挥需要通过企业个性的定位、企业形象设计、产品包装的特色以及规范性条文等路径落地生花，否则企业文化就是口号、贴在墙上的标语，是存在缺陷的企业文化。因此，企业文化同样是一套保证企业目标实现的非正式规则，理应成为内部控制要素的组成部分，而不能仅仅将其理解为内部控制系统的环境因素。

（一）内部控制的前提：企业目标设定

如前所述，企业目标是由内部利益相关者的集体选择决定的，但是由内部利益相关者确立的企业目标要落实到企业的具体业务之中，还必须再通过董事会、经理层逐级落实。董事会和经理层不仅是把企业目标落实到具体业务（企业与外部利益相关者之间的交易）的必经环节，而且也是内部利益相关者和外部利益相关者沟通的纽带。由于企业目标和具体业务之间的跨度太大，因此，董事会层面需要关注的是宏观的、战略性的、长期性的业

务规划和运作，经理层则进一步将其落实到具体的业务之中，形成各项业务的目标。企业目标、董事会目标、经理层目标和业务目标共同构成了企业目标体系。由于以企业目标体系规划的企业目标作为内部控制的前提，因此内部控制具体目标的设定仍然可以作为内部控制的组成部分，但不一定要作为一个独立的内部控制要素。目前，人们对内部控制目标的认识大体一致，一般包括战略目标、经营目标（经营的效率和效果目标）、资产安全目标、报告目标和合规性目标等五大目标，但这些目标并非同等重要，我们按照控制主体需求层次的高低将其划分为三个层次：战略目标与企业的任务和预期相联系并支持企业的任务和预期的实现，涉及企业的长远发展，是企业内部控制最高层次目标；经营目标、报告目标和资产安全性目标强调资产的保值增值、企业业绩的提高、企业形象的提高及投资价值的提升等，关系到企业特定时期内的发展，是企业战略目标实现的有力支撑；合法性目标强调企业作为社会公民，必须遵守社会的基本规范，必须在社会允许的范围内开展经营活动，这涉及企业的生存，属于内部控制最基本的目标，处于最低层次。从内部控制目标与企业目标体系规划的企业目标的对应关系来看，战略目标主要与董事会层面相关，经营目标（经营效率、效果目标）和资产安全目标主要与经理层相关，而报告目标和合规性目标则与两个层面都相关。

（二）内部控制两要素具有异质性

我们单单将企业文化分离出来，提升到与控制结构要素并列的地位，其原因在于：首先，目前流行的五要素论和八要素论都是将企业文化作为内部控制的环境来看待，而环境是非决定性的影响因素，这样就会把企业文化的影响边缘化，弱化企业文化对于整个内部控制系统所产生的重要作用；其次，从现实的情况看企业文化在内部控制中扮演的角色越来越重要，近年来，从美国的安然公司破产到世通公司的财务丑闻，从中国蓝田股份事件、四川长虹巨额应收账款欠款案、中航油巨额亏损到三鹿毒奶粉事件，无不显示出企业出现内部控制无力或失效的原因并非只在于内部控制刚性制度的不足，而更大程度上在于软控制的缺失，因此我们不再将企业文化仅仅看成是内部控制的环境因素，而是将其作为一种控制方式提升为与其他要素相并列的独立要素，以保证内部控制的执行力；最后，根据政治学的基本原理，国家政权要保持其既定的政治模式，一方面要通过法律制度来规范人们的行为，另一方面也需要通过教育、新闻媒体等进行意识形态的塑造与维持。对于一个企业来说也是如此，企业文化正是通过意识观念的渗透和同化，内在地影响人的行为方式，从而直接作用于内部控制。因此，企业一方面要通过内部控制目标设定、风险识别、风险评估、风险应对、控制活动、信息与沟通及内部监督等刚性制度来规范内部控制活动，另一方面也要通过培训、企业形象识别系统、规范性条文等强化企业文化的塑造。最后，既然将企业文化和其他要素相并列，为什么将除企业文化外的所有要素均归结为控制结构这一大类呢？我们的这种归类是为了突出内部控制要素属性的不同，企业文化和其他要素的属性是不同的，具有异质性，它是一种软控制，渗透在内部控制的方方面面，引导整个内部控制系统的运行，其内含的价值观念和行为规范往往是非条文和无形的；而其他要素属性基本一致，是一种"硬控制"，侧重于从制度约束、程序控制和奖惩机制等层面上去规范企业员工的行为。

（三）内部控制两要素的内涵

内部控制作为一个有机组成的系统，可以看成是一种结构化的网络，"控制结构+企业文化"的内部控制两要素正是注重了内部控制系统的结构化特征。我们所倡导的企业文化应是一种以人为本的文化，是一种促进利益相关者合作和信任的文化，着力于以文化因素去挖掘企业的潜力，尊重和重视人的因素在企业发展中的作用。企业文化主要通过意识观念的渗透和同化，内在地影响利益相关者的行为方式，从而对各项目标的实现产生影响，是一种柔性的、内化的内部控制方式，其涉及对企业从最初的材料采购环节到向最终客户销售环节的经营过程的全程控制，因此，我们说企业文化不仅是企业内部利益相关者协调统一的黏合剂，而且是企业内外部利益相关者有机联系的纽带。

"控制结构＋企业文化"的内部控制要素新二元论更加注重了"人"在内部控制系统中的作用，内部控制系统中的"人"，包括管理者、员工、投资者、供应商、客户以及政府，通过他们之间关系的建设达到内部控制的良好效果。我们按照企业相关利益主体的不同将企业文化分为管理者文化、员工文化、投资者文化、供应商文化、客户文化以及政府文化等。管理者文化是指董事会、经理层等领导者的管理哲学、行为规范和价值观念，可以进一步将其划分为专制型倾向、民主型倾向和自由放任型倾向等。专制型倾向的管理者文化侧重于官僚控制，主要是通过规章制度、工作程序、严格的监督、绩效考核等手段进行的强制性控制；民主型倾向的管理文化侧重于非强制性的控制方式，其主要通过管理者的品质影响员工，得到全体员工心理上的认可，从而激发其内在主动性，强化内部控制；自由放任型倾向的管理者文化盛行的是无政府主义的方式，无规章、无要求、管理者没有任何影响力，其必然导致内部控制严重缺失或失效。员工文化是指员工彼此之间达成共识、默契，从而形成协调一致的群体思维和行为，其大体可以分为被动服从型和主动创新型等。在被动服从型的员工文化氛围中，企业员工认为内部控制是管理人员的责任，与己无关，对决策的参与程度较低，基本上是被动执行，在这种员工文化氛围中，刚性的强制性内部控制方式不仅不会遭到员工的抵触，而且能够保证内部控制的高效率。在主动创新型的员工文化氛围中，企业员工会形成主动接受、维护和改善内部控制的意识，因此对于过度刚性的制度控制会产生心理上的强烈抵触，相比之下，非强制性的软控制将会收到良好的效果。投资者文化是指企业作为投资者具有的意识和观念；供应商文化和客户文化则更多的是指企业对待供应商、客户的理念，反映在企业与上游供应商、企业与下游的客户之间关系文化的塑造上，企业与供应商的关系文化正由原来的敌对关系转向基于共同利益的协作伙伴关系，以寻求多方共赢（王竹泉，2006）。由于企业之间的竞争越来越激烈，市场由卖方市场转变为买方市场，企业越来越注重以客户需求为导向调整其与客户的关系文化。供应商文化和客户文化的这种转变内化为相关利益主体的意识，确保了内部控制行为的效果和效率。

但是，要实现企业目标体系规划的企业目标，仅靠企业文化显然是不够的，因为不同主体的品性、信仰、胜任能力等存在差异，由于种种原因还可能导致上述主体之间的信任和合作出现障碍，因而导致企业的经营管理、业务执行偏离企业目标体系规划的目标，因此，还必须建立包括激励机制和约束机制在内的控制结构，分别从正向引导和反向抑制两个方面调节企业活动向企业目标体系规划的方向迈进。控制结构应当纵向贯穿公司治理和企业管理、横向贯穿内部业务流程全过程。从控制机制上看，控制结构不仅需要有类似治理结构、预算控制、不相容职务分离、内部审计等约束性控制，而且也必须有人力资源政策、利益相关者关系管理等激励性控制。从控制过程上来看，控制结构应当包括内部控制具体目标设定、风险识别、风险评估、风险应对、控制活动、内部监督以及信息与沟通等环节。从这个意义上来说，治理结构、机构设置及权责分配、人力资源政策、内部审计等都不应再作为环境因素，而是直接作为控制结构的有机组成部分，其中治理结构、机构设置及权责分配、人力资源政策归入控制活动要素中，内部审计归入内部监督要素中。相对于企业文化组成的内部控制要素来说，控制结构更具有正式性的特征。如果把控制结构看做企业内部控制的硬件，企业文化就是内部控制的软件，二者都是内部控制的构成要素。"控制结构＋企业文化"的内部控制要素新二元论强调二者的匹配和兼容，因而能够为企业目标的实现提供切实合理的保证。企业目标体系、内部控制与内部控制要素之间的关系如图1所示。

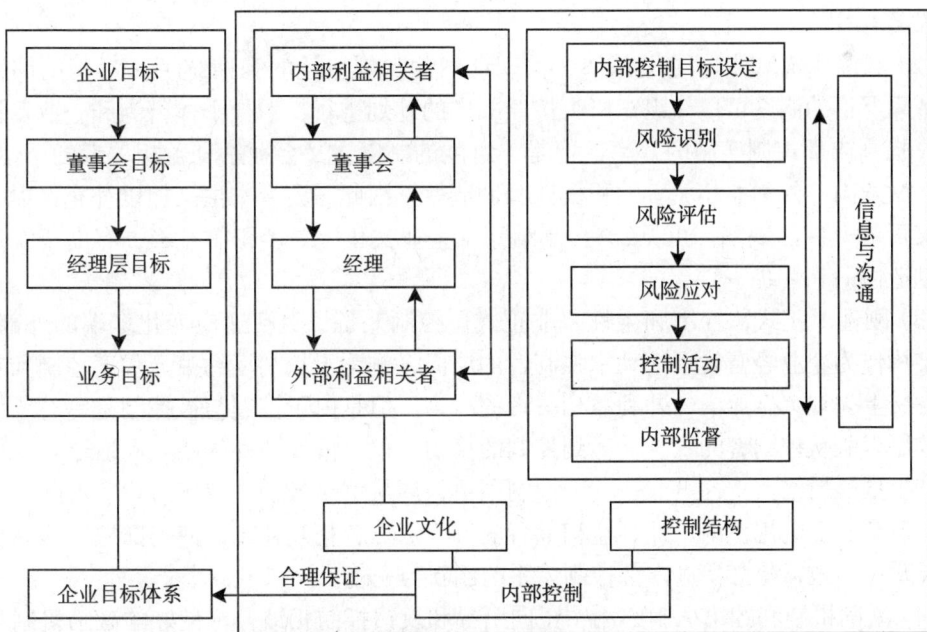

图1　企业目标体系、内部控制与内部控制要素之间的关系

六、"控制结构+企业文化"内部控制系统的特点及其意义

将内部控制要素划分为控制结构和企业文化两个要素，并非简单地将已有的内部控制要素归类合并，其最大的变化是将企业文化作为与控制结构相并列的一种控制形式，而且还具有以下特点和意义：

（1）经济控制与文化控制并重，同时满足不同人性假设情况下的内部控制要求。内部控制内生于经济，是经济发展的产物，企业作为自主经营、自负盈亏的独立实体，要想在竞争的市场经济中求得生存和发展，必须进行自我约束，建立健全内部控制制度。尤其是在现代企业制度下的公司制企业中，所有权和经营权的分离、投资主体的分散化、经营活动的多元化都对内部控制产生了强烈的需求，从这个角度讲，内部控制具有较强的经济属性。内部控制不仅是一种经济控制还是一种文化控制，企业文化内含的价值观念和行为规范是非条文和无形的，企业文化通过意识观念的渗透和同化，内在地影响人的行为方式，从而影响内部控制的实施。另外，从企业的实际情况出发，对于偏向 X 理论的人应着重经济控制，而对于偏向 Y 理论的人应着重文化控制。可见，企业文化和控制结构一起从不同侧面影响和制约着企业内、外利益相关者的行为，从而使经济控制和文化控制共同发挥作用。

（2）制度主义和人本主义并举，实现计划性和创造性的和谐统一。对于内部控制来说，依靠严格的制度可以使组织行为按照既定的计划进行，引导个体行为和企业目标协同一致，提高内部控制实施的效率。但是，过度的制度主义会扼杀利益相关者的个性发展，不利于激发内、外利益相关者的积极性和创造性，因此需要人本主义加以补充，以弥补制度主义可能存在的缺陷。可见，"控制结构 + 企业文化"二者相得益彰，有助于实现计划性和创造性的和谐统一。

（3）刚性（正式）控制和柔性（非正式）控制兼备，灵活适应变化多端的外部环境。控制结构作为企业经营管理活动中强制性的层面，侧重于从制度约束、程序控制和奖惩机制等意义上去规范企业内、外利益相关者的行为。但是由于控制与被控制是一对矛盾，要使被控制者服从控制者的意志，达到控制的目的，仅仅依靠硬性的制度和命令容易使被控制者产生抵触情绪。柔性（非正式）控制则更强调从情感激励、道德感化、人际互动和舆论监督等意义上去规范内、外利益相关者的行为。二者相互补充，使内部控制体系更加科学、灵敏、高效，势必促进内部控制体系的创新与完善。

（4）激励机制和约束机制并用，正向引导和反馈控制相结合。良好的激励机制和利益相关者关系管理，可以最大限度地激发内、外利益相关者的主观能动性，正向引导组织行为，改善内部控制系统。科学的约束机制可以根据企业运行过程中反馈回来的信息对偏离内部控制目标的组织行为及时控制，在与时俱进中保持内部控制系统的动态有效，从而能

够最大限度为企业目标的实现提供合理保证。

（5）公司治理和企业管理兼容，为企业实现各层次控制目标提供合理保证。由"控制结构+企业文化"所构筑的内部控制贯穿公司治理和企业管理，使公司治理和内部控制有机地融为一体，从而有助于为企业目标、董事会目标、经理层目标和业务目标等各层次目标的实现提供合理保证。

参考文献

［1］内部控制课题组.企业内部控制基本规范：解读与案例分析［M］.上海：立信会计出版社，2008：21.

［2］COSO 制订并发布.企业风险管理——整合框架［M］.方红星，王宏等译.大连：东北财经大学出版社，2005：6-7.

［3］［美］罗伯特·西蒙斯著.控制［M］.鲜红霞等译.北京：机械工业出版社，2004：2-25.

［4］王竹泉.利益相关者会计的提出与会计信息披露的外部性［J］.现代会计与审计（美国），2006（1）：1-8.

［5］李连华.内部控制理论结构［M］.福建：厦门大学出版社，2007：50-53，156-157.

［6］王竹泉.企业内部控制的目标定位——基于利益相关者和集体选择理论的思考［J］.会计之友，2008（3）：4-8.

［7］李心合.企业内部控制基本规范导读［M］.大连：大连出版社，2008：40，101.

［8］王竹泉.利益相关者与企业价值增值创造和分享［J］.中国会计研究与教育，2006（1）：59-68.

Control Structure and Corporate Culture: The New Dualism for the Key Elements of Internal Control

Wang Zhuquan & Sui Min

Abstract: The key elements of internal control occupy the central position in the internal control theory. Authoritative organization has not obtained unified understandings about the key elements of internal control at present. The differences of the understandings mainly show in the following aspects. First, the degree of attention to humane factor is different; second, whether the key elements include the goal-setting key element; third, the understandings about controlling activity are different. On the basis of the analysis about key elements of internal control in terms of human nature assumption, enterprise theory, Chinese history and traditional culture this paper has proposed the new dualism for key elements of internal control. The new dualism is no longer to only regard the corporate culture as the environmental factor of internal control, but regard it as a kind of control form, which stands side by side with the control structure. The internal control, which is made up of two major key elements, has the following basic characteristics. First, regard economy controls and culture controls as equally important; second, system doctrine and humanism are developed simultaneously; third, rigidity controls and flexibility controls are emphasized concurrently; fourth, incentive mechanism and tied mechanism are used simultaneously; the last but not least, the corporate governance and business administration unify organically.

Key Words: internal control factors, control structure, corporate culture, enterprise objective, internal control objective

公允价值与当代会计理论反思 *

任世驰　李继阳

【内容提要】 公允价值计量产生的真正根源是物价变动对会计计量的持续冲击。公允价值会计的核心是按照各个报告时点上的现行市价调整账面记录，通过动态反映使账面价值与真实价值始终保持一致，目标是追求真正意义上的真实反映，是"会计的重心是计量"的回归。它与按"目标导向"路径构建的当代会计理论在会计本质（信息系统）、会计目标（决策有用）、会计信息质量特征（相关和可靠）等各个方面是冲突、矛盾的。构建于信息系统论和历史成本原则之上的当代会计理论，与公允价值会计着眼于真实反映的思想相悖。公允价值会计的出现是对传统会计理论的颠覆，因此必须系统反思和重构当代会计理论。

【关键词】 公允价值；当代会计理论；反思重构

一、前　言

1990 年 9 月，时任 SEC 主席理查德·布雷登（Richard Breeden）在美国议会发布讲话时说："历史成本形成于一个与现在大量市场参与者相互作用的经济环境大相径庭的背景下。在这种环境下继续使用历史成本是不恰当的，它会减少财务信息的相关性"（于永生，2007），并力荐在银行会计中使用公允价值会计模式代替历史成本会计模式。公允价值会计准则的制定自此正式展开，并逐渐得到广泛认可。会计中公允价值的使用实际上有着悠久的历史。如果将市价计量（或以市价为基础进行账面价值调整）算作公允价值计量，那么公允价值的使用可以追溯到 19 世纪末持续 30 年的通货紧缩时期。① 会计上正式提及公

---

* 本文选自《会计研究》2010 年第 4 期。

作者通信地址：中央财经大学会计学院（100081）；中国人民大学财政金融学院（100872）。

① 1900 年前持续 30 年左右的物价下跌时期，美国会计界普遍流行通过重估进行资产账面价值调整。1900 年以后物价开始止跌回升，并持续上涨，这一做法也一直持续使用到 1929 年经济大危机的发生，并被指责为导致大危机发生的直接原因之一。

允价值概念是 1953 年会计程序委员会（CAP）的第 43 号会计研究公报。① 会计原则委员会（APB）于 20 世纪 60 年代末② 以及 1973 年财务会计准则委员会（FASB）负责制定会计准则以后，③ 都曾多次使用公允价值计量。20 世纪 80 年代中后期衍生金融工具盛行以后，因其价值衍生、无（或极少）初始投资、未来交割等特征，给会计计量带来了前所未有的挑战。在衍生金融工具计量中，历史成本的无能为力暴露无遗。以历史成本计量衍生金融工具，不仅无法反映真实的财务状况和经营业绩，甚至会扭曲真实的财务状况和收益，误导会计信息使用者。因此，改革历史成本计量成为当务之急。布雷登的讲话就是在这一背景下产生的。

2008 年的世界性金融危机中，公允价值会计因为具有"顺周期效应"被指责为"放大了金融危机，进一步打击了投资者信心"而饱受争议。但理论研究和经验事实证明，公允价值计量并非导致此次金融危机的主要原因，因此，公允价值会计最终得以保留。

经过此次金融危机风波，公允价值使用有"轻舟已过万重山"的感觉，已成为大势所趋。在"山重水复、柳暗花明"之后，未来的公允价值使用必将更为迅速、普遍、广泛（以稳妥为前提）。而痛定思痛以后，为保证公允价值会计的健康发展，深入研究公允价值会计理论，并以此指导公允价值会计实践，比以往任何时候都显得更加必要，也更加迫切。

二、公允价值计量与公允价值会计的特征

（一）公允价值计量研究历程与启示

公允价值计量研究正式展开于 1990 年时任 SEC 主席理查德·布雷登的讲话发表以后。SEC 认为，只有公允价值才是衍生金融工具相关的计量属性，甚至是唯一相关的计量属性，因此竭力提倡以公允价值进行衍生金融工具计量。

但是，公允价值计量的出现，其深刻根源则是会计计量中面临的价格变动。这一点从此前几十年物价波动中对历史成本计量的持续讨论以及 20 世纪 50 年代开始的公允价值运用可以看出端倪；衍生金融工具只不过放大了物价变动对会计计量的影响，加速了公允价值计量研究的进程而已。"会计的重心是计量"（Iriji Yuji，1975），会计的最基本和核心职能就是通过货币计量（表现为计价）反映企业的财务状况和经营成果（即会计的反映或核

---

① 1953 年，CAP 在第 43 号会计研究公报（ARB 43）《会计研究报告的重述与修订》中，要求"当无形资产通过证券交换取得时，其成本应当考虑其对价的公允价值或给予财产的公允价值"。

② 从 1969 年开始，APB 曾分别在第 14、16、18、21 号意见书和第 4 号公告中使用和定义公允价值。

③ 据统计，1973 年 FASB 制定会计准则以后，至 20 世纪 80 年代中期，发布了 30 个左右涉及公允价值运用的会计准则。

算职能）。虽然信息系统论出现以后，结合有效市场理论，会计"决策有用"目标下的信息观大行其道，理论界大肆展开会计信息的信息含量研究，但 20 世纪 80 年代以后衍生金融工具的出现，却使脱离计量基础研究信息含量的谬误一览无余。从历史成本会计模式向公允价值会计模式的转换，就是会计理论中决策有用的信息观失败的直接表现，同时也再次证明了"会计的重心是计量"这一结论的正确性。

自 1991 年 FASB 接手制定公允价值会计准则以来，1991~2000 年，FASB 一直致力于从现值计价的角度研究公允价值计量，并于 2000 年 2 月发布了这一阶段集大成的第 7 号财务会计概念公告（SFAC No.17）《在会计计量中使用现金流量信息和现值》。[①] 在 SFAC No. 17 中，FASB 指出，现值计量的唯一目的是在无可观察市价的情况下，通过"捕捉"各种因素去合成可能存在的市价，而现行市价就是公允价值；同时发现，现值计量的范围是极其狭窄的，它仅仅适用于那些以未来现金流量为基础的初始计量以及新起点计量和摊配技术（FASB，2000）。因此，单纯从现值计量角度研究公允价值计量，显然不能满足公允价值计量的要求。所以，2003 年 6 月 FASB 重新启动公允价值计量准则研究，此后历时三年有余，三易其稿，最终于 2006 年 9 月发布了第 157 号财务会计准则公告（SFAS 157）《公允价值计量》。虽然 FASB 开篇就声称该准则对公允价值计量并无创新，仅仅是对此前 30 多年来各个会计准则和概念公告（甚至包括 APB 意见书）中分散、零乱的公允价值计量的系统梳理，但该准则实际上仍有不少新意，具体表现在下列几个主要方面：

一是该准则发布了新的公允价值定义，并以该定义为基础对此前在不同准则和第七号概念公告中发布的公允价值定义进行统一；

二是提出了脱手价计量目标，明确指出公允价值是现行市价中的脱手价；

三是根据公允价值计量所使用的参数的可靠性，将公允价值进行分级，并规定不同级次的公允价值披露要求不同，公允价值级次越高（即可靠性越差），披露要求越严格，要求披露的内容越多；

四是一改此前的观点，转而承认依据不断变动的市场价格进行账面价值调整（即以公允价值进行后续计量）是可靠的，在可靠性与相关性相互关系的认识上发生了质的变化。

纵观 FASB 30 余年的公允价值计量研究和运用，可以发现，FASB 从来就强调公允价值计量就是现行市价计量，而现行市价就是公允价值———甚至在更早的 CAP 时代和 APB 时代也是如此。而公允价值计量之所以困难，主要由两方面原因引起：

一是部分交易在初始计量时没有现行交易价格（即现行市价）可以取得，如非货币性交易、衍生金融工具和某些特定类别的投资，在这种情况下，交易发生时入账价格（即公允价值）如何确定成为一个难题；

二是随着初始交易完成后价格的后续变动，后续计量是否进行、后续计量中可靠性如

---

① FASB 的现值计量研究肇始于 1988 年启动的一个现值研究项目。1991 年接手公允价值计量研究以后，承接原来的现值计量研究，FASB 最初打算借助经济学的资产计量方法，从现值计量角度研究公允价值计量问题，并一直延续到 2000 年。

何解决，是一个棘手的难题。

（二）公允价值会计的特征分析

公允价值会计的产生，虽然直接诱因是衍生金融工具计量，但归根结底是由物价变动引起的。公允价值计量的目的，是要及时反映会计主体资产（负债）价值的变动，并以变动后的市场价格为基准和参照，动态地调整账面价值，使会计账面价值与各个报告时点上的实际价格始终保持一致，从而达到真正意义上的真实反映。因此，这种以市场为基准和参照的动态反映，又被称作"盯市价格"（Mark-to-Market Price）计量。

与传统的历史成本会计模式相比，公允价值会计模式有着迥异的特征：

第一，在计量属性上，公允价值会计坚持价值计量。从 FASB 一直以来对公允价值的定义和解释可以看出，公允价值就是现行市场价值，而现行市场价值的度量标准是现行市场价格（现行市价）。公允价值计量的这一特征，将会计计量属性从传统的"价格"转向了"价值"，是科学的计量属性讨论的开始。①

第二，公允价值计量的革命性变革，是在会计反映观上坚持动态反映，摒弃历史成本会计"刻舟求剑"式的静态反映方式。这一变革，要求在交易完成以后的各个后续报告时点上，不断地将各时点的现时价值反映出来，并以此为基础调整账面记录，从而保证账面记录与实际状况始终相符，达到真正意义上的真实反映。

第三，公允价值会计的目标，归根结底是会计反映的真实性。它强调计量是会计的重心，要求通过动态计量达到真实反映；通过真实反映实现真实的资产计价和收益确定。这一点既是公允价值会计的目标，也是衍生金融工具盛行以后，会计屡受指责，并要求变革历史成本会计模式、实行公允价值计量的根源。

第四，公允价值会计是"会计的重心是计量"的回归。在公允价值会计模式下，资产计价和收益确定都是一个计量过程，而不是历史成本会计模式所奉行的摊配过程。而通过公允价值计量，历史成本会计模式下资产负债表和收益表割裂、实账户和虚账户分离的问题可以得到彻底解决，资产负债表和收益表之间天然的勾稽关系重新得到确立。

三、公允价值会计与当代会计理论的冲突分析

FASB 在 SFAS 157 的"总结"（Summary）中，就该准则与 FASB 概念框架的关系专门谈到了几点：①公允价值计量框架是在考虑了 SFAC No.12《会计信息的质量特征》的基础

---

① 实际上自货币经济和货币作为会计统一的计量单位以来，会计始终是价值计量。但公允价值以前的计量属性讨论，基本上都庸俗化为各种价格的讨论，在会计计量属性的讨论中，关于价值和价格的关系问题，始终是一本"糊涂账"。

上制定的；②该准则中的公允价值定义考虑了 SFAC No.16《财务报表的要素》中资产和负债的概念以及市场参与者的情况；③该准则还进一步阐明和/或重新考虑了 SFAC No.17《在会计计量中使用现金流量信息和现值》中某些方面的指南，并将在委员会的概念框架研究项目中考虑修订第 7 号概念公告的必要性；④公允价值会计信息的提供，与 SFAC No.11《企业财务报告的目标》所提出的财务报告的首要目标是一致的。

FASB 在 SFAS 157 中的特别声明，其实是要说明两点：第一，SFAS 157 与 FASB 的概念框架在总体上是一致的；第二，SFAS 157 中的内容，与部分概念框架可能存在冲突，比如 SFAC No.17（甚至可能包括 SFAC No.16 中的资产、负债概念等），所以未来存在修订 SFAC No.17（等概念公告）的可能。

虽然 FASB 已经意识到了以 SFAS 157 为代表的公允价值计量准则与现行会计理论体系（以概念公告为具体表现形式）存在的可能冲突，但对二者冲突程度的认识仍然远远不够。某种意义上甚至可以说，公允价值计量和公允价值会计中蕴涵的对当代会计理论的颠覆，或许是 FASB 根本未意识到的。

注重计量、强调通过动态计量达到真实反映的公允价值会计，无论在局部和整体上，与当代会计理论体系都是相互冲突、互不相容的。

（一）公允价值会计与当代会计理论的局部冲突

公允价值会计与当代会计理论的局部冲突，主要表现在公允价值计量与以财务会计概念框架为代表的当代会计理论，在诸多细节方面是相互矛盾或不相一致的。这些冲突主要表现在：

（1）就公允价值计量与 SFAC No.11《企业财务报告的目标》而言，公允价值会计强调计量，坚持真实反映，因此真实反映事实上成为会计的根本目标；SFAC No.11 曾将会计的首要目标界定为信息对使用者决策有用，即会计信息具有导致信息使用者做出差别决策的能力；公允价值会计虽然声明公允价值是更相关的计量属性，但公允价值计量本身追求的并不是决策有用，而是真实反映，通过真实反映，做到不误导信息使用者，自然地达到与决策相关。因此，从深层次分析，公允价值会计的目标和 SFAC No.11 所提倡的会计"决策有用"目标并不一致。

（2）就公允价值计量与 SFAC No.12《会计信息的质量特征》而言，公允价值计量通过动态反映，达到了真正意义上的真实反映；以此为基础，相关性和可靠性不再是矛盾的，可靠是相关的基础，而相关则是信息具备可靠性后自然的结果。FASB 曾认为，某些时候会计信息的相关性和可靠性不可兼得，而 FASB 更偏重相关性。公允价值计量的出现，对 FASB 在相关性和可靠性相互关系的认识上是一次颠覆。

（3）就公允价值计量与 SFAC No.16《财务报表的要素》而言，公允价值会计从来就坚持现行市场价值计量，而现行市场价值的计量标准是现行市场价格，这种计量始终坚守"现在"时点，而不是面向未来计价；在 SFAC No.17 的现值计量中，FASB 曾明确指出，现值不符合公允价值定义，并且专门说明，即使通过现值计量需要使用估计的未来现金流量信息，但其目的也是通过估计未来"捕捉"其现在价值；而 SFAC No.16 中的两个基础性要素——资产、负债的定义，都强调"未来经济利益"，[①] 两个要素的定义都是面向未来的。虽然 FASB 在 SFAS 157 中特别说明公允价值定义与资产、负债定义不矛盾，但二者在观念上的差异和冲突仍然一目了然。

（4）就公允价值计量与 SFAC No.15《财务报表项目的确认与计量》而言，其冲突更为明显。SFAC No.15 提出了历史成本/历史收入、现行成本、现行市场价值、可实现（结清）净值和现值等五种计量属性，其核心是坚持历史成本计量属性为主、多种计量属性并存的会计计量传统；而公允价值计量则是对历史成本计量的彻底否定和颠覆，其核心是以公允价值计量属性全面取代历史成本等计量属性。

（二）公允价值会计与当代会计理论体系的整体冲突

公允价值会计与当代会计理论体系的整体冲突，表现在公允价值会计与现行财务会计概念公告构成的当代会计理论体系是相互矛盾、格格不入的。

FASB 构建的当代会计理论体系，由 1978 年以来发布的 SFAC No.11《企业财务报告的目标》、SFAC No.12《会计信息的质量特征》、SFAC No.16《财务报表的要素》（对 SFAC No.13的修订）和 SFAC No.15《企业财务报表项目的确认与计量》构成。这一理论体系的特征，FASB 和研究者认为是以会计目标为起点和导向进行演绎，其构建路径可以概括为：

"会计的目标是提供决策有用的会计信息（会计目标的决策有用观）——决策有用的会计信息的首要质量特征是相关性和可靠性——为提供决策有用的会计信息，需要划分会计要素进行分类反映——分类计量的计量属性是历史成本"。

遵循这一理论体系，FASB 将会计对象划分为十大要素进行分类核算；当历史成本计量基础因遭受物价变动的挑战而备受指责时，则采用历史成本以外的其他计量属性作为权宜的选择，包括发布了 SFAC No.17《在会计计量中使用现金流量信息和现值》，作为 SFAC No.15 这一计量公告的补充。

而深入分析和研究公允价值会计的特征和目标，可以发现，公允价值会计模式所遵循或要求的会计理论，与 FASB 构建的上述当代会计理论是完全背离的。如果参照当代会计理论的构建思路，公允价值会计理论体系及其构建路径可以大致概括如下：

"会计的重心是计量——会计的目标是真实反映（真实的计量结果）——真实性是对会计信息的根本要求（特征）——划分会计要素分类反映——分类计量的计量属性是公允价值（现行市场价格）"。

在这一理论体系中，真实反映成为会计信息的根本特征；具备真实性的会计信息，才能不误导信息使用者，自然地会对使用者的决策有用。有用（相关）不是会计的目标，而是会计信息具备真实性以后自然达到的结果。

---

① 见 SFAC No.16 中的资产和负债定义。

四、当代会计理论及其构建基础反思

（一）当代会计理论体系及其发展脉络分析

1. 当代会计理论体系分析

FASB 和研究者认为，FASB 构建的当代会计理论包括五个层次，见图 1。

```
┌──────┐   ┌──────┐   ┌──────┐   ┌──────┐   ┌──────┐
│ 会计目标 │ → │ 会计信息 │ → │ 会计对 │ → │ 会计确认 │ → │ 会计报告 │
│      │   │ 质量特征 │   │ 象要素 │   │ 与计量 │   │      │
└──────┘   └──────┘   └──────┘   └──────┘   └──────┘
```

图 1　FASB 的会计理论结构层次图

对于这一理论结构，FASB 和研究者将其概括为"目标导向的会计理论体系"，以与此前按"假设——原则"以及"会计本质导向"等构建路径建立的会计理论体系相区别。

按照"会计是一个经济信息系统"的观点，会计是一个人造的信息系统。系统论认为，任何人造的系统，都有系统特定的目标。因此，从系统论的角度看，当代以会计目标为起点构建起来的会计理论体系，实际上表现为如图 2 所示的五个层次：

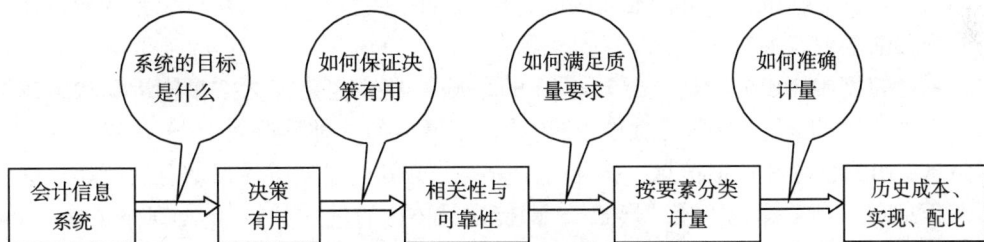

```
  ⬭系统的目标    ⬭如何保证决    ⬭如何满足质    ⬭如何准确
   是什么         策有用         量要求         计量

┌──────┐   ┌──────┐   ┌──────┐   ┌──────┐   ┌──────┐
│ 会计信息 │ → │ 决策 │ → │ 相关性与 │ → │ 按要素分类 │ → │ 历史成本、│
│ 系统  │   │ 有用 │   │ 可靠性 │   │ 计量  │   │ 实现、配比 │
└──────┘   └──────┘   └──────┘   └──────┘   └──────┘
```

图 2　FASB 实际的会计理论结构层次图

在这一体系中，会计的本质（会计是一个经济信息系统）决定了会计的目标（信息对决策有用）；会计目标（决策有用）要求会计信息必须具备特定的质量特征（相关性和可靠性等）；会计从技术层面看，是一种分类计量（即核算）行为，因此必须对会计核算对象进行合理分类、科学计量，分类的结果就是会计对象要素；在合理分类的基础上，如何准确计量各会计对象要素，以满足决策有用目标？准确的会计计量依靠会计确认与计量规则（当代会计理论主要坚持历史成本基础以及实现、配比原则）。因此，当代会计理论的构建，虽然名为"目标导向"，实际上仍是"本质导向"，遵循的构建路径如下："会计本质——会计目标——会计信息质量特征——会计要素——会计确认与计量"。

2. 当代会计理论体系的发展脉络分析

以"目标导向"为特征的当代会计理论体系的构建路径,[①] 与 FASB 构建当代会计理论体系的历程是完全一致的:[②]

（1）1966 年，美国会计学会（AAA）正式提出"会计是一个经济信息系统"的观点，对会计本质进行了全新界定；

（2）承接 AAA 的会计信息系统论观点，以及特鲁布鲁德委员会（Trueblood Group）的研究报告，FASB 在其成立后发布的 SFAC No.11《企业财务报告的目标》（1978）中，在承认会计是一个经济信息系统的基础上，提出"决策有用"的会计目标；

（3）在两年后发布的 SFAC No.12 《会计信息的质量特征》（1980）中，提出会计信息的首要质量特征是相关性和可靠性，并将会计质量特征划分为四个层次；

（4）在同年发布的 SFAC No.13 《企业财务报表的要素》（1980，后被 1985 年发布的 SFAC No.16《财务报表的要素》所替代）中，对会计对象进行分类；

（5）四年后发布的 SFAC No.15《企业财务报表项目的确认与计量》（1984），对五种计量属性和会计确认、计量进行系统阐释。

（二）当代会计理论体系的构建基础反思

笔者认为，当代会计理论体系的构建主要有两个基础：一是信息论和系统论；二是历史成本原则。

信息论和系统论决定了会计的本质和目标，以及对会计信息质量特征的要求；历史成本原则决定了会计确认和计量标准。因此，反思当代会计理论，要从反思当代会计理论构建的两个理论基础着手。

信息论的创始人申农（Claude Elwood Shannon）将信息定义为"事物运动状态或存在方式的不确定性的描述"（陈前斌等，2007），是事物的一种普遍属性，[③] 并将信息划分为技术信息、语义信息和价值信息。按照这个分类，会计信息属于语义信息的范畴。这种信息强调信息是一种"标记"或"形式"，即传递具体内容的"载体"。信息论虽然是 20 世纪初才提出的新理论，但它并不是一个新事物。人类早期会计的"结绳记事"就是在储存和传递信息；古代用点燃烽火的方式报告敌情来袭，也是一种信息传递的方式。信息论是一种方法论，这种方法论"就是运用信息的观点，把系统看作是信息的获取、传输、加工和处理而形成的一种有目的性的运动，从而达到对某个复杂系统运动过程的规律性认识的

---

① 前已述及这一构建路径实质上是"本质导向"，遵从习惯，此处仍称其为"目标导向"，以免发生混淆。

② FASB 按照信息系统论构建的当代会计理论体系，在第五号财务会计概念公告发布以后事实上即已宣告基本完成，它由第一、二、三和五号概念公告构成（第四号概念公告是非盈利组织的会计目标，不在企业会计的范围之内）。此后发布的第六号概念公告是对第三号公告的修订，因此事实上可以看作第三号公告的替代；第七号公告是一个会计计量公告，因此可以看作第五号公告的补充和延续。第一、二、三、五号公告正好构成上述会计理论的五个层次，其中第一号公告实际上包括了会计本质和会计目标两个内容。

③ 近代控制论的创始人维纳（Norbert Wiener）曾说，"信息就是信息，不是物质，也不是能量"。信息、物质、能量是并列的三大要素。见维纳 1948 年发表的论文《控制论——动物和机器中通信与控制问题》。

研究法"（陈依元，1988）。从信息论的角度看，世界就是一个信息的集合体，各种物质都是一个信息源。而信息论则是作为一种研究手段和方法被广泛使用。按信息论的观点，不同领域的信息按内容可分为物理信息、生物信息和思维信息，按表现形式不同有文字信息、图形信息、数字信息、声音信息等，一切事物或事件，都是特定的信息源，各门学科的研究，都是对各自学科领域内的信息源进行加工、处理，进而形成科学理论（规律），而这种科学理论就是以文字或数字等形式提供出来的、关于所研究对象的编码信息。物理学研究的是物理信息，本质上是指负熵；生物学研究的是生物信息，本质上是遗传信息；思维信息（包括会计信息）研究的则是语义信息，即与外界沟通、交换的信息。从这个角度来说，一切学科其实都是自己所研究对象的信息科学。

同理，系统论也是作为一种科学研究的思想和方法论而出现的。"系统论是整体论和还原论的辩证统一"（钱学森，2001），它在强调重视整体，从整体上观察、分析、认识和把握所研究对象的同时，还要求深入系统（即所研究对象）内部，深入地了解系统的各个组成部分或子系统，一步步把研究对象还原到越来越深的层次。科学的认识论不能仅仅注重对局部或细节的了解（还原论），也不能仅仅注重对整体的认识（整体论）、不深入整体这个"黑箱"去了解细部，而应该将两者结合，有分有合。这就是系统论的基本观念和方法。仅仅坚持"还原论"，就会犯"盲人摸象"的错误；而仅仅坚持"整体论"，则会浅尝辄止，无法深入事物内部透彻认识和了解事物。从系统论的角度看，生物学、物理学、地理学、工程科学等各学科都在广泛使用系统论的思想，各自都可以看作一个系统。正如系统论的创始人路德维格·冯·贝塔朗菲所说，"处处是系统，大到宇宙，小到一个人或一项特定事物，都可视为一个系统"（葛家澍、刘峰，1998）。而系统论的思想，其实在其被正式提出以前，人类就在无意识地广泛使用。中医诊病就遵循了典型的系统思想——它将人看作一个整体（系统），强调治病不能头痛医头、脚痛医脚，孤立地看问题（还原论），而应采用整体的、联系的观点，从现象看本质，从病源上着手，表里结合，辨证施治（还原论与整体论结合）；闻名中外的古代都江堰水利工程，也是古代人类社会在水利治理上运用系统思想的杰出典范———它将岷江水利治理看作一个"防、治、用"相互联系的整体，整个治水工程由分水工程（"鱼嘴"工程）、分洪排沙工程（"飞沙堰"工程）和引水工程（"宝瓶口"工程）三个子系统构成（还原论），三者成为一个总系统，集防洪治水、排沙、灌溉于一体（整体论），变岷江"水患"为"水利"，整个工程体现了非凡的系统观。而在这些典型事例中，在运用系统思想的同时，人们常常直接将研究或改造对象称作系统或系统工程，比如都江堰水利工程就常被称作一个治水的系统工程。

将会计的本质界定为一个信息系统，只指出了会计与其他学科（甚至包括自然科学）共性的一面，只看到会计数据的外在表现形式，丝毫未触及会计作为一门独立的特殊学科的独特个性和内在本质特征，未触及会计信息的内在属性、产生根源、承载内容、产生方法等实质内容。

根据路径依赖原理，当会计的本质被界定为"信息系统"以后，作为一个向使用者提供会计信息的人造系统，其目标自然地被界定为"决策有用"；①而决策有用的信息，自然要求真实可靠并能有助于使用者据以做出决策，因此"相关性"和"可靠性"顺理成章地成为会计信息的首要质量特征。②以此为基础，借助 20 世纪 70 年代前后正式形成的有效市场理论，会计学术界展开了会计信息的信息含量——即相关性——的实证检验。但是，会计信息有用与否的判断者是信息的使用者，作为会计信息提供者的企业会计，如何在提供会计信息前知道什么样的会计信息对使用者有用？如何了解千差万别的会计信息使用者的不同信息需求，并据以提供满足他们决策需要的不同会计信息？因此，"决策有用"的会计目标从来就是一句空话，它甫一提出，就曾遭到希尔顿、斯特宁等的猛烈攻击（加里·约翰·普雷维茨等，2006）。

当代会计理论在会计确认与计量上坚持了历史成本基础。历史成本计量将账面价值"一劳永逸"地固定在最初的交易价格上，是一种"刻舟求剑"式的静态反映观。坚持历史成本计量，账面记录与不断变动的资产（负债）的实际价值不可能在各个后续报告时点上保持一致。因此，以历史成本反映的企业财务状况和确定的经营成果，就不可能是真实的，它对企业真实财务状况和经营成果的扭曲、对信息使用者的误导，一目了然。衍生金融工具盛行以后，这种扭曲和误导在衍生金融工具的计量上达到了极致。

信息系统论与历史成本基础在会计中的结合，使当代会计理论出现了一种有趣的矛盾与尴尬：作为信息系统的会计，在目标上要求对使用者"决策有用"，这就要求会计信息"相关"并且"可靠"；而坚持历史成本计量，会计信息"具有可靠性"③但却不相关，会计始终在报告"具有可靠性"却"无用的数字"（Robert Sterling，1984）。因此，FASB 认为在某些情况下，可靠性和相关性是不可兼得的，会计需要在可靠性和相关性之间进行权衡，FASB 更倾向于相关性。换一个角度看，也可以认为正是历史成本计量基础对会计的困扰，使历史成本会计始终"在报告无用的数字"；结合"会计信息系统论"（即人造系统都必须有特定目标），从而导致了会计目标被直接界定为"决策有用"；而且，正是在"决策有用"的目标下，由于历史成本基础上的会计信息总是与实际脱节，是"无用的数字"，而传统历史成本会计理论和实务总是偏重可靠性，所以 FASB 认为需要在可靠性与相关性之间进行必要的权衡；而为满足"决策有用"的会计目标，FASB 只能更偏重于选择相关性。

但是，会计信息的相关性来源于什么？难道相关性能够如空中楼阁凭空得到？如果不是历史成本计量所坚持的"刻舟求剑"式的、机械的静态反映观对企业真实财务状况和收

---

① "会计信息系统论"当然也可以选用其他目标作为会计信息系统的目标，比如"反映真实性"（或"可靠性"）。但"决策有用"作为目标具有"永不出错"的特点；而"可靠性（反映真实性）"能否实现，则依赖于由会计计量所决定的会计模式。在历史成本会计模式基础上，不可能达到真正的反映真实，因此以可靠性作为目标马上就会陷入困境。所以，历史成本基础上的"会计信息系统"不可能以"可靠性"作为目标。这也正是 FASB 偏重将相关性作为第一位的质量特征的根源。

② 可靠性特征的入选，仅仅是在传统会计思想影响下妥协和权衡的结果。

③ 由于坚持"刻舟求剑"式的静态反映观，这种可靠是一种机械的可靠，实际上强调的是机械的可验证性，不是一种真正意义上的可靠。

益的扭曲，可靠性会退居次要地位吗？进而会计的目标会是"决策有用"吗？甚至会计的本质会是"一个信息系统"这样一个可以通用于各门学科的、永不错误的①但却丝毫无助于揭示会计特殊本质（独特个性）的定义吗？当代会计理论面临的冲突与困境，如图3所示：

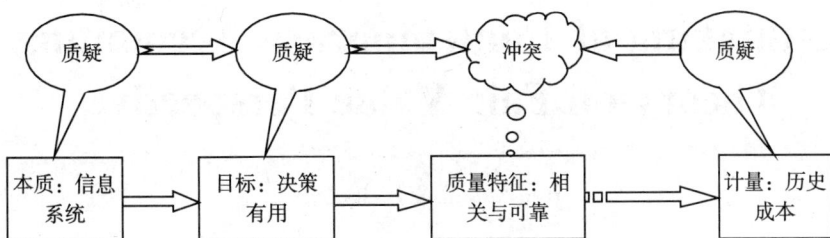

图3　当代会计理论的面临的冲突与困境

五、结论与启示

当代会计理论是以信息系统论和历史成本原则为基础、实际上按照"本质导向"构建的一个理论体系。这一理论体系对界定会计作为独立学科的特殊本质毫无裨益，误导了会计目标的确定；而历史成本原则所坚持的静态反映观，对纠正会计信息系统论的错误、真实反映企业财务状况和经营成果也力不从心。建立在这两个基础之上的当代会计理论实际上是一个混乱、自相矛盾的体系。公允价值会计从真正意义上的真实反映着手，对当代会计理论提出了挑战。基于公允价值基础重构科学的会计理论，并以该理论指导公允价值会计实践，既是科学的会计理论构建的需要，也是公允价值会计研究和实践的需要。

参考文献

［1］于永生. IASB与FASB公允价值计量项目研究［M］. 上海：立信会计出版社，2007：18-19.

［2］陈前斌，蒋青，于秀兰. 信息论基础［M］. 北京：高等教育出版社，2007，3-4.

［3］陈依元. 走向系统、控制、信息时代［M］. 北京：人民出版社，1998，38.

［4］钱学森. 创建系统学［M］. 太原：山西科学技术出版社，2001，365.

［5］葛家澍，刘峰. 会计大典第一卷——会计理论［M］. 北京：中国财政经济出版社，1998：310.

［6］加里·约翰·普雷维茨等. 美国会计史——会计的文化意义［M］. 杜兴强等译. 北京：中国人民大学出版社，2006：363-364.

［7］Iriji Yuji. 1975. Theory of Accounting Measurement［J］. American Accounting Association Edition.

---

① 这种定义就是实证研究者一再指责规范理论犯了"无法证伪"的错误，并且因无法证伪而毫无意义的具体表现。

［8］FASB 2000. SFAC No.7： Using Cash Flow Information and Present Value in Accounting Measurements ［J］. Highlights.

［9］Robert Sterling. 1984. Companies are Reporting Useless Numbers ［J］. Fortune， 1： 105.

Rethinking of Contemporary Accounting Theory on Fair Value Perspective

Ren Shichi & Li Jiyang

Abstract： Fair value measurement is rootstock raised from price fluctuating. The core of fair value accounting is to adjust the bookkeeping record according to current market price on different measurement time， so as to satisfy the real faithful reflection by dynamic accounting reflect， which is indicated that the inbeing of accounting is to measure value movement of a firm. Fair value accounting collides with contemporary accounting theory in the hypostasis and the objective of accounting and the quality characters of accounting information， and the like. The contemporary accounting theory based on information systems theory and historical cost principle is self–contradiction. A new accounting theory is needed to guide the fair value accounting research and practice.

Key Words： fair value， contemporary accounting theory， introspection， reconstruction

内部控制信息披露质量与代理成本相关性研究*

——基于沪市 2007 年上市公司的经验数据

杨玉凤　王火欣　曹　琼

【内容提要】 内部控制信息披露与公司治理密不可分、双向互动，并对公司代理成本有着直接的影响。本文以 2008 年 6 月财政部会同证监会、审计署、银监会、保监会颁发的《企业内部控制基本规范》为依据，设计了内部控制信息披露质量的评价指标体系，构建了内部控制信息披露指数（ICIDI），并对内部控制信息披露指数和代理成本之间的相关性进行了检验，结果表明内部控制信息披露指数与显性代理成本呈不显著负相关关系，与隐性代理成本变量总资产周转率呈显著正相关关系，与作为内部控制信息披露可观测的财务绩效变量 ROA 和 ROE 均呈显著正相关关系，即内部控制信息披露对显性代理成本抑制作用不显著，对隐性代理成本有明显抑制作用，对显性代理成本和隐性代理成本具有综合抑制作用。

【关键词】 内部控制信息披露；质量；代理成本；信息披露指数

一、引　言

内部控制信息披露作为一项重要的制度已经引起世界各国高度重视。上海证券交易所和深圳证券交易所分别于 2006 年 6 月和 9 月发布了《上海证券交易所上市公司内部控制指引》和《深圳证券交易所上市公司内部控制指引》（以下简称《指引》），2008 年 6 月，财政部、证监会、审计署、银监会和保监会联合发布了《企业内部控制基本规范》（以下简称《基本规范》）。《指引》和《基本规范》均规定上市公司应当对公司内部控制的有效性进行自我评价，披露年度内部控制自我评价报告，并可聘请具有证券、期货业务资格的中介机构

---

* 本文选自《审计研究》2010 年第 1 期。

对内部控制的有效性进行审计。其目的是通过对内部控制信息披露的监管来促使上市公司完善内部控制，促进内部控制信息披露的规范性。内部控制信息披露是否能降低代理成本？这个问题在我国还没有经验证据。本文以上交所和深交所 2006 年发布的《指引》为契机，以《基本规范》为依据，以 2007 年沪市 A 股上市公司为研究样本，对内部控制信息披露质量与代理成本的相关性进行检验，旨在为我国上市公司内部控制信息强制性披露提供一些经验证据。

二、文献回顾与提出假设

近年来，国外对内部控制信息披露的研究主要集中在内部控制信息披露的现状与影响因素等方面。通过分析《萨班斯—奥克斯利法案》404 条款及发布后公司的特征，得出那些有实质性内部控制缺陷的公司其平均规模和业绩与它们所在行业应有的水平不匹配（Stephen 和 Steven，2005）。管理层会质疑内部控制信息披露的成本效益，可以运用博弈理论模型分析内部控制报告和管理者薪酬之间的关系（J.Efrim、Boritz 和 Ping Zhang，2006）。规模小、成立时间短、业务复杂、高速成长、财务状况不佳的公司更有可能存在重大缺陷（Doyle、Ge 和 Mcvay，2006）。国内对内部控制信息披露的研究大多还处于探索性阶段。我们可以借鉴美国《萨班斯—奥克斯利法案》研究关于内部控制信息披露的问题，如披露性质、披露内容、审计验证、评价依据及责任主体等，并结合我国公司治理环境、制度背景提出我国内部控制信息披露的系统建议（周勤业和王啸，2005）。

目前关于代理成本的研究，主要集中在公司治理与代理成本之间的关系等方面。股权的集中或大股东的存在会减少管理者的机会主义的幅度，减少代理成本（Sheifer 和 Vishny，1997）。在政府管制较少、竞争较为充分的电子电器行业，在代理成本上国有产权企业普遍高于混合合产权企业，混合产权企业高于个人产权企业；长期投资率和职工人数与代理成本呈显著正相关，而长期投资率、财务杠杆比率、职工人数等与代理效率呈显著负相关（李寿喜，2007）。

对内部控制信息披露与代理成本关系的研究目前相关文献还很少。更高水平的信息披露可以降低资本市场信息不对称程度（Leuz 和 Verrecchia，2000；Verrecchia，2001）。公司信息透明度的增加减少了公司内部人和外部人之间的信息不对称，增加了对公司管理者的监督约束机制，降低了管理者道德风险，即能够降低代理成本（Bushman 和 Smith，2003）。内部控制报告改进了内部控制，提供了额外的与决策有用的信息（Hermanson，2000）。公司治理与内部控制信息披露之间存在着密切的关系，高质量的内部控制信息披露不仅使信息使用者可以在一定程度上了解企业管理控制是否有效，从而有助于使用者做出决策，还可以促进企业的管理者改进内部控制，促进内部控制的完善，形成良好的公司治理。基于上述文献回顾与理论分析，本文提出假设，高质量的内部控制信息披露能够抑制代理成本。

三、研究设计

（一）内部控制信息披露指数构建

评价内部控制信息披露质量，首先要制定评价标准并将其量化。本文运用内容分析法构建了内部控制信息披露指数（Internal Control Information Disclosure Index，ICIDI），将 ICIDI 作为度量内部控制信息披露质量的指标。ICIDI 指数的构建是以信息透明度为核心，含有信息披露及时性（A_1）、真实性（A_2）和完整性（A_3）三个方面的评价体系。具体选择了 A_{11} 来评价及时性，$A_{21} \sim A_{24}$ 来评价真实性，以《基本规范》的内部控制五大要素为核心内容，提出了完整性的 5 个 $A_{31} \sim A_{35}$ 二级子指标和 29 项 $A_{311} \sim A_{356}$ 三级指标，建立了全部34 项具体指标的评价标准，然后将其应用到对中国上市公司内部控制信息披露的分析与评价，得出相应的 ICIDI 值。ICIDI 指标的具体内容及赋值说明如表 1 所示。

表 1　内部控制信息披露指数指标设计

一级指标	二级及三级指标			指标赋值说明
及时性 A_1	年报披露日期距离年报披露截止日期的天数		A_1	按披露集中程度，等分间法赋值，最早披露的区间赋值5，依次是 4，3，2，1
真实性 A_2	是否披露注册会计师对内部控制的审核意见		A_{21}	没有披露=1，披露但不详细=3，披露且详细=5
	注册会计师对财务报表审计报告类型		A_{22}	无保留意见审计报告（无解释）=5，无保留意见审计报告（有解释）=4，保留意见审计报告=3，拒绝发表意见审计报告=2，否定意见审计报告或审计报告类型无法判断=1
	聘请的会计师事务所与上年相比是否变更		A_{23}	没有变更=5，变更的=1
	企业是否受到证监会或交易所谴责或处罚		A_{24}	没有受谴责=5，受到谴责=3，受到谴责并被处罚=1
完整性 A_3	内部环境 A_{31}	独立董事比例	A_{311}	按等分区间法赋值，最大赋值5，依次是 4，3，2，1
		董事长或副董事长是否兼职总经理	A_{312}	不兼职=5，副董事长与总经理兼职=3，董事长与总经理兼职=1
		是否披露设置审计委员会	A_{313}	有=5，否则=3
		是否披露设置薪酬与提名委员会	A_{314}	两个都有=5，有其中之一=3，否则=1
		是否披露人力资源政策	A_{315}	披露且详细=5，披露但不详细=3，否则=1
		是否披露企业文化	A_{316}	披露且详细=5，披露但不详细=3，否则=1
	风险评估 A_{32}	是否披露内部风险与外部风险	A_{321}	披露且详细=5，披露但不详细=3，否则=1
		是否披露调整风险的应对策略	A_{322}	披露且详细=5，披露但不详细=3，否则=1

一级指标	二级及三级指标			指标赋值说明
完整性 A₃	控制活动 A₃₃	是否披露货币资金控制	A_{331}	披露且详细=5，披露但不详细=3，否则=1
		是否披露销货及收款控制	A_{332}	
		是否披露采购与付款控制	A_{333}	
		是否披露生产控制活动	A_{334}	
		是否披露固定资产控制	A_{335}	披露且详细=5，披露但不详细=3，否则=1
		是否披露存货控制	A_{336}	披露且详细=5，披露但不详细=3，否则=1
		是否披露关联方交易控制	A_{337}	披露且详细=5，披露但不详细=3，否则=1
		是否披露对外担保控制	A_{338}	披露且详细=5，披露但不详细=3，否则=1
		是否披露投资控制	A_{339}	披露且详细=5，披露但不详细=3，否则=1
		是否披露融资控制	A_{3310}	披露且详细=5，披露但不详细=3，否则=1
		是否披露对子公司控制	A_{3311}	披露且详细=5，披露但不详细=3，否则=1
		是否披露对信息披露控制	A_{3312}	披露且详细=5，披露但不详细=3，否则=1
	信息与沟通 A₃₄	董事会会议召开的次数	A_{341}	按等分区间法赋值，最大赋值5，依次是4，3，2，1
		监事会会议召开的次数	A_{342}	按等分区间法赋值，最大赋值5，依次是4，3，2，1
		是否有投资者关系管理制度	A_{343}	有=5，否则=3
	内部监督 A₃₅	是否披露内部控制自我评价报告	A_{351}	披露且详细=5，披露但不详细=3，否则=1
		是否披露设置内部控制机构	A_{352}	有=5，否则=3
		是否披露设置内部审计部门	A_{353}	有=5，否则=3
		是否披露内部控制重大缺陷	A_{354}	披露且详细=5，披露但不详细=3，否则=1
		是否披露独立董事对内部控制的评价意见	A_{355}	披露且详细=5，披露但不详细=3，否则=1
		是否披露监事会对内部控制的评价意见	A_{356}	披露且详细=5，披露但不详细=3，否则=1

指标权重的设计采用的是主观赋值与客观赋值相结合的方法。本文对一级指标采用专家调查法主观赋值，二级、三级指标用熵权法客观赋值。计算步骤如下：①及时性、真实性、完整性三个一级指标根据调查表专家的意见分别赋权重为 22%、29%、49%。②运用熵权法，计算得出真实性的二级指标和完整性的三级指标的各指标权重，以计算出真实性、完整性指标的数值。③及时性、真实性、完整性的数值分别乘以 22%、29%、49%并加总后，计算得到每家上市公司的 ICIDI 值。

（二）变量定义

（1）因变量。对代理成本的衡量一直具有争议。代理成本包括监督成本、管理者的非货币消费，以及代理人与委托人目标不一致导致企业价值降低的部分，但是这三部分代理成本都很难量化（Jensen，1976）。本文研究的是事后道德风险代理产生的代理成本，事后的道德风险分为隐藏行动的道德风险和隐藏信息的道德风险（Arrow，1985）。前者称为显性代理成本，后者称为隐性代理成本。Jensen（1986）提出的"自由现金流"的代理问题，事实上既包括显性代理成本，也包括隐性代理成本。本文选择管理费用率（MFR）作为显性代理成本的替代变量；选择总资产周转率（AT）作为反映代理效率的隐性代理成本的度量变量；总资产收益率（ROA）和净资产收益率（ROE）作为代理成本的综合财务绩效的测度变量。

①管理费用率（MFR）。目前，度量代理成本的方法主要有五种：一是采用权益市账比（Rajan 和 Zingales，1995）；二是采用管理费用率、营业费用率和总资产周转率（吕长江和张艳秋，2002）；三是采用费用率（包括管理费用率和营业费用率）和总资产周转率（Singh，2003）；四是采用管理费用率与总资产周转率的综合结果即资产费用率（邓莉等，2007）；五是采用管理费用率来度量显性代理成本，用总资产收益率、净资产收益率作为隐性代理成本可观测的财务绩效变量（李世辉和雷新途，2008；马君潞等，2008）。本文借鉴了李世辉和雷新途的观点，用管理费用率刻画显性代理成本，管理费用率越大，说明代理成本越大；并认为用总资产收益率、净资产收益率刻画综合代理成本更合理。②总资产周转率（AT）。隐性的代理成本如代理人用闲暇享受替代努力工作，投资不当、资产使用不当等，它虽然没有导致公司现金流出，但会使公司利用资产赚取收入的效率降低。本文以总资产周转率作为代理效率替代变量，总资产周转率越大，则公司资产利用效率越高，说明公司的代理成本越小。③总资产收益率/净资产收益率（ROA/ROE）。总资产收益率和净资产收益率作为内部控制信息披露形成的可观测的财务绩效变量。只当内部控制信息披露对显性代理成本和隐性代理成本具有综合抑制作用时，内部控制信息披露才能有效形成可观测的财务绩效。

（2）自变量。本文研究内部控制信息披露质量与代理成本之间的相关性，因此将内部控制信息披露指数（ICIDI）作为自变量。

（3）控制变量。为了控制其他因素对公司代理成本的影响，本文加入了以下控制变量：①公司成长性：用公司的托宾值（TQ）表示；②资本结构：用资产负债率表示；③第一大股东的性质为虚拟变量，国有控股赋值 1，非国有控股赋值 0；④企业规模：用总资产的对数表示；⑤第一大股东持股比例；⑥股权制衡度：用第二到第五大股东持股比例之和除以第一大股东持股比例表示；⑦行业，设（IND）作为行业虚拟变量，按 CSRC 行业分类标准进行分类。变量具体定义如表 2 所示。

表 2　变量定义表

	变量名称	变量符号	变量定义
因变量	管理费用率	MFR	管理费用/营业收入×100%
	总资产周转率	AT	营业收入/［（期初资产总额+期末资产总额）/2］×100%
	总资产收益率	ROA	净利润/［（期初资产总额＋期末资产总额）/2］×100%
	净资产收益率	ROE	净利润/［（期初净资产＋期末净资产）/2］×100%
自变量	内部控制信息披露指数	ICIDI	$\sum_1^3 A_i \times W_i$

	变量名称	变量符号	变量定义
控制变量	公司成长性	TQ	(年末流通市值＋非流通股份占净资产的金额＋长期负债合计＋短期负债合计)/年末总资产
	资本结构	LEV	负债合计/[(期初资产总额＋期末资产总额)/2]×100%
	第一大股东性质	SHAREC	按照 CCER 数据库的判断标准，国有股=1，非国有股=0
	企业规模	LNASSET	Ln (期末资产总额)，即期末资产的自然对数
	第一大股东持股比例	SHARE1	第一大股东所持股份/总股本
	股权制衡度	DR	第二到第五大股东所持股份之和/第一大股东持股比例
	行业	IND	按 CSRC 行业分类标准

（三）研究样本与数据来源

本文以 2007 年 825 家沪市 A 股上市公司为原始研究样本。将以下样本做了剔除：①金融类公司；②ST 及 PT 类公司；③近三年上市的公司（2004 年以后上市的）；④财务数据异常及数据缺失的样本，最终得到研究样本 556 个。本文研究所使用数据来自 CCER 数据库和上海证券交易所公布的年报。本文的数据处理使用的是 SPSS 13.0。

（四）描述性统计

各变量描述性统计如表 3 所示。从表 3 可以看出，管理费用率、总资产周转率和总资产收益率的稳定性均较好。ICIDI 指数的最小值为 1.345，最大值为 4.033，均值为 2.177，标准差为 0.579，说明各上市公司内部控制信息披露水平差别较大。根据本文内部控制信息披露指数的构建，最大理想值为 5，而得到的中位数为 2.046，说明我国沪市 A 股上市公司内部控制信息披露水平普遍偏低。

表 3 变量的描述性统计

	MFR	AT	ROA	ROE	ICIDI	TQ	LEV	SHAREC	LNASSET	SHARE1	DR
样本数	556	556	556	556	556	556	556	556	556	556	556
最小值	0.000	0.051	−0.251	−2.495	1.345	0.673	0.075	0.000	2.922	0.035	0.017
最大值	2.370	1.415	0.271	0.694	4.033	5.171	0.966	1.000	11.182	0.838	5.499
均值	0.075	0.556	0.046	0.072	2.177	1.906	0.518	0.725	5.727	0.369	0.651
中位数	0.058	0.537	0.041	0.081	2.046	1.681	0.526	1.000	5.609	0.363	0.429
均值标准误差	0.005	0.011	0.002	0.008	0.025	0.034	0.007	0.019	0.047	0.006	0.028
标准差	0.113	0.261	0.054	0.185	0.579	0.806	0.163	0.447	1.107	0.152	0.672

各变量的相关性分析，如表 4 所示。

根据表 4 得到的 Pearson 相关系数可以发现，ICIDI 与管理费用率负相关，与总资产周转率、总资产收益率、净资产收益率正相关，变量之间的相关关系与本文的假设吻合，这初步证实了本文的假设，更进一步的检验需要通过对模型进行回归分析。

表 4　各变量之间的相关系数矩阵

	MFR	AT	ROA	ROE	ICIDI	TQ	LEV	SHAREC	LNASSET	SHARE1	DR
MFR	1										
AT	−0.010	1									
ROA	0.100 (*)	0.103 (*)	1								
ROE	−0.097 (*)	0.051	0.713 (**)	1							
ICIDI	−0.100 (*)	0.075	0.176 (**)	0.154 (**)	1						
TQ	0.120 (**)	0.055	0.224 (**)	0.116 (**)	0.002	1					
LEV	−0.042	0.160 (**)	−0.316 (**)	−0.173 (**)	0.010	−0.189 (**)	1				
SHAREC	−0.070	0.112 (**)	0.003	0.030	0.055	−0.127 (**)	−0.034	1			
LNASSET	−0.176 (**)	−0.104 (*)	0.242 (**)	0.182 (**)	0.143 (**)	−0.384 (**)	0.214 (**)	0.201 (**)	1		
SHARE1	−0.109 (**)	0.024	0.197 (**)	0.074	0.061	−0.311 (**)	0.030	0.210 (**)	0.361 (**)	1	
DR	0.055	−0.030	0.028	0.038	−0.034	0.243 (**)	−0.062	−0.225 (**)	−0.164 (**)	−0.641 (**)	1

注：** 相关系数在 1% 水平上显著；* 相关系数在 5% 水平上显著。

（五）模型设计

为研究内部控制信息披露指数与代理成本之间的关系，本文建立以下多元回归方程：

$$MFR = \beta_0 + \beta_1 ICIDI + \beta_2 TQ + \beta_3 LEV + \beta_4 SHAREC + \beta_5 LNASSET + \beta_6 SHARE1 + \beta_7 DR + \beta_8 \sum_{i=1}^{12} IND_i + \zeta$$

$$AT = \beta_0 + \beta_1 ICIDI + \beta_2 TQ + \beta_3 LEV + \beta_4 SHAREC + \beta_5 LNASSET + \beta_6 SHARE1 + \beta_7 DR + \beta_8 \sum_{i=1}^{12} IND_i + \zeta$$

$$ROA = \beta_0 + \beta_1 ICIDI + \beta_2 TQ + \beta_3 LEV + \beta_4 SHAREC + \beta_5 LNASSET + \beta_6 SHARE1 + \beta_7 DR + \beta_8 \sum_{i=1}^{12} IND_i + \zeta$$

$$ROE = \beta_0 + \beta_1 ICIDI + \beta_2 TQ + \beta_3 LEV + \beta_4 SHAREC + \beta_5 LNASSET + \beta_6 SHARE1 + \beta_7 DR + \beta_8 \sum_{i=1}^{12} IND_i + \xi$$

其中，β_0 为常数项；β_i 为相应指标的回归系数，i = 1，2，3，……，ζ 为残差变量。

四、回归检验与分析

本文对上述四个模型进行多元回归后得到结果如表 5 所示。

从表 5 的回归分析结果可以发现，四个模型整体上均有显著统计意义（F 检测的 P 值均接近 0）。模型 1 中的解释变量 ICIDI 对 MFR 的回归系数为−0.012，表明内部控制信息

表 5　回归分析结果

Dependent	模型 1 MFR	模型 2 AT	模型 3 ROA	模型 4 ROE
(Constant)	0.208* (1.777)	0.036 (0.151)	−0.091* (−1.934)	−0.170 (−0.910)
ICIDI	−0.012 (−1.507)	0.033** (2.006)	0.012*** (3.477)	0.036*** (2.747)
TQ	0.005 (0.791)	0.023* (1.744)	0.023*** (8.706)	0.043*** (4.099)
LEV	0.015 (0.479)	0.290*** (4.668)	−0.112*** (−9.051)	−0.237*** (−4.834)
SHAREC	−0.012 (−1.095)	−0.008 (−0.352)	−0.008* (−1.742)	−0.003 (−0.165)
LNASSET	−0.017*** (−3.314)	−0.020* (−1.886)	0.017*** (8.388)	0.044*** (5.345)
SHARE1	−0.045 (−1.001)	0.332*** (3.703)	0.109*** (6.083)	0.126* (1.775)
DR	−0.005 (0.526)	0.045** (2.357)	0.014*** (3.635)	0.025* (1.690)
Adjusted R²	0.056	0.281	0.338	0.106
F 值	2.723***	12.412***	15.894***	4.475***

注：*** 表示显著性水平为 1%，** 表示显著性水平为 5%，* 表示显著性水平为 10%。

披露指数和管理费用率呈负相关，但在统计意义上不显著，说明内部控制信息披露对显性代理成本没有显著的抑制作用。

模型 2 中 ICIDI 指数对 AT 的回归系数为 0.033，并且在 5%水平上显著，与本文的预期一致，表明内部控制信息披露指数和总资产周转率呈显著正相关，说明内部控制信息披露质量越好，代理效率越高，反映出隐性代理成本越小，内部控制信息披露对隐性代理成本有抑制作用，这与研究假设一致。

模型 3 中 ICIDI 对 ROA 的回归系数为 0.012，在 1%水平上显著，符合预期，表明内部控制信息披露指数和总资产收益率显著正相关；模型 4 中 ICIDI 对 ROE 的回归系数为 0.036，在 1%水平上显著，表明内部控制信息披露指数和净资产收益率显著正相关。模型 3 和模型 4 都说明内部控制信息披露质量越好，形成的可观测的财务绩效变量越好，内部控制信息披露对显性代理成本和隐性代理成本具有综合抑制作用。

模型 1、3、4 中 TQ（公司成长性）与 AT（总资产周转率）、ROA（总资产收益率）、ROE（净资产收益率）的回归系数均为正，且在统计意义上显著，表明成长性好的公司隐性代理成本更低，形成的可观测的财务绩效更好。根据 Jensen 的自由现金流理论，成长性越好的公司，再投资机会越多，自由现金流的代理成本越低，本文的结论与之一致。此外，本文的结论还表明了企业规模、资本结构、大股东性质、股权制衡度与因变量之间的显著关系。

五、研究结论及局限性

本文以 2007 年沪市 A 股上市公司为研究样本，首次构建了内部控制信息披露指数，并研究了内部控制信息披露指数与代理成本之间的相关性问题。通过对内部控制信息披露指数的统计发现我国内部控制信息披露水平普遍偏低，与很多学者所认为的披露水平低相一致。内部控制信息披露水平差距较大，这可能与缺少信息披露规则的详细指南有关（方红星，2008）。研究发现，内部控制信息披露质量与总资产周转率呈显著正相关，与管理费用率呈不显著负相关，与总资产收益率和净资产收益率呈显著正相关。研究结论表明，内部控制信息披露对显性代理成本没有抑制作用，原因是我国上市公司内部控制信息披露机制处于不完善阶段，还不足以对上市公司显性代理成本产生显著影响；对隐性代理成本有明显抑制作用；对显性代理成本和隐性代理成本具有综合抑制作用。因此，加强内部控制信息披露能够降低代理成本，这与前人的研究结论相似，即更高水平的信息披露可以降低资本市场信息不对称程度（Leuz 和 Verrecchia，2000）。而公司信息透明度的增加减少了公司内部人和外部人之间的信息不对称，增加了对公司管理者的监督约束机制，降低了管理者道德风险，能够降低代理成本（Bushman 和 Smith，2003），这也验证了内部控制信息披露在降低代理成本上的作用，同时也间接说明了构建的上市公司内部控制信息披露质量指数的合理性。本文的研究也存在一些局限，在 ICIDI 值的计算过程中，本文对及时性、真实性、完整性采用专家调查赋值权重难免带入一定的主观性，其可靠性还有待进一步验证。由于《基本规范》从 2009 年 7 月 1 日才在所有上市公司中实施，而本文选取的数据是沪市 2007 年的数据，ICIDI 值数在评价上市公司内部控制信息披露水平上需要继续观察。另外，本文的样本量较小，后续研究可以采取跨年度数据。

参考文献

[1] 高雷，李芬香，张杰. 公司治理与代理成本——来自上市公司的经验数据 [J]. 财会研究，2007 (4)：29-34.

[2] 李世辉，雷新途. 两类代理成本、债务治理及其可观测绩效的研究——来自我国中小上市公司的经验证据 [J]. 会计研究，2008 (5)：30-37.

[3] 李寿喜. 产权、代理成本和代理效率 [J]. 经济研究，2007 (1)：102-113.

[4] 马志娟. 公司治理和上市公司内部控制信息披露 [J]. 现代管理科学，2006 (1)：42-44.

[5] 周勤业，王啸. 美国内部控制信息披露的发展及其借鉴 [J]. 会计研究，2005 (2)：24-31.

[6] Bushman, R., M. and Smith, A.J. Transparency, Financial Accounting Information and Corporate Governance [J]. Federal Reserve Bank of New York Economic Policy Review, 2003 (4)：65-80.

[7] Hermanson, Heather M. An Analysis of the Demand for Reporting on Internal Control [J]. Accounting Horizons, 2000 (9)：325-341.

[8] Jensen Michael C. and Meckling William H. Theory of the Firm: Managerial Behavior, Agency Costs and Ownership Structure [J]. Journal of Financial Economics, 1976 (8)：305-360.

[9] J. Efrim Boritz, Ping Zhang. How Does Disclosure of Internal Control Quality Affect Management's Choice of that Quality? April 5, CAAA, Annual Conference Paper.

[10] Jeffrey T. Doyle, Werli Ge, Sarahe and Mcvay. Determinants of Weaknesses in Internal Control over

Financial Reporting [C]. SSRN Working Paper, 2006 May 15, http: //papers.ssrn.com/.

[11] Sheifer A., R. Vishny. A Survey of Corporate Governance [J]. Journal of Finance, 1997 (52): 737–783.

[12] Stephen H. Bryan, Steven B.Lilien. Characteristics of Firms with Material Weaknesses in Internal Control: An Assessment of Section 404 of Sarbanes Oxley [C]. Working Paper, 2005, http: //papers.ssrn.com/.

The Correlation Study on Internal Control Information Disclosure Quality and Agency Cost
——An Empirical Research Based on the Listed Companies of Shanghai Stock Exchange in 2007

Yang Yufeng, Wang Huoxin and Cao Qiong

Abstract: Internal control information disclosure and corporation governance are inseparable, and it directly influences corporation agency cost. This paper is based on the Enterprise Internal Control Basic Norms which is established and issued by The China Ministry of Finance, Securities Regulatory Commission, Auditing Administration, Bank Regulatory Commission, and Insurance Regulatory Commission in June 2008, we design the internal control information disclosure quality evaluation system and construct the Internal Control Information Disclosure Index (ICIDI). We use multiple regression to examine the correlation between internal control information disclosure index and agency cost. The results show that internal control information disclosure is not significant negative correlated with explicit agency cost but significantly positive correlated with implicit agency cost which is measured by Asset Turnover Rate. ICIDI is also significantly positive correlated with ROA and ROE which measure the financial performance can be detected. Thus, internal control information disclosure is weekly helpful in inducing agency cost and can induce explicit agency cost. It has a combined restrain effect on explicit agency cost and implicit agency cost.

Key Words: internal control, information disclosure quality, agency cost, information disclosure index

内部控制鉴证对会计盈余质量的影响研究 *
——基于沪市 A 股公司的经验证据

张龙平　王军只　张　军

【内容提要】 内部控制鉴证产生与发展的主要目标是提高财务信息质量，因此会影响盈余质量。我国目前的内部控制鉴证是否有效地提高了会计盈余质量？内部控制鉴证的执行如何影响会计盈余质量？本文通过实证分析沪市 A 股公司 2006~2008 年内部控制鉴证的经验证据，发现内部控制鉴证提升了公司会计盈余质量，在控制了管理层信号传递动机以后结论仍然稳健。最后，本文根据实证分析结果和我国上市公司内部控制鉴证业务现状，提出了完善内部控制鉴证的若干政策建议。

【关键词】 内部控制鉴证；盈余质量；内部控制

一、引　言

内部控制鉴证[①]（以下简称内控鉴证）作为一种制度安排，其产生和发展的主要目标是提高财务信息质量，先后经历了财务报表审计中的内控评价、内控审核和财务报告内控审计三个阶段。从内控鉴证发展过程看，其由财务报表审计中的一项工作方法演变为一项单独业务，由自愿性行为转变为强制性要求，其保证程度从有限保证转变为合理保证。内控鉴证演变的根本动因在于改进财务报告信息质量（Brown 等，2008）。

我国内控鉴证与国外一样主要由监管部门推动。财政部发布的审计准则将内控测试作为一种审计程序。内控鉴证作为一项单独业务首先在上市商业银行执行，证监会（2000）颁布信息披露编报规则，要求上市商业银行聘请会计师事务所对其内控及风险管理系统进

* 本文选自《审计研究》2010 年第 2 期。

作者简介：张龙平、王军只，中南财经政法大学会计学院，邮政编码：430060，电子邮箱：wjz1518@yahoo.cn；张军，中央财经大学会计学院。作者感谢匿名审稿专家的宝贵修改意见，但文责自负。

① SOX 法案之后，美国将内部控制鉴证业务称为审计业务。目前，我国内部控制鉴证业务还未实现规范统一，有鉴证、审核、审计、核实评价等多种形式。本文将其统称为内部控制鉴证业务。

行评价。中注协（2002）发布《内部控制审核指导意见》以指导注册会计师执行内控审核业务。上交所和深交所（2006）分别发布内控指引，要求上市公司披露会计师事务所对董事会内控自我评估报告的核实评价意见。证监会（2007）发布工作通知，鼓励有条件的上市公司在披露 2007 年年报的同时披露审计机构对董事会自我评估报告的核实评价意见。随后深交所（2007）和上交所（2008）也发布类似通知。财政部等五部委（2008）联合发布《企业内部控制基本规范》，该规范自 2009 年 7 月 1 日起在上市公司范围内施行，上市公司可聘请具有证券、期货业务资格的会计师事务所对内控有效性进行审计。我国内控鉴证目前处于第二阶段向第三阶段的过渡时期，内控管制相关制度不统一，内控鉴证业务还很不规范。本文基于沪市 A 股公司披露的内控鉴证信息，首次探讨我国内控鉴证与会计盈余质量的关联性，为完善我国内控鉴证制度提供经验证据和政策建议。

本文第二至第七部分别为：文献回顾，假设提出，变量选取及度量，实证检验，稳健性检验，结论与建议。

二、文 献 回 顾

SOX 法案之前，内控鉴证及其披露属公司自愿性行为，而自愿性披露是公司或管理层显示其在经营、财务等方面取得成绩的一种方法（Healy 等，2001）。由于缺乏公开数据，关于内控鉴证与会计盈余质量的经验证据非常有限。

SOX 法案 404 条款强制要求对内控进行审计并披露，可获取公开的内控信息，内控的经验研究，尤其以美国为背景的研究逐渐增多。对现有文献分析整理后可以发现，相关研究大致可分为 SOX 法案 404 条款的遵循成本、公司内控缺陷披露行为、SOX 法案对审计行为和审计收费的影响、内控缺陷的市场反应、内控缺陷与财务报告质量、公司特征与内控缺陷以及内控缺陷的信息含量等七个方面。其中，对内控质量与会计盈余质量关系的研究所占比重较大，而对内控鉴证与会计盈余质量关系的研究较少，只是分散在上述七个方面的研究中。Chan 等（2005）研究发现内控存在缺陷的公司操纵性应计项指标在统计上显著高于其他公司，那些按照 SOX 法案 404 条款披露内控重大缺陷的公司盈余管理更多。Doyle 等（2006）指出内控是应计项质量潜在的决定要素，通过调查盈余质量与内控之间的关系，发现内控重大缺陷与没有实现的现金流盈余估计相关。Doyle 等（2007）发现报告内控重大缺陷的公司，由于应计项最后更少地变为现金流，应计质量更低。Ashbaugh-Skaife 等（2008）检验了内控缺陷及其调整对应计质量的影响，结果表明披露内控缺陷的公司具有较高的非正常性盈余。如果公司外部审计师对以前披露的内控缺陷进行改进，其盈余质量提高。Chan 等（2008）认为注册会计师发现无效的内控会促使公司改善其内控，从而减少故意性和非故意性会计错报并改善财务报告质量。

国内内控鉴证研究主要集中在内控审核及其对财务信息质量的影响。李明辉等

（2003）对我国上市公司 2001 年年报中的内控信息披露进行分析后，认为我国应加强注册会计师对内控信息披露的审核，以增强财务报告的可靠性。陈关亭和张少华（2003）通过问卷调查并分析论证，认为我国应要求所有上市公司在年报中披露内控报告，并要求注册会计师对该报告进行审核。杨有红等（2008）通过描述性统计对沪市 2006 年年报内控信息披露现状进行分析，建议将注册会计师内控审核的法定责任限定在财务报告方面，以有效预防并及时察觉财务报告质量存在的风险。张军等（2009）以上交所 2007 年数据研究上市公司内控审核对操纵性应计项的影响，发现实施内控审核后，操纵性应计项明显降低。

三、假 设 提 出

内控鉴证从鉴证制度的执行及其所产生的影响来提升会计盈余质量。根据财务舞弊三角形理论，在财务报告信息的整个供应链上，代理人如果具有了资本市场动机、经理报酬契约动机、债务契约动机或政治成本动机等动机（李明辉，2003；陈关亭，2007），就会产生机会主义倾向。一旦产生内部控制机会、公司治理机会、会计政策机会和企业外部监管机会（陈关亭，2007），代理人会为自己的财务舞弊行为寻找借口，并伺机进行舞弊，操控盈余。于是，从交易和事项发生的相关人、生产会计信息的会计人员到管理会计信息生产的管理当局都有可能进行舞弊，操控盈余。内部控制鉴证可从根本上发现并防止这种错误和舞弊行为的发生，提高会计盈余质量。注册会计师执行内部控制鉴证的目标是对公司财务报告内部控制的有效性发表意见，内部控制鉴证往往与财务报表审计整合在一起考虑，除了在财务报表审计中对内部控制进行评价外，注册会计师还必须获取充分适当的审计证据以对内部控制的有效性发表单独的鉴证意见。内部控制鉴证与财务报表审计为同一注册会计师，内部控制鉴证会促进注册会计师对内部控制的关注，扩大测试范围以及程度从而增强查错防弊能力。从内部控制鉴证制度的影响来看，注册会计师对内部控制的鉴证会促使公司管理当局不断完善与财务会计信息和风险控制管理相关的内部控制，提高会计盈余质量，从而增强内部控制在提升盈余质量方面的作用。由此提出下面的研究假设：

假设 H：内控鉴证会提升会计盈余质量。

四、变量选取及度量

（一）会计盈余质量及其度量

Kothari 等（2005）基于行为配对的操控性盈余检验了模型测试的规范性和解释力，依据 ROA 的行为配对控制了财务行为对计量操控性盈余的影响，结果表明行为配对的操控性盈余提高了盈余质量研究的可靠性。基于此，本文运用修正的 Jones 模型，通过行为配对法度量盈余质量。首先，运用行业的年度截面数据估计模型（1）：

$$TA_{i,t} = \beta_0 + \beta_1(1/A_{i,t-1}) + \beta_2(\Delta REV_{i,t} - \Delta REC_{i,t}) + \beta_3 PPE_{i,t} + \varepsilon_{i,t} \tag{1}$$

其中，TA 表示总应计项，TA=（Δ流动资产–Δ现金）–（Δ流动负债—Δ短期借款）–折旧；ΔREV 为当期营业收入与上期营业收入的差额，ΔREC 为当期应收账款与上期应收账款的差额；PPE 是当期期末固定资产净值；A 是上期期末总资产。在计算 TA、ΔREV、ΔREC、PPE 时，都除以 A。计算模型（1）的残差，即得到操控性应计项 DA（Discretionary Accruals）。

其次，基于公司当期的 ROA 对前一步骤得到的 DA 进行调整，当期同行业中与样本公司 ROA 最接近的公司即为样本公司的配对公司，样本公司和配对公司的 DA 之差即为业绩调整后的 PMDA，将业绩调整后的|PMDA|[①]作为盈余质量的度量指标 AQ。

$$PMDA_{i,t} = DA_{i,t} - MatchedDA_{i,t} \tag{2}$$

（二）内控鉴证及其度量

2006~2008 年，沪市共披露 2544 份 A 股公司年报，由于证监会和上交所并未强制要求上市公司聘请注册会计师对其内部控制进行鉴证，因而并不是所有的上市公司在其年报中都披露了内部控制鉴证报告。三年中，共有 227 家上市公司首次聘请注册会计师对其内部控制进行鉴证，由于存在上市公司连续两年或三年聘请注册会计师对其内部控制鉴证进行鉴证的情况，这 227 家公司三年共累计 335 次聘请了会计师事务所对其内部控制进行鉴证。除了存在公司连续聘请注册会计师对其内部控制进行鉴证的情况外，还存在隔年执行的情况。

为了衡量内部控制鉴证对公司财务报告可靠性的影响，我们以 ICA 代表内部控制鉴证变量，如果在 2006~2008 年，公司首次聘请注册会计师对其内部控制进行鉴证，在首次执行内部控制鉴证的年度，该变量取值为 1；如果在 2006~2008 年，公司从未聘请注册会计师对其内部控制进行鉴证，在未执行内部控制鉴证的年度，该变量取值为 0。

（三）控制变量及其度量

公司某些经营特征对盈余质量也会产生影响，主要包括经营复杂程度、业务经营发展、财务状况、会计谨慎性、审计质量和公司治理等（Dechow 等，1995；Becker 等，1998；Dechow 和 Dichev，2002；Francis 等，2005；Kothari 等，2005）。在研究内控鉴证对会计盈余质量的影响时，控制公司这些关键特征很重要。控制变量及其度量见表 1。

---

① 公司的 DA 有正、负之分，内控鉴证有可能发现正 DA 或负 DA，由于对公司具体情况缺乏了解，|DA|是较好的度量方法。

表 1　控制变量及其度量方法

控制变量	变量定义与度量方法
SEGMENTS	经营分部：公司经营分部个数
FOREIGN_SALES	海外销售：如公司有海外销售，该变量取值为 1；否则，该变量取值为 0
SIZE	公司规模：公司总资产账面价值的自然对数
GROWTH	销售增长率：公司前三年平均销售增长率
INVENTORY	存货：存货占总资产的百分比
CYCLE	营业周期：公司营业周期的自然对数
M&A	并购或重组：如公司当年发生并购或重组，该变量取值为 1；否则，该变量取值为 0
STDCFO	经营现金流标准差：公司前三年经营性现金流占总资产比例的标准差
STDSALES	销售收入标准差：公司前三年营业收入占总资产比例的标准差
FINANCE	增发、配股或发债：如公司在未来三年内发生增发、配股或发债，该变量取值为 1；否则，该变量取值为 0
LOSS	损失比例：公司前三年报告损失的比重
ZCORE	Z 分值：运用 Altman 模型计算得出的 Z 分值
B/M	账面价值与市价比：公司所有者权益与市价比
AUDITOR	审计师：如公司聘请的会计师事务所为四大，该变量取值为 1；否则，该变量取值为 0
OPINION	审计意见：如注册会计师为财务报表出具的为标准无保留意见的审计报告，该变量取值为 1；否则，该变量取值为 0
OWNER	实际控制人性质：如公司实际控制人为国有股或国有法人股，该变量取值为 1；否则，该变量取值为 0
RATIO	大股东持股比例：公司第一大股东持股比例
CROSSLISTING	交叉上市：如果公司在海外上市，该变量取值为 1；否则，该变量取值为 0

五、实证检验

（一）初步检验

1. 样本选取与数据来源

我国沪市非金融类上市公司从 2006 年开始聘请注册会计师对其内控进行鉴证。2006~2008 年沪市共披露 2544 份 A 股公司年报，在选择样本时，考虑以下因素：①由于计算 AQ 需要上年数据，将缺少上年数据的样本剔除；②将金融类公司剔除；③将 ST 公司剔除；④将存在数据缺失的公司剔除。最后，选取了 1980 个样本。样本公司财务数据从 CSMAR 中取得。由于国内有关数据库没有内控鉴证的相关信息资料，本研究所运用的内控鉴证信息是通过阅读 1980 份公司年报手工搜集的。

2. 描述性统计

表 2 列示了变量的描述性统计情况。对于 AQ，在 1980 个样本中共有 201 家样本公

司首次执行了内控鉴证，1779 家样本公司从未执行内控鉴证。AQ 的均值为 0.086，其中，执行内控鉴证公司的 AQ 均值为 0.080，未执行内控鉴证公司的 AQ 均值为 0.087，即执行内控鉴证公司的会计盈余质量要好于未执行内控鉴证公司，与假设 H 相一致。

表 2　初步检验变量描述性统计

变量	样本量	均值	标准差	最小值	最大值
AQ	1980	0.086	0.101	0.000076	1.129364
其中：执行内控鉴证公司	201	0.080	0.123	0.000076	0.807118
未执行内控鉴证公司	1779	0.087	0.098	0.000078	1.129364
ICA	1980	0.102	0.302	0	1
SEGMENTS	1980	2.398	2.525	1	24
FOREIGN_SALES	1980	0.276	0.447	0	1
SIZE	1980	21.688	1.132	18.592280	27.809080
GROWTH	1980	0.251	0.557	−0.977060	8.857968
INVENTORY	1980	0.174	0.152	0.000000	0.940148
CYCLE	1980	4.923	1.091	0.876400	11.509450
M&A	1980	0.131	0.337	0	1
STDCFO	1980	0.050	0.044	0.001174	0.346419
STDSALES	1980	0.117	0.139	0.001345	1.709402
FINANCE	1980	0.146	0.353	0	1
%LOSS	1980	0.085	0.185	0	1
ZCORE	1980	2.973	2.473	−2.775855	18.971480
B/M	1980	0.411	0.274	−1.451960	3.846435
AUDITOR	1980	0.080	0.272	0	1
OPINION	1980	0.955	0.208	0	1
OWNER	1980	0.651	0.477	0	1
RATIO	1980	0.373	0.152	0.044900	0.864200
CROSSLISTING	1980	0.039	0.195	0	1

为分析各变量间的相关性，本文做了 Pearson 和 Spearman 相关系数矩阵。AQ 与 ICA 之间呈显著负相关，与假设 H 相一致。与 AQ 显著相关的控制变量包括 M&A、FINANCE、STDCFO、STDSALES、%LOSS 和 B/M，说明在检验内控鉴证对会计盈余质量的影响时，有必要控制公司某些关键经营特征。

3. 多元回归分析

为检验假设 H，本文估计了模型（3）：

$$AQ_i = \beta_0 + \beta_1 ICA_i + \beta_2 SEGMENTS_i + \beta_3 FOREIGN\_SALES_i + \beta_4 SIZE_i + \beta_5 GROWTH_i$$
$$+ \beta_6 INVENTORY_i + \beta_7 CYCLE_i + \beta_8 M\&A_i + \beta_9 STDCFO_i + \beta_{10} STDSALES_i + \beta_{11} FINANCE_i$$
$$+ \beta_{12}\%LOSS_i + \beta_{13} ZCORE_i + \beta_{14} B/M_i + \beta_{15} AUDITOR_i + \beta_{16} OPINION_i + \beta_{17} OWNER_i$$
$$+ \beta_{18} RATIO_i + \beta_{19} CROSSLISTING_i \tag{3}$$

表 3 列示了模型（3）的多元回归结果。模型的 R^2 为 13.2%，模型总体解释能力可接受。在控制公司一些关键经营特征后，ICA 与 AQ（$P < 0.01$）的回归系数显著为负，说明执行内控鉴证公司的盈余质量要好于未执行内控鉴证的公司，假设 H 得到验证。SIZE、STDSALES 和 RATIO 与 AQ 的回归系数显著为正；而 SEGMENTS、CYCLE 和 CROSSLISTING 与 AQ 的回归系数显著为负。其中，除 SIZE、RATIO 和 CROSSLISTING 外，其他变量的回归结果与以前研究相一致。SIZE 与 AQ 的回归系数显著为正，公司规模越大，业务一般更趋稳定，其盈余质量可能更高，但同时其业务经营往往也较复杂，从而对盈余质量产生不利影响。RATIO 与 OWNER、CROSSLISTING 主要用于衡量我国公司治理结构特点，是在以前研究模型基础上新增的变量。RATIO 与 AQ 的回归系数显著为正，说明大股东持股比例越高，公司盈余质量越低。CROSSLISTING 与 AQ 的回归系数显著为负，说明境外上市有助于促进公司完善公司治理结构，提升会计盈余质量。

表 3 初步检验多元回归结果

变量	系数	P 值
ICA	−0.0197***	0.006
SEGMENTS	−0.0016*	0.058
FOREIGN_SALES	−0.0080	0.104
SIZE	0.0138***	0.000
GROWTH	−0.0009	0.812
INVENTORY	0.0024	0.905
CYCLE	−0.0110***	0.000
M&A	−0.0022	0.726
STDCFO	0.0675	0.189
STDSALES	0.0484***	0.004
FINANCE	−0.0031	0.611
%LOSS	0.0068	0.591
ZCORE	−0.0009	0.349
B/M	−0.0044	0.594
AUDITOR	−0.0102	0.267
OPINION	−0.0060	0.579
OWNER	0.0018	0.707
RATIO	0.0550***	0.000
CROSSLISTING	−0.1126***	0.000
_cons	−0.1650***	0.007
R^2	0.132	

注：*p<0.10；**p<0.05；***p<0.01，下同。

（二）进一步检验

我国对内控鉴证的要求还非完全强制性，内控鉴证及其披露属公司自愿性行为，而自愿性披露是公司或经理管理层显示其在经营、财务等方面取得成绩的一种方法（Healy 等，2001）。鉴于此，为了排除公司或管理层信号传递效应，我们通过事件期公司进一步检验内部控制鉴证对会计盈余质量的影响。

对上市公司进行业绩评价往往高度倚重于盈余数据。上市公司在增发新股、配股或发债时，其业绩必须达到法律法规规定的有关盈余指标标准。此外，若公司连续两年亏损或两年以上亏损，将面临特别处理，甚至退市。因此，当公司要增发新股、配股或发债而业绩不佳或连续亏损时，就面临着提高"经营业绩"的压力。然而，公司的经营业绩最终都要通过盈余体现出来，当公司不能通过正当经营活动改善公司的经营业绩而解除压力时，就可能通过舞弊手段，操控盈余，即发生边际 ROE 或 ROE 处于配股达线区间现象（陈小悦等，2000）。因而，当公司真实的经营业绩不佳时，出于资本市场动机，公司更有可能操控盈余。另外，公司参与并购或重组可能会产生较大的虚盈余或异常性应计项，因为并购收益、商誉和资产减损费用常常会伴随着发生（Ashbaugh-Skaife 等，2008）。我们将增发新股、配股或发债以及发生并购的公司称为事件期公司。

1. 样本选取与数据来源

在初步检验中，我们共选取了 1980 个样本，在这 1980 个样本中，共有 259 家样本公司在当年度发生了并购或重组，有 289 家样本公司在当年度或未来年度增发新股、配股或发债，排除重复样本，共有 506 家事件期样本公司。数据来源与初步检验相同，样本公司财务数据从 CSMAR 中取得，研究所运用的内控鉴证信息通过阅读公司年报手工搜集。

2. 描述性统计

描述性统计情况与初步检验基本一致。对于 AQ，在 506 个事件期样本中共有 63 家样本公司首次执行了内控鉴证，443 家样本公司从未执行内控鉴证。AQ 的均值为 0.0894103，其中，执行内控鉴证公司的 AQ 均值为 0.073833，未执行内控鉴证公司的 AQ 均值为 0.091625，即执行内控鉴证公司的会计盈余质量要好于未执行内控鉴证公司，与假设 H 相一致。

3. 多元回归分析

为进一步检验假设 H，本文估计了模型（4）[①]：

$$AQ_i = \beta_0 + \beta_1 ICA_i + \beta_2 SEGMENTS_i + \beta_3 FOREIGN\_SALES_i + \beta_4 SIZE_i + \beta_5 GROWTH_i$$
$$+ \beta_6 INVENTORY_i + \beta_7 CYCLE_i + \beta_8 STDCFO_i + \beta_9 STDSALES_i + \beta_{10}\%LOSS_i + \beta_{11} ZCORE_i$$
$$+ \beta_{12} B/M_i + \beta_{13} AUDITOR_i + \beta_{14} OPINION_i + \beta_{15} OWNER_i + \beta_{16} RATIO_i + \beta_{17} CROSSLISTING_i$$

（4）

表 4 列示了模型（4）的多元回归结果。模型的 R^2 为 27.8%，模型总体解释能力要高

[①] 由于选取的样本公司全部为事件期公司，模型（4）中不包含 FINANCE 和 M&A 变量。

表 4　进一步检验多元回归结果

变量	系数	P 值
ICA	−0.0426***	0.002
SEGMENTS	−0.0009	0.664
FOREIGN_SALES	0.0016	0.883
SIZE	0.0233***	0.000
GROWTH	0.0002	0.980
INVENTORY	−0.0372	0.373
CYCLE	0.0009	0.885
STDCFO	0.0594	0.572
STDSALES	−0.0393	0.287
%LOSS	0.0274	0.358
ZCORE	0.0012	0.553
B/M	−0.0042	0.830
AUDITOR	−0.0446***	0.014
OPINION	0.0089	0.726
OWNER	0.0026	0.799
RATIO	0.0218	0.505
CROSSLISTING	−0.1876***	0.000
_cons	−0.4067***	0.001
R^2	0.278	

于模型（3）。在控制公司一些关键经营特征后，ICA 与 AQ（$P < 0.01$）的回归系数显著为负，与初步检验的结果一致，进一步检验了假设 H，说明内部控制鉴证确实有助于提升会计盈余质量，公司聘请注册会计师对其内部控制进行鉴证，并对外披露内部控制鉴证信息，并不是公司或管理层突出经营业绩的方法。SIZE 与 AQ 的回归系数显著为正；而 AUDITOR 和 CROSSLISTING 与 AQ 的回归系数显著为负。除了在初步检验中与 AQ 的回归系数显著相关的 STDSALES、RATIO、SEGMENTS 和 CYCLE 等变量在进一步检验中不显著外，其他回归结果与初步检验基本相同。

六、稳健性检验

盈余质量有多种度量方法，前面的实证检验我们选择了计量盈余质量可靠性较强的 Kothari 等（2005）行为配对法来度量盈余质量。另外，McNichols（2002）建立了修正的 DD 模型，认为将 Jones 模型和 DD 模型结合，可以发挥共同作用，校正与 Jones 模型 DD

模型对操控性应计项计量相关的错误。我们运用修正的 DD 模型度量盈余质量①，运用模型（3）和模型（4）进行实证检验得出的结论与前面基本一致。如表 5 所示：

表 5 稳健性检验多元回归结果

模型	模型（3）		模型（4）	
变量	系数	P 值	系数	P 值
ICA	−0.0065**	0.029	−0.0054**	0.038
SEGMENTS	0.0003	0.461	0.0012*	0.077
FOREIGN_SALES	0.0041**	0.036	0.0071**	0.048
SIZE	0.0003	0.752	−0.0015	0.395
GROWTH	0.0034	0.117	0.0092**	0.018
INVENTORY	0.0025	0.756	−0.0063	0.655
CYCLE	0.0012	0.288	0.0020	0.382
M&A	−0.0012	0.646		
STDCFO	0.0492**	0.019	0.0020	0.956
STDSALES	0.0300***	0.000	0.0595***	0.000
FINANCE	0.0007	0.758		
%LOSS	0.0276***	0.000	0.0142	0.163
ZCORE	0.0008**	0.015	0.0004	0.488
B/M	−0.0139***	0.000	−0.0052	0.457
AUDITOR	0.0020	0.578	0.0051	0.391
OPINION	−0.0093**	0.029	−0.0067	0.448
OWNER	0.0002	0.928	−0.0026	0.457
RATIO	0.0090	0.147	0.0050	0.646
CROSSLISTING	0.0003	0.959	0.0021	0.785
_cons	0.0296	0.230	0.0710*	0.100
R²	0.132		0.119	

七、结论与建议

本文以沪市 A 股公司为样本检验了内控鉴证对会计盈余质量的影响，结果表明执行内控鉴证公司的会计盈余质量要好于未执行内控鉴证的公司，说明内控鉴证的实施效果已初步显现。在研究中，我们还注意到，注册会计师执行内部控制鉴证业务还不甚规范统

---

① 运用修正的 DD 模型度量盈余质量时，由于要用到 2009 年经营现金净流量数据，而 2009 年年报数据还未公布，受数据所限，模型（3）的样本数为 1399 个，模型（4）的样本数为 417 个。

一，主要表现为内控鉴证业务的准则依据不统一、内控鉴证业务的保证程度不统一、内控鉴证业务的评价标准不统一和内控鉴证业务范围不统一。如表6所示。

表6　内部控制鉴证准则依据、保证程度、标准和范围

项目	2006年		2007年		2008年		合计	
	家数	占比	家数	占比	家数	占比	家数	占比
一、内部控制鉴证准则依据	27	100.00%	106	100.00%	68	100.00%	201	100.00%
中国注册会计师执业准则		0.00%		0.00%	5	7.35%	5	2.49%
鉴证业务基本准则		0.00%	1	0.94%		0.00%	1	0.50%
审计准则	3	11.11%	8	7.55%	6	8.82%	17	8.46%
第3101号准则	12	44.44%	53	50.00%	29	42.65%	94	46.77%
独立审计准则		0.00%		0.00%		0.00%	0	0.00%
内部控制审核指导意见	11	40.74%	34	32.08%	17	25.00%	62	30.85%
PCAOB第5号审计准则	1	3.70%		0.00%	2	2.94%	3	1.49%
企业内部控制鉴证指引		0.00%		0.00%	2	2.94%	2	1.00%
第3101号准则和内部控制审核指导意见		0.00%	9	8.49%	3	4.41%	12	5.97%
内部控制审核指导意见和中国注册会计师执行准则		0.00%	1	0.94%	4	5.88%	5	2.49%
二、内部控制鉴证的保证程度	27	100.00%	106	100.00%	68	100.00%	201	100.00%
合理保证	27	100.00%	99	93.40%	55	80.88%	181	90.05%
有限保证		0.00%	7	6.60%	13	19.12%	20	9.95%
三、内部控制鉴证的标准	27	100.00%	106	100.00%	68	100.00%	201	100.00%
内部会计控制规范	15	55.56%	55	51.89%	23	33.82%	93	46.27%
COSO内部控制框架	2	7.41%		0.00%	2	2.94%	4	1.99%
企业内部控制基本规范		0.00%		0.00%	19	27.94%	19	9.45%
上交所内控指引	6	22.22%	47	44.34%	17	25.00%	70	34.83%
内部会计控制规范和上交所内控指引	4	14.81%	2	1.89%	2	2.94%	8	3.98%
企业内部控制基本规范和上交所内控指引		0.00%	2	1.89%	5	7.35%	7	3.48%
四、内部控制鉴证的范围	27	100.00%	106	100.00%	68	100.00%	201	100.00%
全面内部控制	2	7.41%	5	4.72%	7	10.29%	14	6.97%
与财务报告相关的内部控制	25	92.59%	101	95.28%	61	89.71%	187	93.03%

根据我们的实证检验结果和我们在实证研究中注意到的内部控制鉴证业务情况，本文提出以下建议。第一，将内控鉴证由自愿性行为转变为强制性要求。既然内控鉴证有其实施的必要性，且由于自愿性行为存在一定缺陷，我国应在条件和时机成熟时，尽快实施强制性的内控鉴证。第二，实现内控管制的规范统一。围绕财政部等五部委联合发布的企业内控基本规范，后续应尽快出台企业内控应用指引、企业内控评价指引、企业内控审计指引以及小企业内控框架等内控鉴证配套制度，以实现这些政策规范统一。第三，加强对内

控鉴证的指导和监督。随着经验的不断积累，监管部门应对内控鉴证进行有益的指导和严格的督查，及时发现问题，建立惩处机制，加大违规成本，以实现内控鉴证良性发展。

参考文献

[1] 陈关亭. 我国上市公司财务报告舞弊因素的实证分析 [J]. 审计研究，2007 (5)：91–96.

[2] 陈小悦，肖星，过晓梅. 配股权与上市公司利润操纵 [J]. 经济研究，2000 (2)：30–36.

[3] 李明辉，何海，马夕奎. 我国上市公司内控信息披露状况的分析 [J]. 审计研究，2003 (1)：39–43.

[4] 杨有红，汪薇. 2006 年沪市公司内控信息披露研究 [J]. 会计研究，2008 (3)：35–42.

[5] 张龙平，陈作习. 美国内控审计的制度变迁及其启示 [J]. 会计研究，2009 (2)：75–80.

[6] Ashbaugh –Skaife, H., Collins, D. Kinney, W. and LaFond. The Effect of SOX Internal Control Deficiencies and Their Remediation on Accrual Quality [J]. Accounting Review, 2008, 83 (1)：217–250.

[7] Brown, N., Pott, C. and Wompener, A. The Effect of Internal Control Regulation on Earnings Quality：Evidence from Germany [C]. Working Paper, 2008.

[8] Chan, Farrel and Lee. Earnings Management of Firms Reporting Material Internal Control Weaknesses Under Section 404 of the Sarbanes–Oxley Act [J]. Auditing：A Journal of Practice & Theory, 2008, 27 (2)：161–180.

[9] Dechow, P., R. Sloan and A. Sweeney. Detecting Earnings Management [J]. The Accounting Review, 1995, 70 (2)：193–225.

[10] Doyle, J., Ge, E., and McVay, S. Accruals Quality and Internal Control over Financial Reporting [J]. Accounting Review, 2007a, 82 (5)：1141–1170.

[11] Healy, P. and Palepu, K. Information Asymmetry, Corporate Disclosure and the Capital Markets：a Review of the Empirical Disclosure Literature [J]. Journal of Accounting and Economics, 2001 (31)：405–440.

[12] Kothari, S., Leone, A. and Wasley, C. Performance Matched Discretionary Accrual Measure [J]. Journal of Accounting and Economics, 2005 (39)：163–197.

Study of the Effect of Assurance of Internal Control on Accounting Earnings Quality
—Based on the Empirical Evidences from A–share Companies in Shanghai Stock Exchange

Zhang Longping, Wang Junzhi and Zhang Jun

Abstract：The emerge and development of assurance of internal control are based on improving financial information quality. So it will affect earnings quality. But in the current phase of assurance of internal control, can it enhance accounting earnings quality？How does its performance effect accounting earnings quality? Based on the empirical evidences from A-share companies in Shanghai Stock Exchange from 2006 to 2008, we find assurance of internal control has enhanced accounting earnings quality. After controlling management's motives, the conclusion is still robust. Finally, according to the results of empirical analysis and the status quo of assurance of internal control of China's listed companies, put forward to corresponding policy recommendations.

Key Words: assurance of internal control, earnings quality, internal control

我国企业内部控制有效性及其影响因素的
调查与分析 *

张　颖　郑洪涛

【内容提要】 内部控制有效性是指内部控制制度为其目标实现提供的保证程度。根据 COSO 委员会发布的《企业风险管理整合框架》，本文基于内部控制的四个目标，通过问卷调查，采用实证研究分析了我国企业内部控制有效性的影响因素。分析结果表明，企业的发展阶段、资产规模、财务状况、管理的集权化程度、企业文化以及管理层的诚信和道德价值观是影响内部控制合规目标、报告目标、经营目标有效性水平的重要因素。对于合规目标和报告目标，内部控制有效性还受到内审机构运行效率和股权集中度因素的影响。而战略目标内部控制的有效性主要受企业规模和发展阶段两个因素的影响。

【关键词】 内部控制；有效性；影响因素；调查问卷

2008 年 6 月，财政部等五部委联合发布《企业内部控制基本规范》（简称《基本规范》），开创了我国企业内部控制发展的新纪元。仿效美国《萨班斯—奥克斯利法案》（简称《萨奥法案》），《基本规范》要求企业对内部控制的有效性进行评价，同时聘请会计师事务所对内部控制的有效性进行审计。因此，内部控制的有效性成为理论界、实务界以及监管当局关注的焦点。那么，我国企业内部控制的有效性现状如何？内部控制有效性取决于哪些因素？已有的文献大多为规范性研究，而现有的少量实证研究绝大多数局限于财务报告内部控制的有效性，缺乏对内部控制总体的考察。

本文主要探讨分析：①我国企业内部控制在合规目标、报告目标、经营目标和战略目标四个方面的有效性；②法人治理结构、发展阶段、企业规模、财务状况四类因素对企业内部控制实现合规性目标、报告目标、经营目标和战略目标的影响。本文采用李克特量表法（Likert Scale），通过问卷调查，对我国企业内部控制有效性的总体水平及其影响因素进行实证研究，得到一些有价值的结论。

---

* 本文选自《审计研究》2010 年第 1 期。

作者通信地址：张颖，华北电力大学博士后流动站，邮政编码：102206，电子信箱：zhangy04@163.com；郑洪涛，北京国家会计学院。感谢匿名专家的建设性意见，但文责自负。

一、企业内部控制的有效性

（一）内部控制有效性的内涵

1992 年 COSO 委员会发布的《内部控制——整合框架》（于 1994 年修订）将内部控制定义为：企业的内部控制是受企业董事会、管理当局和其他职员的影响，目的在于为获取经营效果和效率、财务报告的可靠性、遵循适当的法规等目标提供合理保证的一个过程。2004 年 COSO 委员会发布《企业风险管理——整合框架》（简称 ERM 框架），将企业内部控制的重点转向风险管理。在内部控制的目标体系方面，ERM 框架在原有的三个目标的基础上增加了战略目标，指出战略目标与企业使命相关联并支撑其使命。我国《基本规范》指出，内部控制"是由企业董事会、证监会、经理层和全体员工实施的、旨在实现控制目标的过程。内部控制的目标是合理保证企业经营管理合法合规、资产安全、财务报告及相关信息真实完整，提高经营效率和效果，促进企业实现发展战略"。

由以上内部控制的定义可知，内部控制的有效性源于内部控制目标的实现。因此，本文对内部控制的有效性定义如下：内部控制的有效性是指内部控制对合规目标、报告目标、经营目标和战略目标的实现提供的保证程度。内部控制为目标实现提供的保证程度越高，内部控制就越有效；反之，则无效。

（二）内部控制有效性的度量

目前，关于内部控制有效性的实证研究比较有限。从国外来看，《萨奥法案》颁布之后，美国学者开始关注财务报告内部控制有效性的实证研究。他们以企业是否按照 SEC 要求披露内部控制实质性漏洞（Material Weakness）作为财务报告内部控制有效性的判断标准。从国内来看，仅有程晓陵和王怀明（2008）以及郑石桥等（2009）开展了相关研究。

笔者认为，对于内部控制有效性，不能笼统地加以评价，应该分别从内部控制对合规目标、报告目标、经营目标和战略目标四个目标实现提供的保证程度进行度量。本文借鉴 SEC 的规定，从内部控制目标出发，提出合规目标内部控制、报告目标内部控制、经营目标内部控制、战略目标内部控制。[①] 本文的研究属于探索研究（Exploratory Study），国内外较少有成熟的问卷设计可供借鉴。Michael（1988）认为李氏（Likertscaling）计量方法是一种很好的研究方法。在他的博士学位论文中，对内部审计人员进行调查时，采用五级

---

① 内部控制并不能清晰地划分为合规目标内部控制、报告内部控制、经营目标内部控制和战略目标内部控制，因为某一项控制程序有可能同时满足上述四个目标。本文从内部控制对目标实现提供的保证程度来研究其有效性，因此提出基于四个目标的内部控制。

量表制进行问卷调查。① 借鉴 Michael 的研究方法，本文采用李克特五级制量表对内部控制有效性进行度量。

二、文献综述和研究假设

研究发现，法人治理机构对内部控制的有效性具有重要影响。程晓陵和王怀明（2008）以我国1162家上市公司为样本，通过实证研究发现，年终股东大会出席率、管理层诚信与道德价值观念与内部控制有效性显著正相关；第一大股东控制力和董事会监事会会议频率对内部控制有效性并无显著影响；管理层风险偏好与内部控制有效性呈"U"型关系；实际控制人为国有股东公司的企业，其财务报告质量显著于其他企业；董事会、监事会规模的扩大、设立审计委员会以及管理层对员工胜任能力的重视显著提升企业经营绩效；董事长兼任总经理显著加大企业违反法律法规的可能性，并且显著减低采取报告的可靠性。Doyle 等（2006）选取779家按照《萨奥法案》要求披露实质性漏洞的上市公司为样本，研究发现，拥有比较健全法人治理结构的公司披露实质性漏洞的可能性越小。Krishnan（2005）发现审计委员会的独立性越高，拥有会计专业知识的委员越多，公司披露财务报告内部控制缺陷的概率越低。

法人治理结构是内部控制中不可或缺的重要组成部分，它在内部控制体系中居于最高层。企业治理控制直接影响下层管理控制和作业控制的效果。良好的企业治理控制为内部控制的有效运行奠定了坚实的基础。鉴于法人治理结构包括很多方面，本文选择比较重要的三个因素：股权集中度、实际控制人性质和审计委员会有效性。因此，本文提出如下假设：

H1a：股权集中度与内部控制有效性之间具有倒"U"型关系。

H1b：当企业的实际控制人为国有控股公司时，其内部控制的有效性显著高于其他公司。

H1c：审计委员会的有效性越高，内部控制的有效性越高。

企业所处的发展阶段是影响内部控制有效性的重要因素。Maijoor（2000）指出，企业发展阶段影响企业内部控制结构的选择。根据生命周期理论，企业的成长发展可分为初创期、成长期、成熟期和衰退期四个阶段。在每个阶段，企业面临不同的外部竞争环境，具备不同的内部条件，因而会设定不同的经营目标，在经营管理重点上也有所不同。Doyle等（2006）研究发现，年轻的企业披露财务报告内部控制中的实质性漏洞的概率更高。郑石桥等（2009）也发现，处于成熟期的企业更加重视控制环境和控制活动的建设。因此，

---

① 傅黎瑛（2006）：《企业内部审计与外部审计趋同研究》，中国人民大学博士学位论文，第136页。由于资料来源所限，笔者未直接阅读 Michael（1988）的英文文献。

本文提出如下假设：

H2：当企业处在成熟期时，内部控制更加有效。

大量实证研究表明，企业规模与内部控制有效性显著正相关。Ge 和 McVay（2005）发现，披露重大内部控制缺陷的概率与公司规模负相关。Doyle 等（2006）发现，内部控制实质性漏洞多存在于规模小的公司；公司层面的内部控制缺陷尤其如此。朱荣恩等（2004）等通过对 152 家企业的问卷调查发现，规模较大的企业，其内部会计控制效果要显著好于规模较小的企业。

笔者认为，企业规模的扩大有助于提升内部控制的有效性水平。这是因为：首先，规模大的企业有足够的资源进行内部控制制度建设以及维护内部控制有效运行。其次，任何企业在实施内部控制时必须考虑成本效益原则。由于内部控制成功的经验和模式可以在公司内推广和复制，大规模企业可以获得规模经济，而小企业往往因为内部控制实施成本过高不得不放弃内部控制的应用。因此，本文提出如下假设：

H3：对于规模大的企业，其内部控制更加有效。

企业文化为组织内部人提供了一组规则和标准，规定了应该采取和不应该采取的行为。管理层的经营理念和经营方式，即对待风险的理念和处理方式是企业文化的重要组成部分。如果管理层持有错误的经营理念，并将其付之行动，那么无论企业制定多么严格的内部控制规范，都无济于事。程晓陵和王怀明（2008）研究发现，管理层诚信和职业道德与企业内部控制显著正相关。因此，本文提出如下假设：

H4：建立良好风险管理文化的企业，其内部控制更加有效。

企业的财务状况也会影响内部控制的有效性。Ge 和 McVay（2005）发现，企业内部控制有效性和盈利能力负相关。Doyle 等（2006）的经验分析表明，存在内部控制实质性漏洞的公司往往财务状况不佳；尤其是公司层面的内控缺陷多存在于财务状况差的公司。Franklin（2007）的研究发现，存在内部控制实质性漏洞的公司往往累计盈利能力较低，负债程度较高。因此，本文提出如下假设：

H5：具有良好财务状况的企业，其内部控制更加有效。

三、研究设计和检验结果

（一）研究设计

本文采用问卷调查的方法对我国企业内部控制的有效性及其决定因素展开分析。问卷分为两个部分：第一部分是关于内部控制有效性的调查。根据 ERM 框架界定的内部控制四个目标，分别对遵循适用的法律、法规、财务报告的可靠性、经营的效率和效果以及战略目标的达成进行调查。第二部分是关于股权集中度、实际控制人性质、审计机构的有效性、发展阶段、企业规模、企业文化和财务状况的调查。对于股权集中度，本文以第一大股东与第二至第五大股东持股比例之和的差额进行表示。实际控制人的性质包括国有控股、民营控股、外资控股和其他，本文将其设置为虚拟变量。企业发展阶段包括初创期、发展期、成熟期和衰退期，设置为虚拟变量。财务状况选取投资收益率（ROE）和资产负债率指标。审计机构的有效性与企业文化采用李克特 5 级制量表。5 表示审计机构工作非常有效或企业文化非常重视风险，1 表示审计机构无效、形同虚设或企业文化非常漠视风险，2~4 位于它们之间。各变量的定义如表 1 所示。

表 1 变量定义

自变量	合规性目标（LAW）	通过内部控制的实施，企业遵循相关法律、法规的情况，采用李克特 5 级制量表
	报告目标（REPORT）	通过内部控制的实施，财务报告和内部报告的真实性和可靠性，采用李克特 5 级制量表
	经营目标（OPERATE）	通过内部控制的实施，企业的经营效率和经营效果实现的情况，采用李克特 5 级制量表
	战略目标（STRATEGY）	内部控制的实施对于战略目标实现的保证和促进程度，采用李克特 5 级制量表
因变量	发展阶段（LIFECYi）	哑变量。当企业处在成熟期，LIFECY1 取 1；否则取 0；当企业处在初创期，LIFECY2 取 1，否则取 0；当企业处在发展期，LIFEC3 取 1，否则取 0
	集权化程度（CENTRA_D）	管理模式的集权化程度，采用李克特 5 级制量表
	管理层诚信与道德观念（MANAGER）	管理层的诚信与道德价值理念，采用李克特 5 级制量表
	企业文化（CULTURE）	企业文化的成熟度，采用李克特 5 级制量表
	实际控制人性质（BLOCKHi）	哑变量，当实际控制人为国有控股公司，BLOCKH1 取 1；否则取 0。当实际控制人为民营公司，BLOCKH2 取 1，否则取 0
	股权集中度（GAP）	第一大股东与第二至第五大股东持股比例之和的差额
	审计委员会有效性（EFF_AUD）	采用李克特 5 级制量表
	企业规模（SIZE）	2008 年底总资产的对数
	投资收益率（ROE）	2008 年度的投资收益率
	资产负债率（LEVERAGE）	2008 年度的总资产负债率

（二）样本选择

本次调查依托北京国家会计学院举办的财务总监培训班和总会计师培训班，共发放调查问卷 200 份，回收有效问卷 126 份，回收率 63%。调查问卷选取被调查对象年度销售额作为企业规模的划分依据，其中 3 亿元以上的企业为 72 家（占被调查企业的 56.14%），3 千万元到 3 亿元的企业为 34 家（占被调查企业的 26.98%），3 千万元以下的企业为 20 家（占被调查企业的 15.88%）。被调查企业的行业分布很广，包括制造业、金融/保险业、交通运输业、房地产、批发/零售业等。

（三）单因素分析

调查问卷的信度分析显示，Cronbach's Alpha 值为 0.75，说明调查问卷具有较高的信度，通过调查取得的数据具有内在一致性，在此基础上获得的分析结论是可靠的。变量的描述性统计结果和内部控制有效性的总体情况如表 2 和表 3 所示。

表 2 变量的描述性统计

	最小值	最大值	均值	标准差
LIFECY1	0	1	0.25	0.434
LIFECY2	0		1.14	0.350
SIZE	10.52	24.41	19.3343	3.79565
ROE	0.01	0.40	0.0956	0.07988
LEVERAGE	0.02	0.80	0.46	32.21444
BLOCKH1	0	1	1.05	0.225
BLOCKH2	0	1	1.05	0.225
GAP	0.02	1.00	0.3639	0.23214
CENTRA_D	1	5	3.46	0.965
MANAGER	1	5	3.60	0.979
CULTURE	1	5	3.13	0.854
EFF_AUD	1	5	2.82	1.020

表 3 内部控制有效性的统计结果

得分	合规目标		财务报告目标		经营目标		战略目标	
	家数	比例（%）	家数	比例（%）	家数	比例（%）	家数	比例（%）
1	7	5.56	7	5.56	11	8.72	16	12.70
2	13	10.32	15	11.90	18	14.29	35	27.78
3	24	19.05	29	23.02	35	27.78	44	34.92
4	69	54.76	73	57.93	62	49.21	31	24.60
5	13	10.31	2	1.59				
平均值	3.54		3.38		3.17		2.71	

从表 3 可以看出，我国企业内部控制有效性的整体水平比较低，平均在 4 分以下。比较而言，通过应用内部控制，企业在遵循相关法律法规方面得到一定程度的改善；提高报告的可靠性方面次之；居于第三位的是对于经营的效率和效果方面的合理保证；对于促进战略目标的实现方面，内部控制似乎收效甚微。

以内部控制有效性的中位数为临界点，将全部样本分为高效内部控制和低效内部控制两组。其中得分大于 3 的为高效内部控制组，得分小于等于 3 的为低效内部控制组。表 4 至表 7 列出了对两组子样本实证检验的结果。

在合规目标内部控制方面，内部控制有效的公司在资产规模、投资收益率、审计委员会有效性、企业文化建设等方面显著好于内部控制低效或无效的公司。而对于股权集中度而言，前者则显著低于后者。在报告内部控制方面，内部控制有效的公司与内部控制低效或无效的公司对于所有指标都存在显著差异。对于经营目标内部控制，资产规模、内审机构、管理层的诚信和道德观念、企业文化建设和股权集中度都影响内部控制有效性。在战略目标内部控制方面，两组公司只在股权集中度、集权化程度以及管理层诚信与道德观念三个指标存在显著差异。通过 8 个指标对比内部控制有效的公司与内部控制低效或无效的公司，发现除战略目标内部控制以外，两组公司存在显著差异，初步验证了本文的假设。

表 4　合规目标低效内部控制组与高效内部控制组各项特征比较

变量	低效组	高效组	均值差额	T 值
规模	16.8478	20.6784	-3.8306	-4.123***
投资收益率	0.0513	0.1196	-0.0683	-3.351***
资产负债率	0.5048	0.4408	0.0640	1.078
股权集中度	0.5585	0.2586	0.2999	5.890***
审计委员会有效性	2.30	3.11	-0.81	-2.944***
集权化程度	2.45	4.00	-1.55	-9.049***
管理层诚信与道德观念	2.55	4.16	-1.61	-9.638***
企业文化	2.75	3.33	-0.58	-2.571**

注：利用 t 检验对变量均值进行了显著性检验。*、**、*** 分别表示在 10%、5%、1%水平下显著（双尾），下同。

表 5　报告目标低效内部控制组与高效内部控制组各项特征比较

变量	低效组	高效组	均值差额	T 值
规模	17.3336	20.6878	-3.3542	-3.607***
投资收益率	0.0702	0.1128	-0.0426	-2.031**
资产负债率	0.5216	0.4238	0.0978	1.718*
股权集中度	0.5317	0.2503	0.2814	5.563***
审计委员会有效性	2.43	3.09	-0.65	-2.429**
集权化程度	2.61	4.03	-1.42	-7.893***
管理层诚信与道德观念	2.74	4.18	-1.44	-7.838***
企业文化	2.70	3.42	-0.73	-3.435***

表 6　经营目标低效内部控制组与高效内部控制组各项特征比较

变量	低效组	高效组	均值差额	T 值
规模	17.4379	21.2985	-3.8606	-4.432***
投资收益率	0.0919	0.0994	-0.0075	-0.353
资产负债率	0.4624	0.4641	-0.0017	-0.030
股权集中度	0.4766	0.2471	0.2294	4.264***
审计委员会有效性	2.55	3.11	-0.56	-2.124**
集权化程度	2.93	4.00	-1.07	-4.997***
管理层诚信与道德观念	3.14	4.07	-0.93	-4.066***
企业文化	2.86	3.41	-0.55	-2.499*

表 7 战略目标低效内部控制组与高效内部控制组各项特征比较

变量	低效组	高效组	均值差额	T 值
规模	18.9818	20.4169	−1.4351	−1.234
投资收益率	0.0873	0.1210	−0.0337	−1.381
资产负债率	0.4685	0.4471	0.0213	0.321
股权集中度	0.4056	0.2357	0.1699	2.486*
审计委员会有效性	2.74	3.07	−0.33	−1.059
集权化程度	3.23	4.14	−0.91	−3.331***
管理层诚信与道德观念	3.47*	4.00	−0.53	−1.811
企业文化	3.07	3.29	−0.21	−0.810

由于经营目标内部控制，资产规模、内审机构、管理层的诚信和道德观念、企业文化建设和股权集中度都影响内部控制有效性。在战略目标内部控制方面，两组公司只在股权集中度、集权化程度以及管理层诚信与道德观念三个指标存在显著差异。通过 8 个指标对比内部控制有效的公司与内部控制低效或无效的公司，发现除战略目标内部控制以外，两组公司存在显著差异，初步验证了本文的假设。

（四）多因素分析

本文建立如下的多元线性回归模型做一步的多因素分析，对研究假设进行检验。

$$EIC_t = \alpha + \beta_1\,GAP + \beta_2\,BLOCKH1 + \beta_3\,BLOCKH2 + \beta_4\,EFF\_AUD + \beta_5\,LIFECY1+$$
$$\beta_6\,LIFECY2 + \beta_7\,SIZE + \beta_8\,ROE + \beta_9\,LEVERAGE + \beta_{10}\,MANAGER +$$
$$\beta_{11}\,CULTURE + \beta_{12}\,CERTRA\_D + \varepsilon$$

在模型中，EIC 代表内部控制有效性。t = 1，2，3，4，分别代表合规目标内部控制财务报告内部控制、经营目标内部控制和战略目标内部控制。其他变量的定义如表 1 所示。多元线性回归的结果如表 8 所示。

表 8 内部控制有效性的多元线性回归结果

	模型 1	模型 2	模型 3	模型 4		模型 1	模型 2	模型 3	模型 4
（Constant）		1.03*** (2.921)			GAP	−0.221* (−2.131)	−0.251* (−2.103)	−0.215 (−1.649)	−0.122 (−0.762)
LIFECY1	0.341** (3.551)	0.237* (3.10)	0.279** (3.091)	0.397*** (3.574)	CENTRA_D	0.594*** (4.676)	0.335** (3.607)	0.227* (2.793)	−0.0318 (−0.158)
LIFECY2	−0.326 (−2.950)	−0.060 (−0.685)	−0.041 (−0.436)	−0.189 (−1.618)	EFF_AUD	0.306* (3.077)	−0.138 (−1.485)	0.085 (0.839)	0.213 (1.701)
SIZE	0.308** (3.816)	0.241* (2.449)	0.152** (1.519)	0.255* (2.431)	MANAGER	0.311* (1.855)	0.343* (1.918)	0.371* (2.110)	0.191 (1.793)
ROE	0.272* (2.987)	0.305** (−3.02)	−0.279* (−3.01)	0.037 (0.309)	CULTURE	0.367* (3.830)	0.058 (0.584)	0.447* (4.187)	0.157 (1.167)
LEVER-AGE	0.149 (2.128)	−0.063 (−0.780)	0.014 (0.155)	−0.073 (−0.674)	R^2	0.873	0.832	0.799	0.695
BLOCKH1	−0.036 (−0.537)	0.012 (0.149)	0.000 (0.002)	0.075 (0.607)	Adjusted R^2	0.820	0.763	0.717	0.570

续表

	模型 1	模型 2	模型 3	模型 4		模型 1	模型 2	模型 3	模型 4
BLOCKH2	−0.003 (−0.043)	0.081 (0.958)	−0.259 (−2.813)	−0.121 (−1.065)	F	16.711***	12.08***	9.715***	5.557***

模型 1 为合规目标内部控制有效性的回归结果。处在成熟期的企业，会显著改善企业遵循法律法规的情况，违法行为显著减少。企业的规模、投资收益率显著影响企业遵循法律法规的情况，企业财务状况越好，规模越大，发生违反法律法规行为的可能性就越小。当企业形成了成熟的文化体系，管理层重视诚信、具有良好的道德价值观念，其对法律法规的遵循情况越好。内审机构的有效性和管理的集权化显著减低企业发生违法违规的概率。股权越集中，企业越有可能违反法律法规。实际控制人的性质为负数，但是不显著。

模型 2 为报告目标内部控制有效性的回归结果。处在成熟期的企业财务报告质量显著高于处在其他发展阶段的企业。企业的规模、投资收益率显著影响企业财务报告质量，企业财务状况越好，规模越大，财务报告质量越高。管理层越重视诚信、具有良好的道德价值观念，企业财务报告质量越高。管理的集权化显著提高财务报告质量。股权越集中，越会对财务报告质量产生负面影响。未被验证的假设有：实际控制人的性质、资产负债率、内审机构的有效性以及企业文化。

模型 3 为经营目标内部控制有效性的回归结果。成熟期发展阶段与企业经营绩效显著正相关。当企业规模越大，管理越集权，企业文化越成熟，管理层越重视诚信、具有越正确的道德价值观念，内部控制为企业提高经营效率和效果提供的保证程度越高。实际控制人的性质、内审机构的有效性、股权集中度均未通过检验。

模型 4 为战略目标内部控制有效性的回归结果。成熟期发展阶段、企业规模与企业战略目标显著正相关。其他假设都没有通过检验。可能的解释是我国企业内部控制建设还处在摸索阶段，内部控制总体水平不高，尤其是战略目标内部控制，因此，两组企业在各种指标上没有显著差异。从表 3 可以看出，没有一家被调查企业认为应用内部控制为战略目标实现提供了非常有效的保证。

四、结　论

本文从内部控制的四个目标出发，分析了我国企业内部控制有效性的影响因素。通过实证研究，笔者发现，企业的发展阶段、资产规模、财务状况、管理的集权化程度、企业文化以及管理层的诚信和道德价值观是影响合规目标、报告目标和经营目标内部控制有效性的共同因素。战略目标内部控制的有效性主要受企业规模和发展阶段两个因素的影响。对于合规目标和报告目标的内部控制，内部控制有效性水平还受到内审机构运行效率和股权集中度因素的影响。

参考文献

[1] 陈汉文，张宜霞. 企业内部控制的有效性及其评价方法 [J]. 审计研究，2008（3）：48-54.

[2] 程晓陵，王怀明. 公司治理结构对内部控制有效性的影响 [J]. 审计研究，2008（4）：53-61.

[3] 李享. 美国内部控制实证研究：回顾与启示 [J]. 审计研究，2009（1）：87-96.

[4] 刘瑞文. 论我国企业内部控制有效性的实现 [J]. 财会通讯，2008（11）：44-46.

[5] 潘良君. 增强企业内部控制有效性的因素分析与对策研究 [J]. 河海大学学报（哲学社会科学版），2005（12）：42-45.

[6] 杨有红，胡燕. 试论公司治理与内部控制的对接 [J]. 会计研究，2004（10）：14-18.

[7] 郑石桥，徐国强，邓柯，王建军. 内部控制结构类型、影响因素及效果研究 [J]. 审计研究，2009（1）：81-86.

[8] 朱荣恩，应唯，吴承刚，邓福贤. 关于企业内部会计控制应用效果的问卷调查 [J]. 会计研究，2004（10）：19-24.

[9] Franklin, Mitchell. Sarbanes Oxley Section 404: Can Material Weakness Be Predicted and Modeled? An Examination of the ZETA Model in Prediction of Material Weakness. Doctoral Dissertation, Walden University, 2007.

[10] Ge, Weili., and Sarah McVay. The Disclosure of Material Weaknesses in Internal Control after the Sarbanes-Oxley Act. Accounting Horizons, 2005, 19 (3): 137-158.

[11] Jayanthi Krishnan. Audit Committee Quality Financial Expertise and Internal Control: An Empirical Analysis. The Accounting Review, 2005, 80 (2): 649-675.

[12] Jeffrey Doyle, Weili Ge, Sarah McVay. Determinant of Weakness on Internal Control Over Financial Reporting. SSRN Working Paper, 2006.

[13] Maijoor, S.. The Internal Control Explosion. International Journal of Auditing, 2000 (4): 101-109.

Survey and Analysis on the Effectiveness of Internal Control and Its Determinants in Chinese Enterprises

Zhang Ying and Zheng Hongtao

Abstract: The effectiveness of internal control refers to the degree of assurance that can be provided by internal control. This paper attempts to provide direct evidence on the effectiveness of internal control and its determinants. There are four objectives for internal control according to COSO, we examine the effectiveness of internal control and its determinants from four aspects. Using a sample of 126 Chinese firms collected by questionnaire, we find that developing stage, size, financial position, centralization, culture and management philosophy are important determinants of effectiveness of internal control compliance, over reporting and over operation. The effectiveness of internal control over compliance and that of internal control over reporting are also affected by ownership concentration as well as quality of internal auditing. Effective internal control over strategy is more likely for firms that are larger and at maturity stage.

Key Words: internal control, effectiveness, determinant, questionnaire

定向增发新股与盈余管理

——来自中国证券市场的经验证据 *

章卫东

【内容提要】上市公司发行新股过程中的盈余管理问题一直是学者关注的热点问题，本文对上市公司定向增发新股中的盈余管理问题进行了研究。本文研究发现，中国上市公司在定向增发新股前一年存在盈余管理的动机，并且盈余管理的方式与定向增发新股类型有关。当上市公司向其控股股东及其子公司定向增发新股收购控股股东及其子公司的资产时，进行负的盈余管理；当向其他机构投资者定向增发新股募集资金时，进行正的盈余管理。中国上市公司定向增发新股盈余管理的程度与第一大股东的持股比例有关，第一大股东的持股比例越高，盈余管理的程度越强。本文还发现，中国上市公司定向增发新股前的盈余管理程度越高，定向增发新股后的股票价格表现越差。这说明中国上市公司在定向增发新股过程中，大股东有进行盈余管理向控股股东进行利益输送的动机。这一研究为加强对中国上市公司定向增发新股的监管、完善上市公司治理结构提供了理论依据。

【关键词】定向增发新股；定向增发新股类型；盈余管理；经济后果

一、引 言

上市公司发行新股过程中的盈余管理，一直是学术界关注的热点问题。盈余管理是指企业管理当局运用会计方法或者安排真实交易来改变财务报告，以误导利益相关者对公司

* 本文选自《管理世界》2010 年第 1 期。
　基金项目：本文是江西财经大学会计学院章卫东教授主持的国家社会科学基金项目"定向增发、资产收购与利益抢送问题研究"（项目号：09BJY017）及教育部人文社会科学研究项目"中国上市公司股权再融资问题研究"（项目号：07JA630064）研究的阶段性成果。作者感谢匿名评审专家的宝贵意见，但文责自负。
　作者单位：江西财经大学会计研究发展中心，江西财经大学会计学院。

业绩的理解或者影响以报告盈余为基础的合约（Healy 和 Wahlen，1999）。国外学者已有的研究表明，上市公司股票在发行过程中普遍存在盈余管理现象（Teoh，Welch 和 Wong，1998b；Rangan，1998；DuCharme，Malatesta 和 Sefcik，2004）。国内学者的研究也证实，中国上市公司在 IPO、配股、公开增发新股时，为了达到证券监管部门对 IPO、配股、公开增发新股公司的业绩（如 ROE）要求，在 IPO、配股、公开增发新股前进行了盈余管理。并且认为，政策性盈余指标是直接诱发中国上市公司盈余管理行为的动机（孙铮、王跃堂，1999；林舒、魏明海，2000；陆正飞、魏涛，2006；张祥建、郭岚，2006）。可见，中国上市公司在 IPO、配股、公开增发新股前进行盈余管理是为了获得 IPO、配股、公开增发新股资格，达到在证券市场"圈钱"的目的。

股权分置改革之后，配股、公开增发新股的上市公司越来越少，而定向增发新股却成为中国上市公司股权再融资的主要方式。由于定向增发新股的对象是控股股东及其关联股东或其他机构投资者，在一定程度上解决了新股发行中的信息不对称问题。因此，证券管理部门对定向增发新股的上市公司没有盈利的要求，即使是业绩较差甚至是亏损的上市公司也可以进行定向增发新股融资。那么，上市公司在定向增发新股前还会进行盈余管理吗？如果会的话，其动机是什么？另外，中国上市公司定向增发新股主要有两种形式：一是上市公司向其控股股东①及其子公司定向增发新股收购控股股东及其子公司的资产；二是上市公司向其他机构投资者定向增发新股募集资金。那么，在不同类型的定向增发新股中，上市公司分别采取了什么方式进行盈余管理？盈余管理后证券市场的投资者又有何反应呢？本文将以进行了定向增发新股的中国上市公司为研究对象，研究中国上市公司定向增发新股前的盈余管理问题，其目的是为了揭示中国上市公司定向增发新股中盈余管理的动机、手段、影响因素及其产生的经济后果，以便为有关监管部门加强对上市公司盈余管理的监控，规范中国上市公司定向增发新股行为及完善上市公司治理结构提供理论依据，也可为投资者进行投资决策提供新的启示。

本文其余部分的结构安排如下：第二部分是文献回顾及研究假设；第三部分是数据来源及研究设计；第四部分是上市公司定向增发新股盈余管理的实证检验；第五部分是影响盈余管理程度因素的多元回归分析；第六部分是盈余管理经济后果的实证分析；第七部分是研究结论。

二、文献回顾及研究假设

国内外大量研究表明，上市公司在进行配股、公开增发新股前存在盈余管理。Teoh，Welch 和 Along（1998b）；Rangan（1998）；DuCharme，Malatesta 和 Sefcik（2004）等认

---

① 除非特指说明，本文所指的大股东、控股股东都是指第一大股东。

为，上市公司在配股、公开增发新股前会通过提高可操控性应计利润进行利润操纵，即通过盈余管理来调高财务报告业绩，从而提高股票发行价格。在中国上市公司配股、公开增发新股前也发现了盈余管理的证据。蒋义宏等（1998）通过对 ROE 分布的检验，发现中国上市公司在配股前有通过盈余管理操纵公司的业绩，使上市公司的 ROE 达到配股的标准；陈小悦等（2000）发现刚要达到配股资格的配股公司其操控性应计利润较高，他们认为上市公司是为了获取配股权而进行了盈余管理。黄新建等（2004）发现配股公司在配股前进行了盈余管理，且盈余管理程度与配股后公司的业绩负相关。孙铮等（1999）、陆宇建（2002）等人还发现，上市公司有很强的动力将 ROE 维持在配股资格线 10%或 6%以上。陈龙水（2002）也发现中国上市公司在股票公开增发前进行了盈余管理。由此可见，企业操纵盈余的目的是为了取得发行新股的资格或者是为了对发行股票公司的股票价格产生影响，从而提高新股发行价格，因此，上市公司在配股、公开增发新股前有动机进行盈余管理（俞向前、万威武，2006）。与配股、公开增发新股融资不同的是，证券管理部门对上市公司定向增发新股没有盈利的要求。那么，上市公司在定向增发新股前是否还会进行盈余管理呢？在上市公司股权相对集中的情况下，由于法制不完善，控股股东与中小股东的利益冲突是公司治理的主要矛盾，大股东有利用各种手段侵占中小股东利益的动机（La Potra，1999；La Porta 等，2002；Claessens，2002）。Johnson 等（2000）将控股股东通过隐蔽的渠道侵吞公司资源的行为称为"隧道挖掘"行为。Friedman 等（2003）认为，控股股东为了获得长期收益，如为了保持公司不被摘牌、为获得股权融资资格等，他们也会向公司输送资源以维持公司的业绩，这种反向的利益输送被称为"支持"。李增泉、余谦和王晓坤（2005）也发现，中国上市公司的控股股东或地方政府也具有支持或掏空上市公司的动机，支持是为了获得配股资格，而掏空则是赤裸裸的利益侵占行为。因此，在法制不完善、公司治理存在缺陷的情况下，大股东有通过隐蔽的渠道获取私人收益的动机。中国上市公司的定向增发新股是受大股东控制的一次融资行为，大股东为了实现自身利益最大化，有动机通过盈余管理的方式来影响上市公司的业绩，从而达到使上市公司的股价调整到大股东希望的价格区间，使定向增发新股的发行价格定位在大股东满意的"合理"区间，从而在证券市场上募集更多的资金或者用同样的资产换得上市公司更多的股份。因此，中国上市公司在定向增发新股前仍然具有盈余管理的动机。

由于中国定向增发新股的对象为机构投资者，机构投资者有能力对定向增发新股的上市公司的财务报告进行分析，也会对定向增发新股的上市公司的业绩、风险及未来成长性做出理性的判断。但是，由于盈余管理是企业管理当局运用会计方法或者安排真实交易来改变财务报告，即使是机构投资者也很难对上市公司的盈余管理做出准确的判断。这就使得中国上市公司定向增发新股中的盈余管理问题很难被阻止。

定向增发新股的类型将影响中国上市公司盈余管理的方式。从中国上市公司定向增发新股的目的来看，可以将定向增发新股分为两种类型：一种是上市公司向其控股股东及其子公司定向增发新股收购控股股东及其子公司的资产；另一种是上市公司向其他机构投资者定向增发新股募集资金。无论是向其控股股东及其子公司定向增发新股收购控股股东及其子公司的资产，还是向其他机构投资者定向增发新股募集资金，都与大股东的利益密切相关。当上市公司向其控股股东及其子公司定向增发新股收购控股股东及其子公司的资产时，如果定向增发新股的发行价格越低，大股东以同样资产换取的股份就越多。因此，大股东在定向增发新股前会进行负的盈余管理来降低上市公司业绩，从而达到降低发行价格来换取更多的股份的目的。股权分置改革完成之后，在大股东的股份预期可以流通的情况下，大股东认购的定向增发新股的股份在 3 年后将可以流通，大股东通过向上市公司注入资产换取股份的动机将更强，目的是使原本不能流通的资产通过定向增发新股的形式换得更多的股份，不仅可获得资产的流通权，而且能使这部分资产增值。当上市公司向其他机构投资者定向增发新股募集资金时，定向增发新股的发行价格越高，上市公司募集的资金就越多，上市公司的每股净资产增值就越多，上市公司的股票价格也将越高，大股东在定向增发新股中的财富增值效应就越大。因此，大股东在定向增发新股前有进行正的盈余管理来提升上市公司业绩，从而提高发行价格的动机。从这两种形式的盈余管理目的可见，上市公司在定向增发新股前进行盈余管理的最终目的是为了向其控股股东进行利益输送。

根据上面的分析，本文提出以下假设。

假设 1：上市公司定向增发新股前有进行盈余管理的动机，且盈余管理的方式与定向增发新股类型有关。当上市公司向其控股股东及其子公司定向增发新股收购控股股东及其子公司的资产时，进行负的盈余管理；当向其他机构投资者定向增发新股募集资金时，进行正的盈余管理。

许多研究认为，大股东有进行盈余管理来获取私人利益的动机（Francis 等，1999；Filatotchev，2001）。现代公司的主流不再是股权分散的特征，而是股权相对集中占主导地位（La Porta 等，1999）。当公司存在控股股东时，大股东的存在作为解决管理层—股东代理问题的一种机制，对公司治理发挥积极作用的同时，又衍生出了另一类代理问题，即大股东与中小股东利益冲突问题，这一点在投资者保护机制尚不健全的国家和地区表现得尤其明显（La Porta 等，2002；白重恩等，2005）。由于信息不对称，大股东掌握了外部投资者无法知晓的内部信息，大股东具有通过操纵财务报告盈余来隐瞒和误导外部投资者的强烈动机（Teoh 等，1998a，1998b；Fan 和 Wong，2002）。而会计政策的可选择性，使得大股东可以通过收益的提前或推迟确认、资产损失的计量等来操纵上市公司的财务报告（Scott，1992；张祥建，2007）。因此，大股东的存在使得盈余管理得以实现。中国上市公司股权结构的特征是"一股独大"，大股东在上市公司股东大会上拥有绝对的话语权，由于大股东掌控了上市公司会计信息披露的决策权，而中国会计准则的不完善性及会计政策的可选择性又为上市公司的大股东操纵财务报告提供了客观条件。由此可见，上市公司的控制权与盈余管理有关。

根据上面的分析，本文提出以下假设。

假设 2：上市公司大股东的持股比例与盈余管理的程度正相关。

会计盈余是关于企业价值信息的重要来源。Bernard 和 Thomas（1990）、Chaney 和 Lewis（1995）发现，企业会计盈余与股票价格之间具有正相关关系，较高的报告盈余能够带来相对较高的股票价格，但上市公司的盈余管理行为会将导致新股发行之后报告盈余的向下正常调整，使上市公司的股票收益率下降。由于在股票再发行过程中原有股东可通过调整异常应计利润来提高发行前的报告盈余，投资者没有能够及时看穿公司增发新股时的盈余管理行为，被一时蒙骗以致高价购买了股票，但异常应计利润在发行之后的向下调整，使公司股票再发行后的业绩下滑，股东的异常回报率下降（Teoh，Welch 和 Wong，1998b）。Teoh 等（1998a，1998b）也认为，盈余管理是股票再发行后公司异常回报率下降的重要原因。当上市公司向其控股股东及其子公司定向增发新股收购控股股东及其子公司的资产时，上市公司有进行负的盈余管理的动机，定向增发新股前公司的股票价格将下跌，而定向增发新股完成后，上市公司将充回盈余管理的一部分应计利润，在定向增发新股前负的盈余管理程度越大，定向增发新股完成后充回的应计利润也越多。但由于定向增发新股之后股份数的增加将使每股收益稀释，投资者的异常回报率仍然会下降。而当向其他机构投资者定向增发新股募集资金时，上市公司进行了正的盈余管理，在定向增发新股完成后，发行公司可能冲回盈余管理的一部分应计利润，使定向增发新股公司的收益下降，定向增发新股完成后，投资者的异常回报率也将下降。

根据上面的分析，本文提出以下假设。

假设 3： 上市公司盈余管理的程度与定向增发新股后的股票价格表现负相关。

三、数据来源及研究设计

（一）样本选择和数据来源

本文选取 2006 年、2007 年已实施定向增发新股的 A 股上市公司为研究样本，并剔除了以下样本：①剔除了 B 股公司增发 A 股，A 股公司增发 H 股以及 H 股公司增发 A 股的样本。因为 B 股、H 股与 A 股的计价货币种类不同。②剔除了金融类上市公司定向增发新股的样本。因为金融类上市公司与非金融类上市公司的经营范围不一样，具有特殊的资产负债结构与经营现金流特征，应计利润与其他类型公司存在明显差异。③剔除了定向增发新股期间有重大事件发生的样本。④剔除了当年同时进行过配股、发行可转换债券和公开增发新股的样本。因为重复的股权再融资会影响公司的股价（Rangan，1998）。⑤当上市公司在研究期间进行了多次定向增发新股时，仅选择最早的一次定向增发新股作为研究对象，以消除多重定向增发新股对研究结果造成的影响。⑥剔除了财务数据缺失、相关数据异常的样本公司。最后得到 145 家定向增发新股样本公司。本文数据来自于国泰安和色诺芬数据库。

表 1 列示了定向增发新股公司的发行年份和行业分布状况。从表 1 可以看出，上市公司实施定向增发新股最多的年份是 2007 年，这可能与 2007 年股票市场处于大牛市有关。

从样本公司的行业分布来看，几乎每个行业都有公司实施了定向增发新股，但主要集中在制造业。

为了控制行业和公司规模因素的影响，本文选择在研究期间未实施IPO、配股等股权融资、总资产最为接近的同行业公司作为控制样本。控制样本的选取步骤为：①确定每家定向增发新股公司所属行业及其增发前一年年末的总资产；②在剔除所有发行新股公司后的上市公司中，选取与定向增发新股公司所属行业相同的公司；③在与每家定向增发新股公司所属行业相同的公司中，尽量选取增发前一年与定向增发新股公司的总资产最为接近的那家公司作为控制样本。按照这种方法，有130家定向增发新股公司找到了控制样本，占样本总量的89.7%，另外15家公司选择任何一家规模相近但不同行业的上市公司作为控制样本。表2列示了定向增发新股前一年样本组与控制组的描述性统计结果。从表2可以看出，定向增发新股公司和控制样本公司在定向增发新股前一年年末的总资产非常接近，在统计上无显著差异，说明两组样本的规模相似，从而为后面的研究排除了规模因素可能产生的影响。

表1　定向增发新股样本公司的行业分布与时间分布情况

行业		2006年	2007年	合计（家）
采掘业		2	1	3
传播与文化产业		0	1	1
电力、煤气及水的生产和供应业		2	6	8
房地产业		6	12	18
建筑业		1	5	6
交通运输、仓储业		1	5	6
金融、保险业		1	3	4
农、林、牧、渔业		0	1	1
批发和零售贸易		3	2	5
社会服务业		2	3	5
信息技术业		2	2	4
制造业	制造业-电子	1	5	6
	制造业—纺织、服装、皮毛	1	1	2
	制造业—机械、设备、仪表	11	24	35
	制造业—金属、非金属	5	19	24
	制造业—木材、家具	0	2	2
	制造业—其他制造业	3	2	5
	制造业—石油、化学、塑胶、塑料	2	16	18
	制造业—食品、饮料	1	3	4
	制造业—医药、生物制品	0	2	2
	制造业—造纸、印刷	1	8	9
综合类		2	4	6
合计（家）		47	127	174

（二）盈余管理程度的估计

参照国内大多数学者（陆建桥，1999；陆正飞、魏涛，2006；张祥建、郭岚，2006）的做法，本文采用应计利润分离模型将总应计利润区分为非可操纵性应计利润和可操纵性应计利润。其中，非可操纵性应计利润是企业正常的应计利润，而可操纵性应计利润是企业出于某种动机而进行的盈余管理。相关的应计利润分离模型很多，Dechow 等（1995），Subramanyam（1996），Bartov，Gul，Tsui（2001）和夏立军（2003）等通过对美国市场和中国市场的盈余管理计量模型的检验，发现基于行业分类的横截面修正的 Jones 模型能较好地估计可操纵性应计利润。另外，Kothari 等（2005）的研究表明，在修正的 Jones 模型加入 ROA 能够更好地估计可操纵性应计利润，Ken Y. Chen，Randal J. Elder，Yung-Ming Hsieh（2007）也应用了这一模型。基于此，本文采用修正的 Jones 模型（考虑业绩）来估计定向增发新股公司的盈余管理程度。[①] 其具体的估计过程如下。

（1）计算总应计利润（Total Accruals，TA）。

$$TA_{i,t} = NI_{i,t} - CFO_{i,t} \tag{1}$$

其中，$TA_{i,t}$ 为 i 公司第 t 年的总应计利润；NI_{it} 为 i 公司第 t 年的净利润；$CFO_{i,t}$ 为 i 公司第 t 年的经营活动产生的现金净流量。所有变量都除以 t-1 年年末总资产进行标准化处理，以消除公司规模差异造成的影响。

（2）计算非可操控性应计利润（Non-discretionary Accruals，NDA）。

表 2 定向增发新股公司与控制样本的比较

	均值	t 值	中位数	z 值	标准差	最小值	最大值
总资产（万元）							
样本组	383676	−0.16	243688	−0.08	407436	15803	2230553
控制组	391267	(0.87)	241582	(0.94)	421474	14794	2292337
净利润（万元）							
样本组	21492	0.729	9818	−2.43	50249	−149609	468892
控制组	17855	(0.467)	5494	(0.02)	35155	−39806	293523
经营现金流量（万元）							
样本组	20774	−1.112	10965	−0.73	52123	−147119	292695
控制组	27297	(0.267)	10941	(0.46)	49816	−244359	252343

$$NDA_{i,t} = \beta_0 + \beta_1 \frac{1}{A_{i,t-1}} + \beta_2 \frac{\Delta REV_{i,t} - \Delta REC_{i,t}}{A_{i,t-1}} + \beta_3 \frac{PPE_{i,t}}{A_{i,t-1}} + \beta_4 ROA_{i,t-1} \tag{2}$$

其中，$NDA_{i,t}$ 表示 L 公司第 t 年经过 t-1 年年末总资产标准化处理的非可操控性应计利润；$\Delta REV_{i,t}$ 表示 i 公司第 t 年的营业收入增加额，用以解释公司经营业绩和经济环境的变化对总应计利润的影响；$\Delta REC_{i,t}$ 表示 i 公司第 t 年的应收账款增加额；$PPE_{i,t}$ 表示 i 公司

---

① 为了统一口径，本文估计定向增发新股公司的盈余管理程度使用的财务数据均为经新准则调整后的财务数据。

第 t 年年末的固定资产，用来表示公司的资产规模；$ROA_{i,t-1}$ 表示 i 公司第 t-1 年的总资产报酬率；$A_{i,t-1}$ 是 i 公司第 t-1 年年末的总资产，各变量除以 $A_{i,t-1}$ 是为了消除公司规模的影响。

公式（2）中的参数 $β_0$、$β_1$、$β_2$、$β_3$、$β_4$ 是使用行业截面数据通过下面公式估计得到：

$$TA_{i,t} = b_0 + b_1\frac{1}{A_{i,t-1}} + b_2\frac{\Delta REV_{i,t} - \Delta REC_{i,t}}{A_{i,t-1}} + b_3\frac{PPE_{i,t}}{A_{i,t-1}} + b_4ROA_{i,t-1} + \varepsilon_{i,t-1} \qquad (3)$$

其中，$TA_{i,t}$ 为 i 公司第 t 年经过 t-1 年年末总资产标准化处理的总应计利润；b_0、b_1、b_2、b_3 和 b_4 分别是参数 $β_0$、$β_1$、$β_2$、$β_3$、$β_4$ 的估计值；$\varepsilon_{i,t}$ 是随机误差项。

（3）计算可操控性应计利润（Discretionary Accruals，DA）

用总应计利润减去非可操纵性应计利润，可得到代表盈余管理程度的可操纵性应计利润（DA），即：

$$DA_{i,t} = TA_{it} - NDA_{i,t} \qquad (4)$$

在分析过程中，本文使用定向增发新股样本公司所在行业上市公司的截面数据对公式（3）进行 OLS 估计，估计过程每年进行一次。由于股票发行事件可能对估计结果产生影响，因此剔除了估计期间相关行业中实施 IPO、配股等股权融资的公司（张祥建，2007）。

（三）模型的估计结果

本文使用 2004~2007 年与定向增发新股样本公司对应行业中上市公司的数据对修正的 Jones 模型（考虑业绩）进行 OLS 估计。如果某年度的行业数据太少，不足以保证估计的有效性，那么就取消对该年度该行业的估计。各行业上市公司的平均数量为 57 家，最小数量为 10 家，最大数量为 199 家。

表 3 列示的是修正的 Jones 模型（考虑业绩）估计结果的描述性分析。从表 3 可以看出，Adjusted R^2 均值为 17.99%，F 值平均为 5.818，并在 1%水平下通过了显著性检验，说明修正的 Jones 模型（考虑业绩）能够较好地估计盈余管理程度。

表 3 修正的 Jones 模型（考虑业绩）估计结果的描述性分析

	均值	标准差	中位数	最小值	1/4 分位数	3/4 分位数	最大值
b_0	0.020	0.128	-0.020	-0.481	-0.058	0.021	0.731
b_1	2855182	35011508	2537185	-123591128	-14094736	19853185	115901037
b_2	-0.026	0.233	-0.005	-1.538	-0.058	0.078	0.519
b_3	-0.062	0.235	-0.044	-1.453	-0.124	0.005	0.796
b_4	0.470	0.867	0.261	-1.131	0.069	0.609	6.203
Adjusted R^2	17.99%	0.207	14.65%	-25.30%	5.93%	30.70%	80.40%
D.W.	2.043	0.306	2.036	1.099	1.861	2.195	3.034
F	5.818***	11.007	3.151	0.196	1.461	5.672	92.643
观测数量	57	41	50	10	26	76	199

注：*、**、***分别表示双尾检验在 10%、5%、1%的显著性水平上显著。

（四）回归模型和变量定义

为了研究各种解释变量对上市公司定向增发新股前一年盈余管理程度的影响，本文构建了下面的回归模型：

$$DA = \beta_0 + \beta_1 AC + \beta_2 Ln(Size) + \beta_3 Leverage + \beta_4 CE + \beta_5 TOP + \varepsilon \tag{5}$$

$$DA = \beta_0 + \beta_1 Ln(Size) + \beta_2 Leverage + \beta_3 CE + \beta_4 AC \times TOP + \varepsilon \tag{6}$$

其中，各个变量的含义如下：

DA：上市公司定向增发新股前一年的可操纵性应计利润。本文采用修正的 Jones 模型（考虑业绩）来估计可操纵性应计利润。

AC：表示定向增发新股类型，若为资产收购型定向增发新股，则取值为 1，否则为 0。

Ln（Size）：度量公司规模的指标。本文用定向增发新股前一年年末公司总资产的自然对数来衡量。公司规模越大，大股东从上市公司和其他股东获取的收益就越多，大股东就越具有实施盈余管理的动力（Watts 和 Zimmerman，1986）。但是，由于大公司受到来自政府监督部门、机构投资者、证券分析师和投资者等的监督、关注也比较多，倾向于向公众提供更多的信息，因而实施盈余管理的成本可能较大（Rajan 和 Zingdes，1995；Dechow 和 Dichev，2002）。可见，公司规模与盈余管理之间存在一定的关系。

Leverage：定向增发新股前一年年末公司的资产负债率。高负债能够促使企业实施增加应计利润的盈余管理行为，面临强制性条款契约的企业具有较高的可操纵性应计利润（DeFond 和 Jiambalvo，1994；Sweeney，1994）。然而债务契约带来的会计稳健性（Watts，2003）会使负债比率与盈余管理负相关。DeAngel 等（1994）发现，陷入财务危机的公司为了获得债权人更多的让步，可能会进行负向盈余管理。因此，负债对盈余管理也有影响。

CE：定向增发新股前一年公司的资本支出。本文以构建固定资产等长期资产的支出除以年初总资产进行标准化处理后来衡量资本支出。资本支出直接影响到企业的资本密度，并影响企业盈余管理的程度。Francis 等（1999）认为，企业的资本密度主要是影响长期应计利润，企业的资本密度越低，盈余管理的可能性就越大。Burgstahle 和 Dichev（1997）的研究表明，拥有较高流动资产或流动负债的公司拥有更多操纵盈余的空间。因此资本支出应该与可操性应计利润呈负相关关系，因为资本支出的增加会导致折旧的增加，从而造成净利润的减少。

TOP：第一大股东持股比例。本文采用 CCER 数据库对第一大股东持股比例的定义，即持股比例最大的股东持有的股票数量占总股本的比例。大量的实证研究表明，第一大股东的持股比例越大，其操纵盈余的动机和能力就越强（Fan 和 Wong，2002；Ming 等，2003；孟焰、张秀梅，2006；王化成、佟岩，2006；等等）。

AC×TOP：表示定向增发新股类型与第一大股东持股比例的交乘项。

ε：随机扰动项。

四、上市公司定向增发新股前一年盈余管理的存在性检验

（一）定向增发新股公司盈余管理的时间序列分布

根据修正的 Jones 模型（考虑业绩）的估计结果，可以计算出每家定向增发新股公司相关年度的可操纵性应计利润。表4列示了不同类型定向增发新股公司增发前两年与当年共3个年度可操纵性应计利润的时间序列分布，表中数据均经过上一年年末总资产的标准化处理。

从表4可以看出，从−2到0年，不同类型定向增发新股公司的可操纵性应计利润时间序列分布情况存在差异。对于资产收购型定向增发新股，上市公司定向增发新股前两年的可操纵性应计利润均为负值，且前一年的可操纵性应计利润小于其前两年的可操纵性应计利润，但在统计检验上不显著。这可以在一定程度上说明资产收购型定向增发新股公司在增发前进行了负的盈余管理。而对于资金募集型定向增发新股，上市公司3年（−2，0）的盈余管理程度均为正值，且定向增发新股当年及前一年盈余管理程度较高，并且统计检验高度显著。这表明，资金募集型定向增发新股公司在增发前一年加大了正的盈余管理程度。从而初步验证了本文提出的假设1。

表4　不同类型定向增发新股公司可操纵性应计利润的时间序列分布

类型	资产收购型			资金募集型		
年度	均值	t 值	中位数	均值	t 值	中位数
−2	−0.008	−0.390	−0.019	0.001	0.126	0.004
−1	−0.024	−1.338	−0.008	0.019	2.378**	0.014
0	0.085	1.666	0.055	0.064	3.430***	0.039

注：*、**、*** 分别表示双尾检验在10%、5%、1%的显著性水平上显著。

（二）定向增发新股公司与控制样本的比较分析

通过对上市公司盈余管理的时间序列分布的分析，可以初步看出上市公司定向增发新股前一年存在盈余管理，且盈余管理程度与定向增发新股类型相关。但这种分析只对定向增发新股的上市公司盈余管理进行了纵向对比，而没有考虑行业和公司规模等因素的影响，从而有可能影响统计结果的有效性。因此，有必要对定向增发新股公司与控制样本之间的差异进行比较分析。本文将样本公司与控制样本的可操纵性应计利润之差作为衡量两者差异的指标进行了检验。

表5描述了定向增发新股公司前两年的可操纵性应计利润与控制样本公司可操纵性应计利润的比较及其统计检验结果。从表5可以看出，对于资产收购型定向增发新股，样本公司与控制样本公司比较，在定向增发前一年两者的可操纵性应计利润差异小于零，其均值（中位数）为−0.057（−0.025），且在5%水平上高度显著，在定向增发前两年两者的可操纵性应计利润差异也小于零，其均值（中位数）为−0.003（−0.002），但统计检验不显著。而对于资金募集型定向增发新股，样本公司与控制样本公司比较，在定向增发前一年的可操纵性应计利润两者的差异大于零，其均值（中位数）为0.018（0.009），且在10%水平上高度显著，但在定向增发前两年两者的可操纵性应计利润差异小于零，但统计检验不显著。这一统计结果进一步验证了上市公司定向增发新股前存在盈余管理，并且当上市公司向其控股股东及其子公司定向增发新股收购控股股东及其子公司的资产时，进行了负的盈余管理；向其他机构投资者定向增发新股募集资金时，进行了正的盈余管理。从而进一步验证了本文提出的假设1。

表5　不同类型定向增发新股公司与控制样本的盈余管理程度差异分析

类型	资产收购型			资金募集型		
年度	均值	t 值	中位数	均值	t 值	中位数
−2	−0.003	−0.126	−0.002	−0.007	−0.564	−0.005
−1	−0.057**	−1.979	−0.025	0.018*	1.735	0.009
0	0.100*	1.691	0.104	0.049**	2.009	0.022

注：①*、**、*** 分别表示10%、5%、1%水平上双尾检验显著；②平均数采用 t 检验，中位数采用非参数 Wilcoxon–Z 检验。

五、上市公司定向增发新股前一年盈余管理程度影响因素的实证检验

表6列示了资产收购型及资金募集型两种类型定向增发新股的盈余管理程度及相关变量的描述性统计结果。从表6可以看出，定向增发新股公司全样本的可操纵性应计利润平均值（中位数）为0.009（0.013），说明了上市公司在定向增发新股前一年存在正盈余管理；样本公司的公司规模平均值（中位数）为21.594（21.612），标准差为0.993；样本公司的资产负债率平均值（中位数）为0.580（0.595）；定向增发新股公司的资本支出平均值（中位数）为0.099（0.059）；样本公司第一大股东持股比例的平均值（中位数）为0.385（0.382）。另外，从表6还可以看出，资产收购型定向增发新股公司的可操纵性应计利润均值（中位数）为−0.024（−0.008）要小于资金募集型定向增发新股公司的可操纵性应计利润平均值（中位数）0.019（0.014）。通过资产收购型及资金募集型两种类型定向增发新股的盈余管理程度的比较，发现资产收购型定向增发新股公司的盈余管理程度要小于

资金募集型定向增发新股公司的盈余管理程度，两者之间的差异均值为-0.043，中位数为-0.022，并且在5%水平下高度显著。

表6 变量的描述性统计结果

变量		样本数	均值	中位数	标准差	最小值	最大值
公司规模（Ln（Size））		145	21.594	21.612	0.993	18.878	23.828
资产负债率（Leverage）		145	0.58	0.595	0.184	0.108	1.654
资本支出（CE）		145	0.099	0.059	0.094	0	0.524
第一大股东持股比例（TOP）		145	0.385	0.382	0.141	0.11	0.8
盈余管理程度（DA）	全样本	145	0.009	0.013	0.091	-0.393	0.42
	资产认购型定向增发新股（AC=1）	32	-0.024	-0.008	0.103	-0.39	0.2
	募集资金型定向增发新股（AC=0）	113	0.019	0.014	0.085	-0.21	0.42
	两组比较	t检验			Wilcoxon检验		
		均值		t值	中位数		Z值
		-0.043		-2.429**	-0.022		-1.955**

注：①*、**、*** 分别表示10%、5%、1%水平下双尾检验显著；②平均数采用t检验，中位数采用非参数Wilcoxon-Z检验。

表7描述了各变量之间的Pearson相关系数。从表7可以看出，AC与DA的相关系数为-0.199，且在5%水平下高度显著。这说明，资产收购型定向增发新股公司在增发前一年的盈余管理程度要比资金募集型定向增发新股公司在增发前一年的盈余管理程度小19.9%；CE与DA的相关系数为-0.211，且在5%水平上高度显著。这说明，资本支出越大，上市公司在定向增发新股前一年的盈余管理程度越小；Ln（Size）、Leverage、TOP与DA的相关系数分别为0.114、0.012、0.018，但都不显著。另外，从表7还可以看出，各解释变量之间的相关系数绝对值均小于0.3，表示各解释变量之间的线性相关关系较弱，这说明各解释变量之间的独立性较强，从而排除了各解释变量之间存在严重的多重共线性问题。

表7 变量的相关性分析

	DA	AC	Ln（Size）	Leverage	CE	TOP
DA	1	-0.199**	0.114	0.012	-0.211**	0.018
AC		1	0.085	-0.146	0.009	0.133
Ln（Size）			1	0.105	0.060	0.187**
Leverage				1	-0.130	-0.053
CE					1	0.020
TOP						1

注：表中是Pearsan相关系数，*、**、*** 分别表示10%、5%、1%水平下双尾检验显著。

为了进一步验证本文的假设和描述性统计分析的结果，本文运用多元回归模型（1-5）和模型（1-6）来分析各种解释变量对上市公司定向增发新股前一年盈余管理程度的影响。表8是各种解释变量对上市公司定向增发新股前一年盈余管理程度的影响的多元回归检验结果。从表8可以看出，资产收购型定向增发新股前一年盈余管理程度比资金募集型定向增发新股前一年盈余管理程度要小于4.9%，且在1%水平上高度显著；发行公司规模对可操纵性应计利润有正面影响，发行规模每增加1%，可操纵性应计利润将增加1.4%，且在10%水平下显著。这表明，公司规模越大，上市公司实施盈余管理的可能性就越大，这一结果与Watts和Zimmerman（1986）的研究结论相吻合；资产负债率对可操纵性应计利润有负面影响，资产负债率每增加1%，可操纵性应计利润将减少3.2%，但统计检验不显著。这说明资产负债率对上市公司盈余管理的影响程度并不明显，这可能与我国债务融资对上市公司的"软约束"有关（孙永祥，2002；田利辉，2005）；资本支出对盈余管理程度有显著的负向影响，资本支出的程度每增加1%，可操纵性应计利润将减少22.0%，并且在1%水平上高度显著，表明上市公司并没有通过增加资本支出来实施盈余管理，这与张祥建（2007）的研究结论一致。第一大股东的持股比例对盈余管理程度有正面影响，第一大股东的持股比例每增加1%，可操纵性应计利润将增加1.3%，但统计检验不显著。资产收购型定向增发新股与第一大股东的持股比例交乘项的参数估计系数为-0.079，且在5%水平下显著。这表明，在资产收购型定向增发新股中，随着第一大股东持股比例的逐渐增加，负的可操纵应计利润越大。资金募集型定向增发新股与第一大股东的持股比例交乘项的参数估计系数为0.069，且在10%水平下显著。这说明在资金募集型定向增发新股中，第一大股东持股比例越大，正的可操纵性应计利润就越大。这一回归结果表明大股东的持股比例与盈余管理的程度正相关，从而验证了本文提出的假设2。

表8　多元回归统计结果

回归统计量	(1)	(2)	(3)
Constant	−0.242 (−1.517)	−0.253 (−1.574)	−0.237 (−1.474)
AC	−0.049 (−2.708)***		
Ln（Size）	0.014 (1.810)*	0.014 (1.879)*	0.012 (1.603)
Leverage	−0.032 (−0.786)	−0.028 (−0.672)	−0.022 (−0.540)
CE	−0.22 (−2.795)***	−0.213 (−2.688)***	−0.213 (−2.686)***
TOP	0.013 (0.247)		
AC×TOP		−0.079 (−1.992)**	0.069 (1.829)*
样本数	145	145	145
D.W.	1.973	1.962	1.962

回归统计量	(1)	(2)	(3)
Adj.R^2	0.077	0.062	0.057
F-Value	3.381**	3.345**	3.180**

注：*、**、*** 分别表示 10%、5%、1%水平下双尾检验显著；表中第二栏的 AC×TOP 表示资产收购型定向增发新股与第一大股东持股比例的交乘项，而第三栏的 AC×TOP 表示资金募集型定向增发新股与第一大股东持股比例的交乘项。

六、定向增发新股盈余管理的经济后果

企业会计盈余与股票价格之间具有正相关关系（Bernard 和 Thomas，1990），盈余管理导致错误的会计信息，不仅使资源的配置不合理，而且将误导投资者对企业股票的错误定价。盈余管理使会计收益的年度转移，不管是使定向增发新股年份的会计盈余增加还是减少，最终都要将转移的盈余转回，这将使定向增发新股后年份的盈余增加或减少，这些信息将在上市公司的股价上得到反映。为了检验盈余管理与上市公司股价的关系，本文选用投资者持有期回报率（Holding Period Return）来检验未来股票收益的变化。计算公式如下：

$$HPR = \left\{ \prod (1 + R_{i,m}) \right\} - 1 \tag{7}$$

$$HPR = \left\{ \prod (1 + R_{i,m}) - \prod (1 + R_{m,m}) \right\} \tag{8}$$

其中，$R_{i,m}$ 为上市公司定向增发新股后每个月的回报率；$R_{m,m}$ 为定向增发新股后每个月的同期市场回报率（上证综合 A 股指数回报率或深圳成份 A 股指数回报率）。对每家定向增发新股公司，本文分别计算其 12 个月的 HPR 和 HPAR。为了检验定向增发新股公司的盈余管理与投资者持有期回报率的关系，本文研究了上市公司定向增发新股前一年的盈余管理程度对定向增发新股后股票价格表现的影响。根据定向增发新股前一年平均可操纵性应计利润的程度，本文将样本以四分位点进行分层，将样本公司分为 3 个组别：保守型（DA < 0）、中庸型（0≤DA < 0.0485）、激进型（DA≥0.0485）。通过计算每组样本公司定向增发新股后投资者的持有期原始回报率和异常回报率的变化，来分析股票价格与可操纵性应计利润的关系。

表 9 列示了不同组别的 12 个月持有期原始回报率和异常回报率与可操纵性应计利润关系的情况。从表 9 可见，随着盈余管理程度的增加，无论是持有期原始回报率还是持有期异常回报率都呈下降趋势，这表明盈余管理程度与股票价格表现之间存在负相关关系。

表 10 列示了不同类型定向增发新股的持有期回报率。从表 10 可见，资产收购型定向增发新股在 12 个月持有期异常回报率均值（中位数）为-8.59%（-11.93%），要大于资金募集型定向增发新股的-21.39%（-17.24%），说明资产收购型定向增发新股公司股票下跌的幅度要小于资金募集型定向增发新股公司股票下跌的幅度。因为在上市公司发行新股之

后股票价格都要下跌（Masulis 和 Korwar，1986；Mikkelson 和 Partch，1986；Brous 和 Kini，1994；提云涛，2000；刘力等，2003），但由于资产收购型定向增发新股公司在发行新股前进行了负的盈余管理，定向增发新股之后的第一年开始充回隐藏的盈余，因而其股票价格下跌较少；而资金募集型定向增发新股公司在发行新股前进行了正的盈余管理，定向增发新股之后的第一年开始充回多积的盈余，因而导致其股票价格下跌较多。

通过以上分析可以得出，上市公司的盈余管理程度与定向增发新股后的股票价格呈负相关关系，且资产收购型定向增发新股公司比资金募集型定向增发新股公司在定向增发新股之后第一年的股价下跌较少。从而验证了本文提出的假设 3。

表 9　盈余管理与定向增发新股公司的持有期回报率

	全样本	保守型	中庸型	激进型	P 值（保守型~激进型）
HPR_{12} (%)	39.08	58.43	33.79	16.05	0.12
$HPAR_{12}$ (%)	−18.57	−3.16	−20.73	−39.85	0.07
样本量	145	57	52	36	—

表 10　不同类型定向增发新股的持有期回报率

	样本数	HPR_{12} (%)		$HPAR_{12}$ (%)	
		均值	中位数	均值	中位数
全样本	145	39.08	−14.59	−18.57	−16.13
资产认购型定向增发新股	32	62.54	4.9	−8.59	−11.93
资金募集型定向增发新股	113	32.43	−14.73	−21.39	−17.24

本文对中国上市公司定向增发新股前盈余管理的存在性、不同定向增发新股类型的盈余管理方式的差异、大股东持股比例与盈余管理程度的关系以及盈余管理的经济后果进行了理论分析，并用 2006~2007 年中国上市公司定向增发新股的数据进行了实证检验。本文研究发现：

（1）中国上市公司定向增发新股前一年存在盈余管理的动机。这一结果与先前的研究（陈小悦等，2000；黄新建，2004）表明上市公司配股、公开增发新股过程中普遍存在盈余管理现象的结论类似。

（2）中国上市公司定向增发新股盈余管理的方式与定向增发新股类型有关。当上市公司向其控股股东及其子公司定向增发新股收购控股股东及其子公司的资产时，进行负的盈余管理；当向其他机构投资者定向增发新股募集资金时，进行正的盈余管理。这说明中国上市公司在定向增发新股前有通过选择盈余管理的方式来进行利益输送的动机。

（3）中国上市公司定向增发新股盈余管理的程度与第一大股东的持股比例有关。第一大股东的持股比例越高，盈余管理的程度越强。这说明上市公司的大股东有利用盈余管理来向控股股东进行利益输送的动机，也证明了中国上市公司在融资过程中存在大股东侵占小股东利益的现象。

（4）中国上市公司定向增发新股前的盈余管理程度越高，定向增发新股后的股票价格表现越差。这一结论与上市公司的"盈余管理"是在发行新股后公司股票的异常回报率下降的原因（Teoh 等，1998a，1998b）的观点一致。

本文研究的政策意义在于：通过对中国上市公司定向增发新股过程中盈余管理行为的研究，揭示了不同定向增发新股类型上市公司盈余管理的方式，也证明了大股东的持股比例对定向增发新股上市公司盈余管理程度的影响，还分析了上市公司定向增发新股盈余管理的经济后果。这一研究进一步说明中国上市公司在发行新股过程中存在盈余管理问题，而中国上市公司在发行新股过程中进行盈余管理的动机是为了向大股东输送利益，因此，这一研究也进一步证明中国上市公司存在大股东侵犯小股东利益的现象。这就要求有关监管部门要加强对中国上市公司定向增发新股行为的监管，尤其要加强对中国上市公司盈余管理行为的监管，同时，也要求上市公司要进一步完善公司治理结构，切实保护中小股东的利益，促进中国上市公司定向增发新股融资的健康发展。

本文的不足之处在于：中国上市公司定向增发新股是股权分置改革开始后才出现的新生事物，定向增发新股中的盈余管理问题还有待进一步观察。另外，大股东参与定向增发新股认购的股份需满 3 年才能上市流通，机构投资者认购的定向增发新股的股份需满一年才能上市流通，在大股东、机构投资者认购定向增发新股股份可以上市流通之前是否存在盈余管理问题也值得进一步研究。

参考文献

[1] 孙铮，王跃堂. 资源配置与盈余操纵之实证研究 [J]. 财经研究，1999（4）.

[2] 李增泉，余谦，王晓坤. 掏空、支持与并购重组 [J]. 经济研究，2005（1）.

[3] 白重恩，刘俏，陆洲，宋敏，张俊喜. 中国上市公司治理结构的实证研究 [J]. 经济研究，2005（2）.

[4] 陆建桥. 中国亏损上市公司盈余管理实证研究 [J]. 会计研究，1999（9）.

[5] 张祥建，郭岚. 大股东控制与盈余管理行为研究：来自配股公司的证据 [J]. 南方经济，2006（1）.

[6] 夏立军. 盈余管理计量模型在中国股票市场的应用研究 [J]. 中国会计与财务研究，2003（2）.

[7] 张祥建，郭岚. 股权再融资、盈余管理与大股东的寻租行为 [J]. 当代经济科学，2007（4）.

[8] 孟焰，张秀梅. 上市公司关联方交易盈余管理与关联方利益转移关系研究 [J]. 会计研究，2006（4）.

[9] 王化成，佟岩. 控股股东与盈余质量——基于盈余反应系数的考察 [J]. 会计研究，2006（2）.

[10] 陆正飞，魏涛. 配股后业绩下降：盈余管理后果与真实业绩滑坡 [J]. 会计研究，2006（8）.

[11] 林舒，魏明海. 中国 A 股发行公司首次公开募股过程中的盈利管理 [J]. 中国会计与财务研究，2000（4）.

[12] 张祥建. 大股东控制下的配股融资与盈余管理研究 [M]. 上海：上海财经大学出版社，2007.

[13] 蒋义宏，魏刚. 净资产收益率与配股条件 [M]. 上海：上海财经大学出版社，1998.

[14] 陈小悦，肖星，过晓艳. 配股权与上市公司利润操纵 [J]. 经济研究，2000（1）.

[15] 黄新建，张宗益. 中国上市公司宣布配股信息前后的盈余管理 [J]. 重庆大学学报，2004（6）.

[16] 陆宇建. 从 ROE 与 ROA 的分布看中国上市公司的盈余管理行为 [J]. 经济问题探讨，2002（3）.

[17] 俞向前，万威武. 中国上市公司收入平滑盈余管理对股价影响的实证研究 [J]. 西安交通大学学报，2006（5）.

［18］刘力，王汀汀，王震. 中国 A 股上市公司增发公告的负价格效应及其二元股权结构解释［J］. 金融研究，2003（8）.

［19］孙永祥. 所有权、融资结构与公司治理机制［J］. 经济研究，2001（1）.

［20］提云涛. 沪深证券市场上市公司配股累计异常收益分析［J］. 申银万国证券公司工作论文，2000.

［21］田利辉. 国有产权、预算软约束和中国上市公司杠杆治理［J］. 管理世界，2005（7）.

［22］Bartov, E., F. A. Gul, J. S. L. Tsui, 2001, "Discretionary Accruals Models and Audit Qualifications", Journal of Acconnting and Economics, 30, pp.421–452.

［23］Bernard, V. L., J. K. Thomas, 1990, "Evidence that Stock Prices do not Fully Reflect the Implications of Current Earnings for Future Earnings", Journal of Accounting and Economics, 13, pp.304–340.

［24］Brous, P. A., Kini, 0., 1994, "The Valuation Effects of Equity Issues and the Level of Institutional Ownership: Evidence from Analysts' Earnings Forecasts", Financial Management, 23, pp.33–46.

［25］Burgstahler D., Dichev L., 1997, "Earnings Management to Avoid Earnings Decreases and Losses", Journal of Accounting and Economics, 24, pp.99–126.

［26］Chaney, P. K., C. M. Lewis, 1995, "Earnings Management and Firm Valuation Under Asymmetric Information", Joarnal of Corporate Finance, 1, pp.319–345.

［27］Claessens, S., S. Djankov, L. P. H., Lang, 2002, "The Separation of Ownership and Control in East Asia Corporations", Journal of Accounting and Economics, 57, pp.2741–2771.

［28］DeAngelo, H., L. DeAngelo and D. J. Skinner, 1994, "Accounting Choice in Troubled Companies", Journal of Accounting and Economics, 17, pp.113–143.

［29］Dechow, P. M., R. G. Sloan and A. P. Sweeney, 1995, "Detecting Earnings Management", The Accounting Review, 70, pp.193–225.

［30］Dechow, P. M. and I. D. Dichev, 2002, "The Quality of Accruals and Earnings: the Role of Accrual Estimation Errors", The Accounting Review, 77, pp.113–143.

［31］DuCharme, L. L., P. H. Malatesta, S. E. Sefcik, 2004, "Earnings Management, Stock Issues and Shareholder Lawsuits", Journal of Financial Economics, 71, pp.27–44.

［32］Defond, M. L., J. Jiambalvo, 1994, "Debt Governant Effects and the Manipulation of Accruals", Journal of Accounting and Economics, 17, pp.145–176.

［33］Fan J. P. H. and T. J. Wong, 2002, "Corporate Ownership Structure and the in Formativeness of Accounting Earnings in East Asia", Journal of Accounting and Economics, 33, pp.401–425.

［34］Filatotchev, L., R. Kepelyushnikov, N. Dyomina, S.Aukusionek, 2001, "The Effects of Ownership Concentration on Investment and Performance in Privatized Firms in Russia", Managerial and Edcision Economics, 22, pp.299–313.

［35］Francis, J., K. Schipper, 1999, "Have Financial Statemenu Lost Their Relevance?", Journal of Accounting Research, 37, pp.319–353.

［36］Friedman, E., S. Johnson and T. Milton, 2003, "Propping and Tunneling", Journal of Comparative (Economics, 31, pp.732–750.

［37］Healy Paul M., Wahlen James M., 1999, "A Review of the Earnings Management Literature and Implications for Standard Setting", Accounting Horizons, 13, pp.365–383.

［38］Johnson, S., R. La Porta, F. Lopez-de-Silanes, and A.Shleifer, 2000, "Tunneling", American Economic Review, 90, pp.22–27.

［39］ Ken Y. Chen, Randal J. Elder, Yung-Ming Hsieh, 2007, "Corporate Governance and Earnings Management: The Implicalions of Corporate Governance Best -Practice Principles for Taiwanese Listed Companies", pp.2-33.

［40］ Kothari, S. P., A. J. Leone, C. E.Wasley, 2005, "Performance Matched Discretionary Accrual Measures", Journal of Accounting and Economics, 39, pp.163-197.

［41］ La Porta, R., F. Lopez-de-Silanes, A. Shleifer and R.W. Vishny, 2002, "Investor Protection and Corporate Valuation", Journal of Finance, 57, pp.1147-1170.

［42］ La Porta, R., F. Lopez-de-Silanes and A. Shleifer, 1999, "Corporate Ownership Around the World", Journal of Accounting and Economics, 54, pp.471-518.

［43］ La Porta, R., F. Lopez-de-Silanes, A. Shleifer and R.Vishny, 1998, "Law and Finance", Journal of Political Economy, 106, pp.1131-1150,

［44］ Masulis R. W., Korwar A., 1986, "Seasoned Equity Offerings: An Empirical Investigation", Journal of Accounting and Economics, 15, pp.91-118.

［45］ Mikkelson, W. H., Partch, M. P., 1986, "Stock Price Effects of Security Offerings and the Issuance Process", Journal of Accounting and Economics, 15, pp.31-60.

［46］ Ming Jing and T. J. Along, 2003, "Earning Management and Tunneling Through Related Party Transactions: Evidence from Chinese Corporate Groups", EFA Annual Conference Paper.

［47］ Rajan, R. G., L.Zingles, 1995, "What do We Know about Capital Structure? Some Evidence from International Data", The Journal of Finance, 50, pp.1421-1460.

［48］ Rangan, S., 1998, "Earnings Management and the Performance of Seasoned Equity Offerings", Journal of Financial Economics, 50, pp.101-122.

［49］ Scott, D. W., 1992, "Multivariate Density Estimation: Theory, Practice and Visualization", New York: Wiley, pp.335-370.

［50］ Sweeney, A. P., 1994, "Debt Covenant Violations and Managers' Accounting Responses", Journal of Financial Economics, 5, pp.281-308.

［51］ Subramanyam, K. R., 1996, "The Price of Discretionary Accruals", Journal of Accounting and Economics, 22, pp.249-281.

［52］ Teoh, S. H., I. Welch, T. J. Along, 1998a, "Earnings Management and the Under performance of Seasoned Equity Offerings", Journal of Financial Economics, 50, pp.63-99.

［53］ Teoh, S. H., T. J. along, G. R. Tao, 1998h, "Are Accruals During Initial Public Offerings Opportunistic?", Review of Accounting Studies, 3, pp.175-208.

［54］ Watts, R. L., J. L. Zimmerman, 1986, "Positive Accounting Theory", Englewood Cliffs: Prentice Hall, pp.225-228.

［55］ Watts, R., 2003, "Conservatism in Accounting Part I, Explanations and Implications", Accounting Horizons, 17, pp.207-221.

Private Placement and Earnings Management
——Empirical Evidence from Security Market of China

Zhang Weidong

Abstract: Earnings management during public companies issueing new shares has been hot topic focused on by scholar. This paper investigates earnings management during public companies' private placement. The study finds public companies of China have the motivations of earnings management at the year before private placement, and the way of earnings management is related to the type of private placement. The earnings management is negative when public companies issue new shares to dominant stockholders and their subsidiary companies in order to purchase their assets; the earnings management is positive when public companies issue new shares to other institutional investors in order to raise funds. The extent of public companies' private placement of China is related to the shareholding ratio of the largest shareholders. The higher largest shareholders' holding ratio, the stronger the extent of earnings management. This paper also finds, the higher the extent of earnings management before private placement, the lower stock price after private placement. It implies majority shareholders have motivations of transporting benefits to dominant stockholders when public companies of China privately issue new shares.This study provides theory foundation to enhance the supervisions on public companies' private placement of China and to improve public companies' governance structure.

Key Words: directional secondary offerings, directional secondary offerings type, earnings management, economic consequence

产品市场竞争、公司治理与信息披露质量 *

伊志宏　姜付秀　秦义虎

【内容提要】 信息披露质量是保护投资者利益、维持资本市场健康发展的关键要素。本文以2003~2005年深交所上市公司数据，考察了产品市场竞争、公司治理与信息披露质量之间的关系。研究结果表明，公司治理结构的合理安排能够对信息披露产生促进作用，而产品市场竞争则对某些公司治理机制产生了互补或替代的作用。这一结论意味着，在中国当前的制度背景下，要提升信息披露质量、保护投资者利益，有必要继续完善上市公司的治理结构。与此同时，在中国公司治理整体上存在诸多问题、而相应改革进展缓慢这一既定的前提下，通过降低进入壁垒等方式加强产品市场竞争，也可以有效提升公司的信息披露质量。

【关键词】 产品市场竞争；公司治理；信息披露质量

一、引　言

信息和激励一直是困扰现代资本市场的两大难题。对于迫切需要又快又好发展资本市场的新兴市场国家，如何将由其导致的交易成本降到最低更是一个关键问题。有研究表明，强化上市公司的信息披露是一项可能的解决方案。Healy和Palepu（2001）认为，良好的信息披露不仅能够削弱资金供求双方之间的信息不对称、提升资源在整个市场内的配置效率，还能够为外部投资者监督和评价公司管理层提供依据、降低道德风险与机会主义行为，因而对于促进资本市场的有效运转起到了不可忽视的作用。

然而，在中国资本市场上，上市公司的信息披露状况一直令人堪忧。根据普华永道PWC（2001）的一项调查，中国的信息不透明程度位居被调查的35个国家（地区）之首。

---

* 本文选自《管理世界》2010年第1期。

基金项目：本文为国家自然科学基金（项目编号：70972129、70972130）的阶段性研究成果。

作者单位：中国人民大学商学院。

因信息披露失真、不规范、不及时导致的上市公司破产整顿、高管人员内幕交易、中小投资者利益受损的案例屡屡发生，严重阻碍了上市公司与资本市场的健康发展，甚至为中国的金融与经济安全埋下了隐患。

为了维护市场稳定、保护投资者利益，相关部门继郑百文、银广夏之后陆续出台了《关于提高上市公司财务信息披露质量的通知》、《深圳证券交易所上市公司信息披露工作考核办法》、《关于进一步提高上市公司财务信息披露质量的通知》以及《上市公司信息披露管理办法》等多项政策法规，并修订了《会计法》，颁布了与国际接轨的《企业会计准则（2006）》。这些措施从行为规范上为提高上市公司的信息披露质量奠定了制度基础。但是，此后再度爆发的浙大海纳、杭萧钢构事件却表明，问题的根源并不在于信息披露制度或是公司会计部门，而在于混乱的公司治理。如 Ball、Rohin 和 Wu（2003）所言，制度或准则仅仅为高质量的信息披露提供了技术上的可能性，执行过程才是最为关键的必要条件。

通过公司治理安排，能够对内部人实现有效的激励和约束，从而降低他们对公司信息披露进行操纵的动机和可能性。可以发现，现有关于公司治理与信息披露质量之间关系的研究主要基于股权结构（Shleifer 和 Vishny，1986）与董事会特征（Beasley，1996）等视角，并得出了一些有意义的研究结论，尽管这些研究结论并不一致。与此同时，我们也发现，在公司的内部治理机制之外，还存在一些同样可以制约内部人的外部机制，例如产品市场竞争。激烈的产品市场竞争一方面压缩了公司的盈利空间，极大地影响了公司的内源融资能力；而另一方面，处于竞争激烈行业里的企业为了拓展新的业务领域、降低公司的经营风险，可能具有更为迫切的融资需求。在这种情况下，公司为了以较低的成本获取外部资金，必须尽可能地降低资金供需双方的信息不对称，并塑造一个良好的社会形象和市场形象。因此，产品市场竞争将对公司的信息披露产生一定的外部压力，从而促进信息披露质量的提升。Johnson 等（2000）也认为，即使在那些投资者利益保护较差的国家，只要公司的经营前景较好，而且具有外部融资需求，内部人便会迫于产品市场的压力善待投资者。那么，产品市场竞争与公司治理这两种不同的机制在促进信息披露质量提升方面，具有怎样的关系呢？现有研究并没有给出明确的答案。

本文基于深交所信息披露考评结果对产品市场竞争、公司治理与信息披露质量之间的关系进行了探讨。结果表明，公司治理结构的合理安排能够对信息披露产生促进作用，而产品市场竞争则对某些公司治理机制产生了互补或替代的作用。这一结论意味着，在中国当前的制度背景下，要提升信息披露质量、保护投资者利益，有必要继续完善上市公司的治理结构，并综合考虑产品市场的竞争情况为上市公司选择最为合适的治理机制。

本文的主要贡献有二：其一，本文是首次将产品市场竞争、公司治理与信息披露质量纳入一个研究框架的文献，对于深刻理解这三者之间的内在关系和信息披露质量的影响因素提供了可行思路；其二，本文基于深交所信息披露考评结果得出了有意义的研究结论，对于证券市场监管机构完善相关规定、提高上市公司质量具有较大的政策意义。

本文的结构安排如下：第二部分对相关文献进行了简要回顾；第三部分对研究样本与

变量进行了界定；第四部分以中国上市公司为例，采用 Logistic 模型对产品市场竞争、公司治理与信息披露质量之间的关系进行了实证分析；最后是本文的结论。

二、文献回顾与假设提出

信息披露的根本目的在于降低公司内外部的信息不对称，帮助外部投资者做出正确的评价和决策。而在两权分离的决策环境下，公司内部人有动机、也有能力操纵和扭曲信息披露，实现职位固守。通过对公司内部治理机制进行合理安排，能够对内部人与外部人的利益实现协同，从而约束内部人的这种道德风险行为。现有研究在讨论公司治理与信息披露质量的关系时，主要基于股权结构、董事会特征与高管激励等几个视角。

La Porta，Lopez De Silanes 和 Shleifer（1999）认为，各国在投资者保护与信息披露水平方面的差异，在很大程度上可以用该国公司股权结构的差异来解释，其中股权集中度与持股人身份是最为重要的两个方面。股权集中可以减少股权分散下的"搭便车"问题，使大股东具有足够的激励监督管理层，降低管理层利用信息披露侵占所有者利益的可能（Shleifer 和 Vishny，1986）。但是，股权集中也为大股东与管理层的合谋提供了条件。La Porta，Lopez De Silanes 和 Shleifer（1999）认为，当股权过度集中于大股东之手时，公司的控制权与现金流权发生背离，大股东具有以外部股东的利益为代价获取私有收益的动机，从而可能利用自身的信息强势和选择性披露误导外部股东。而持股人的身份则决定了其在治理过程中的利益动机。例如，Warfield 和 Wild（1995）认为，增加管理层或机构投资者的持股，能激励他们更好地监督信息披露，有效降低内部人进行操纵的可能。但是 Beasley（1996）发现，管理层持股超过一定比例则可能诱发"内部人控制"，他们为了获取私有收益可能利用职位优势操纵信息；而当机构投资者作为第一大股东时，他们对短期收益的偏好可能诱发公司披露信息的短视倾向。此外，Chau 和 Gray（2002）发现家族股东和法人股东在信息披露过程中具有消极作用。

董事会是"保护企业和管理层之间契约关系的重要机制"（Williamson，1988），其规模和构成对信息披露具有重要影响。理论上，大规模的董事会可能代表更多股东的利益，也可能囊括更多的专业知识和经验丰富的成员，这对于提高信息披露质量具有积极作用。但是 Beasley（1996）却发现，董事会规模较大的公司却更有可能发生财务报告舞弊，因为董事的增加产生更多的沟通协调成本，也更容易被管理层操控。在董事会构成中，独立董事或外部董事的比例越高，董事会被内部人操控的可能性也就越小，信息披露被操控的可能性也就越低（Beasley，1996）。Wright（1996）还提出，在内部和外部董事之外，还存在一种董事会成员——"灰色"董事，他们是外部董事，但是却与公司具有某种实质关联。他发现，"灰色"董事与内部董事一样，都会对信息披露产生消极影响。Chen 和 Jaggi（2000）等也得出了类似的经验证据。Gul 和 Leung（2004）还对董事长与总经理的两职合一进行了讨论，发现这种领导结构不利于信息披露质量提高。

上述文献表明，公司治理对企业的信息披露质量有着显著的影响。虽然上述文献主要是以西方发达市场为基础进行的研究，但对我国来说也是适用的。刘立国和杜莹（2003）发现我国的家族股东和法人股东在信息披露过程中具有消极作用。王斌和梁欣欣（2008）发现董事长与总经理的两职合一对企业的信息披露质量有负面影响。此外，高强和伍利娜（2008）还基于董事会秘书的任职情况进一步研究了我国现行董秘机制在信息披露中所起的作用。随着我国现代企业制度的逐步建立及公司治理机制的逐步完善，我国企业的公司治理机制的作用日益明显，在一定程度上能够对企业的信息披露质量产生影响，但不同治理机制的影响可能存在一定的差异。基于上述分析，我们提出如下假设：

假设 1：公司治理机制对企业的信息披露质量有着显著影响。

Alchian（1950）认为，在公司治理机制以外，来自产品市场的竞争压力同样可能在约束管理层方面产生积极的作用。根据 Alchian（1950）和 Stigler（1958）的经济变迁进化论，产品市场竞争是获取经济效率的最强大的力量，企业迫于外部环境的压力将自觉完善生产经营，从而解决可能存在的信息与激励问题。因而从某种意义上来说，仅仅凭借市场竞争的力量就可以完全解决两权分离所产生的信息和激励问题。为了对 Alchian（1950）以及 Stigler（1958）的经验判断提供正式的证明，Hart（1983）提出了一个隐藏信息模型，模型中管理层的工资取决于所在企业的实际利润，市场竞争能够促使企业披露更多的信息从而降低管理层偷懒的可能。不过 Scharfstein（1988）指出，Hart（1983）的结论是否成立还取决于管理层效用函数，如果假设管理层对收入水平的边际效用严格为正，那么上述结论将会发生颠倒，产品市场竞争不仅不能替代公司治理，反而可能激化管理层的激励问题。

Schmidt（1997）基于竞争的非信息效应视角构建了一个多阶段博弈模型，他发现产品市场竞争对管理层激励具有两种不同效应，一方面，竞争可能产生清算压力从而对管理层产生积极作用；另一方面，竞争又可能降低利润水平从而降低管理层积极工作的激励。两种效应综合起来构成了一种非线性关系，当产品市场由完全垄断向竞争过渡时，与公司治理之间是替代关系，能够使管理层工作更加积极，而市场竞争程度的进一步提升则将产生相反的作用。因此，产品市场竞争与公司治理之间可能存在某种"状态依存"，一个成功的治理系统应当是内部治理体系与产品市场竞争的有机结合，日本的竞争性主银行制企业集团也许就是一个例子（Mayer，1997）。

在经验证据上，一些研究对替代效应提供了支持，Nickell、Nicolitsas 和 Dryden（1997）对英国企业的研究发现，产品市场竞争、股东控制和负债水平都能够对生产力增长产生积极作用，其中产品市场竞争与股东控制之间具有相互替代的关系。蒋荣和陈丽蓉（2007）基于 CEO 变更视角的研究也发现，中国产品市场竞争在一定程度上增强了对 CEO 的监督，具有一定的替代效应。也有一些研究对互补效应提供了支持，Januszewski、Koke 和 Winter（1999）对德国企业的研究发现，产品市场竞争对生产增长率具有积极作用，而股权集中对于生产增长率则具有消极作用，产品市场竞争在一定程度上能够对股权集中的消极作用提供补充。Grosfeld 和 Tressel（2002）对波兰企业的研究也得出了类似的结论。

从国内研究来看，张功富和宋献中（2007）从过度投资的角度检验了产品市场竞争与公司治理的关系，他们发现在竞争激烈的行业中公司治理抑制企业过度投资的边际效应更强，体现出互补关系。陈晓和江东（2000）对三个不同竞争程度行业的研究发现，不同类型的股东在公司治理中发挥的作用具有"状态依存"的特征，即股东在不同行业中的动机和特征均具有差异。但正如牛建波和李维安（2007）所认为的，不同公司治理机制与产品市场竞争之间存在不同的内在关系，他们发现股权结构与产品市场竞争为互补关系，董事会治理、董事长兼任 CEO 与产品市场竞争则为替代关系。不同的治理机制具有不同的治理作用，而且它们的侧重点也各不相同，因此，它们和产品市场竞争这一外部环境之间的关系可能存在显著差异，在对公司信息披露质量的影响上，部分公司治理特征可能和产品市场竞争之间存在替代关系，其他公司治理特征与产品市场竞争之间可能存在互补关系。基于上述分析，我们提出如下假设：

假设 2：在对信息披露质量的影响上，公司治理机制和产品市场竞争之间存在一定的替代或互补关系。

三、研究设计

（一）主要变量定义

1. 产品市场竞争

在产业组织理论中，如何界定市场是一个难题。学术界公认，目前还没有一个合理的指标可以准确反映产品市场竞争。现有产业组织理论文献最常用的反映市场竞争强度的指标是行业的市场集中度比率（一般表示为 CRn）以及交叉价格弹性等。但是，集中度比率指标所度量的是行业中最大的 n 家厂商的产出占行业总产出的比例，它反映不出企业之间行为的相互影响程度，因此也难以准确衡量企业之间的竞争强度；而由于全体企业定价资料常常难以获取，因此，交叉价格弹性指标也难以计量。

为此，本文借鉴已有研究与实践[①]的做法，采用企业数目（N）和赫芬达尔—赫希曼指数（Herfindahl-Hirschman Index，以下简称 HHI 指数）[②] 两个指标度量产品市场竞争强度。

[①] 美国司法部在反托拉斯调查过程中即使用了赫芬达尔—赫希曼指数。

[②] HHI 指数（HHI）为反映市场集中度的综合指数，计算公式如下：

$$HHI = \sum (X_i/X)^2, \quad X = \sum X_i$$

其中，X_i 为产业内企业 i 的销售额。HHI 指数合理地反映了产业的竞争情况，当产业可容纳的企业数目一定时，HHI 指数越小，产业内相同规模的企业就越多，产业内的竞争也就越激烈；反之亦然。

由于难以得到行业内所有企业的财务数据，而且根据产业组织理论，行业的竞争更多体现为产业内大企业之间的竞争，因此本文根据国务院发展研究中心企业研究所编制的《中国大企业年度发展报告》①整理出产品市场竞争的相关数据。通过查阅 2003~2005 年的《中国大企业年度发展报告》，本文根据三级行业分类，以各行业规模超过 10 亿元的企业数目作为变量 N，并计算了各行业的 HHI 指数，最终得到 53 个三级分类行业的数据。所得数据不仅包含上市公司，还包含大量的非上市企业，较为全面地反映了中国产品市场的竞争情况。

2. 公司治理

公司治理的核心是约束和激励内部人按照投资者的利益行事。早期研究主要从股权结构、董事会特征与管理层激励三个方面进行考察（Shleifer 和 Vishny，1997），后期研究则倾向于构造综合指数从更全面的角度对公司治理进行度量，例如 Klapper 和 Love（2004）等。考虑到综合指数的构造常带有一定主观性，研究结论受指数构造方法的影响较大，本文选择从公司治理的各具体方面进行研究。本文具体考察股权结构、董事会特征与高管激励等三个方面。

（1）股权结构。考虑到我国上市公司普遍存在国有股独大、股份过度集中的股权特征，本文重点考察产权性质（State）与控股股东持股比例（First）两个方面。

（2）董事会特征。为了衡量董事会"保护企业和管理层之间契约关系"的程度，本文考察的董事会特征主要包括董事会规模（Board）、监事会规模（SpvBoard）、独董比例（Indirector）、董事会活跃度（Meet）以及两职合一状态（Dual）等几个方面。

（3）高管激励。根据主流研究的做法，本文从董事会持股比例（Bshare）、高管持股比例（Mshare）和高管薪酬（Salary）等几个方面考察。

3. 信息披露质量

现有研究在度量信息披露质量时所采用的手段主要包括信息披露评价指数，例如 Bushee 和 Noe（2000）等，以及是否适用 SEC 对会计与审计执行的豁免条款，例如 Wright（1996）。考虑到权威机构提供的信息披露评价指数通常具有较好的公正性和客观性，本文参考曾颖和陆正飞（2006）、高强和伍利娜（2008）等的做法，采用深圳证券交易所对上市公司信息披露质量的评级作为信息披露质量的度量。

深交所对上市公司信息披露考评的依据是 2001 年颁布的《深圳证券交易所上市公司信息披露工作考核办法》，考评内容包括及时性、准确性、完整性、合法性等四个方面，较为全面地衡量了上市公司信息披露质量，考评结果分为优秀、良好、及格和不及格 4 个等级。当考察信息披露评级是否达到"良好"等级时，本文即认为样本的信息披露质量较

---

① 报告中的大企业集团是指，列入国家统计局企调队统计范围且销售收入处于前 500 位的大企业集团。列入国家统计局企调队统计范围的企业集团包括：中央企业集团，由国务院主管部门批准的国家试点企业集团，由国务院主管部门批准的企业集团，由各省、自治区、直辖市人民政府批准的企业集团，以及资产总额在 5 亿元以上的其他各类企业集团。

好，令信息披露质量变量 Disclosure 为 1，否则为 0。

（二）研究方法与模型设计

为了检验产品市场竞争和公司治理在提升信息披露质量方面的内在关系，本文的实证检验包括两个步骤：第一，检验公司治理与信息披露质量的关系；第二，检验产品市场竞争与公司治理在提升信息披露质量方面具有怎样的关系。

为了实现第一步研究目标，本文根据信息披露质量的二级计分法构建了 Logistic 回归模型，具体如式（1）所示：

$$\text{Ln}\frac{P(\text{Disclosure}=1)}{1-P(\text{Disclosure}=1)} = \alpha + \beta \times \text{Governance} + \gamma \times \text{Control Variable} + \varepsilon \tag{1}$$

其中，Disclosure 为信息披露质量，取值 0 或 1，Governance 为公司治理变量，具体包含本文所研究的产权性质（State）、控股股东持股比例（First）、董事会规模（Board）、监事会规模（SpvBoard）、独董比例（Indirector）以及两职合一（Dual）等多个方面；α 为常数项，ε 为残差。

Control Varioble 为控制变量，本文参照相关研究，选取了公司规模、经营业绩、负债水平、会计事务所以及年度等可能直接影响信息披露质量的因素。

（1）公司规模（Size）。根据 Lev 和 Penman（1990），大规模公司对外部资金的依赖和需求较大，往往更有动机也更有能力避免不当信息披露所产生的巨大政治成本和经济后果。而 Lang 和 Lundholm（1993）也指出，规模较大的公司容易受到公众和管制的关注，媒体也更愿意发布大企业的相关信息，因此大规模企业发布信息的成本相对较低，信息披露质量也相对较高。

（2）经营业绩（ROE）。Singhvi 和 Desai（1971）认为，企业的业绩较好意味着良好的内部管理水平，为了拥有持续性的高层地位和薪酬水平，管理层具有较强的对外披露信息的动机；另外，业绩较差的企业管理层还具有强烈的动机掩饰经营亏损或业绩下降的真实原因，因此企业的经营业绩常与信息披露水平正相关。

（3）负债水平（Debt）。Jensen 和 Meckling（1976）指出，负债的使用可能激化公司内部新的委托—代理问题。一方面，随着负债水平的上升，公司"粉饰"合并报表、进行盈余管理的动机越强烈，从而信息披露质量也可能越低；另一方面，债权人通过设定保护性债务条款并积极参与公司监管，又能够促使公司披露更加充分、可靠的信息。因而，负债水平对信息披露质量的影响方向并不明确。

（4）公司的审计师所在事务所规模（Auditor）。根据 De Angelo（1981），规模较大的会计师事务所在财务造假后吊销执照的成本远远大于小规模会计师事务所，因此具有更大的坚持审计独立性的动机，从而对上市公司的信息披露质量产生积极的作用。

表1列示了本文所使用变量的具体定义及计算方法。

为了实现第二步研究目标，本文基于模型（1）对不同产品市场竞争环境下公司治理与信息披露质量的关系进行检验。具体而言，本文根据产品市场竞争程度对样本进行分组，对各组样本分别运用 Williams（2008）所提出的异质选择模型（Heterogeneous Choice Model）估计公司治理与信息披露质量的关系，并在比较回归系数的基础上得出相应结论。

表1　变量定义

变量	名称	计算方法
信息披露质量		
Disclosure	信息披露质量	当深交所信息披露考评结果为"良好"或"优秀"时，取1；否则取0
产品市场竞争		
N	企业数目	样本所在行业规模超过10亿元的企业数目
HHI	HHI指数	行业内企业主营业务收入的 Herfindahl–Hirschman 指数
公司治理		
State	产权性质	当终极控制人为国家、机关及国有事业单位时，取1；否则取0
First	控股股东持股比例	第一大股东持股比例
Board	董事会规模	董事会总人数
SpvBoard	监事会规模	监事会总人数
Indirector	独董比例	独立董事人数/董事会总人数
Dual	两职合一状态	当董事长兼任总经理时，取1；否则取0
Meet	董事会活跃度	董事会年度内开会次数
Bshare	董事会持股比例	董事会持股占总股本的比例×1000
Mshare	高管持股比例	高管持股占总股本的比例×1000
Salary	高管薪酬	高管薪酬的自然对数
控制变量		
Size	公司规模	总资产的自然对数
ROE	经营业绩	税后净利润/年末股东权益
Debt	负债水平	总负债/总资产
Auditor	审计师所在事务所规模	当审计事务所为国际四大事务所（普华永道、毕马威、德勤、安永）时，取1；否则取0
Yeart	年度哑变量	当样本选自2004（2005）年时，哑变量 Year2004（Year2005）分别取1；否则取0

（三）样本选取与数据来源

本文以 2003~2005 年为研究区间，以深交所的非金融行业上市公司为研究对象。在剔除了 2003 年之后上市的公司以及数据不全的样本之后，最终得到一个包含 779 个观测值的非平衡面板数据。需要说明的是，本文之所以选择 2003~2005 年为研究区间，主要是基于产品市场竞争数据的可得性；而之所以选择深交所上市公司，则主要是基于信息披露质量数据的可得性。

本文所用的产品市场竞争数据是根据 2003~2005 年《中国大企业集团年度发展报告》整理而来，信息披露质量数据来源于深交所网站，其他数据来源于国泰安的 CSMAR 数据库。

四、实 证 分 析

（一）描述性统计

2003~2005 年样本公司的信息披露考评结果分布情况如表 2 所示。

本公司的信息披露质量总体呈逐年上升趋势。其中，获得良好或优秀评级的样本所占比例之和由 68.98%上升为 78.93%，但获得优秀评级的样本在 2004 年有所回落，所占比例仅为 9.13%。与此同时，评级为不及格的样本在 2004 年与 2005 年均降低至 1%以下。

表 3 是对所有变量的描述性统计。从中可以发现，研究样本中高信息披露质量的约占 74.2%。样本所在行业总资产超过 10 亿元的企业数目平约为 43 家，但分布较为离散，最多可达 160 家，最少仅为 1 家；平均 HHI 指数为 0.167，分布同样非常离散，最大值为 1.000，最小值仅为 0.029。在股权结构方面，样本中国有企业所占比例高达 76.5%；第一大股东持股比例平均高达 42.2%，最高甚至达到 85%，反映出样本存在的国有股独大、股权过度集中的股权结构特征。在董事会方面，样本平均董事会规模为 11 人；平均监事会规模为 5 人，平均独立董事比例约为 30.3%，同时也存在少数未设立监事会、独立董事的样本；同时约有 9.1%的样本采用了董事长与总经理两职合一的职位设置模式。此外，其他变量的统计数据显示，约有 6.7%的样本聘请了国际四大会计师事务所。

表 2 2003~2005 年信息披露考评结果分布情况

信息考评 结果	2003 年		2004 年		2005 年		合计	
	样本数量 （家）	比例（%）	样本数量 （家）	比例（%）	样本数量 （家）	比例（%）	样本数量 （家）	比例（%）
优秀	34	12.41	24	9.13	31	12.81	89	11.42
良好	155	56.57	174	66.16	160	66.12	489	62.77
小计	189	68.98	198	75.29	191	78.93	578	74.19
及格	75	27.37	63	23.95	49	20.25	187	24.01
不及格	10	3.65	2	0.76	2	0.83	14	1.80
小计	85	31.02	65	24.71	51	21.08	201	25.81
合计	274	100.00	263	100.00	242	100.00	779	100.00

表 3 变量的描述性统计

变量	样本数量（家）	均值	标准差	中位数	最大值	最小值
Disclosure	779	0.742	0.438	1.000	1.000	0.000
N	779	43.096	28.464	43.000	160.000	1.000
HHI	779	0.167	0.234	0.076	1.000	0.029

续表

变量	样本数量（家）	均值	标准差	中位数	最大值	最小值
State	779	0.765	0.424	1.000	1.000	0.000
First	779	0.422	0.169	0.415	0.850	0.089
Board	779	10.453	2.307	10.000	19.000	4.000
SpvBoard	779	4.249	1.423	4.000	13.000	0.000
Indirector	779	0.303	0.077	0.308	0.571	0.000
Meet	779	10.167	2.903	9.000	20.000	4.000
Bshare	779	0.073	0.100	0.043	1.364	0.000
Mshare	779	0.158	0.148	0.165	1.468	0.000
Salary	779	13.551	0.827	13.862	15.094	12.196
Cr5	779	0.572	0.129	0.591	0.872	0.175
Dual	779	0.091	0.288	0.000	1.000	0.000
Size	779	21.352	0.936	21.339	24.231	17.917
ROE	779	0.067	0.057	0.058	0.349	−0.101
Debt	779	0.476	0.168	0.501	0.894	0.008
Auditor	779	0.067	0.250	0.000	1.000	0.000

（二）公司治理与信息披露质量

表 4 是对公司治理与信息披露质量关系的检验结果。为控制可能的异方差，本文使用了经怀特异方差修正的标准误；为解决同一公司之间可能的自相关问题，本文以样本公司为单位实行了群回归。

表4　公司治理与信息披露质量的相关性研究

变量	(1)	(2)	(3)	(4)	(5)	(6)	(7)	(8)	(9)	(10)	(11)	(12)	(13)
Stale	0.294*		1.119**										1.284**
First		0.493	2.324*										3.724**
State×First			−2.571*										−3.090*
Board				0.329*									0.607*
Board^2				−0.013*									−0.007*
SpvBoard					−0.045								−0.074
Indirector						1.948*							5.186*
Dual							0.352						0.443
Meet								0.026					0.067
Bshore									0.081*				1.745*
Mshare										0.596			0.929
Salary											0.108*		0.196*
Cr5												−0.409	−1.763*
Size	0.264**	0.285**	0.272**	0.296**	0.313***	0.312***	0.304***	0.298***	0.302***	0.302***	0.304***	0.300***	0.223*
ROE	9.099***	8.884***	9.000***	8.844***	8.926***	8.864***	8.904***	8.927***	8.989***	8.984***	8.937***	9.000***	9.591***
Debt	−1.114*	−1.208**	−1.121*	−1.228**	−1.284**	−1.333**	−1.225**	−1.247**	−1.283**	−1.298**	−1.256**	−1.252**	−1.071*
Auditor	−0.954***	−0.921***	−0.933***	−0.964***	−0.942***	−0.973***	−0.916***	−0.939***	−0.954***	−0.956***	−0.939***	−0.940***	−0.866***
Year 2004	0.550***	0.544***	0.528***	0.543***	0.535***	0.460**	0.548***	0.475**	0.499***	0.527***	0.535***	0.536***	0.403*

续表

变量	(1)	(2)	(3)	(4)	(5)	(6)	(7)	(8)	(9)	(10)	(11)	(12)	(13)
Year 2005	0.878***	0.887***	0.870***	0.872***	0.869***	0.791***	0.815***	0.812***	0.884***	0.915**	0.945***	0.864***	0.824***
截距项	−5.115**	−5.492**	−5.996**	−7.413***	−5.650**	−6.324***	−5.702**	−5.769**	−5.537**	−5.542***	−4.210	−5.362**	−8.818
样本数量	779	779	779	779	779	779	779	779	779	779	779	779	779
Wald Chi²	54.42***	52.55***	57.65***	52.51***	52.14***	57.33***	53.96***	51.69***	51.65***	51.57***	51.84***	51.68***	62.70***
Pseudo R²	0.077	0.076	0.081	0.077	0.075	0.079	0.076	0.075	0.076	0.076	0.076	0.075	0.095

注：回归使用了经怀特异方差修正的标准误，并以样本公司为单位实行了群回归。括号内是 Z 统计量，*、**、*** 分别表示在 10%、5%、1%的水平下显著（双尾）。

第（1）~（12）列是单独引入各公司治理变量的回归结果，第（13）列同时引入了所有公司治理变量。第（1）列显示，在控制其他因素的前提下，产权性质系数显著为正，说明国有产权的上市公司信息披露质量通常好于非国有产权公司。第（2）列考查了大股东持股比例，但是与 Shleifer 和 Vishny（1986）的理论预期不一致的是，此处并没有发现大股东持股有利于提高披露质量的显著证据。考虑到不同产权性质的控股股东在利益函数和决策目标上可能存在差异（La Porta、Lopez De Silanes 和 Shleifer，1999），而且由于中国经济体制的原因，不同性质大股东在持股比例、治理作用上具有完全不一样的特征，本文在第（3）列中同时考虑了产权性质与第一大股东持股比例。结果表明，对于非国有产权的样本公司，大股东持股的增加显著有益于提高披露质量；而对于国有公司，大股东的积极作用并没有体现在持股数量上，说明持股比例的上升没有产生激发国有股东积极行使监督权的作用。

考虑到董事会规模可能存在的非单调作用（Abbott、Parker 和 Peters，2000），对董事会规模的检验增加了平方项。由第（4）列可知，董事会规模与信息披露质量存在显著关系，一次项显著为正、二次项显著为负，说明董事会人数的增加总体而言有助于提升信息披露质量，但是这一积极作用在董事会规模超过某一水平后被陡增的沟通协调成本所抵消。根据函数拐点计算原理，此处这一最优规模约为 13 人，与 Abbott、Parker 和 Peters（2000）的观点保持了一致。第（5）列中监事会规模没有表现出统计显著性，说明监事会规模与信息披露质量的关系并不明确。第（6）列中独立董事比例的系数显著为正，说明董事会独立性的加强通常伴随着公司信息披露质量的提升，反映出独立董事制度在中国能够起到一定的积极作用。第（7）列中两职合一状况的系数并不显著，表现出董事会与总经理的职位安排与信息披露质量的关系并不明确。第（8）列中董事会活跃度的系数不显著，表明董事会是否活跃与信息披露质量的关系不明显。第（9）列中董事会持股比例的系数显著为正，表明董事会持股比例越高，信息披露质量越高。但第（10）列中高管持股比例虽然系数为正，但不显著，表明高管持股对信息披露质量没有显著影响。第（11）列中高管薪酬的系数显著为正，表明高管薪酬越高，信息披露质量越高。第（12）列中股权集中度的系数显著为正，表明股权越集中，信息披露质量越高。第（13）列同时考查了所有的公司治理机制，回归系数的符号和显著性与单独回归保持了一致。

（三）产品市场竞争、公司治理与信息披露质量

根据样本所在行业的大企业数目（或 HHI 指数）是否大于（或小于）中位数，本文

将样本划分为高竞争和低竞争两组，并分别采取异质选择模型进行回归分析，结果如表5所示。为了便于对比，同时列出了全样本的回归结果。

以企业数目为判别标准的回归结果显示，在低竞争样本中，产权性质、董事会规模、独立董事比例、股权集中度的回归系数依然显著，且符号与全样本回归一致，第一大股东持股比例、董事会持股比例、高管薪酬则不再显著。而在高竞争样本中，回归系数发生了一些变化。首先，在股权结构方面，产权性质、第一大股东持股比例系数仍然显著为正，二者交互项系数则显著为负；股权集中度不显著。其次，在董事会方面，董事会规模、监事会规模以及独立董事比例均不具有显著性。

对比低、高竞争行业的回归结果可以发现，当企业所处行业的竞争程度较低时，与信息披露质量相关的治理机制主要是产权性质与董事会特征，而当企业所处行业的竞争程度较高时，相关治理机制则主要是产权性质、大股东持股比例和高管激励。这意味着，产品竞争与大股东治理和高管激励治理形成了互补效应，而与董事会治理则形成了完全的替代效应。

根据 Hart（1983），由于缺少同质竞争的"标杆"效应，垄断行业的企业面临着更加严重的信息不对称问题，为了降低这种信息不对称、抑制内部人道德风险，应当强化对公司内部人的约束。此时，利用国家所处的超然地位和董事会的监督功能能够对上市公司形成有力约束，敦促内部人遵守有关披露规则，从而有利于提高上市公司信息披露质量。而大股东持股比例提升一方面具有激发大股东监督内部人的作用（Shleifer 和 Vishny，1986），另一方面还可能诱发他们的利益侵占动机（La Porta、Lopez De Silanes 和 Shleifer，1999），在信息问题较为严重的低竞争环境下，这两种效应更加难以区分，因此体现不出相应的显著性。

随着市场竞争程度的提升，市场上和公司内部的信息问题在企业自由竞争的过程中得到缓解，董事会这种约束机制的有效性也就逐渐被淡化。与此同时，由于竞争所产生的信息效应，大股东利用控制权优势对小股东实施侵害的有利环境被有效削弱，他们的利益侵占动机有所弱化，主要体现出有效监督内部人的积极效应。因此，在高竞争环境中，大股东持股比例的提升往往伴随着信息披露质量的升高。但是，对于国有企业的大股东而言，由于他们始终拥有相同的超然地位，他们的积极作用仍然体现在产权性质上，[1]持股比例提高没有产生显著效应。

当采用行业 HHI 指数作为竞争程度判别标准时，上述结论基本保持不变，如表5所示。

表5　产品市场竞争、公司治理与信息披露质量的关系检验

变量	全样本	判别标准：N			判别标准：HHI		
		低竞争	高竞争	Wald Chi^2 统计量	低竞争	高竞争	Wald Chi^2 统计量
State	1.284**	1.428*	1.308*	0.13	2.049	1.413**	0.42
First	3.724**	4.419*	3.792*	0.29	6.131	4.314**	0.82
State×First	−3.09*	−3.139	−3.642*	0.05	−2.866	−4.019**	1.69

[1] Wald Chi^2 统计量显示，产权性质在低竞争和高竞争样本中不具有显著差异。

续表

变量	全样本	判别标准：N			判别标准：HHI		
		低竞争	高竞争	Wald Chi^2 统计量	低竞争	高竞争	Wald Chi^2 统计量
Board	0.607*	1.245*	0.18	1.15	1.993*	−1.401	6.24**
Board^2	−0.007*	−0.019	−0.008	1.63	−0.055**	0.028	2.73*
SpvBoard	−0.074	0.027	−0.134	0.01	−0.061	−0.061	0.11
Indirector	5.186*	9.292*	0.495	2.71*	−5.539	8.094	0.42
Dual	0.443	0.662	−0.023	0.93	1.335*	0.166	0.03
Meet	0.067	0.051	0.045	0.03	−0.215	0.051	0.16
Bshare	1.745*	−0.762	1.670*	5.39**	−21.75	1.970*	7.24**
Mshare	0.929	−0.259	−0.352	0.18	10.99	−1.042	0.38
Salary	0.196*	0.153	0.186**	1.33	−0.441	0.007*	1.49
Cr5	−1.763*	−2.796*	−0.949	4.20**	−4.638*	−1.505	3.25**
Size	0.223*	0.128	0.297*	0.23	−0.391	0.337**	0.32
ROE	9.591***	9.096**	9.997***	0.13	6.945	11.633***	4.25**
Debt	−1.071*	−0.137	−2.112**	3.24*	1.341	−1.981***	2.45*
Auditor	−0.866***	−0.727	−1.084***	2.63*	−1.513*	−0.829**	0.24
Year 2004	0.403*	0.535	0.456	0.23	0.124	0.506**	1.56
Year 2005	0.824***	0.774**	1.034***	1.31	1.438**	0.783***	0.85
截距项	−8.818	−11.678	−5.629	0.19	14.393	−14.408	0.42
样本数量	779	394	385		349	430	
Wald Chi^2	62.70***	40.97***	43.75***		38.25***	59.91***	
Pseudo R^2	0.095	0.109	0.101		0.194	0.108	

注：回归使用了经怀特异方差修正的标准误，并以样本公司为单位实行了群回归。*、**、*** 分别表示在 0.10、0.05、0.01 的水平下显著（双尾）。

（四）稳健性检验

首先，考虑到深交所信息披露考评的原始结果采用了优秀、良好、及格和不及格四级计分制，将其转换为二级计分制进行回归分析可能过滤掉某些有价值的原始信息，本文采用 Ordered Logistic 模型对其进行进一步分析，对比上述 Logistic 回归结果，仅部分系数数值与显著性水平略有差别，主要结论没有发生大的波动。因此，进一步支持了本文的结论。

其次，借鉴夏利军和鹿小楠（2005）的做法，我们采用上市公司是否被交易所公开谴责来衡量企业的信息披露质量，如果上市公司未被谴责取值为 1，否则取值为 0。上市公司被公开谴责的原因主要是未披露重要信息、信息披露不及时、披露不实、披露遗漏等，因此，该变量能在一定程度上衡量企业的信息披露质量。我们用这一变量作为信息披露质量变量重新进行了回归分析，结果基本一致。

最后，考虑到我国各地区的金融生态环境以及市场化进程的差异较大，各地区的法律监管水平和执行力度也不尽相同，这些都可能对上市公司的信息披露质量产生影响，所以我们进一步分析了市场化程度对本文结论的影响。我们以樊纲、王小鲁、朱恒鹏（2007）编制的"市场化指数"为基础，将样本分为两组，如果样本所在省份的市场化指数高于当年的中位数，则为市场化程度高组；否则为市场化程度低组。我们对这两组样本分别运行前述的回归模型，发现市场化程度对结论基本没有显著影响。限于篇幅，本文没有报告上述回归结果。

五、结　语

信息披露质量低下是当前制约我国资本市场以及上市公司发展的重要问题。中国的证券市场如何才能健康发展，广大投资者利益如何才能得到有效保护，已经成为社会各界关注的焦点问题之一。本文在对相关理论进行梳理的基础上，以2003~2005年深交所上市公司数据，考察了产品市场竞争、公司治理与信息披露质量之间的关系。

本文的研究表明，公司治理机制的合理安排能够对信息披露产生促进作用，而产品市场竞争与不同的公司治理机制之间具有不同的关系。具体而言，国有产权性质、非国有大股东持股比例提升、董事会规模适度、独立董事比例提升有利于提升信息披露质量，监事会规模、两职合一没有表现出显著的效应。产品市场竞争主要通过与公司治理机制相互配合产生作用：竞争与大股东持股比例、高管激励之间具有互补关系，与董事会治理机制之间具有完全的替代关系，但是与产权性质、监事会规模、两职合一的关系并不明确。

这一结论意味着，在中国当前的制度背景下，要提升信息披露质量、保护投资者利益，有必要继续完善上市公司的治理结构，并综合考虑产品市场的竞争情况，为上市公司选择最为合适的公司治理机制。例如，对于那些处于竞争激烈行业的企业而言，可以考虑以较低的控股比例维持国家在国有公司中的控制地位，或适度提升大股东在非国有公司中的持股比例；对于那些处于垄断或寡头竞争行业的企业而言，则可以考虑采取维持国有产权地位、合理设计董事会规模（例如限制在13人以下）、强化完善独立董事制度等具体治理手段，有效促进上市公司信息披露质量的提升。

参考文献

［1］陈晓，江东.股权多元化、公司业绩与行业竞争性［J］.经济研究，2000（8）.

［2］樊纲，王小鲁，朱恒鹏.中国市场化指数［M］.北京：经济科学出版社，2007.

［3］高强，伍利娜.兼任董秘能提高信息披露质量吗？——对拟修订《L市规则》关于董秘任职资格新要求的实证检验［J］.会计研究，2008（1）.

［4］蒋荣，陈丽蓉.产品市场竞争治理效应的实证研究：基于CEO变更视角［J］.经济科学，2007（2）.

［5］刘立国，杜莹.公司治理与会计信息质量关系的实证研究［J］.会计研究，2003（12）.

［6］牛建波，李维安.产品市场竞争和公司治理的交互关系研究——基于中国制造业上市公司1998~

2003 年数据的实证分析 [J]. 南大商学评论，2007（1）.

［7］王斌，梁欣欣. 公司治理、财务状况与信息披露质量——来自深交所的经验证据 ［J］. 会计研究，2008（2）.

［8］夏利军，鹿小楠. 上市公司盈余管理与信息披露质量相关性研究 ［J］. 当代经济管理，2005（5）.

［9］曾颖，陆正飞. 信息披露质量与股权融资成本 ［J］. 经济研究，2006（2）.

［10］张功富，宋献中. 产品市场竞争能够替代公司内部治理吗——来自中国上市公司过度投资的经验证据 ［C］. 中国金融国际年会，2007.

［11］Abbott, L. J., Parker, S, and Peters, G. F., 2000, "The Effectiveness of Blue Ribbon Committee Recommendations in Mitigating Financial Misstatements: An Empirical Study", www.ssrn.com.

［12］Alchian, A., 1950, "Uncertainty, Evolution, and Economic Theory", Journal of Political Economy, 58 (1), PP.211-221.

［13］Allison, P., 1999, "Comparing Logit and Probit Coefficients across Groups", Sociologcal Methods and Research, 28 (11), pp.186-208.

［14］Ball, R., Robin, A. and Wu, J. S., 2003, "Incentives Versus Standards: Properties of Accounting Income in Four East sian Countries", Journal of Accounting and Economics, 36 (1-3), pp.235-270.

［15］Beasley, M. S., 1996, "An Empirical Analysis of the Relation between the Board of Director Composition and Financial Statement Fraud", The Accounting Review, 71 (4), pp.443-465.

［16］Bushee, B. J. and Noe, C. F., 2000, "Corporate Disclosure Practices, Institutional Investors, and Stock Return Volatility", Journal of Accounting Research, 38 (Supplemental), pp.1-202.

［17］Chau, G. K. and Gray, S. J., 2002, "Ownership Structure and Corporate Voluntary Disclosure in Hong Kong and Singapore", The International Journal of Accounting, 37 (2), pp.247-265.

［18］Chen, C. J. P. and Jaggi, B., 2000, "Association between Independent Non-Executive Directors, Family Control and Financial Disclosures in Hong Kong", Journal of Accounting and Public Policy, 19 (4, 5), pp.285-310.

［19］Deangelo, L. E., 1981, "Auditor Size and Audit Quality", Journal of Accounting and Economics, 3 (3), pp.183-199.

［20］Grosfeld, I. and Tressel, T., 2002, "Competition and Ownership Structure: Substitutes Complements Evidence from the Warsaw Stock Exchange", Economics of Transition, 10 (3), pp.525-551.

［21］Gul, F. A. and Leung, S., 2004, "Board Leadership, Outside Directors' Expertise and Voluntary Corporate Disclosures", Journal of Accounting and Public Policy, 23 (5), pp.351-379.

［22］Hart, 0., 1983, "The Market as an Incentive Mechanism", Bell Journal of Economics, 14 (2), pp.366-382.

［23］Healy, P. M. and Palepu, K. G., 2001, "Information Asymmetry, Corporate Disclosure, and the Capital Markets: A Review of the Empirical Disclosure Literature", Journal of Accounting and Economics, 31 (1-3), pp.405-440.

［24］Januszewski, S. L., Koke, F. J. and Winter, J. K., 1999, "Product Market Competition, Corporate Governance and Firm Performance: An Empirical Analysis for Germany", University of Mannheim.

［25］Jensen, M. C. and Meckling, W. H., 1976, "Theory of the Firm: Managerial Behavior, Agency Costs and Ownership Structure", Journal of Financial Economics, 3 (4), pp.305-360.

［26］Johnson, S., Boone, P., Breach, A. and Friedman, E., 2000, "Corporate Governance in the

Asian Financial Crisis", Journal of Financial Economics, 58 (1–2), pp.141–186.

[27] Klapper, L. F. and Love, L., 2004, "Corporate Governance, Investor Protection and Performance in Emerging Markets", Journal of Corporate Finance, 10 (5), pp.703–728.

[28] La Porta, R., Lopez De Silanes, F. and Shleifer, A., 1999, "Corporate Ownership around the World", Journal of Finance, 54 (2), pp.471–517.

[29] Lang, M. and Lundholm, R., 1993, "Cross-Sectional Determinants of Analyst Ratings of Corporate Disclosures", Journal of Accounting Research, 31 (2), pp.246–271.

[30] Lev, B. and Penman, S., 1990, "Voluntary Forecast Disclosure, Nondisclosure and Stock Prices", Journal of Accounting Research, 28 (1), pp.49–76.

[31] Mayer, C., 1997, "Corporate Governance, Competition and Performance", Journal of Law and Society, 24 (1), pp.152–176.

[32] Nickell, S., Nicolitsas, D. and Dryden, N., 1997, "What Makes Firms Perform Well?", European Economic Review, 41 (3–5), pp.783–796.

[33] Pwc, 2001, "The Opacity Index", www. opacityindex.com.

[34] Scharfstein, D., 1988, "Product Market Competition and Managerial Slack", Rand Journal of Economics, 19 (1), pp.147–155.

[35] Schmidt, K. M., 1997, "Managerial Incentives and Product Market Competition", Review of Economic Studies, 64 (2), pp.191–213.

[36] Shleifer, A. and Vishny, R. W., 1986, "Large Shareholders and Corporate Control", Journal of Political Economy, 94 (3), pp.461–488.

[37] Shleifer and Vishny, R. W., 1997, "A Survey of Corporate Governance", Journal of Fisnance, 52 (2), pp.737–783.

[38] Singhvi, S. S. and Desai, H. B., 1971, "An Empirical Analysis of the Quality of Corporate Financial Disclosure", The Accounting Review, 46 (1), pp.129–138.

[39] Stigler, G., 1958, "The Economies of Scale", Journal of Law and Economics, 1 (1), pp.54–71.

[40] Warfield, T. D., Wild, J. J. and Wild, K. L., 1995, "Managerial Ownership, Accounting Choices and Informativeness of Earnings", Journal of Accounting and Economics, 20 (1), pp.61–91.

[41] Williams, R., 2008, "Using Heterogeneous Choice Models to Compare Logit and Probit Coefficients across Groups", University of Notre Dame working paper.

[42] Williamson, O. E., 1988, "Corporate Finance and Corporate Governance", Journal of Finance, 43 (3), pp.567–591.

[43] Wright, D. W., 1996, "Evidence on the Relation between Corporate Governance Characteristic and the Quality of Financial Reporting", www.ssrn.com.

The Market Competition in Products, the Corporate Governance and the Quality of Information Disclosure

Yi Zhihong, Jiang Fuxiu and Qin Yihu

Abstract: The quality of information disclosure is the key factor that protects investors' interests and that maintains the healthy development of capital markets.Based on the data, from 2003 to 2005, on the companies listed on Shenzhen Securities Exchange, we have, in this article, explored the relationship between the market competition, the corporate governance, and the information disclosure. The results of our study show that the reasonable arrangements for the structure of corporate governance can promote the information disclosure, and the market competition in products plays the role of mutual complement or substitution in terms of the governance mechanism of certain companies. This conclusion implies that, in the context of China's present system, in order to upgrade the quality of information disclosure and protect investors' interests, it is necessary to continue the perfection of the governance structure of listed companies, that there exist many problems in the governance, as a whole, of China's listed companies, and that, in the given context of the slow progress of the related reform, to lower the barrier to entry or to use other means to strengthen the competition of product markets can also effectively boost the quality of listed companies' information disclosure.

Key Words: product market competition, corporate governance, information disclosure quality

公司治理理论的最新进展：
一个新的分析框架*

陈仕华　郑文全

【内容提要】公司治理领域近些年来的最新进展呈现出三个新趋势：研究对象由发达国家扩展到发展中国家，研究视角由原来的企业层面转移到企业间层面，研究层面由微观层面和中观层面上升至宏观层面。这些新趋势为公司治理领域勾勒出一个由企业层面（股权结构、公司治理）、企业间层面（大型联合企业、企业集团）和社会层面（法律、政治、文化、历史、政府行为及其他）构成的新的分析框架。本文正是基于此框架梳理了公司治理领域的最新文献，并向读者简单介绍了这一领域的 3 篇经典英文文献综述，以及这 3 篇文献与分析框架之间的关系。

【关键词】公司治理；最新进展；分析框架

一、公司治理研究的三个新趋势及其启发

公司治理涉及的内容极为庞杂，有关它的综述性文献也不胜枚举。附表 1 列出与公司治理相关的综述性文献，它们既有围绕着公司治理基本问题展开的（Shleifer & Vishny, 1997；Becht, Bolton & Roel, 2002；Denis & McConnell, 2003；Claessens & Fan, 2003；

---

* 本文选自《管理世界》2010 年第 2 期。
作者单位：东北财经大学工商管理学院。

姜国华等，2006；等），① 也有把公司治理的具体机制作为关注对象进行回顾的（Andrade，Mitchell & Stafford，2001；Hermalin & Weisbach，2003；Gillan & Starks，1998）。这些文献对 20 世纪的理论状况做了很好的概括：公司治理的典型化事实是诸如英美国家公司的分散股权结构，公司治理的基本问题是众多小股东与管理层之间的利益冲突，解决公司治理问题的主要机制有接管、董事会、经理层激励、大投资者等（Shleifer & Vishny，1997；Becht & Roel，2002；姜国华等，2006）。②

但这些文献对 20 世纪之后的最新进展反映得还不够，特别是自东亚金融危机及美国安然公司事件之后，公司治理领域已经有了巨大发展，并呈现出三个新的发展趋势：①研究对象由发达国家（美、英、日、德等）扩展到发展中国家（东亚等国家）（Denis & McConnell，2003）；②伴随着研究对象的变化，研究视角也由原来的企业层面或企业内部转移到企业之间（企业集团）（Morch，Wolfenzon & Yeung，2005；Morck，2008）；③在进行公司治理的国家间比较时，研究层面也由微观层面（董事会结构、经理层薪酬等）和中观层面（控制权市场、经理人市场等）转变到宏观层面（法律、政治、文化、历史等）（La Porta，Lopez-de-Silanes & Shleifer，2008）。

从企业层面来看，股权结构是公司治理问题的逻辑起点（Bencht & Roel，2002）。在不同股权结构下，公司治理致力于解决的根本问题存在差异：在分散股权结构下，公司治理的根本问题是分散小股东和管理层之间的利益冲突；在集中股权结构下，控股股东和小股东之间的利益冲突，一度超越小股东与管理层之间的利益冲突，成为公司治理的主要问题（Claessens & Fan，2003）。近些年来，公司治理领域的重大进展主要是发端于股权结构的最新证据，这些新证据大多是来自经济欠发达国家（如东亚国家）的公司（La Porta 等，1999；Claessens 等，2000；Faccio & Lang，2002）。为此，本文首先回顾来自世界上多个国家公司股权结构的最新证据，将这些证据归为三类：股权分散、控股股东非管理层的股权集中、控股股东兼任管理层的股权集中；而后，基于不同类型的股权结构，本文提出与之相对应的三类公司治理模式（代理型、剥夺型和混合型）。

在股权结构的最新证据出现之后，学者们（La Porta 等，1999；Claessens 等，2000；

---

① Shleifer 和 Vishny（1997）与 Becht 和 Roel（2002）综述的思路有些类似，把英美式分散股权结构下的众多小股东与管理层之间的利益冲突问题（Becht & Roel，2002）描述为"小股东的集体行动问题"作为出发点，而后评述解决这一问题的各种机制——接管、大投资者、董事会、经理层薪酬，我国学者姜国华等人（2006）也是按照这一思路对公司治理文献进行综述。Claessens 和 Fan（2003）主要是综述以东亚国家公司为样本的公司治理文献。由于东亚国家公司大多是股权集中的，因此他们把控股股东和小股东之间的利益冲突问题作为出发点，而后评述可能解决这一问题的各种机制———小股东监督、接管和内部治理及其他可选择的治理机制。相比较而言，Denis 和 McConnell（2003）综述的视角更加全面，他们把公司治理文献分为两大类：第一类是以美国等发达国家为研究对象，主要考察某一国家的单个治理机制；第二类研究主要考察公司治理机制的跨国比较。不过，他们也是把分散股东和经理层之间的利益冲突作为出发点，而把西欧大陆国家和东亚国家公司中的控股股东，当做解决这一利益冲突问题的机制。

② 关于 20 世纪公司治理的文献概况，以中文形式呈现给我国读者的文献综述主要有两篇：一篇是姜国华等人的论文"公司治理和投资者保护研究综述"，发表于《管理世界》2006 年第 6 期；另一篇是 Shleifer 和 Vishny（1997）论文的中文译稿，刊发在李维安、张俊喜主编的《公司治理前沿（经典篇）》（中国财政经济出版社，2003 年，第 1~35 页）一书中。

Faccio & Lang，2002；Morck 等，2005；Khanna & Yafeh，2007）一致地认为，要深入理解东亚国家或欧洲大陆国家的公司治理，仅把视角局限于企业层面或企业内部是不够的，因为这些国家公司的一个显著特征是，经常存在着控股股东。这意味着，这些公司并非独立的实体，而是隶属于企业集团。在这种情况下，公司治理绝非单个公司孤立的行为，而应是深深地嵌于企业集团之中，因此需要我们从企业外部或者企业间层面来考察公司治理。Morck（2008）甚至认为，对于隶属于企业集团的公司而言，要剖析其公司治理问题，最恰当的分析单位应是企业集团，而非公司。

在进行公司治理的国家间比较时，学者们发现各国之间的股权结构、治理机制和企业间关系存在着差异（LaPorta 等，2000；Roe，2003；Denis & McConnell，2003）。那么，为何会存在这些差异呢？学者们从社会层面对此做出了解释，认为主要有法律因素（La Porta，Lopez-de-Silanes，Shleifer，Vishny（以下简称 LLSV），1997，1998，1999，2000，2002，2008）、政治因素（Pagano & Volpin，2001；Roe，2003，2006；Haber & Perotti，2008）、文化因素（Stulz & Williamson，2003；Licht，Goldschmidt & Schwartz，2005）、历史因素（Cheffins，2001；Rajan & Zingales，2003；Franks，Mayer & Rossi，2005；Roe，2006）、政府行为（Shleifer & Vishny，1999；Stulz，2005）及其他社会层面因素（Dyck & Zingales，2004；郑志刚，2007）。

上述公司治理的发展趋势启发我们可以从企业层面（股权结构和公司治理）、企业间层面和社会层面以及这三个层面的互动关系来回顾公司治理领域的最新进展，也展现了这样一个基本逻辑：股权结构决定了公司治理的基本问题，也即企业内治理模式；企业内治理模式对企业间关系模式（本文将之称为企业间治理）产生了重要影响；法律、政治、文化和历史等社会因素不仅影响股权结构，也形塑着企业内部治理和企业间治理模式，它们共同构成了公司治理分析的三个层面。

二、全球视角下股权结构的最新证据：三个典型化事实

对于如何界定股权分散和股权集中，现有文献主要存在两种方法：一种是依据股权集中度考察公司是否存在大股东（Wruck，1989；Claessens & Djankov，1999）；另一种是依据控制权链考察公司是否存在终极控制人，或称控股股东[①]（LLS，1999；Claessens，Djankov & Lang，2000；Faccio & Lang，2002）。两种方法基于的前提有所区别：第一种方法是依据现金流权来界定控制权，而第二种方法是依据投票权来界定控制权（LLS，1999）。两种方法相比较，第二种方法界定股权集中和分散更为合适，因为，正如 LLS

[①] 要判断终极控制人对公司是否具有控制权，学者们（LLS，1999；Claessens，Djankov & Lang，2000；Faccio & Lang，2002）普遍使用 20% 投票权这一门槛。

（1999）指出，股权集中度指标实际上是考察各股东之间的相互影响，由于现有文献还没有成功构建股东相互影响的理论模型，因此这种方法缺乏理论根基。另外，对于有些国家（尤其是东亚和欧洲大陆国家）的公司，考察它们的所有权模式，必须要通过第二种方法才能行得通。表1 总结出依据第二种方法测量部分国家的股权结构情况。

基于上述数据，学者们得出如下结论：LLS（1999）基于 27 个国家或地区（包括表 1中 LLS 给出的其他 10 个国家、西欧的 13 个国家，以及日本、韩国、新加坡和中国香港）的 540 家大公司数据的研究发现，除了投资者法律保护极好的国家（普通法系）之外，其他国家的大公司很少是分散持股的。这些大公司一般是由家族或政府所控制。Claessens 等（2000）在考察 9 个东亚国家的 2980 家上市公司时，发现不低于 2/3 的公司是由单一控股股东所控制。Faccio 和 Lang（2002）在考察 13 个西欧国家的 5232 家上市公司时，发现这些公司主要是分散持股（36.39%）或家族控制的（44.29%）。分散持股公司所在的国家主要是英国和爱尔兰。家族控制公司主要是欧洲大陆国家。另外，刘芍佳等（2003）在考察中国上市公司时发现，84%的上市公司由政府所控制，非政府控制的比例仅占 16%。Chernykh（2008）在考察俄罗斯上市公司的所有权模式时，发现那些公司是由政府或匿名的私人所有权所控制。

表 1　部分国家的股权结构情况

国家（或地区）	分散持股	集中持股				
		家族	政府	分散持股的金融机构	分散持股的公司	其他
西欧的 13 个国家						
奥地利	0.10	0.325	0.425	0.05	0.00	0.10
比利时	0.20	0.375	0.00	0.275	0.00	0.15
芬兰	0.38	0.34	0.28	0.00	0.00	0.00
法国	0.60	0.30	0.00	0.10	0.00	0.00
德国	0.45	0.15	0.10	0.125	0.00	0.175
爱尔兰	0.70	0.20	0.00	0.00	0.025	0.075
意大利	0.35	0.20	0.25	0.15	0.00	0.05
挪威	0.30	0.45	0.20	0.00	0.00	0.05
葡萄牙	0.15	0.60	0.175	0.00	0.025	0.05
西班牙	0.45	0.20	0.00	0.15	0.10	0.00
瑞典	0.80	0.05	0.05	0.00	0.00	0.10
瑞士	0.50	0.35	0.00	0.15	0.00	0.00
英国	0.90	0.00	0.00	0.10	0.00	0.00
东亚的 9 个国家或地区						
中国香港	0.05	0.725	0.075	0.10	0.05	0.00
中国台湾	0.45	0.15	0.15	0.05	0.20	0.00
印度尼西亚	0.15	0.60	0.20	0.00	0.05	0.00
日本	0.90	0.05	0.05	0.00	0.00	0.00

国家（或地区）	分散持股	集中持股				
		家族	政府	分散持股的金融机构	分散持股的公司	其他
韩国	0.65	0.20	0.10	0.00	0.05	0.00
马来西亚	0.30	0.35	0.30	0.00	0.05	0.00
菲律宾	0.40	0.40	0.075	0.075	0.05	0.00
新加坡	0.20	0.325	0.425	0.00	0.05	0.00
泰国	0.10	0.575	0.20	0.075	0.05	0.00
LLSV 给出的其他 10 个国家						
阿根廷	0.00	0.65	0.15	0.05	0.15	0.00
澳大利亚	0.65	0.05	0.05	0.00	0.25	0.00
加拿大	0.60	0.25	0.00	0.00	0.15	0.00
丹麦	0.40	0.35	0.15	0.00	0.00	0.10
希腊	0.10	0.50	0.30	0.10	0.00	0.00
以色列	0.05	0.50	0.40	0.00	0.05	0.00
墨西哥	0.00	1.00	0.00	0.00	0.00	0.00
新西兰	0.30	0.25	0.25	0.00	0.20	0.00
荷兰	0.30	0.20	0.05	0.00	0.10	0.35
美国	0.80	0.20	0.00	0.00	0.00	0.00

注：西欧的 13 个国家的数据来自 Faccio 和 Lang（2002），东亚的 9 个国家的数据来自 Claessens、Djankov 和 Lang（2000），LLS 给出的其他 10 个国家数据来自 LLS（1999）。表中数据是基于各个国家的 20 家最大的上市公司算得。具体而言，对一家公司而言，通过考察公司是否存在单一控股股东（20%投票权标准）来判断股权是否为集中或分散的，若股权是集中的，再进一步判断控股股东的性质——家族、国家、分散持股的金融机构、分散持股的上市公司或其他，然后计算各类公司占 20 家公司样本的比重。

控股股东控制公司的方式有金字塔结构（控股股东至少间接通过一家公司来控制上市公司的结构）、交叉持股（如果上市公司也持有控股股东的股份）或由控股股东指派管理者控制公司（公司的高层管理者来自控股股东的家族，多为控股股东的亲属或朋友）（Claessens，Djankov & Lang，2000；Faccio & Lang，2002）。表 2 给出东亚国家和西欧国家公司的控股股东的控制方式。从表 2 可以看出，对西欧国家和东亚大陆国家的公司而言，控股股东都普遍采用指派管理者入驻公司的控制方式，约占存在控股股东公司总数的2/3。金字塔结构的控制方式居次，不过相比西欧国家而言，东亚国家中公司的金字塔结构的控制方式更为普遍。交叉持股的控制方式则较为少见。可将上述发现概括为三个典型化事实：①除少数国家（如美国、英国、爱尔兰等）的大公司是分散持股外，大多数国家（如东亚国家、欧洲大陆国家、中国、俄罗斯等）的大公司是股权集中的，即由单一控股股东所控制。这一控股股东主要是家族企业或政府（中国、俄罗斯、新加坡等）。②在存在单一控股股东的公司中，尤其是在家族控制的公司中，高层管理者经常由控股股东的亲属或朋友所担任，约占存在控股股东公司总数的 2/3。③由第二点可以表明，在余下的 1/3 存在控股股东的公司中，高层管理者是独立于控股股东的。

表 2　东亚和西欧国家公司的控股股东的控制方式

国家（或地区）	企业数量（家）	单一控股股东控制	金字塔结构式的控制	交叉持股	由控股股东指派管理者控制
西欧的 13 个国家					
奥地利	88	81.82	20.78	1.14	80.00
比利时	104	71.15	25.00	0.00	80.00
芬兰	92	41.30	7.46	0.00	69.23
法国	522	64.75	15.67	0.00	62.20
德国	522	64.75	15.67	0.00	62.20
爱尔兰	26	42.31	9.09	0.00	77.78
意大利	181	58.76	20.27	1.13	70.00
挪威	98	38.78	33.90	2.04	66.67
葡萄牙	68	60.29	10.91	0.00	50.00
西班牙	465	44.30	16.00	0.22	62.50
瑞典	149	48.32	15.91	0.67	73.47
瑞士	155	68.39	10.91	0.00	70.00
英国	721	43.00	21.13	0.00	75.85
西欧各国平均	254	55.62	17.68	0.6	69.16
东亚的 9 个国家或地区					
中国香港	330	69.1	25.1	9.3	53.4
中国台湾	141	43.3	49.0	8.6	79.8
印度尼西亚	178	53.4	66.9	1.3	84.6
日本	1240	87.2	36.4	11.6	37.2
韩国	345	76.7	42.6	9.4	80.7
马来西亚	345	76.7	42.6	9.4	80.7
菲律宾	120	35.8	40.2	7.1	42.3
新加坡	221	37.6	55.0	15.7	69.9
泰国	167	40.1	12.7	0.8	67.5
东亚各国或地区的平均	331	53.73	40.8	8.74	66.71
各国平均	285	54.85	27.14	3.94	68.16

注：除企业数量外，其余指标均为百分比数据，即各类型结构占有控股股东公司数的百分比。表中数据来自 Claessens、Djankov 和 Lang（2000）及 Faccio 和 Lang（2002）。

三、企业层面：企业内治理的三种模式

我们依据上述三个典型化事实，将公司治理分为三种类型：代理型公司治理、剥夺型公司治理和混合型公司治理。在 Claessens 和 Fan（2003）一文中，最早出现代理问题（Agency Problems）和剥夺问题（Expropriate Problems）的提法，随后，国内学者宁向东（2006）将这一提法概括为"代理型公司治理"与"剥夺型公司治理"。本文在此基础上，又引入了"混合型公司治理"这一类型。本文不拟深入探讨各种类型公司治理及其具体机制，仅在这里给出相关的综述性文献，如附表 1 所示，有兴趣的读者可查阅相关文献综述。

（1）代理型公司治理：在股权结构分散情况下，公司治理致力于解决的基本问题是分散的小股东与经理层之间利益冲突（Berle & Means，1932；Jensen & Meckling，1976；Grossman & Hart，1986）。在这种情况下，公司治理被界定为投资者确保回收他们投资的回报的方式（Shleifer & Vishny，1997），或者解决众多小股东搭便车的问题（Becht & Roel，2002）。这种类型公司治理模式在美国、英国、新西兰等国家的公司中较为普遍。股东和管理层之间利益冲突主要表现为，因管理层不按股东利益行事而带来的各种代理成本：直接侵占投资者的资金（Owen，1991）、在职消费（Jensen & Meckling，1976），以及经理人决策失误（Shleifer & Vishny，1989）。代理型公司治理一般主要探讨降低代理成本各种具体机制，如接管、董事会、机构投资者、大股东、经理人薪酬等。

（2）剥夺型公司治理：在股权集中情况下，若公司的高层管理者由控股股东指派，这时公司治理的基本问题是内部人（由于控股股东和管理层之间利益一致，因此将二者看成一个整体）与外部人（小股东）之间利益冲突（LLSV，1999，2000，2002；Claessens 等，2000；Faccio & Lang，2002）。这种利益冲突主要表现为控股股东对小股东的利益侵害；对其他投资者、雇员的直接侵占；由于追求自身目标（非利益最大化）而导致的无效侵占；以及因侵占而带给其他股东的激励效果（Shleifer & Vishny，1997；Johnson 等，2000）。这种公司治理模式在欧洲大陆国家以及东亚国家的家族上市公司中较为常见。在这种情况下，公司治理就是指确保外部投资者免受内部人掠夺的一套机制。这类文献特别强调法律对抑制控股股东侵害问题的作用（LLSV，2000）。

（3）混合型公司治理：在股权集中情况下，若公司的高层管理者独立于控股股东，这时公司治理的基本问题是控股股东（或大股东）、经理层和小股东三者之间的利益冲突（Shleifer & Vishny，1986；Holderness，2003）。这种利益冲突的表现更为复杂，比如，控股股东为了自身利益，会克服小股东的搭便车行为，去监督经理层行为；同时，控股股东也会与经理层合作，去侵害小股东利益。经理层和小股东也是如此，他们之间既存在利益冲突也会相互合作。这种公司治理模式在俄罗斯、新加坡和我国的国有上市公司中较为普遍。现有文献很少涉及这类公司治理问题，即使有些文献有所涉及，也一般是隐含在前两类公司治理问题中。此类公司治理问题应是未来研究的重点。

四、企业间层面：企业间治理的两种模式

长期以来，学者们（Allen & Gale，2000；LLSV，2000；卢昌崇，1999）一直根据企业融资性质将公司治理模式分为市场中心（Market-Centered）治理模式和银行中心（Bank-centered）治理模式。前者以英美国家公司为代表，融资主要由外部投资者提供，这些外部投资者一般持股份额较少，致使公司股权结构高度分散；后者以日、德国家公司为代表，由主银行向企业提供融资，成为日、德公司的大股东，呈现公司股权相对集中的特征。[①]日、德公司法人相互持股非常普遍，公司之间通过垂直持股、环状持股等相互持股方式，加强了关联企业之间的联系，使企业之间相互依存、相互渗透、相互制约，在一定程度上结成了"命运共同体"（李维安，2001）。这种经典分类的不足主要体现在以下两个方面：其一，无法对世界上主要国家的治理模式做出明确区分，例如，意大利无论银行还是市场都不发达，它应属于哪种模式（郑志刚，2007）？其二，也是最重要的方面，英、美模式和日、德模式分类混淆了公司治理的两个视角：企业层面视角和企业间层面视角。英、美的分散股权结构是基于企业层面视角做出的判断，而日、德的公司间交叉持股方式是基于企业间层面视角进行的分析。

由于英、美公司股权结构是高度分散的，对于这种治理模式而言，企业层面视角也许是较为合适的。但对于日、德国家的公司，尤其是东亚及其他一些欧洲大陆国家的公司而言，它们的股权结构是较为集中的，这些公司经常由单一大股东所控制，在这种情况下，企业层面视角便不再合适了。例如，LLS（1999）通过考察公司控制权链，追踪终极控制人，发现多数公司并非独立的实体，而是隶属于企业集团，这时，诚如 Morck（2008）所言，对于除英、美之外国家的公司治理问题，最恰当的分析单位应该是（企业间层面的）企业集团，而非（企业层面的）公司。现有文献（Khanna & Yafeh，2007；Morck，2008）主要将企业间治理模式分为两种：一种是以英、美模式为代表的大型联合企业（Conglomerates），即由单一法人实体和由该实体集中控制的多家子公司组成的组织形式；另一种是以日、德和东亚国家模式为代表的企业集团（Business Groups），[②]即由独立法人资格的企业组成，涉及多个（常常是不相关的）行业，以持久的正式（如财产）或

<hr>

① 主银行虽然是德、日公司的最大股东，呈现公司股权相对集中的特征，但是二者仍然存在一些区别。在日本的企业集团中，银行作为集团的核心，通常拥有集团内企业较大的股份，并且控制了这些企业外部融资的主要渠道。德国公司则更依赖于大股东的直接控制，由于大公司的股权十分集中，使得大股东有足够的动力去监控经理阶层。另外由于德国公司更多地依赖内部资金融通，所以德国银行不像日本银行那样能够通过控制外部资金来源对企业施加有效的影响（李维安，2001）。

② 事实上，日、德和东亚国家的企业集团也存在着很大的差异，日、德的企业集团更多地体现为银行居间协调的法人相互持股的水平合作关系，而东亚的企业集团则更多地体现为以金字塔结构为代表的垂直控制关系，但从我们所掌握的文献来看，目前理论界尚没有对这两种企业集团的区别做深入的分析。

非正式（如家族）纽带联结在一起的组织形式。

为何英、美国家的企业间治理模式是大型联合企业，而欧洲大陆和东亚国家的企业间治理模式却以企业集团的形式为主？根据本文的分析框架，这一问题可从企业层面（企业内治理模式）和社会层面给出解释。这里先从企业治理层面进行解释，社会层面的解释在《管理世界》2010年第4期刊发的本专题译文（Khanna & Yafeh，2007）中将有详细介绍。

企业内治理模式是导致企业间治理模式之间差异的主要因素之一。英、美国家之所以以大型联合企业形式表现出来，主要归因于企业内的代理型公司治理模式。例如，在分析代理型公司治理模式下股东与经理的目标诉求差异及其相互约束程度，Baumol（1958，1993）和 Williamson（1964）分别提出过"销售收入最大化模型"和"经理自由处置权模型"，其实这两个模型稍加拓展就可以用于分析美国企业间治理模式的成因。鲍莫尔指出与股东的利润最大化追求不同，美国公司的经理追求销售收入最大化，由于股东并不知道最优利润所在，这就为经理的销售收入最大化追求提供了相当大的空间。根据鲍莫尔给出的经理销售收入最大化追求的六个原因，[①]自然可以推导出经理必然会通过一体化去追求企业规模的最大化。基于同样的理由，在威廉姆森的自由处置权模型中，经理会把自己拥有的自由处置权的投资用于扩大企业规模去追求自己的效用最大化。这就是美国企业追求一体化的公司治理层面的原因。

对于欧洲大陆和东亚国家的企业集团结构，一种传统的解释是，与大型联合企业相比，企业集团可以让控股股东以较少的现金控制一家企业。这种解释可以追溯到 Berle 和 Means（1932）及 Graham 和 Dodd（1934），他们在解释美国20世纪早期阶段的垂直型金字塔结构（企业集团）的产生时提出这一解释。例如，某一控股股东直接拥有 A 企业50%的股份，A 企业直接拥有 B 企业50%的股份，那么控股股东便仅以25%的股份份额控制了 B 企业。当控制权的私人收益较大时，这种安排对控股股东尤为有益。这种解释认为，之所以出现垂直型金字塔结构，是为了使投票权和现金流权相分离。相关文献也确实表明，垂直型金字塔结构表现出了高度的分离（Claessens 等，2000；Faccio & Lang，2002）。

不过，这种分析无法解释如下事实：在垂直型金字塔结构中，偏离"一股一票"的现象并不普遍，在很多情况中，这种偏离是极其微小的（Franks & Mayer，2001）；另外，通过发行没有投票权的优先股，也可以达到偏离"一股一票"的目的，在很多国家都未限制发行优先股的情况下，为何优先股远远没有垂直型金字塔结构现象普遍呢（LLS，1999）？这一事实意味着除了上述解释外，还应有其他更好的解释。

---

① 经理追求销售收入最大化的六个原因分别是：第一，实证研究表明，管理者的薪水和其他收入与企业销售收入而不是利润有很高的相关性；第二，金融机构更愿意给销量巨大且不断增长的公司提供资金融通的便利；第三，当销售收入增长较快时，经理所面临的人事问题也比较容易解决；第四，销售收入的快速增长会给管理者带来较高的声望，同时也会给股东带来较高的回报；第五，与利润最大化目标相比，经理更愿意在满意利润水平上保持公司的持续运行。第六，销售收入的快速增长使企业更有能力采取竞争性策略，低的市场份额和销售量的下降都会削弱企业的竞争地位。

另一种解释是由 Almeida 和 Wolfenzon（2006）给出的。他们构建出一个理论模型，该模型在解释垂直型结构的企业集团存在时，不再依赖于现金流权和投票权的分离。他们的模式依赖于两个重要假定：一是投资者保护是不完善的，这样控股股东便可以从企业中抽取私人收益；二是不断建立新企业，并加入到企业集团中。在他们的模型中，投资者保护水平是决定集团结构的关键因素。当投资者保护水平较低时，垂直型结构的企业集团更加具有吸引力，因为，第一，控股股东在垂直型金字塔结构中与非控股股东分享债券收益，而在水平结构中他保留所有债券收益，与水平结构相比，在垂直型金字塔结构中现金流权与投票权的较高程度的偏离将给控股股东带来较高的收益，这是垂直型金字塔结构带来的收益优势（Payoff Advantage）；第二，由于外部投资者对现金流权和投票权的偏离存在预期，这会令他们提供融资的意愿打折扣，因此，在控股股东筹得外部融资之前，垂直型金字塔结构可以让控股股东使用来自现有企业的内部融资去建立新企业，这是垂直型金字塔结构带来的融资优势（Financing Advantage）。概言之，控股股东之所以选择垂直型的企业集团，正是因为在投资者法律保护不完善情况下企业集团为控股股东带来的收益优势和融资优势。

五、社会层面：六种影响因素

表 2 数据表明，各国公司之间的股权结构存在巨大差异，并由此进而导致各国公司治理和企业间关系的巨大差异。对这些差异，最新文献从法律、政治、文化、历史、政府行为及其他社会因素等方面进行了解释。不过，这些观点之间分歧较大，究竟哪一影响因素最为重要，还有待后续进行深入研究。

（1）法律视角是公司治理领域近 40 年发展的自然延续（LLSV，2000）。Modigliani 和 Miller（1958）把企业看做是投资项目和项目所产生的现金流的集合，并因此将证券（债务和权益）自然地看成这些现金流的要求权。但这不能解释为何经理人会把现金流返还给投资者。Jensen 和 Meckling（1976）将企业看做是赋予外部投资者现金要求权的一系列契约。他们进一步指出，不能把将项目现金流还给投资者认为是理所当然的，因为内部人可能会将这些用于自己的利益，要想限制经理人挪用，就得赋予经理人剩余权益的所有权。Grossman 和 Hart（1988）、Hart 和 Moore（1990）及 Hart（1995）等将投资者权利分为合约控制权和剩余控制权，认为投资者应该拥有剩余控制权。投资者之所以可以收回现金流，只是因为他们拥有这个权利。然而，不管是 Jensen 和 Meckling 的契约理论框架，还是 Grossman、Hart 和 Moore 的剩余控制权理论框架，都要求投资者的权利是受法律保护的，甚至是法律特别规定的（LLSV，2000）。正是在这些理论背景下，诞生了公司治理的法律解释。

法律视角的主要观点是，各个国家之间的股权结构差异是由投资者的法律保护水平的差异所导致的（LLSV，1998，2000，2002，2006，2008）。LLSV（1998）基于 49 个国家相关法律法规和公司股权结构数据，用抵制董事权利①（Anti-director Rights）代表投资者保护水平，用公司前三大股东的持股比例之和代表股权集中度，发现股权集中度与投资者法律保护水平呈显著的负向关系。LLSV 进一步把 49 个国家或地区分成四个法系：普通法系和大陆法系中的三个子法系（法国法系、德国法系和斯堪的纳维亚法系），发现：普通法系国家对股东提供了最好的法律保护，这些国家公司的股权结构较为分散；法国法系国家对股东的法律保护最差，公司的股权结构较为集中；德国法系和斯堪的纳维亚法系对股东的法律保护程度居中，公司的股权结构也介于二者之间。

那么，为何法律保护较差的国家，公司的股权机构更加集中呢？当投资者法律保护水平较低时，内部人的"剥夺"（或称"隧道行为"）成本会比较低，这时，控制权的私人收益会比较大。然而，控制权的私人收益是以损害企业价值为代价的。除了私人收益解释外，还有其他几点原因：第一，如果对外部投资者的"剥夺"需要秘密进行时，与别人分享控制权显然是不可行的（LLSV，1999）；第二，当股权集中的成本较低时，分散股权结构的均衡解是不稳定的（Bebchuk，1999）；第三，当外部投资者的法律保护较差时，企业家或家族为了利用自身声誉去筹得外部资金，也需要保留企业的控制权（LLSV，2000）。

当内部人保留企业的控制权时，外部投资者会预见到大股东的剥夺行为，为何他们还要投资于该企业呢？第一，内部人可以采用多种方法来保持控制权，如发行没有投票权的优先股，使用金字塔结构、交叉持股等方式秘密、分散地持股公司股份（LLSV，1999）；第二，将控制权分散于几个大股东之间，以至于在没有其他股东同意的情况下，单一股东不能做出有效的企业决策，并以此来向小股东做出不剥夺的承诺（Bennedsen & Wolfenzon，2000）；第三，Jensen 和 Meckling（1976）及 LLSV（1999，2002）的研究表

---

① 抵抗董事权利指数（修改版）的数据来源于各个国家的《商法》（Commercial Law）（或《公司法》Company Law），是以下六个方面得分的总和：第一，是否可以邮寄表决（Vote by Mail），若是取 1，否则为 0。这代表行使投票权的便捷程度。第二，在股东大会召开之前，是否需要股东将股票储蓄到公司或其他金融机构，以证实他们具有投票权，若不需要则为 1，否则为 0。这个要求需要股东承担证实投票权的成本和不能出售他们股票的相关成本。第三，董事会中的小股东代表是否通过累计投票制或按比例分配代表的方式，若至少存在其中之一则为 1，否则为 0。累计投票制和按比例分配代表方式会限制控股股东掌控董事会的权利。第四，是否存在小股东抵抗控股股东压制的机制，这些机制包括，拥有 10%或更少股票份额的小股东在股东大会或董事会决策方案中，具有撤销不利于公司的交易和恢复公司遭受的损失的权利，若存在这样的机制则为 1，否则为 0。第五，对发行的新股是否具有优先认购权，若是则为 1，否则为 0。如果不存在这一机制，控股股东便可以通过以低于市场价格向关联方甚至他自己提供股票，以侵害小股东利益。第六，召集股东大会（直接的或通过法庭）的最低持股份额，若这一比例不高于 10%则为 1，否则为 0。如在日本、韩国和中国台湾这一比例是不低于 3%，在比利时、委内瑞拉、乌拉圭则为 20%。若这一比例较高，小股东很难召集一次股东大会，控股股东对企业会有较大的控制权。需特别指出，上面的抵抗董事权利指数是修改后版本，第一版是在 LLSV（1997）提出，当时不包括第五个方面——新发行股份的优先认购权，后再在 LLSV（1998）中加入此项。之后，有学者（Pagano & Olpin，2005；Spamann，2005）批评该指数不仅编码中存在错误（如未考虑授权条款），而且其中的一些维度界定很模糊。鉴于此，LLSV（2008）在考察该指数时，考虑了授权条款，对其中的错误编码进行了修正，此外还更加清晰地界定各个维度，比如在第六个方面，修改前采用召集股东大会的最低持股份额，修改则确立了 10%这一门槛，也用虚拟变量形式表示。很明显，抵抗董事指数修改版较之前有较大改进。为了确保结论的稳健性，除了用抵抗董事权利指数代表投资者保护水平外，LLSV（2006，2008）还构建了抑制自我交易指数（Anti-self-dealing Index）、招股说明书披露（Prospectus Disclosure）、招股说明书责任（Prospectus Liability）三个指数。

明，内部人（经理人或控股股东）持有的现金流比例与剥夺程度负相关，与支付的分红正相关，因此，内部人通过持有较高水平的现金流权，也可向小股东做出不剥夺的承诺（LLSV，2000）。

（2）法律观点或许可以解释东亚国家公司的集中股权结构，但对欧洲大陆国家公司的集中股权结构而言，其解释却是乏力的。因为，在欧洲大陆国家，投资者法律保护水平相对较高，但这些国家的公司股权结构却是集中的。学者们认为，政治因素才是导致欧洲大陆国家公司股权结构集中的关键（Roe，2000，2003，2006；Pagano & Volpin，2005；Perotti & von Thadden，2006；Haber & Perotti，2008）。

Roe（2003）通过构建一个简单模型来说明，即便是非常完善的公司法，也不能确保一定会出现分散的股权结构。设 A_m 表示管理者转移公司价值所产生的代理成本，这一成本通过股权集中由控股股东来监督可以避免；C_{cs} 代表控股股东因持有控制性股份而付出的监督成本，比如丧失流动性、放弃多元化及花费精力的成本；V 代表所有权集中时的公司价值；B_{cs} 表示控制权的私人收益，法律可以影响这部分。假设控制者持有 50% 的公司股份，还假设不论公司存在一个控制性股东，还是完全公众所有，公司价值始终保持不变。控股股东会保留控制权，当且仅当：

$$V/2 + B_{cs} - C_{cs} > V/2 \tag{1}$$

不等式左边是控股股东保留控制权的收益，右边是他按照股份应有的价值卖给公众的收入。式（1）表明，如果控制权的个人收益超过拥有控制权的成本，那么就会出现股权集中。通过引入 A_m，可以分析公司法对股权结构的影响。若考虑股权分散会给企业价值带来损害，那么控股股东把其持有的股份完全卖给公众时的收益将会是 $(V - A_m)/2$。控股股东会保留控制权，当且仅当：

$$V/2 + B_{cs} - C_{cs} > (V - A_m)/2 \tag{2}$$

如果控制权的净收益 $(B_{cs} - C_{cs})$ 多于分散化分担的代理成本 $(A_m/2)$，那么会保持集中的股权结构。进一步整理式（2），得：

$$B_{cs} + A_m/2 > C_{cs} \tag{3}$$

从式（3）可以看出，如果没有代理成本 A_m，受法律影响的私人收益 B_{cs} 就完全可以决定所有权结构是集中还是分散。如果代理成本 A_m 很高，那么即使投资者的法律保护极为完善（即 $B_{cs} = 0$），分散的所有权结构也不会出现。

Roe（2000，2003，2006）认为，欧洲国家公司的股权集中可以用政治因素来解释。美国的平民主义政治压制了大型公司内部金融机构的发言权，这影响大型公司的制度结构：即便是美国最富有的家族也无法长期获取和掌控美国大型公司的控制性股份，而且拥护小股东的制度也支持了公众公司的分散化股权。欧洲的社会主义民主政治力在促使管理者保持员工雇用的稳定，甚至要放弃一些可以实现利益最大化的项目的机会；要求管理者合理地利用资本，而非在市场委靡时一味地缩小规模。这种政治压力导致管理者偏离了股东利润最大化的目标。另外，在美国促使股权分散的机制——股权激励薪酬、透明的财务披露制度、敌意接管、股东财富最大化准则——都被欧洲大陆国家的社会主义民主政治弱化了。因此，导致这些国家的公司具有较高的代理成本（A_m），控股股东（股权集中）是控制这一成本的最佳方法（Roe，2003）。

（3）LLSV 的一系列文章试图证明这样一个命题：各个国家之间资本市场的重要性、公司获得外部融资的能力以及公司的所有权结构存在的巨大差异，均是由投资者法律保护水平的差异所致。不过，随着资本竞争变得越来越全球化，投资者法律保护较差的国家在融资能力方面很明显会不敌法律保护水平好的国家。理论上显然可以通过学习和模仿而使不同国家投资者权利保护差异逐渐消失。那么，为何各个国家的投资者法律保护水平仍然存在差异呢？另外，一些国家在 20 世纪 90 年代进行了一系列的法律改革，以改善投资者的法律保护水平。然而，这些改革的结果无一例外是令人失望的（Black，Kraakman & Tarassova，2000；Glaeser，Johnson & Shleifer，2001）。学者们随后认识到，将投资者权利简单地写入法条是不够的，仍然要面对着更深层次的问题（Berkowitz，Pistor & Richard，2003）。投资者法律保护的完善并不能保证公司治理改进，这一事实促使学者寻求新的解释。Stulz 和 Williamson（2003）及 Licht、Goldschmidt 和 Schwartz（2005）从文化视角对此给出解释。

一个国家的文化和法律制度是何关系？Williamson（2000）提出了一个四层次分析的概念模型：第一层由非正式制度组成，主要有规范、习俗、传统以及宗教；第二层位于第一层之下；由正式的法律制度组成，主要有制度、法律和产权等；（公司的）治理结构和（经济结果的）边际分析分别属于第三层和第四层。非正式制度不仅约束了可选择的正式制度的交易成本，而且还是促进和推动可选择的正式制度的来源。一方面，文化由于它作为社会的共同知识因此可以被看做约束；另一方面，文化通过它对组织政策和决策制定者的价值观的影响，可以促进和鼓励与它的价值观相融的行为（Licht 等，2005）。因此，从长远来看，正式法律规则的内容应该部分地反映社会中主流的文化方向，或者与主流文化方向相融。

有鉴于此，Stulz 和 Williamson（2003）认为，文化影响公司治理以及资本市场发展的机制主要有三个：一是通过价值观的形成和发展的影响。一个国家中占主导地位的价值观依赖于它的文化。例如，对利益的追求在一个宗教中可能是一种罪恶，在另一个宗教中则可能是一种善举。二是通过对制度的形成和发展的影响。比如，法律体系便要受到文化的影响。三是通过经济中资源配置方向的影响。对于不同的文化，经济中资源配置的导向不同。

在实证检验方面，Stulz 和 Williamson（2003）用宗教和语言①作为文化的代理变量，考察了 49 个国家样本，通过分组检验和多元回归分析方法，研究发现，在解释不同国家的投资者保护的差异时，我们不能忽视文化的差异。至于文化对投资者权利的影响，似乎对债权人权利的影响更为强烈：天主教国家对债权人权利的保护不如新教国家。

---

① 主要考察"一个国家的主要语言是否为英语"、"主要宗教是否为基督教"，以及"主要宗教是否为新教"三种因素是否为不同国家投资者权利差异的原因。

Licht、Goldschmidt 和 Schwartz（2005）在评价 Stulz 和 Williamson 的研究设计时，认为宗教（和语言）虽然是文化最为便捷的代理变量，但是将国家按照宗教来归类不能体现出各国文化之间的变异。借鉴 Bourdieu（1977）的文化定义：文化是指关于什么是好或坏、合法或不合法的意义、象征和假定的混合体，它维持了一个社会普遍遵循的实践和规范。Licht 等（2005）认为，价值观是文化的本质所在。为此，他们借用跨文化心理学领域中的两个量表去测量文化的价值观，即 Schwartz 的文化价值观量表和 Hofstede 的文化价值观量表。Schwartz（1994）量表包括嵌入或自由程度（测度个人和组织之间的理想关系）、阶层或平等主义（测度维持社会结构的行为倾向）、掌控或协调（测度人类与自然和社会之间的关系）三个维度；Hofstede（1984）量表包括四个维度：个人主义/集体主义（个人主义指一种结合松散的社会组织结构，其中每个人只关心自己，而且也只依靠个人的努力来为自己谋取利益。集体主义则指一种结合紧密的社会组织结构，其中所有人往往接受"在群体之内"如小团体、组织群体和亲戚朋友圈的人员的照顾，但同时也以对该群体保持绝对忠诚作为报答）、权利距离（指社会公认的权利在组织中不均等分配时的可接受程度）、规避不确定性（对模糊及不确定性的感觉的舒适或不舒适程度，对提供确定和舒适的制度和信念的赞许或贬抑）、男性化/女性化（男子气概在社会中占统治地位的程度，男子气概是指进取好胜、英雄主义、自信武断）。法律方面的变量仍然使用 LLSV（1998）的抵抗董事权利指数、债权人权利保护指数和法系分类三个方面。而后，他们基于 68 个国家样本，使用 Pearson 相关分析及多元回归分析方法，研究发现，LLSV（1998，2008）的法律起源假说仅解释了各国公司治理之间差异的一部分，要充分解释各国公司治理体系的差异及趋同，必须要结合法律及社会制度（文化）进行系统分析。

（4）如同政治、文化视角一样，公司治理的历史视角也同样以对 LLSV（1998，2000）的法律观点的批评和质疑作为逻辑的起点（郑志刚，2007）。历史观点认为，普通法和股权结构与金融发展之间的正相关关系仅是世纪之交刚出现的现象，如果我们回顾历史数据，特别是 20 世纪上半叶，它们之间不存在这种关系。学者们主要给出以下三个历史数据：第一，Rajan 和 Zingales（2003）发现，在 1913 年尽管法国的民法典对投资者的保护并不充分，但当时法国股票市场市值占 GDP 的比率是以对投资者保护充分而著称的美国同期的两倍。这一比例在 1980 年发生了相反的变化：此时法国的这一比率不足美国的20%。第二，Cheffins（2001）及 Franks、Mayer 和 Rossi（2005）研究表明，在 20 世纪初期，英国对股东几乎没有任何法律保护，可英国却已经拥有发达的资本市场，英国的公司开始呈现出分散的股权结构，这表明公司的股权结构状态及资本市场发展与法律没有任何关系。第三，Roe（2006）指出，由于大陆法国家遭受第二次世界大战的摧毁，使他们的政治比较偏激，采用了对资本市场不利却利于劳工的法律规则，进而导致欧洲大陆国家公司的集中股权结构。

（5）关于政府行为主要存在三种观点：扶持之手、自由放任观和掠夺之手（Shleifer & Vishny，1999）。扶持之手的政府模型源自新古典经济学的规范分析，描述了一个福利最大化的政府应该做些什么。这些文献把政府的干预政策说成是对市场失灵做出的反应，包括政府管制、价格控制等。与扶持之手相对的另一个传统模式，是政府的自由放任观，也即"看不见的手"模型，这种观点认为，市场运转良好，无需政府任何对市场的干预行为。政府需要执行的只是市场经济赖以允许所必需的基本职能，如提供法律、秩序和国防。除了这些有限的公共产品之外，政府干预得越少越好。掠夺之手模型是从政治学的分析入手，把政治过程看做政府行为的决定因素，认为政治家们的目标不是社会福利的最大化，而是追求自己的私利。不论是独裁政府还是民主政府，他们追求的目标都与社会福利最大化相去甚远。Shleifer 和 Vishny（1998）认为，扶持之手模型和自由放任观都把政府行为描述得过于理想化，与现实中实际的政府行为差距较大。而掠夺之手由于把政府看做由追求自利的政治家们组成，对政府行为的描述更加准确，因此更适用于进行规范和实证分析。

Stulz（2005）依据政府掠夺假说对股权结构给出了新解释：孪生代理问题（Twin Agency Problems）。Stulz（2005）模型的核心观点是，公司的所有投资者冒着被政府掠夺的风险，外部投资者还额外地冒着被公司内部人（控股股东和管理者）掠夺的风险。在模型的均衡处，当政府掠夺和公司内部人掠夺同时存在时，公司内部人必须和其他投资者共同投资，当两种掠夺的存在风险越高，在均衡处公司内部人与其他投资者的共同投资也越多。具体来讲，公司内部人（控股股东和管理者）为了最大化自己的利益，会通过掠夺外部投资者获得私人收益，Stulz 将此称为"公司内部人的代理问题"（the Agency Problem of Corporate Insider Discretion）。政府通过授予公司投资者的权力，以及政府保护这些权力的程度，可以影响公司内部人攫取私人收益的成本。当攫取私人收益的成本较低时，集中所有权要优于分散所有权，由于公司内部人的共同投资（即）使他们与小股东的利益趋向一致，并因此减少对外部投资者的掠夺。政府统治者可以凭借政府权力去掠夺投资者，如通过没收、罚款、重新进行税收分配及采用其他有利于统治者的规章制度等措施，Stulz 将政府统治者由于凭借政府权力为自己谋取私利的行为而产生的代理问题称为"政府统治者的代理问题"（the Agency Problem of State Ruler Discretion）。当这一代理问题严重时，分散的股权结构是没有效率的，因为职业经理人采取增加自己决断权和使外界难以对他们的行为进行监督的行为，可能是降低政府掠夺的最好方法。在这种情况下，职业经理人可以很容易地利用分散小股东的优势。集中股权结构则是相对有效率的，因为与职业经理人相比，内部人（控股股东和管理者）谋取私人收益的动力较弱，但他们采取措施以减少政府掠夺的动力却较大。因此，随着政府统治者的代理问题不断加重，公司的股权结构也会逐渐趋于集中。政府统治者代理问题的严重程度是每个国家特有的，因为那些控制一国政府的统治者要根据国家特征（如法律、历史、地理位置和经济发展水平）来确定掠夺程度，进而影响那个国家内人的私人收益。当公司内部人和政府统治者追求他们自己利益时，便会同时出现公司内部人代理问题和政府统治者代理问题时，两种代理问题绝非无关或独立的，而是交织在一起的，因此 Stulz（2005）将之称为孪生的代理问题（Twin Agency Problems）。当孪生代理问题较为严重时，分散的股权结构是无效的，公司内部人必须和其他投资者共同投资，保留大部分股份，采用集中的股权结构。

（6）其他社会因素。Dyck 和 Zingales（2004）在对控制权私人收益度量的基础上，考察了媒体、税务实施等法律外制度可能扮演的公司治理角色。鉴于我国学者郑志刚（2007）已经对这方面文献进行了详细的综述，本文便不在此赘述。

六、哪个层面更为重要？

对于公司间的治理差异，到底是哪一层面机制最具解释力？也有少数文献涉及此问题。Doidge、Karolyi 和 Stulz（2007）及 Aggarwal、Erel、Stulz 和 Williamson（2007）将公司治理水平量化为小股东权利受保护程度，并将此区分为政府准予的投资者保护（Investor Protection Granted by the State）和企业采用的投资者保护（Investor Protectionad Opted by the Firm）。对很多企业而言，是由内部人（控股股东和管理者）选择企业的治理水平，而内部人选择向政府准予的投资者保护水平改进的程度，取决于这样做的成本和收益。一方面，内部人可以从企业中抽取私人收益，其私人收益的多少取决于国家制度和企业选择的公司治理水平。若选择较高水平的公司治理，内部人从企业抽取私人收益的能力也会降低，这是内部人边际成本。另一方面，较高的公司治理水平会提升企业价值，因此控股股东的股份收益也会随之增加，这是内部人的边际收益。内部人选择的最优治理水平是边际收益线与边际成本线相交之点（Aggarwal、Erel、Stulz 和 Williamson，2007），如图 1 所示。

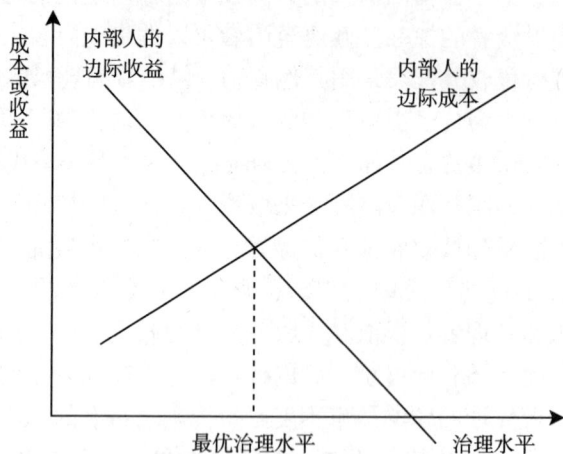

图1 公司治理的最优水平

Doidge、Karolyi 和 Stulz（2007）基于 CLSA（Credit Lyonnais Securities Asia，25 个国家的 495 家企业）、S&P（Standard & Poor's，40 个国家的 901 家企业）和 ISS（FTSEISS，22 个发达国家的 1710 家企业）三个数据库的样本研究发现：在公司治理的总变异中，CLSA 的 39%、S&P 的 73% 和 ISS 的 72% 可由国家变量来解释；企业特征变量对模型解释

的贡献极为有限，在 CLSA、S&P、ISS 样本中企业特征变量的解释力（R2）仅分别为 4%、22% 和 6%。这一结论意味着国家特征解释了公司治理总变异中的绝大部分（39%~73%），企业特征只解释其中的一小部分（4%~22%）。在进一步将国家分为发达国家和发展中国家两类后，作者发现，在发展中国家，企业特征对公司治理变异的解释力非常小（仅为 2.19%），而在发达国家，企业特征的解释力相对较高（可高达 33.38%）。在发展中国家，由于缺乏制度的基础设施，以及政治成本较高，改进投资者保护的边际成本较高。不过，由于资本市场发展深度不够，使改进公司治理的边际收益却较少，最终使这些国家公司的治理水平仅维持在较低水平。

这些文献得出的结论是，在发展中国家公司治理中，国家层面的宏观机制发挥着重要作用，而在发达国家公司治理中，企业层面机制更为重要。当然，这类文献也存在不足：一是在量化国家层面机制时，主要是通过引入虚拟变量的方法来实现，因此未能更深入、更具体地捕捉到国家层面的细微差别；二是对有些国家（尤其是发展中国家）的公司治理而言，企业间层面也发挥着极为重要的作用，却被这些文献所忽视。

七、总结：公司治理的一个新的分析框架

前文的梳理可以概括如下：第一，在回顾来自世界上多个国家公司股权结构最新证据后，本文总结出三类股权结构：股权分散型、控股股东非管理层的股权集中型、控股股东兼任管理层的股权集中型。第二，股权结构决定了公司治理的基本问题，即股权分散型公司面临的是代理型治理问题（小股东与管理层之间的利益冲突问题），控股股东兼任管理层的股权集中型公司面临的是剥夺型治理问题（控股股东与小股东之间的利益冲突问题），控股股东非管理层的股权集中型公司面临的是混合型治理问题（控股股东、小股东、管理层三者之间的利益冲突问题）。第三，企业内治理模式（也即公司治理模式）对企业间关系模型有重要影响，即：以英美国家公司为代表的代理型公司治理，其企业间关系模式主要呈现为大型联合企业；以欧洲大陆和东亚国家公司为代表的剥夺型和混合型公司治理，其企业间关系模式以企业集团为主。第四，诸如政治、法律、文化、历史等社会层面因素不仅影响着股权结构的离散程度，也直接或间接地形塑着公司治理和企业间关系模式。第五，企业层面（股权结构和公司治理）、企业间关系层面（大型联合企业、企业集团），以及社会层面（法律、政治、文化、历史等），共同构筑了公司治理分析的三个层面，为公司治理理论分析提供了一个新的分析框架，具体关系如图 2 所示。

社会层面	法律	政治	文化	历史	政府行为	其他

为什么会有股权集中与股权分散？

股权结构	股权分散	股权集中	
	股东非管理者	控股股东非管理层	控股股东与管理层合一

企业层面 · 企业内治理

代理型公司治理	混合型公司治理	剥夺型公司治理
主要问题：分散股东与经理层之间的冲突 典型代表：美国、英国等国家的公司	主要问题：股东与经理层利益冲突；大股东与小股东利益冲突 典型代表：欧洲大陆国家或俄罗斯，新加坡、中国等国家的国有企业	主要问题：内部人（控股股东与管理层）与小股东利益冲突 典型代表：西欧大陆国家、东亚国家的家族企业

企业间层面 · 企业间治理

大型联合企业	企业集团
形成方式：一体化，如美国历史上五次兼并与收购浪潮	形成方式：由单一股东集中控制的多家企业，它们之间所有结构多呈现为金字塔结构、交叉持股和差别投票权等

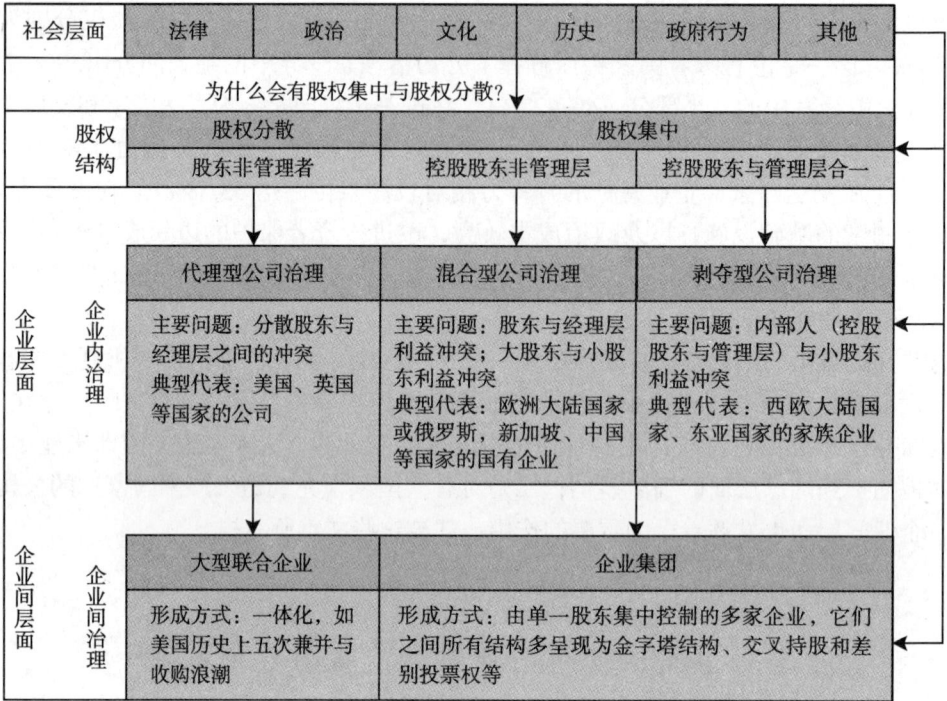

图2 公司治理领域的一个新的分析框架

八、3篇经典综述文献的说明

前文综述了公司治理领域的最新进展，并据此提出了内蕴其中的一个新的分析框架。为了对框架中的具体细节做更为深入的介绍，本部分精选了3篇与之相关的经典综述性文献译为中文：文献1：Morch，Wolfenzon & Yeung，2005；文献2：Khanna & Yafeh，2007；文献3：La Porta，Lopez-de-Silanes & Shleifer，2008。这3篇经典文献与前文分析框架的关系如图3所示。

文献1交代的事实是：除美、英两国外，其他国家的大公司大多有控股股东，且多为巨富家族。这些家族通过金字塔控制结构、交叉持股和超级投票权等方式，使他们在不用支付等量的资本投资情况下控制公司。继之，文章着重回顾了金字塔结构的微观和宏观影响方面的文献：一是金字塔结构的正面影响，认为在要素市场不发达和制度不完善的国家，金字塔结构可能会发挥积极作用；二是综述了金字塔结构的负面影响的文献，认为金字塔结构不仅会引发更严重的代理问题，而且还会通过扭曲资本配置、阻碍创新投资、干扰储蓄供应，进而影响一国宏观经济绩效；三是在文章最重要的部分，回顾了金字塔结构的政治经济方面文献，认为集中控制一国大公司的控制权，可能会通过促进监督、控制和

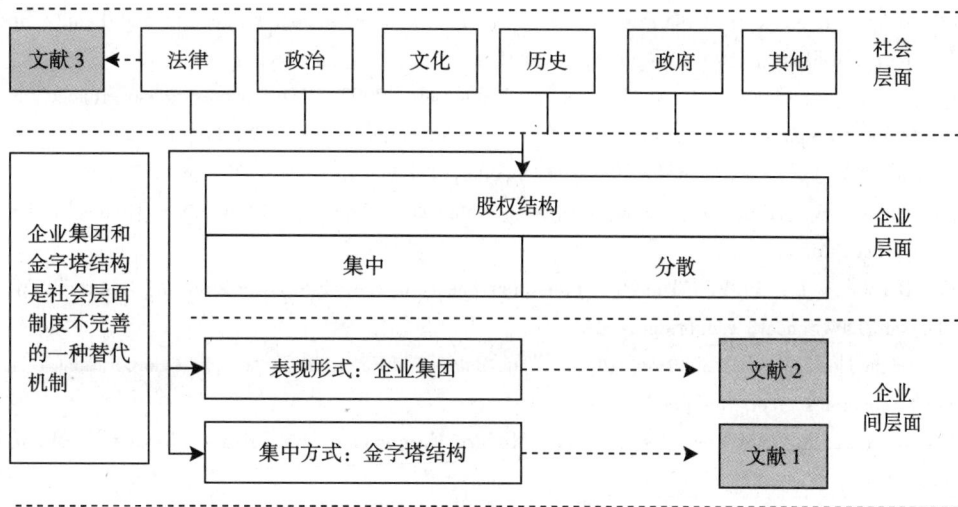

图3　公司治理专题3篇文献在本文分析框架中的位置

资本配置来克服市场无效率，发挥重要的正向经济功能，但是这种集中控制也可能引发微观经济问题和宏观资源的无效配置。

文献2通过对企业集团进行三个维度的划分：集团结构、集团所有权和控制权、集团与社会的相互作用，通过对每一维度展开详细的综述，文章说明了企业集团产生的经济、法律、制度等原因，并指出，以企业集团为代表的研究从政治经济学向管理学、公司治理等领域引入的时候，有必要将其几个显著特点（多元化、内部一体化、金字塔控股、家族控制等）对立统一地去考虑，在法律、经济制度环境不同的情况下，企业集团的这些特点对于经济增长和社会财富的作用有所差异，也就是反映了，受外部经济、法律、政治等因素影响，企业集团背后所代表的一系列治理机制（如金字塔控股和家族控制）的作用机制和效果是不同的。

文献3是LLSV四位著名学者对1997年和1998年发表的两篇文章及由这两篇文章引发的一系列相关研究成果进行的回顾、整合及深入解析。LLSV在将法律起源划分为起源于英国的普通法系和起源于罗马的大陆法系之后，探讨了两个核心问题：一是法律起源对法律、法规内容（投资者、债权人保护程度，政府法规及政府监管行为，法律诉讼）的影响；二是形成的法律、法规内容又对金融发展产生了怎样的作用。

参考文献

［1］李维安. 公司治理［M］. 天津：南开大学出版社，2001.

［2］刘芍佳，孙霈，刘乃全. 终极产权论、股权结构及公司绩效［J］. 经济研究，2003（4）.

［3］卢昌崇. 企业治理结构［M］. 大连：东北财经大学出版社，1999.

［4］宁向东. 公司治理理论［M］. 大连：中国发展出版社，2006.

［5］郑志刚. 法律外制度的公司治理角色———一个文献综述［J］. 管理世界，2007（9）.

［6］Allen F.& D. Gale，2000，"Comparing Financial Systems"，MIT Press：Cambridge MA.

［7］Almeida H. V. & D. Wolfenzon, 2006, "A Theory of Pyramidal Ownership and Family Business Groups", Journal of Finance, Vol.61, pp. 2637–2680.

［8］Aggarwal R., I. Erel, R. M. Stulz & R. Williamson, 2007, "Differences in Governance Practices between U.S. and Foreign Firms: Measurement, Causes, and Consequences", Working Paper.

［9］Baumol W. J., 1958, "On the Theory of Oligopoly", Economica, Vol. 25, pp. 187–198.

［10］Baumol W. J., 1993, "Entrepreneurship, Management and the Structure of Payoffs", The MIT Press, Cambridge, Mass.

［11］Bebchuk, L., 1999, "The Rent Protection Theory of Corporate Ownership and Control", Working Paper, Harvard Law School, Cambridge, MA.

［12］Bennedsen, M.&D.Wolfenzon, 2000, "The Balance of Power in Closely Held Corporations", Journal of Financial Economics, Vol. 58, pp. 113–139.

［13］Berle A. & G. Means, 1932, "The Modern Corporation and Private Property", Macmillan, New York.

［14］Berkowitz D., K. Pistor & J. F. Richard, 2003, "Economic Development, Legality and the Transplant Effect", European Economic Review, Vol. 47 (1), pp.165–195.

［15］Black, B., R. Kraakman & A. Tarassova, 2000, "Russian Privatization and Corporate Governance: What Went Wrong?", Stanford Law Review, Vol.52 (6), pp.1731–1807.

［16］Bourdieu, P., 1977, "Outline of a Theory of Practice", Cambridge University, Cambridge.

［17］Cheffins, B. R., 2001, "Does Law Matter? The Separation of Ownership and Control in the United Kingdom", Journal of Legal Studies, Vol. 30 (2), pp. 459–484.

［18］Chernykh, L., 2008, "Ultimate Ownership and Control in Russia", Journal of Financial Economics, Vol.88, pp. 169–192.

［19］Claessens S. & S. Djankov, 1999, "Ownership Concentration and Corporate Performance in the Czech Republic", Journal of Comparative Economics, Vol.27 (3), pp. 498–513.

［20］Claessens S., S. Djankov, & L. H. P. Lang, 2000, "The Separation of Ownership and Control in East Asian Corporations", Journal of Financial Economics, Vol.58, pp. 81–112.

［21］Djankov S., R. La Porta, F. Lopez–de–Silanes, A. Shleifer, 2008, "The Law and Economics of Self–dealing", Journal of Financial Economics, Vol.88, pp. 430–465.

［22］Doidge, C. G. A. Karolyi, R. M. Stulz, 2007, "Why Do Countries Matter So Much for Corporate Governance?", Journal of Financial Economics, Vol. 86: pp.1–39.

［23］Dyck, A.&L.Zingales, 2004, "Private Benefits of Control: An International Comparison", Journal of Finance, Vol.59, pp.537–600.

［24］Faccio M. & L. H. P. Lang, 2002, "The Ultimate Ownership of Western European Corporations", Journal of Financial Economics, Vol.65, pp. 365–395.

［25］Franks J. & C. Mayer, 2001, "Ownership and Control of German Corporations", Review of Financial Studies, Vol.14, pp.943–977.

［26］Franks J., C. Mayer & S. Rossi, 2005, "Ownership: Evolution and Regulation", European Corporate Governance Institute Finance Working Paper.

［27］Glaeser, E., S. Johnson & A. Shleifer, 2001, "Coase versus the Coasians", Quarterly Journal of Economics, Vol. 116 (3), pp. 853–899.

［28］Graham B. & D. L. Dodd, 1934, "Security Analysis", McGraw-Hill, New York.

［29］Grossman, S. & O. Hart, 1986, "The Costs and Benefit of Ownership: A Theory of Lateral and Vertical Integration", Journal of Political Economy, Vol. 94, pp. 691–719.

［30］Grossman, S. & O. Hart, 1988, "One-share-one-vote and the Market for Corporate Control", Journal of Financial Economics, Vol.20, pp. 175–202.

［31］Haber S. & E. C. Perotti, 2008, The Political Economy of Finance, Working Paper.

［32］Hart, O. L., 1995, Firms, Contracts and Financial Structure, Oxford University Press, London.

［33］Hart, O. L. & J. Moore, 1990, "Property Rights and the Nature of the Firm", Journal of Political Economy, Vol. 98, pp.1119–1158.

［34］Holderness, C., 2003, "A Survey of Blockholders and Corporate Control", Economic Policy Review, Vol. 9 (1), pp.51–63.

［35］Hofstede, G., 1984, "Cultural Dimensions in Management and Planning", Asia Pacific Journal of Management, Vol.2, pp.81–99.

［36］Jensen, M.& W. Meckling, 1976, "Theory of the Firm: Managerial Behavior, Agency Costs and Ownership Structure", Journal of Financial Economics, Vol. 3, pp. 305–360.

［37］Johnson S., R. La Porta, F. Lopez -de -Silanes, & A.Shleifer, 2000, "Tunneling", American Economic Review, Vol.90, pp. 22–27.

［38］Khanna T. and Yafeh Y., 2007, "Business Groups in Emerging Markets: Paragons or Parasites?", Journal of Economic Literature, Vol. 45, pp. 331–372.

［39］La Porta, R., F. Lopez-de-Silanes, A.Shleifer, 1999, "Corporate Ownership Around the World", Journal of Finance, Vol.54, pp. 471–516.

［40］La Porta, R., F. Lopez-de-Silanes, A. Shleifer, 2006, "What Works in Securities Laws", Journal of Finance, Vol.61, pp. 1–32.

［41］La Porta, R., F. Lopez -de -Silanes, A. Shleifer, & R.Vishny, 1997, "Legal Determinants of External Finance", Journal of Finance, Vol.52, pp.1131–1150.

［42］La Porta, R., F. Lopez-de-Silanes, A. Shleifer, & R.Vishny, 1998, "Law and Finance", Journal of Political Economy, Vol.106 (6), pp. 1113–1155.

［43］La Porta, R., F. Lopez -de -Silanes, A. Shleifer & R. Vishny, 2000, "Investor Protection and Corporate Governance", Journal of Financial Economics, Vol.58, pp. 3–27.

［44］La Porta, R., F. Lopez -de -Silanes, A. Shleifer & R. Vishny, 2002, "Investor Protection and Corporate Valuation", Journal ofFinance, Vol. 57, pp. 1147–1170.

［45］La Porta R. L., Lopez-de-Silanes F. and Shleifer A., 2008, "The Economic Consequences of Legal Origin", Journal of Economic Literature, Vol. 46, pp. 285–332.

［46］Licht, A., C. Goldschmidt & S. Schwartz, 2005, "Culture, Law and Corporate Governance", International Review of Law and Economics, Vol. 25, pp. 229–255.

［47］Modigliani, F. & M. Miller, 1958, "The Cost of Capital, Corporation Finance and the Theory of Investment", American Economic Review, Vol.48, pp. 261–297.

［48］Morck R., 2008, "Corporations", The New Palgrave Dictionary of Economics ［second edition］, Edited by Steven N. D. & L. E. Blume, Vol.2, pp.265–268.

［49］Morch R., Wolfenzon D. and Yeung, 2005, "Corporate Governance, Economic Entrenchment and

Growth", Journal of Economic Literature, Vol. 43, pp. 655–720.

[50] Owen, T., 1991, The Corporation under Russia Law, 1800~1917: A Study inTsarist Economic Policy, Cambrige University Press, New York.

[51] Pagano, M. & P. Volpin., 2001, "The Political Economy of Finance", Oxford Review of Economic Policy, Vol. 17 (4), pp. 502–519.

[52] Pagano, M. & P. Volpin., 2005, "The Political Economy of Corporate Governance", American Economic Review, Vol. 95 (4), pp.1005–1030.

[53] Perotti, E. & E. L. von Thadden, 2006, "The Political Economy of Corporate Control and Labor Rents", Journal of Political Economy, Vol. 114 (1), pp. 145–174.

[54] Rajan, R. G., & L. Zingales, 2003, "The Great Reversals: The Politics of Financial Development in the Twentieth Century", Journal of Financial Economics, Vol. 69, pp. 5–50.

[55] Roe, M., 2000, "Political Preconditions to Separating Ownership from Corporate Control", Stanford Law Review, Vol.53 (3), pp. 539–606.

[56] Roe, M., 2003, Political Determinants of Corporate Governance, Oxford University Press, Oxford.

[57] Roe, M., 2006, "Legal Origins, Politics and Modern Stock Markets", Harvard Law Reivew, Vol. 120 (2), pp. 460–527.

[58] Schwartz, S. H., 1994, "Cultural Dimensions of Values: Towards an Understanding of National Differences", in Individualism and Collectivism: Theoretical and Methodological Issues, Beverly Hills, pp. 85–99.

[59] Shleifer, A. & R. Vishny, 1986, "Large Shareholders and Corporate Control", Journal of Political Economy, Vol. 94, pp.461–488.

[60] Shleifer, A. & R. W. Vishny, 1989, "Management Entrenchment: The Case of Manager–specific Investments", Journal of Financial Economics, Vol.25, pp.123–140.

[61] Shleifer, A. & R. W. Vishny, 1999, "The Grabbing Hand", Harvard University Press, Cambridge, MA.

[62] Stulz, R. M., 2005, "The Limits of Financial Globalization", The Journal of Finance, Vol. 60 (4), pp. 1595–1638.

[63] Stulz, R. M. & R. Williamson, 2003, "Culture, Openness and Finance", Journal of Financial Economics, Vol.70, pp.313–349.

[64] Williamson O. E., 1964, "The Economics of Discretionary Behavior: Managerial Objectives in a Theory of the Firm", Prentice–Hall, Englewood Cliffs, NJ.

[65] Williamson, O. E., 2000, "The New Institutional Economics: Taking Stock, Looking Ahead", Journal of Economic Literature, Vol.38 (3), pp. 595–613.

[66] Wruck, K., 1989, "Equity Ownership Concentration and Firm Value", Journal of Financial Economics, Vol.23, pp. 3–28.

附表 1　公司治理的相关综述文献

作者	年份	篇名	来源
关于代理型公司治理的总体文献综述：			
Shleifer A. and R. W. Vishy	1997	A Survey of Corporate Governance	Journal of Finance, Vol.52: 737~783
Becht M., P. Bolton, and A. Roel	2002	Corporate Governance and Control	Working Paper, No.9371
姜国华、徐信忠、赵龙凯	2006	公司治理和投资者保护研究综述	《管理世界》2006 年第 6 期
关于剥夺型公司治理的文献综述：			
Claessens S., and Fan J. PH.	2003	Corporate Governance in Asia: A Survey	International Review of Finance, Vol. 3（2）：71–103
Denis D. K. & McConnell J. J.	2003	International Corporate Governance	Journal of Financial and Quantitative Analysis
关于代理型公司治理的各种机制的专题综述：			
关于接管的综述性文献			
Burkart, M.	1999	The Economics of Takeover Regulation	Discussion Paper, Stockholm School of Economics
Andrade, G., M. Mitchell and E. Stafford	2001	New Evidence and Perspectives on Mergers	Journal of Economic Perspective, Vol.15, 103–120
关于董事会的综述性文献			
Hermalin B. E. 和 M. S. Weisbach	2003	Boards of Directors as an Endogenously Determined Institution: A Survey of the Economic Literature	Economic Policy Review, Vol.9（1），7–26
关于股东"崛起"的综述性文献			
Gillan, S. and L. Starks	1998	A Survey of Shareholder Activism: Motivation and Empirical Evidence	Contemporary Finance Digest, Vol.2, 10–34
Karpoff J. M.	1998	The Impact of Shareholder Activism on Target Companies: A Survey of Empirical Findings	University of Washington School of Business
Romano R.	2001	Less or More: Making Institutional Investor Activism a Valuable Mechanism of Corporate Governance	Yale Journal on Regulation, Vol.18
关于经理人薪酬的综述性文献			
Murphy, K.	1999	Executive Compensation	In Orley Ashenfelter, and David Card, eds.: Handbook of Labor Economics, North Holland
Abowd, J. M. and D. S. Kaplan	1999	Executive Compensation: Six Questions That Need Answering	Journal of Economic Perspective, Vol. 13（4）：145–168
Bebchuk, L. A., J. M. Fried and D. I. Walker	2001	Executive Compensation in America: Optimal Contracting or Extraction of Rent?	NBER, Working Paper Series No. 8661
Core, J. E., W. Guay and D. F. Larcker	2002	Executive Equity Compensation and Incentives: A Survey	Economic Policy Review, Vol. 8（1）
关于大股东的综述性文献			
Gugler, K.	2001	Corporate Governance and Economic Performance	Oxford University Press
Holderness, C.	2003	A Survey of Blockholders and Corporate Control	Economic Policy Review, Vol.9（1）：51–63

Latest Advances of Corporate Governance Theory: A New Analysis Framework

Chen Shihua, Zheng Wenquan

Abstract: Latest advances of corporate governance theory in recent years presents as three new tendencies: research object from developed countries extending to developing countries, research perspective from enterprise level transferring to inter-enterprise level, research level from micro aspect and mediate aspect rising to macro aspect.these new tendencies provide a new framework composed of enterprise level (equity structure, corporate governance), inter-enterprise level (the conglomerate, enterprise group) and social level (law, politics, culture, history, act of government and so on). According to the framework, this paper summarizes latest articles of corporate governance, and introduces to readers with three classical English review articles and the relations between articles and analysis framework.

Key Words: corporate governance, latest advances, analysis framework

管理层讨论与分析是否提供了有用信息？*

——基于亏损上市公司的实证探索

薛　爽　肖泽忠　潘妙丽

【内容提要】"管理层讨论与分析"（MD&A）是年度报告中的重要信息之一。本文以2004年和2005年亏损上市公司为样本，探讨了亏损公司年度报告MD&A中披露的信息是否有助于投资者对扭亏进行预测。实证结果发现，在控制了相关财务指标之后，MD&A中提及的外部或内部原因越多，下一年扭亏的可能性越小。与内部经营管理措施相比，战略性改进措施对亏损公司业绩提升的效果更显著。经营计划中提及的战略性改进措施越多，则下一年度扭亏的可能性越大。特别地，当下一年度计划增加研发支出时，会提高扭亏的概率。同时，我们也发现，如果MD&A中扭亏措施能对症下药，即针对具体的亏损原因而提出，则公司下年扭亏的概率将增加。否则，如果扭亏措施无的放矢，则对业绩不但没有正面影响，还会产生负面作用。这些结果说明MD&A中的信息有助于投资者预测企业未来的盈利能力。

【关键词】MD&A；亏损原因；扭亏措施；扭亏

一、引　言

"管理层讨论与分析"（Management Discussion & Analysis，MD&A）之所以被广泛采

＊ 本文选自《管理世界》2010年第5期。

基金项目：本文受到国家自然科学基金资助项目（批准号70602030）、教育部人文社科重点研究基地重大项目（批准号08JJD630005）、上海市浦江人才计划课题"公允价值运用与会计信息质量"、上海市哲学社会科学课题（批准号2009BJB025）和上海财经大学"211工程"三期重点学科建设项目的资助。作者感谢姜国华教授、苏锡嘉教授、吴安妮教授、丁远教授、陈冬华教授和顾朝阳教授等的意见和建议，但文责自负。

作者简介：薛爽，上海财经大学会计与财务研究院。肖泽忠，对外经济贸易大学国际财务与会计研究中心/国际商学院。潘妙丽，上海财经大学会计学院。

用是由于其所披露的对未来进行展望的预测性信息是财务报告中其他信息的重要补充。监管方期望 MD&A 中对于下一年度业务发展和战略部署的讨论能够从"未来"这个维度上进一步降低公司和投资者之间的信息不对称，以期为利益相关方提供决策有用的信息。有鉴于此，我国于 2001 年引进 MD&A 披露制度，并在各种募集资金说明书、半年度报告和年度报告中对 MD&A 进行了相关规定。此后又进行了一系列的修改，如，2003 年在半年度报告中用"管理层讨论与分析"取代了原"经营情况的回顾与展望"，2005 年又在年度报告中对"管理层讨论与分析"的披露要求进行了细化。MD&A 中前瞻性信息的决策有用性既是一个理论问题，又是一个实证问题。然而，由于我国引进 MD&A 制度的时间尚短，披露制度尚不完善，加上相关数据的难以获取限制了实证研究的开展。事实上，目前国内针对 MD&A 信息披露的研究大多是对披露现状的考察，如某个项目披露与否、披露的程度等，缺乏 MD&A 信息的预测作用和经济后果方面的研究。

本文正是在此基础上，探讨了亏损上市公司 MD&A 信息披露的有用性。具体来讲，是探讨 MD&A 中有关亏损原因的分析及下一年度经营计划的信息是否有助于预测企业未来一年的经营业绩。如果出现以下一种或两种情形，我们称这些信息是有用的。第一，在预测模型中，这些信息与企业未来一年的经营业绩相关。第二，在预测模型中，它们增强了模型对企业未来一年经营业绩的预测能力（预测的准确性或解释能力）。为此，我们手工从 2004~2005 年的 402 家亏损上市公司年报的 MD&A 中摘取了有关亏损原因的分析及下一年经营计划的信息。我们将亏损原因分成内部原因和外部原因，外部原因又分为长期（如市场竞争）和短期原因（如政策性调整），内部原因则主要包括经营管理中存在的各种问题。对 MD&A 中提及的扭亏措施，我们按两种方法进行归类，首先，按战略性改进、完善内部经营管理和债务重组进行划分；其次，借鉴平衡计分卡原理将其分为战略、财务、客户、内部流程和学习与成长等五个维度。披露信息的衡量方面，如果一家公司披露了某一类信息，则赋值为 1，否则为 0。我们将这些信息类别的数量作为解释变量，对企业下一年的经营业绩进行回归。①

研究发现，MD&A 中针对亏损原因的分析和下一年度的战略部署可以为投资者提供关于企业未来经营业绩的增量信息。具体来说，MD&A 回顾部分对当年亏损原因的分析中，如果提及的外部原因和内部原因越多，意味着问题比较严重，无法在短期内得到有效缓解，下一年扭亏的可能性越小。在 MD&A 展望部分提及的扭亏措施中，战略性改进措施对亏损公司业绩有显著的正面影响。战略性改进措施越多，下年扭亏的可能性越大。学习与成长变量对下年是否扭亏也具有显著的解释能力。特别地，披露的下年研发支出与下年扭亏可能性显著正相关。战略性改进措施对业绩改善的作用显著高于内部管理措施。最后，如果 MD&A 中的扭亏措施（药）能够针对亏损原因（症），则其对业绩的影响显著为

---

① 值得明确的是，我们研究的不是这些信息与企业未来经营业绩间的因果关系。由于研究的是 MD&A 的信息是否有助于预测未来经营业绩，我们不需要假设 MD&A 的披露是可靠的。实际上，MD&A 信息是否可靠是我们研究问题（MD&A 是否有用）的一部分。此外，MD&A 中提出的改进措施是否如实得到执行是我们无法控制的，也无法从公开信息披露中得知。但是我们的研究设计并不要求 MD&A 提出的改进措施一定会如实或如期执行。

正。否则，如果扭亏措施无的放矢，则可能对业绩产生负面影响。

本文的贡献体现在以下方面：一是弥补了对中国 MD&A 信息披露制度缺乏经验研究的不足，为投资者提供了从管理者角度预测企业未来经营业绩的途径。二是现有国外文献表明，不同公司的披露行为存在差异，如业绩较好的公司倾向于多披露，而业绩较差的公司较少披露，因此，使用混合样本（包括盈利企业和亏损企业）可能掩盖 MD&A 的有用性。本文专门针对亏损公司的研究可以减少样本的选择偏差，充分体现出 MD&A 的预测作用。三是现有国外文献以考察 MD&A 综合信息的披露为主，本文重点考察其中管理层对业绩下滑的解释和下一年度的扭亏计划这两部分内容，不仅具体，且针对性非常强。四是虽然国际上对 MD&A 的研究不少，但其结果不一定适用于中国。因此，本文的研究发现可以为我国监管部门完善 MD&A 制度提供实证支持。

文章其余部分的安排如下：第二部分是国内外相关文献的回顾；第三部分是相关制度背景和研究设计；第四部分是样本选择和描述性统计；第五部分是实证结果和稳健性检验；第六部分是结论。

二、文献回顾

继 Copeland（1978）强调了叙述性信息对投资者决策的重要性之后，很多学者针对管理层讨论与分析的内容进行了研究。如 Bryan（1997）将 MD&A 中的信息进行分类后发现，计划资本支出对预测未来经营业绩具有解释能力。Cole 和 Jones（2004）发现计划的资本支出和新开商店数可以预测未来的收入和利润，且对同期的股票回报具有一定的解释能力。Lundholm 和 McVay（2004）同样发现利用 MD&A 中有关商店数和同行业销售增长率的信息预测的收入增长率和分析师预测的销售增长率一样准确。此外，Francis 等（2003）、Lev 和 Thiagarajan（1993）及 Behn（1996）等都发现 MD&A 中有关订单数量的信息对股价具有增量解释能力。Sun（2007）考察了 MD&A 中对存货增长的解释和将来经营业绩之间的关系，发现有利的解释与接下来两年的盈利能力和销售增长率正相关。Fields 等（1998）、Gore 和 Stott（1998）及 Vincent（1999）则考察了 MD&A 中有关经营现金流的信息，结果均发现 MD&A 中的经营现金流信息具有价值相关性。

有学者从其他角度考察了 MD&A 信息的有用性。如 Bryan（1997）和 Behn 等（2001）分别研究了 MD&A 信息对分析师和审计师决策的影响。Tennyson 等（1990）则发现 MD&A 信息对预测公司破产具有增量解释能力。作者用 23 家于 1980 年破产的美国公司和配对样本进行比较，发现提及外部原因越多的公司，将来破产的概率越大；提及内部原因越多的公司，将来破产的概率越小。

国内针对 MD&A 等非财务信息的研究仍较少，但有关此类信息的重要性已逐渐受到国内学者的重视。如周勤业等（2003）的问卷调查表明，MD&A 信息对投资者是至关重要的。李翔、冯峥（2006）在对当前信息披露渠道的重要性评估中发现，"公开披露信息"和"管理层沟通"占据了最重要的地位。李燕缓、李晓东（2009）比较了 MD&A 信息质量的国际差异，文章通过比较德、英、美等国及 IASB 关于管理层讨论与分析的相关规定，对我国进一步制定和完善现有 MD&A 信息质量提供了政策建议。有关实证研究方面，赵亚明（2006）、惠楠（2008）考察了我国上市公司 MD&A 的披露质量，认为我国目前的 MD&A 披露质量仍不高。王慧芳（2006）则分析了影响上市公司 MD&A 信息披露的因素。李峰森、李常青（2008）探讨了 MD&A 信息的有用性。他们的研究表明，我国 MD&A 信息总体上对预测公司未来收入、每股盈余和经营现金流量的变化有显著的辅助作用，而且股票市场也对此做出了及时迅速的反应。据我们了解，这是中国目前考察 MD&A 信息有用性的第一篇文章，然而，作者的样本数据仅为部分 2004 年的半年报，而且是采取随机抽取的办法，因此样本具有较大的异质性，且基于中国目前 MD&A 信息披露质量不高的现状，针对所有项目的考察可能难以获得统一的结论。另外，在亏损公司方面，戴德明、邓璠（2007）对扭亏措施的作用进行了研究。本文在对扭亏措施进行分类时，部分借鉴了他们的分类方法。但本文与他们的研究不同，他们从年报整体信息的角度进行事后考察，而本文着眼于事前，立足于管理层自身的分析和讨论，目的在于考察 MD&A 披露信息的有用性。此外，本文研究的范围不仅包括扭亏措施，也涵盖了亏损原因，而亏损原因不在戴文的研究范围。简而言之，国内尚无文献用客观数据检验过 MD&A 信息的有用性。国外虽然有较多关于 MD&A 的研究，其结论能否适用于中国这样一个发展中的资本市场，显然不能先知先觉地妄下结论。此外，国内外文献均未专门研究亏损企业 MD&A 信息披露及其有用性。因此，本文弥补了中外文献中的多个不足。

三、相关背景及研究设计

（一）MD&A 信息披露制度

管理层讨论与分析（MD&A）是上市公司定期报告中管理层对公司过去经营状况的评价分析以及对未来发展趋势的前瞻性判断。内容包括对报告期内经营情况的回顾和对未来发展的展望两部分。我国于 2001 年引进该项制度，并在 2003 年及 2005 年中对相关法规和政策进行了改进。在 MD&A 中有关报告期内经营情况回顾部分，公司董事会应分析报告期内的财务状况和经营成果，包括（但不限于）报告期内总资产、长期负债、股东权益、主营业务利润、净利润比上年增减变动的主要原因。证监会于 2003 年对其进行了进一步规范，增加了"讨论与分析"的成分，强调不能只重复财务报告已有的内容。MD&A 中未来展望部分应当披露的内容包括公司所处行业趋势、公司未来发展机遇、发展战略和经营计划、资金需求和使用计划、面临的风险因素等。其中的"经营计划"小节规定，公司董事会应披露新年度的经营计划，包括（但不限于）收入、费用成本计划及新年度的经营目标，如销售额的提升、市场份额的扩大、成本升降、研发计划等，以及为达到上述经营目标拟采取的策略和行动。值得注意的是，该项规定在 2003 年的修订中变更为自愿性披露，而在 2005 年的修订中又将其重新归为强制性披露。

（二）亏损公司 MD&A 披露信息的分类

鉴于以前文献表明不同公司其 MD&A 信息披露行为存在差异（Clarkson 等，1994；Behn，1996；王慧芳，2006），本文的研究设计试图寻找同质样本以最小化这一影响。同时，由于亏损公司具有较大的经营业绩变动且明显属于规定中提及的"在经营中出现问题与困难"的情况，因此必须说明引起业绩变动的影响因素。另外，亏损公司在巨大的扭亏压力下也急于向投资者传递公司下一年度的经营计划与战略部署，这也符合王慧芳（2006）所发现的"盈利较差的公司其 MD&A 披露反而更加详细"的研究结果。

基于以上分析，本文以亏损公司为研究对象，考察年度报告中"管理层讨论与分析"一节中管理层针对经营业绩变动的分析（回顾部分）和下一年度经营计划与战略调整的信息（展望部分）对预测公司未来业绩（如扭亏）是否有显著影响或增量解释能力。

根据 John 等（1992）的发现，管理层倾向于将企业业绩的下滑归咎于外部因素，因此，本文将回顾部分中对亏损原因的分析划分为外部原因和内部原因。又根据薛爽、王鹏（2004），考虑到中国上市公司所处的特殊环境，将内部原因进一步划分为内部管理不善、债务负担沉重、大股东占款、上市公司对外担保等。此外，会计政策影响和投资公司亏损也是较多提及的因素（详见表 1 Panel A）。表 1 Panel A 中，外部原因分为宏观政策的影响和市场条件的变化等。内部原因则可归纳为债务负担重、关联方占款、对外担保、管理不善等。投资公司亏损和会计政策变更不能完全为企业自身所控制，性质介于外部原因和内部原因之间，因此我们将其单列。

对扭亏措施，我们按照两种方法进行分类。第一种借鉴戴德明、邓璠（2007）的方法，将 MD&A 展望部分中提及的下一年度经营计划分为战略性变更、内部经营管理措施变更及财务筹划（见表 1 Panel B）。我们在数据收集过程中，发现亏损公司对下年扭亏措施的陈述较为详细，上述相对较粗的分类方法可能引起信息损失。因此，我们再次按照财务、客户、内部流程、学习与成长和战略变更分成 5 个维度。其中，前 4 个维度与 Kaplan 平衡计分卡的框架比较类似。财务维度的扭亏措施包括加强应收款管理和债务重组；客户维度包括产品差异化和强化销售管理；内部流程维度包括降低成本管理控制制度；学习与成长维度包括研发投入和员工培训。最后，战略变更维度包括经营扩张与经营收缩（见表 1 Panel C）。

在数据收集过程中，我们发现只有 3 家公司提到了员工培训，因此，学习与成长变量的影响主要来自研发投入。根据 Joos 和 Plesko（2005）的研究，在持续亏损的公司中，投资者对有研发支出和没有研发支出的公司是区别定价的。持续亏损公司的研发支出被看做一项资产，投资者认为这类公司的亏损是暂时的，因此扣除研发支出后的盈余仍然具有价值相关性；对没有研发支出的持续亏损公司，投资者认为其陷入财务困境的可能性较大，因此其盈余指标不能解释股票价格。该文指出了研发支出在持续亏损公司定价中的重要作用。

表1　MD&A提及的亏损原因、扭亏措施及变量的描述性统计

Panel A：亏损原因				
变量代码		亏损原因	公司数目（家）	占总样本比例（%）
外部原因 R_EX	R1	国家调控（宏观调控或行业政策）	91	22.64
	R2	市场竞争（原材料上涨，产品价格下降）	198	49.25
	R3	其他外部原因	41	10.20
内部原因 R_IN	R4	债务负担，财务费用过高	60	14.93
	R5	内部管理不善	77	19.15
	R6	关联方占款	50	12.44
	R7	对外担保	37	9.20
R8		投资公司亏损	53	13.18
R9		会计政策（计提准备项目）	164	40.80
Panel B：扭亏措施分类方法一				
变量代码		扭亏措施	公司数目（家）	占总样本比例（%）
战略变更（M_STRATEGY）	M1	经营扩张	219	54.48
	M2	增加研发投入	96	23.88
	M3	经营收缩	92	22.89
内部经营管理措施变更（M_INTER）	M4	差异化	69	17.16
	M5	销售管理	95	23.63
	M6	降低成本	146	36.32
	M7	管理控制制度	167	41.54
	M8	加强应收款管理	68	16.92
M9		债务重组	56	13.93
Panel C：扭亏措施分类方法二				
变量代码		扭亏措施	公司数目（家）	占总样本比例（%）
战略变更（STRATEGY）	M1	经营扩张	219	54.48
	M3	经营收缩	92	22.89
财务维度（FIN）	M8	加强应收款管理	68	16.92
	M9	债务重组	56	13.93
客户维度（CUSTOMER）	M4	产品差异化	69	17.16
	M5	强化销售管理	95	23.63
内部流程维度（INTER）	M6	降低成本	146	36.32
	M7	管理控制制度	167	41.54
学习与成长（LEARN）	M2	增加研发投入	96	23.88
		员工培训	3	0.75

续表

		Panel D：综合指标及相关控制变量的描述性统计				
	变量名	样本数	均值	标准差	最小值	最大值
亏损原因	R_EX	402	1.088	0.824	0	3
	R_EN	402	0.922	0.909	0	4
	R8	402	0.248	0.432	0	1
	R9	402	0.489	0.501	0	1
扭亏措施	M_STRATEGY	402	1.02	0.839	0	3
	M_INTER	402	2.018	1.338	0	5
	M_RESTR	402	0.178	0.383	0	1
控制变量	PMARGIN	402	11.227	21.42	−181.237	91.046
	LEVERAGE	402	103.309	252.437	4.403	4307.538
	ASSETTURN	402	0.434	0.389	0	3.832
	CONT	402	0.328	0.47	0	1
	AQ	402	0.47	0.45	0	1

（三）假说发展与研究设计

既然亏损公司的 MD&A 主要包括对本报告期亏损原因的分析和未来一年为扭亏将要采取的措施两大内容，我们的假说也将从这两个方面提出。根据规定，管理层必须对亏损的原因加以说明。有些亏损主要是外部原因导致的，如宏观环境的恶化、政策性调控和行业冲击等。这些因素有两个特点：一是这些宏观因素通常不会在很短的时间内得到改善。如出口型企业可能面临的反倾销制裁和其他形式的贸易壁垒等对企业经营造成的影响一般会持续数年。再如，有些传统行业（如唱片业、显像管电视等）受到新兴技术和产品的冲击，产品市场可能出现不可逆转的萎缩。二是外部宏观和行业等因素不是企业通过自身的努力可以改变的，对企业来说，属于不可控因素。因此，如果 MD&A 中披露的这些信息是准确且切中要害的，我们可以推测，公司面临的外部困难越多，下年扭亏的可能性越小。因此，有如下假说。

假说 1：MD&A 中披露的导致亏损的外部原因越多，公司下年扭亏的可能性越小。

亏损内部原因披露方面，管理层有天然的推卸经营责任的动机，他们倾向于将业绩的下滑归咎于外部因素，而很少提及内部经营管理问题（Pava and Epstein，1993；Clarkson，1994）。此时，良好的监管机制，如法律环境、投资者保护、公司治理等便成为管理层诚实尽责披露信息的保证。Skinner（1994）及 Kasznik 和 Lev（1995）发现在有效的法律约束下，美国企业倾向于多披露坏消息以避免法律诉讼，同时，为建立良好的声誉机制，这类企业也倾向于尽早披露坏消息。但是，披露的内部问题越多，意味着解决这些问题需要的时间越长，在近期内扭亏为盈的可能性不大。在法律环境薄弱、投资者保护及公司治理水平普遍低下的环境中，管理层缺乏信任的内部经营管理问题将选择尽量回避的态度，或希望在无人知晓的情况下得到解决或缓和。在这种情况下，尽管对内部问题有所披露，但对问题的数量和严重程度往往倾向于有所保留。只有在问题严重恶化不可能继续掩盖或者依据强制性披露原则不得已时，才会将这些问题披露出来。这些披露更可能表明了问题的严重性和解决的难度。总之，无论管理层是出于"自省"动机还是由于制度规定或情势所逼而"不得不说"，我们推测，披露的内部亏损原因越多，说明企业自身存在的问题越多也越严重，因此下一年扭亏为盈的可能性越小。

假说 2： MD&A 中提及的导致亏损的内部原因越多，公司下年扭亏的可能性越小。

在下一年经营计划中，亏损公司往往会着重探讨扭亏措施。我们把扭亏措施主要分为战略性扭亏措施和内部经营管理措施的改进两大类。从理论上来说，企业对战略的改进策略越是详细，则其得以推行的可能性越大，从而扭亏的可能性越高。认识到的内部经营管理的问题越多且能针对存在问题提出相应改进措施，企业未来在经营和管理上可能的改进则越快，对业绩将有正面的影响。从这些改进措施的性质来看，战略性措施包括经营性扩张及收缩，具体表现为资产或股权的收购、置换和剥离等。战略性措施有两个特点：一是这些措施对公司的经营范围、资产规模和财务结构等方面影响较大，很多时候是根本性的影响（如借壳上市）。二是是否按计划实施比较容易监督。这些措施都属于"重大事项"而在强制性披露范围之列，因此，管理层一般不会"信口开河，言而无信"。相比较而言，内部管理措施的"可落实性"就难以把握得多。原因有三：一是内部管理措施落实在文字上容易，在企业内部切实贯彻下去则非常困难。这取决于诸多因素，如管理层推行的决心、员工的意愿以及配套的措施等。二是内部管理措施的效果比较缓慢。如果将战略性措施比作外科手术，内部管理措施就像中医调理。特别是在内部管理制度改革初期，新老制度并行，遇到的阻力也最大，阻力和冲突的存在甚至可能在短期内带来负面的效果。三是由于内部管理措施的改进涉及的是公司内部事务，一般不在强制性披露范围之内，投资者对此难以监督。正因为内部管理措施是否实施以及实施效果的难以证实性，管理层说谎的代价非常小，因此不排除 MD&A 中提到的一些内部管理措施改进只是管理层应付差事之作。基于上述讨论，我们提出如下假说。

假说 3a： 与内部管理措施相比，MD&A 中提及的战略性改进措施与下一年扭亏可能性的正相关程度更大。在对 MD&A 扭亏措施的第二种分类方法中，内部管理措施的改进主要表现在客户维度（产品差异化管理和销售管理）及内部流程维度（降低成本与加强管理控制），因此，假说 3a 可以重述为：

假说 3b： 与客户关系管理措施和内部流程改进措施相比，MD&A 中提及的战略性改进措施与下一年扭亏可能性的正相关程度更大。亏损公司 MD&A 中，计划的扭亏措施应该针对亏损原因提出。如果管理层既能正确认识到经营管理中的问题，又能针对已存在的问题提出对应的解决办法，对症下药，无疑对公司管理和经营都应起到积极作用。相反，如果 MD&A 中提及的扭亏措施不是针对现存问题而提出的，则有两种可能性：一是管理层的这些改进措施只是应景之作，并不打算真正落在实处。二是可能更差，即虽然在某些方面没有问题，但却按照计划盲目加以变化。就像健康的人吃了药，不仅不能强身健体，反而会有副作用。因此，我们提出如下假说。

假说 4： 亏损公司 MD&A 中的扭亏措施如果能够对应亏损原因，则公司下一年扭亏的可能性更大。

四、样本选择及描述性统计

鉴于我国对 MD&A 披露制度从 2003 年开始规范化，且本文的研究需要用到下一年度的财务数据，因此我们以 2004 年和 2005 年的亏损上市公司为样本。如前所述，2004 年年报对下一年度的经营计划仍然采取自愿披露的方式，但基于前文分析可知，亏损公司倾向于向投资者多披露信息，且从我们收集的样本来看，2004 年大多数亏损公司仍主动披露了下一年度的经营计划，因此，我们认为增加 2004 年样本并不会对我们的结果造成偏差。[①]

以净利润亏损为标准，我们手工收集了 2004 年和 2005 年亏损公司年度报告管理层讨论与分析一节中报告的亏损原因和下一年度的经营计划。[②] 为了减少手工收集数据过程中主观因素的影响，我们采用如下步骤收集数据：第一步，随机抽取 30 份年报，参与收集数据的人员一起阅读，讨论如何对 MD&A 部分提及的亏损原因和扭亏措施进行分类，在此基础上，确定分类标准；第二步，数据采集人员分为两组，每组独立对所有样本公司进行数据收集；第三步，两组人员分别完成数据收集后，两组样本一一对照，如果两组判断相同，视为无争议数据。如果两组判断不同，再根据分类标准进行反复讨论，最终达到一致意见。剔除缺少必要财务数据的公司后，最终得到 402 个观测值。其他数据均来自 Wind 数据库。

有关 MD&A 信息的描述性统计见表 1。从表 1 Panel A 可以看出，有将近 50% 的公司认为亏损原因是市场竞争，22.64% 的公司认为是国家宏观政策造成的。相比于外部原因，提及内部原因的公司比例较低，如认为由内部管理不善造成亏损的公司比例为 19.15%，这与以往的文献（John et al.，1992）相符，即管理层倾向于将业绩下滑的原因归咎为外部因素。另外，超过 40% 的亏损公司认为会计政策变更是导致亏损的原因之一。表 1 Panel B 给出了亏损公司管理层计划采取的扭亏措施情况。从企业经营战略来看，计划扩张经营的样本占 54.48%，而收缩经营规模的只占 22.89%。另外，还有 23.88% 的公司计划在未来一年加强研发的投入。在内部经营管理措施方面，加强内部管理控制、降低成本是重要的措施，接下来依次是加强销售管理、提供更具个性的产品和加强应收款催收工作等。表 1 Panel C 是对扭亏措施按照第二类分类方法进行分类的明细和样本比例。表 1 Panel D 则是对亏损原因、扭亏措施和回归模型中主要控制变量的描述性统计。从亏损原因来看，平均

---

① 我们对 2004 年和 2005 年的数据分别进行了分析，结果无本质差别。

② 本文没有剔除 2004 年亏损年度报告 MD&A 中没有提及下一年度经营计划的公司。但剔除后，结论不受影响。

每家公司提到大约一种外部原因（1.088）和一种内部原因（0.922）。从扭亏措施来看，平均每家公司提到一种战略性改进措施（1.020）和两种内部经营管理改进措施（2.018）。其他控制变量的定义我们将在第五部分进行介绍。

五、实证结果

（一）假说检验

根据假说 1 和假说 2，公司在分析当期亏损原因时，披露的外部原因和内部原因越多，下年扭亏的可能性越小。为验证假说 1 和假说 2，构造如下模型：

$$Prob\,(Y = 1) = \beta_0 + \beta_1 R\_EX + \beta_2 R\_IN + \beta_3 R8 + \beta_4 R9 + \beta_5 PMARGIN + \beta_6 LEVERAGE$$
$$+ \beta_7 ASSETTURN + \beta_8 CONT + \beta_9 AQ + \beta_{10} YEAR + \beta_{11-22} INDUSTRY + \varepsilon$$

$$(1)$$

其中，Y 是哑变量，若亏损下一年净利润大于 0 则为 1，否则为 0；R_EX 是外部亏损原因的总和，为表 1 Panel A 中 0，1 型变量 R1~R3 的简单加总，R_IN 是内部原因的总和，为 R4~R7 的简单加总，R8、R9 分别是下属公司亏损和会计政策变更，如前文所述，这两个变量单列。

除管理层分析的亏损原因和扭亏措施之外，公司能否扭亏还受到主营业务状况等其他诸多因素的影响。如薛爽（2005）认为资产质量、主营业务的状况等也会影响公司的扭亏能力。而魏涛等（2007）用应收款项占总资产的比重作为资产质量的替代变量后没有发现显著的解释能力，因此，本文在参考 Altman（1968）等财务困境预测文献的基础上，用总资产周转率（ASSETTURN）作为资产质量的替代变量。用主营业务利润率（PMARGIN）反映主营业务的状况，同时加入资产负债率（LEVERAGE）作为资本结构的控制变量。薛爽（2005）发现连续两年亏损的公司第三年扭亏的概率较大，因此，本文将是否连续亏损（CONT）作为控制变量，若连续两年亏损，CONT 为 1，否则为 0。另外，戴翠玉（2006）认为注册会计师的审计意见类型对公司是否扭亏具有解释能力，因此，本文将公司亏损当年所获得的审计意见类型（AQ）引入模型，若亏损当年的审计报告是非标准无保留意见，则 AQ 为 1，否则为 0。YEAR 和 INDUSTRY 分别为年度和行业哑变量。其中，除年度和行业变量外，其他主要控制变量的描述性统计见表 1 Panel D。

假说 3 预期的是 MD&A 中未来展望部分提及的各项扭亏措施与公司下年业绩之间的关系。具体地，我们构造模型（2）来验证假说 3a：

$$Prob\,(YI = 1) = \beta_0 + \beta_1 M\_STRATEGY + \beta_2 M\_INTER + \beta_3 M\_RESTR + \beta_4 PMARGIN +$$
$$\beta_5 LEVERAGE + \beta_6 ASSETTURN + \beta_7 CONT + \beta_8 AQ + \beta_9 YEAR +$$
$$\beta_{10-21} INDUSTRY + \varepsilon$$

$$(2)$$

模型（2）用"扭亏措施"变量替代了模型（1）中的原因变量。其中，M_STRATEGY

为战略变更的综合指标，为表 1 Panel B 中 0，1 型变量 M1~M3 的简单加总，M_INTER 为内部经营管理措施改善的综合指标，为 M4~M8 的简单加总，M_RESTR 为债务重组措施，即 M9。扭亏措施如果能够如期实施且发挥预期效用，则其与公司业绩应该正相关。根据第三部分对假说 3a 的推理，我们预期，模型（2）中，$\beta_1 > \beta_2$。类似地，在验证假说 3b 时，我们将模型（2）中的扭亏措施变量按照第二种分类方法进行分类，我们预期战略维度（STRATEGY）的系数大于客户维度（CUSTOMER）和内部流程维度（INTER）的系数。为验证假说 4，我们在模型（2）的基础上，加入亏损原因和扭亏措施的交叉变量。具体地，我们检验扭亏措施中的"管理控制制度的改善（M7）"是否对应亏损原因中的"内部管理不善（R5）"以及扭亏措施中的"债务重组（M9）"是否对应亏损原因中的"债务负担过高（R4）"对下年扭亏可能性的影响。

$$\text{Prob}(YI = 1) = \beta_0 + \beta_1 R\_EX + \beta_2 R\_IN + \beta_3 R8 + \beta_4 R9 + \beta_5 M\_STRATEGY + \beta_6 M\_INTER$$
$$+ \beta_7 M\_RESTR + \beta_8 R5 \times M7 + \beta_9 R4 \times M9 + \beta_{10} PMARGIN + \beta_{11} LEVERAGE$$
$$+ \beta_{12} ASSETTURN + \beta_{13} CONT + \beta_{14} AQ + \beta_{15} YEAR + \beta_{16-27} INDUSTRY + \varepsilon$$

$$(3)$$

根据假说 4 的讨论，模型（3）中 β_8 和 β_9 的符号预期为正。

在回归中，我们将所有连续变量进行了 1% 的缩尾（Winsorize）处理，回归结果由表 2 给出。表 2 中，回归（1）是未加入 MD&A 信息的基准模型，与现有文献一致，我们发现当期盈利能力、资产运营效率、连续亏损与下年扭亏正相关，非标准审计意见与下年扭亏负相关。回归（2）在基准模型基础上增加了亏损原因变量，结果显示，外部原因（R_EX）和内部原因（R_IN）都与下年扭亏负相关，且在统计上显著，这与本文假说 1 和假说 2 的预期一致。另外，我们注意到，解释变量 β_8、β_9 的系数均不显著，说明投资公司亏损和计提减值准备这两个原因对下一年的扭亏缺乏解释能力。[①] 回归（3）在基准模型的基础上加入了扭亏措施变量。M_STRATEGY 的系数在 1% 水平上显著为正，说明管理层计划采取的战略措施越多，下一年扭亏的可能性越大。M_INTER 的符号为负，但在统计上不显著，这说明内部管理措施对扭亏没有显著的解释能力。我们对战略措施和内部措施的系数进行差异度检验，卡方值为 10.61，在 1% 的水平上显著，说明战略性改进措施对亏损公司下一年扭亏的作用显著高于内部经营管理措施的改进，这与假说 3a 相一致，即战略性改进措施对亏损公司扭亏的效果更显著。相比较而言，内部经营管理措施的改进对亏损公司扭亏没有显著影响。如我们在第三部分分析的那样，内部管理措施对亏损公司业绩提升没有显著影响的原因可能与这些措施的"可验证性"和"可实施性"有关。进一步地，即便这些措施的确在企业里实施下去，其作用的发挥也需假以时日。M_RESTR 的系数在统计上显著，但系数符号却和预期相反。这可能与我们在模型中没有充分考虑扭亏措施的针对性有关。回归（4）把亏损原因和扭亏措施变量同时放入模型，且考虑了扭亏措施是否与亏损原因相互匹配。先看亏损原因对下年是否扭亏的解释能力，系数符号都符合

---

① 去掉这两个变量对回归结果无影响。

预期且在统计上显著，结果进一步支持了假说 1 和假说 2，即在 MD&A 中提及的外部和内部原因越多，扭亏的可能性越小。再看扭亏措施对扭亏的作用。战略性改进措施比经营管理措施对扭亏的影响更大，且在至少 1% 的水平上有显著差异。最后，我们看 R5×M7 和 R4×M9 的交叉项。这两个交叉项的系数都为正，且统计上显著，说明当 MD&A 中的扭亏措施是对症下药、有的放矢时，对下年扭亏有正面的影响。如果扭亏措施不是针对公司已存在问题有针对性地提出，而是头痛医脚，非但对业绩的改善没有积极作用，反而会使扭亏的可能性显著降低（M_INTER 和 M_RESTR 的系数都显著为负）。因此，表 2 回归（4）的结果支持了假说 4。从模型预测的准确度来看，回归（2）、回归（3）和回归（4）预测的准确程度都高于基准模型。当同时将 MD&A 中披露的亏损原因和扭亏措施加入模型时，模型预测的准确程度提高了 5.2 个百分点。总体而言，表 2 的回归结果说明我国亏损上市公司在管理层讨论与分析中披露的亏损原因和下一年度的经营计划为投资者预测扭亏提供了增量信息。为验证假说 3b 并进一步验证假说 4，我们按照第二类方法对扭亏措施进行分类，回归结果见表 3。

表 2 MD&A 信息披露与扭亏可能性的逻辑回归分析

	(1) 基准模型		(2) 亏损原因		(3) 扭亏措施		(4) 原因+措施	
Intercept	−0.363	0.496	0.268	0.188	−0.836	2.07	−0.774	1.03
R_EX			−0.329	4.24**			−0.253	3.24*
R_IN			−0.261	3.63*			−0.509	7.98***
R8			−0.082	0.09			−0.221	0.56
R9			0.192	0.62			0.352	1.83
M_STRATEGY					0.512	11.17***	0.556	12.14***
M_INTER					−0.09	0.86	−0.22	3.98**
M_RESTR					−0.861	4.41**	−0.984	3.19*
R5×M7							1.167	10.21***
R4×M9							1.493	5.14**
PMARGIN	0.011	2.69*	0.01	2.06	0.009	1.68	0.01	1.83
LEVERAGE	−0.001	1.04	−0.001	1.04	−0.001	0.34	−0.001	0.88
ASSETTURN	1.042	7.83***	1.089	8.59***	0.979	6.54***	0.957	5.94**
CONT	2.066	39.01***	2.069	37.67***	2.142	38.71***	2.347	40.12***
AQ	−1.179	18.25***	−1.146	15.81***	−1.064	13.75***	−1.024	11.10***
YEAR05	0.45	3.58*	0.376	2.27	0.417	2.85*	0.484	3.18*
Industry	control							
2 logL	529		440		434		406	
concordant（%）	76.00		76.90		77.90		81.20	
M_STRATEGY 和 M_INTER 系数的比较			χ^2		10.61		13.83	
			Prob.		0.001		0.0002	

表 3 的思路与表 2 相同，唯一的区别是我们对扭亏措施的分类方法不同。从表 3 的回归（2）可知，把扭亏措施按照财务、客户、内部流程、学习与成长和战略五个维度进行

归类后，战略调整（包括扩张和收缩战略）与学习成长（研发投入和员工培训）的系数显著为正，其他三个维度的变量不显著。说明这两个维度的扭亏措施对公司改善业绩有显著影响。回归（3）同时加入了原因和措施变量以及两者的交叉变量。结果显示，披露的外部原因和内部原因越多，扭亏的可能性越小，这与表2的结果一致。战略性措施与扭亏可能性显著正相关，且其系数显著大于内部经营管理措施（P=0.02）。战略维度和客户维度的差异也在5%的水平上显著（卡方值为3.78）。鉴于此处的客户维度和内部流程维度在内容上类似于表3中的内部经营管理措施，因此，我们同时给出了战略维度与这两个维度及其之和的比较（表3中最后三行所示），在回归（2）和回归（3）中，其系数差异分别在5%和1%的水平上显著，从而验证了假说3b。另外，R5×M7和R4×M9的系数显著为正，进一步验证了假说4，即扭亏措施如能有的放矢，则对下年扭亏有显著的正面作用。

表3　扭亏措施按第二种方法进行分类的逻辑回归分析

	（1）基准模型		（2）扭亏措施		（3）原因+措施	
Intercept	−0.363	0.496	−1.158	3.16**	−0.405	0.27
R_EX					−0.301	3.06*
R_IN					−0.542	8.31***
R8					−0.158	0.28
R9					0.255	0.93
FIN			−0.193	0.67	−0.31	1.36
CUSTOMER			−0.178	0.81	−0.187	0.9
INTER			−0.038	0.04	−0.32	2.57
STRATEGY			0.389	3.79**	0.361	3.35*
LEARN			0.696	5.29**	0.967	10.38***
R5×M7					1.247	10.27***
R4×M9					1.003	3.60*
PMARGIN	0.011	2.69*	0.01	1.75	0.011	2.11
LEVERAGE	−0.001	1.04	−0.001	0.42	−0.001	1.38
ASSETTURN	1.042	7.83***	1.391	10.13***	1.022*	6.73**
CONT	2.066	39.01***	2.254	39.44***	2.3	39.941***
AQ	−1.179	18.25***	−1.068	11.71***	−1.075	11.66***
YEAR05	0.45	3.58*	0.437	2.77*	0.425	2.4
Industry			control			
2 logL	529		387		405	
concordant（%）	76.00%		78.80%		81.30%	
STRATEGY 和 INTER 系数的比较	χ²		2.38		5.53	
	Prob.		0.12		0.02	
STRATEGY 和 CUSTOMER 系数的比较	χ²		4.1		3.78	
	Prob.		0.04		0.05	
STRATEGY、INTER 和 CUSTOMER 之和的比较	χ²		4.06		7.06	
	Prob.		0.04		0.008	

(二) 进一步分析及稳健性检验

本文用模型预测的准确度及解释能力来考察 MD&A 信息是否有助于预测企业的经营业绩，有关模型预测的准确度已在表 2 和表 3 中给出。在此，我们检验了加入 MD&A 变量之后的模型和仅有控制变量的基准模型之间的 R^2 差异。结果显示，无论将 MD&A 变量采用哪种方法分类，其模型的解释能力 (R^2) 均显著高于基准模型，这说明 MD&A 对预测下年扭亏具有显著的增量解释能力。考虑到该基准模型的选择可能存在主观性，我们另参考了 Ou 和 Penman (1989) 的做法，用前 6 年亏损公司的数据对多个财务指标进行逐步回归，将显著的变量加入到基准模型中，然后比较基准模型和加入 MD&A 变量的模型的 R^2，结果仍然在 1% 的水平上显著 (见表 4)。此外，我们对正文的结果进行了一系列稳健性检验。①为考察扭亏行为的可持续性，我们将因变量用是否连续两年净利润扭亏代替，结果除内部原因变量显著性降低之外，其余变量的系数方向和显著性程度均保持不变，模型的 R2 和预测准确度也高于基准模型 (见表 5)。②我们检验了 MD&A 信息在多种短窗口上的市场反应。结果发现在两种扭亏措施分类法下，市场对内部措施、重组措施和财务类措施有较为显著的反应。③考虑到亏损公司盈余管理的可能性，我们用主营业务利润和扣除非经常性损益前的净利润为扭亏标准替代现有因变量，结果与现有结论类似，但显著性降低。此外，我们将下一年巨亏及微利公司剔除，结果发现在用净利润扭亏为标准时，仅学习与成长指标在统计上显著为正，而用扣除非经常性损益前的净利润为扭亏标准时，扭亏措施变得都很显著，说明现有结论并非由盈余管理造成。④考虑到亏损公司不良资产出现的区域可能集中在其他应收款、存货及巨额亏损且严重贬值的投资，我们分别用应收账款周转率、存货周转率、其他应收款比重、长期投资比重作为文中资产质量的替代变量。另外，考虑到不同类型的负债可能对扭亏与否产生不同影响，我们还用短期借款比重和长期借款比重替代文中资本结构变量。结果均不改变目前的结论。⑤我们分上市公司的类型 (国有和民营) 进行考察，发现加入公司类型之后，不改变原有变量的显著程度，且发现公司类型对 MD&A 信息的有用性不存在显著差异。⑥我们改变变量整合的方法，对亏损原因和扭亏措施的衡量不用加总的方法，而是涉及就设为 1 (即只要至少涉及其中的一个子项目，就设为 1，否则为 0)，结果基本不变。⑦我们将表 1 中的各个细分指标加入逻辑回归模型，发现外部原因中的"国家调控"和内部原因中的"关联方占款"和扭亏行为显著负相关，战略变更措施中的"增发研发投入"和扭亏显著正相关。⑧分年度回归的结果也支持现有的结论。对上述各项检验，由于篇幅所限，这里没有将其一一列出。

表 4　模型间 R^2 的比较

	Panel A			
	基准模型 1[a] vs 考察模型 1[b]		基准模型 1 vs 考察模型 2[c]	
R^2	20.39%	27.27%	20.39%	27.58%
F 值	3.81		3.26	
Prob > F	0.0001		0.0003	

	Panel B			
	基准模型 2[d] vs 考察模型 1		基准模型 2 vs 考察模型 2	
R^2	21.09%	27.59%	21.09%	28.03%
F 值	3.64		3.18	
Prob > F	0.0002		0.0004	

注：a：基准模型 1 为表 2 中的基准模型；b：考察模型 1 为表 2 中的模型 4；c：考察模型 2 为表 3 中的模型 3；d：参考 Du 和 Penman（1989）的做法，将 1998~2003 年的亏损公司，用下一年净利润是否扭亏对多个财务指标进行逐步回归，用逐步回归后显著的变量作为基准模型中的变量，显著的财务指标有两个，分别是总资产利润率（ROA）和总资产周转率（ASSETTURN），同时，CONT、AQ、年度及行业变量依然不变。

六、结论与启示

　　财务报告提供的信息主要是反映已经发生的经济业务，报表使用者要想对企业未来进行预测，必须依赖这些信息进行间接的外推。从年度报告的内容来看，MD&A 是财务报告中屈指可数的直接提供关于企业未来的信息来源之一，其所涵盖的内容应该对投资决策提供有用信息。实务中，MD&A 信息是否可为投资者所用则是一个实证问题。本文以亏损公司这一特殊群体作为分析对象，探讨了 MD&A 披露信息的有用性。之所以选择亏损公司作为研究样本是由于这类公司具有同质性，且亏损公司由于业绩原因受到更多关注，特别是在我国制度背景下，亏损公司如果连续亏损就会被特别处理甚至强制退市。迫于市场压力，管理层在 MD&A 中不仅要比较详细地分析亏损原因，更有义务和压力为未来提升业绩做出详尽的计划。

　　本文从 MD&A 中提供的信息是否有助于预测下一年扭亏的角度来研究 MD&A 信息的有用性。实证结果表明，MD&A 中提及的对业绩产生负面影响的内部因素和外部因素越多，扭亏的可能性越小。重要的是，关于内部因素的研究结果与 Tennyson 等（1990）的发现（MD&A 提及内部原因越多的公司，将来破产的概率越小）不一致。这说明，我们不能照搬国外的研究结论，而应对 MD&A 在中国的作用进行独立的研究。此外，MD&A 所披露的前瞻性信息中，战略性改进措施的信息含量显著高于内部经营管理方面的改进措施。在战略方面做越多的调整，下年扭亏的可能性越大。如果按照战略、财务、客户、内部流程和学习与成长五个维度对扭亏措施进行分类，则战略调整和学习与成长变量（主要表现为研发投入）对扭亏有显著的解释能力。由此可见，扭亏措施对下年是否扭亏的影响并未受到不同分类方法的影响。我们的实证结果表明，当扭亏措施针对性非常强，即对应亏损原因提出时，对经营业绩的改善有积极影响。否则，如果扭亏措施盲目提出，无的放矢，则会起到负面作用。特别地，当管理层在 MD&A 的扭亏措施中提及内部经营管理措施和债务重组措施但在亏损原因中未提到内部管理存在问题和负债负担过高时，这些措施与下一年扭亏概率负相关。这说明投资者应对内部管理措施这种"软性分析"持谨慎态度,[①] 尤其应将亏损原因和相应的措施结合考虑,看其是真的"对症下药",还是"信口开河"。从模型预测的准确度来看,仅加入扭亏措施时模型的预测能力高于仅加入亏损原因时的预测能力,也说明 MD&A 中的前瞻性信息更有用。综上所述,公司在 MD&A 中披露的亏损原因和下一年度的战略与经营计划为投资者预测扭亏提供了增量信息。

基于本文的研究发现,我们建议证券监管部门进一步完善我国 MD&A 信息披露制度,增加对投资者决策有用的信息的披露,如业绩变动的原因、研发支出以及战略性调整等信息。当然,未来的研究可以将研究的样本扩大到所有上市公司,对那些被反复证明有用的信息,监管部门应要求企业加强披露。此外,国内外关于信息有用性的研究多从实务的角度出发,未来的研究如果能强化现有的理论,可进一步提升此领域的研究水平。

参考文献

[1] 戴德明,邓璠. 亏损企业经营业绩改善措施及有效性研究——以上市公司为例 [J]. 管理世界,2007 (7).

[2] 戴翠玉. A 股亏损公司实证分析与盈余管理实证研究 [D]. 清华大学硕士学位论文,2006 (6).

[3] 惠楠. 我国上市公司"管理层讨论与分析"信息披露现状 [J]. 科技与管理,2008 (3).

[4] 李锋森,李常青. 上市公司管理层讨论与分析的有用性研究 [J]. 证券市场导报,2008 (12).

[5] 李翔,冯峥. 会计信息披露需求:来自证券研究机构的分析 [J]. 会计研究,2006 (3).

[6] 李燕媛,李晓东. 管理层评论信息质量原则的国际比较与启示 [J]. 会计研究,2009 (1).

[7] 王惠芳. 公司管理层讨论与分析信息披露的影响因素研究——来自深沪 223 家上市公司的经验证据 [J]. 河北经贸大学学报,2006 (3).

[8] 魏涛,陆正飞,单宏伟. 非经常性损益盈余管理的动机、手段和作用研究——来自中国上市公司的经验证据 [J]. 管理世界,2007 (1).

[9] 薛爽. 亏损上市公司实证研究 [M]. 上海:复旦大学出版社,2005.

[10] 薛爽,王鹏. 影响上市公司业绩的内部因素分析 [J]. 会计研究,2004 (3).

[11] 周勤业,卢宗辉,金瑛. 上市公司信息披露与投资者信息获取的成本效益问卷调查分析 [J]. 会计研究,2003 (5).

[12] 赵亚明. 2005 年深市"管理层讨论与分析"的执行情况 [J]. 证券市场导报,2006 (7).

[13] Altman. Edward I., 1968, "Financial Ratios, Discriminant Analysis and the Prediction of Corporate Bankruptcy", Journal of Finance, Vol.23, pp.589–609.

[14] Behn, B. K., 1996, "Value Implications of Unfilled Order Backlogs", Advances in Accounting, Vol.14, pp.61–84.

[15] Behn, B. K., Kaplan S. E. and Krumwiede. K. R., 2001, "Further Evidence on the Auditor's Going-concern Report: The Influence of Management Plans", Auditing: A Journal of Practice and Theory, Vol. 20, pp.13–28.

---

① 一般说来,对公司是否实施了战略性调整(如资产出售和剥离等)比较容易确认,但内部控制的改善等很难确认。

［16］ Bryan, S. P., 1997, "Incremental Information Content of Required Disclosures Contained in Management Discussion and Analysis", The Accounting Review, Vol.72, pp. 285-301.

［17］ Clarkson, P. M., Kao, J. L., Richardson G. D., 1994, "The Voluntary Inclusion of Forecasts in the MD&A Section of Annual Reports", Contemporary Accounting Research, Vol. 11, pp.423-450.

［18］ Cole, C. and Jones C. L., 2004, "The Usefulness of MD&A Disclosures in the Retail Industry", Journal of Accounting, Auditing and Finance, Vol. 19, pp. 361-388.

［19］ Copeland T., 1978, "Efficient Capital Markets: Evidence and Implications for Financial Reporting", Journal of Accounting, Auditing, and Finance, Vol. Fall, pp. 33-48.

［20］ Francis, J., Schipper K. and Vincent L., 2003, "The Relative and Incremental Explanatory Power of Earnings and Alternative ［to Earnings］ Performance Measures for Returns", Contemporary Accounting Research, Vol. 20, pp.121-164.

［21］ Fields T. D., Rangan S. and Thiagarajan, S. R., 1998, "An Empirical Evaluation of the Usefulness of non-GAAP Accounting Measures in the Real Estate Investment Trust Industry", Review of Accounting Studies, Vol. 3, pp.103-130.

［22］ Gore, R. and Stott D. M., 1998, "Toward a More Informative Measure of Operating Performance in the REIT Industry: Net Income VS. Funds From Operations", Accounting Horizons, Vol. 12, pp.323-329.

［23］ Kasznik, R., Lev, B., 1995, "The Valuation of Cash Flow Forecasts: an Empirical Analysis", Journal of Finance, Vol. 45, pp.225-257.

［24］ John K., Lang. L.H. P. and Netter, J., 1992, "The Voluntary Restructuring of Large Firms in Response to Performance Decline", The Journal of Finance, Vol. 47, pp.891-917.

［25］ Joos P. and Plesko G. A., 2005, "Valuing Loss Firms", The Accounting Review, Vol.80, pp. 847-870.

［26］ Lev, B. and Thiagarajan S. R., 1993, "Fundamental Information Analysis", Journal of Accounting Research, Vol. 31, pp.190-215.

［27］ Lundholm, R. and McVay S., 2004, "Forecasting Sales: A Model and Some Evidence from the Retail Industry", Working Paper, University of Michigan.

［28］ Ou J. A., Penman. S. H., 1989, "Financial Statement Analysis and the Prediction of Stock Returns", Journal of Accounting and Economics, Vol.11, pp. 295-329.

［29］ Pava, M. L. and Epstein M. J., 1993, "How Good is MD&A as an Investment Tool?", Journal of Accountancy, Vol.175, pp.51-53.

［30］ Skinner D., 1994, "Why Firms Voluntarily Disclose Bad News", Journal of Accounting and Research, Vol. 32, pp.38-60.

［31］ Sun Y., 2007, "Inventory Increases, MD&A Disclosures, and Firm Performance", Working Paper, www.ssrn.com.

［32］ Tennyson, B. M., Ingram, R. W. and Dugan, M. T., 1990, "Assessing the Information Content of Narrative Disclosures in Explaining Bankruptcy", Journal of Business Finance and Accounting, Vol. 17, pp. 391-410.

［33］ Vincent, L., 1999, "The Information Content of Funds from Operation ［FFO］ for Real Estate Investment Trusts ［REITs］", Journal of Accounting and Economics, Vol. 26, pp.69-104.

Does Management Discussion & Analysis Provide Useful Information?
——an empirical research based on loss listed companies

Xue Shuang, Xiao Zezhong, Pan Miaoli

Abstract：Management discussion&analysis（MD&A）is one of important informations of the annual report. With a sample of loss listed companies from 2004 to 2005, this paper investigates whether information of MD&A disclosurd in the annual report of loss listed companies is useful for investors to forecast. The empirical study finds with related financial indicators under control, the more external or internal reasons mentioned in MD&A, the less possibility of turnround next year. Compared to internal management measures, the positive effects of strategic improvement measures on performance of loss companies.The more strategic improvement measures considered in the business plan, the more possible turnround next year. Specially, increasing research and development expenditures in next year's business plan will improve the possibility of turnround. We also find, if turnround measures in MD&A works, that is, if the measures are raised for specific reasons of loss, the possibility of turnround will increase. Otherwise, turnround measures without accordance will have negative effect on performance. These results show that information in the MD&A report is useful for investors to forecast companies' profitability in the future.

Key Words：MD&A, reason of losses, turnround measures, turnround

第二节

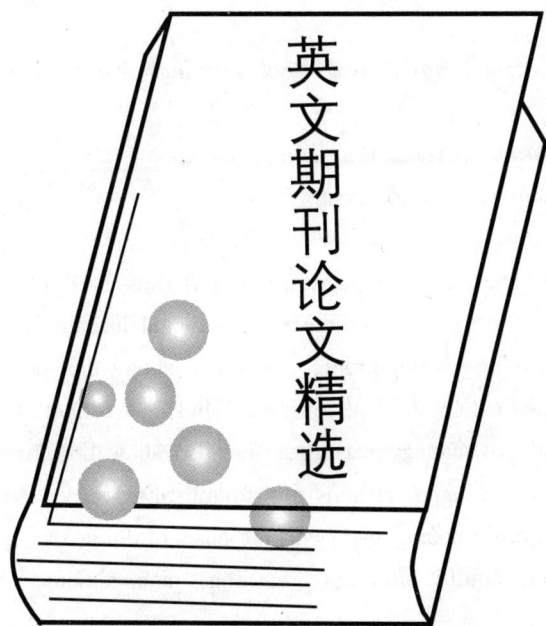

英文期刊论文精选

文章名称：增发股票前后应计项目盈余管理和真实盈余管理活动

期刊名称：会计与经济学杂志

作　　者：丹尼尔·科恩，保罗·赛若文

出版时间：2010 年第 1 期

内容提要：本文研究发现，企业增发股票时，大多会通过操纵真实交易进行盈余管理，而由此导致的股票增发后企业业绩的下滑比应计项目盈余管理引起的下滑更严重。本文提供的证据证实了增发股票后的经营业绩不仅受到应计项目反转的影响，同时还反映了盈余管理操作决策的真实结果。此外，本研究说明了企业是如何根据自身应计项目盈余管理的能力以及由此带来的成本，对增发股票前后真实盈余管理和应计项目盈余管理活动的选择做可预测性改变的。

关键词：增发股票；盈余管理；会计选择；会计应计项目；真实交易

Name of Article：*Accrual-based and Real Earnings Management Activities Around Seasoned Equity Offerings*

Name of Journal：*Journal of Accounting and Economics*

Authors：*Daniel A. Cohen，Paul Zarowin*

Issue：*2010（1）*

Abstract：We show that SEO firms engage in real activities manipulation, and the decline in post-SEO performance due to the real activities management is more severe than that due to accrual management. Our evidence is important, because it shows that post-SEO operating under-performance is driven not just by accrual reversals, but also reflects the real consequences of operational decisions made to manage earnings. We also show how firms' choices of real versus accrual-based earnings management activities around SEOs vary predictably as a function of the firm's ability to use accrual management and the costs of doing so.

Key Words：seasoned equity offerings, earnings management, accounting choices; accounting accruals, real activities

文章名称：财务报告环境：近期文献回顾

期刊名称：会计与经济学杂志

作　　者：安妮·拜伊，斯坦福大学；丹尼尔·科恩，德克萨斯大学达拉斯分校；托马斯·若，贝弗利·华特，西北大学

出版时间：2010 年 10 月

内容提要：由于信息不对称现象以及投资者、所有者和管理者之间代理问题的存在，公司信息环境一直在不断发生变化。我们以资本市场环境中形成公司信息环境的三个主要决策为出发点，对现有研究进行了回顾：①管理层自愿披露决策；②法规强制披露；③分析师做出的报告决策。我们发现，在过去的十年里，相关研究已经得出几个有用的观点。尽管已有这些进展，但我们仍呼吁，研究者应当进一步考虑形成公司信息环境的不同决策间的相关性，并提议有趣的新问题供研究人员解决。

关键词：信息环境；自愿性披露；强制性披露；法规；分析师

Name of Article： *The financial reporting environment：Review of the recent literature*

Name of Journal： *Journal of Accounting and Economics*

Authors： *Anne Beyer[a]， Daniel A. Cohen[b]， Thomas Z. Lys[c]， Beverly R. Walther[c]*

a Stanford University， Stanford， CA 94305-7211， United States

b University of Texas at Dallas， Richardson， TX 75080-0321， United States

c Northwestern University， Evanston， IL 60208-2002， United States

Issue： *2010 Oct.*

Abstract： The corporate information environment develops endogenously as a consequence of information asymmetries and agency problems between investors, entrepreneurs, and managers. We review current research on the three main decisions that shape the corporate information environment in capital market settings：①managers' voluntary disclosure decisions, ②disclosures mandated by regulators, and ③ reporting decisions by analysts. We conclude that, in the last ten years, research has generated several useful insights. Despite this progress, we call for researchers to consider interdependencies between the various decisions that shape the corporate information environment and suggest new and interesting issues for researchers to address.

Key Words： information environment, voluntary disclosures, mandatory disclosures, regulation, analysts

文章名称： 内控法规对财务报告的影响

期刊名称： 会计与经济学杂志

作　　者： 詹妮弗·奥塔姆若，俄亥俄州立大学费舍尔商学院；安妮·比提，俄亥俄州立大学费舍尔商学院

出版时间： 2010 年

内容提要： 鉴于最近的财务危机，内部控制法规的有效性仍旧是有争议的话题。为了解决这个问题，我们检查了《联邦存款保险公司改进法案》中内部控制规定对财务报告的影响。其中，不受这些规定限制的资产低于 5 亿美元的银行以及非美国银行，成为本文的两个不受影响的控制样本。我们采用双重差分的方法分析得出结论：相对于不受影响的银行，《联邦存款保险公司改进法案》中涉及的内部控制要求增加了受影响银行的信贷损失准备金的有效性、盈余的持续性和现金流的可预测性，并降低了其基准点和会计稳健性。本文还发现，相对于第四季度，中期效果更为显著，这说明审计过程中更高级审计师的参与可以替代内部控制法规。

关键词： 内部控制；财务报告质量；《联邦存款保险公司改进法案》；信贷损失准备金；报告谨慎性

Name of Article: *How Does Internal Control Regulation Affect Financial Reporting?*

Name of Journal: *Journal of Accounting and Economics*

Authors: *Jennifer Altamuro[a], Anne Beatty[b]*

a Fisher College of Business, The Ohio State University, 448 Fisher Hall, 2100 Neil Avenue, Columbus, OH 43210, USA

b Fisher College of Business, The Ohio State University, 442 Fisher Hall, 2100 Neil Avenue, Columbus, OH 43210, USA

Issue: *2010*

Abstract: Internal control regulation effectiveness remains controversial given the recent financial crisis. To address this issue we examine the financial reporting effects of the Federal Depository Insurance Corporation Improvement Act (FDICIA) internal control provisions. Exemptions from these provisions for banks with assets under $500 million and for non-US banks provide two unaffected control samples. Our difference-in-differences method suggests that FDICIA-mandated internal control requirements increased loan-loss provision validity, earnings persistence and cash-flow predictability and reduced benchmark-beating and accounting conservatism for affected versus unaffected banks. More pronounced effects in interim versus fourth quarters suggest that greater auditor presence substitutes for internal control regulation.

Key Words: internal controls, financial reporting quality, FDICIA, loan-loss provision; reporting discretion

文章名称： 会计可持续性真的是会计可持续性吗？我们应该如何理解？对组织和这个星球的探索性描述

期刊名称： 会计、组织和社会

作　　者： 罗伯·格瑞，摩根安德鲁斯大学管理学院，社会责任和环境会计研究中心

出版时间： 2010 年

内容提要： 可持续发展作为一个复杂的概念出现，政策、个人或者组织层面的社会责任和环境问题必须通过它来解决，同时它在会计文献中的影响也越来越大。我们除了对可持续性在会计和财务中可能的含义进行探索，还进一步对可持续性报告做了评论，对会计可持续性将会如何发展做了检验和推测。就当前的社会责任和环境会计来讲，这次评论具有很好的吸引力。评论中聚焦的主题一直是一个难题，因为当我们尝试对可持续性做出解释时，很多与传统会计有关的现实主义以及程序化的过时观念变得不再适用。可能需要的是，对"可持续性"到底是什么的更加细微的理解，以及如果某些事情发生的话，它是如何在组织层面上表现其实践意义的。这篇论文通过对可持续发展含义及矛盾点的检查，试图去创建一个会计可持续性的自动评论系统。同时，对可持续发展含义及矛盾点的检查还为多重假定性描述的发展提供了引导性建议，尽管在可持续性和可持续发展领域不再有现实主义或者总体性的明确挑战商业运作的霸权声明。

关键词： 会计可持续性

Name of Article： *Is Accounting for Sustainability Actually Accounting for Sustainability and How Would We Know? An Exploration of Narratives of Organizations and the Planet*

Name of Journal： *Accounting, Organizations and Society*

Authors： *Rob Gray*

The Centre for Social and Environmental Accounting Research, School of Management, University of St. Andrews, St. Andrews, Fife, KY16 9SS Scotland, United Kingdom

Issue： *2010*

Abstract： The emergence of sustainable development as the complex notion through which social and environmental issues must be addressed—whether at policy, personal or organizational levels—has had a growing influence in the accounting literature. In addition to explorations of what sustainability may mean for accounting and finance, we have experienced a growth in both critiques of sustainability reporting （sic） and in experiments and speculations on how accounting for sustainability might advance. This growth —as with social and environmental accounting before it—has very properly attracted critique. One convergent theme in that critique has been a challenge that much of the realist and procedural baggage associated with conventional accounting is no longer apposite when seeking to account for sustainability. What may be required is a more nuanced understanding of what 'sustainability' actually is and how, if at all, it can have any empirical meaning at the level of the organization. This essay seeks to initiate an auto-critique of accounting for sustainability via an examination of meanings and contradictions in sustainable development which, in turn, leads towards a suggestion for the development of multiple and conditional narratives that whilst no longer realist or totalising, explicitly challenge the hegemonic claims of business movements in the arena of sustainability and sustainable development.

Key Words: accounting for sustainability

文章名称：指引还是不指引？终止季度业绩指引的原因和后果

期刊名称：当代会计研究

作　　者：约珥·F.休斯顿，佛罗里达大学；列弗·巴鲁克，纽约州立大学；塔克·詹尼弗·吴，佛罗里达大学

出版时间：2010 年

内容提要：近年来，季度业绩指引被严厉批评为诱导了"管理短期"和其他弊病，因此有影响力的机构呼吁经理人终止这种指引。本文实证研究了这种指引终止的原因，发现较差的经营业绩——收入下降，缺少分析师预测以及预期盈利能力较低是公司终止季度指引的主要原因。在该指引终止后，本文并未发现在经理人员摆脱投资者短见后长期投资明显增加。与声称公司将提供更多可供选择的、有预见性的披露来代替季度业绩指引这种说法相反，本文发现这种披露反而减少了。本文还发现那些终止发布指引的公司的信息环境在恶化，表现为分析师的预测误差增多、预测点很分散以及分析师们分析的覆盖面下降。两者合计，本文的证据表明，终止发布季度业绩指引的公司主要是陷入困境的公司，此行为既不利于这些公司，也不利于它们的投资者。

关键词：业绩指引；自愿披露；管理短视；终止指引

Name of Article： *To Guide or Not to Guide? Causes and Consequences of Stopping Quarterly Earnings Guidance*

Name of Journal： *Contemporary Accounting Research*

Authors： *Joel F. Houston[a], Lev Baruch[b], Tucker Jennifer Wu[c]*

a University of Florida

b New York University

c University of Florida

Issue： *2010*

Abstract： In recent years, quarterly earnings guidance has been harshly criticized for inducing "managerial short-termism" and other ills. Managers are, therefore, urged by influential institutions to cease guidance. We examine empirically the causes of such guidance cessation and find that poor operating performance-decreased earnings, missing analyst forecasts, and lower anticipated profitability—is the major reason firms stop quarterly guidance. After guidance cessation, we do not find an appreciable increase in long-term investment once managers free themselves from investors' myopia. Contrary to the claim that firms would provide more alternative, forward-looking disclosures in lieu of the guidance, we find that such disclosures are curtailed. We also find a deterioration in the information environment of guidance stoppers in the form of increased analyst forecast errors and forecast dispersion and a decrease in analyst coverage. Taken together, our evidence indicates that guidance stoppers are primarily troubled firms and stopping guidance does not benefit either the stoppers or their investors.

Key Words: earnings guidance, voluntary disclosure, managerial myopia, guidance cessation

文章名称：后萨班斯—奥克斯利时代的公司治理：审计人员的经验

期刊名称：当代会计研究

作　　者：杰弗里·科恩，波士顿大学（美）；加尼甚·里希纳穆尔蒂，阿尼·赖特，东北大学（美）

出版时间：2010 年

内容提要：本文作为科恩、里希纳穆尔蒂和赖特 2002 年研究的一个延续，检验了后萨班斯—奥克斯利时代审计人员在与公司治理人员（如审计委员会、董事会、管理层、其他委员会）合作过程中工作经验的作用。来自四大会计师事务所中三家公司一共 30 名审计项目经理和合伙人参与了本文的研究，这些审计人员表示，近年来伴随着审计委员会更积极更勤奋、拥有更高的知识水平和更强的能力来履行职责，公司治理环境有了明显的改观。然而，管理层依然被视为公司治理机制中的主要参与者。出于一些关注，审计人员认为管理层是决定审计人员上任和终止的主要影响因素。与德龙和拜得德 2006 年的研究结论相似，本文发现在许多案例中，审计委员会在和管理层解决争议时处于被动地位。最后，本文认为要求首席执行官和首席财务官提供保证对财务报告的完整性有积极的作用。

关键词：审计委员会；公司治理；审计流程；萨班斯—奥克斯利

Name of Article：*Corporate Governance in the Post-Sarbanes-Oxley Era：Auditors' Experiences*

Name of Journal：*Contemporary Accounting Research*

Authors：*Cohen Jeffrey[a]，Krishnamoorthy Ganesh[b]，Wright Arnie[b]*

a Boston College

b Northeastern University

Issue：*2010*

Abstract：This study extends Cohen, Krishnamoorthy, and Wright（2002）by examining auditors' experiences in working with corporate governance actors（e.g., audit committee, board, management, other committees）in the post-Sarbanes-Oxley era. Thirty audit managers and partners from three of the Big 4 firms participated in the study. Auditors indicate that the corporate governance environment has significantly improved in recent years with audit committees that are more active and diligent and possessing greater expertise and power to fulfill its responsibilities. However, management continues to be seen as a major actor in the corporate governance mosaic. Of some concern, auditors indicate that management is seen as a key driver in determining auditor appointments and terminations. Similar to Gendron and Bédard（2006），results indicate that in many instances, audit committees play a passive role in helping to resolve disputes with management. Finally, the requirements for CEO and CFO certification are reported to have a positive effect on the integrity of financial reporting.

Key Words：audit committee, corporate governance, audit process, sarbanes-oxley

文章名称：财务主管资格、财务主管轮换以及根据萨班斯法案 404 条款提出的否定意见

期刊名称：会计与经济学杂志

作　　者：李阐，匹兹堡大学；孙丽丽，北德克萨斯州大学；迈克尔·艾特吉，堪萨斯大学

出版时间：2010 年

内容提要：本文尝试对首席财务官专业资格、萨班斯法案 404 条款内部控制的缺陷、首席财务官的轮换、首席财务官专业素养的提升以及内部控制重大缺陷的改正五个方面之间的内在关系提供一个全面的理解。本文发现，2004 年收到审计师根据萨班斯法案 404 条款而给出初步否定意见的公司中具备专业资格首席执行官较少。这些收到初步否定意见的公司在 2005 年经历了更多的首席财务官轮换，而且这些公司此后更倾向于雇用那些拥有更高专业资格的首席财务官。本文的研究结论表明改善萨班斯法案 404 条款并不是简单地要求雇用一个新的首席财务官，而是聘用一位更具资格的人选。

关键词：首席财务官轮换；专业资格；内部控制；萨班斯法案 404 条款

Name of Article：*Financial Executive Qualifications*，*Financial Executive Turnover*，*and Adverse SOX 404 opinions*

Name of Journal：*Journal of Accounting and Economics*

Authors：*Chan Li [a]*，*Lili Sun [b]*，*Michael Ettredge [c]*

a University of Pittsburgh

b University of North Texas

c University of Kansas

Issue：*2010*

Abstract：This study attempts to provide a comprehensive understanding of the interrelationships among chief financial officers' (CFOs') professional qualifications, SOX Section 404 internal control weakness, CFOs' turnover, CFOs' qualification improvement, and correction of material weaknesses. We find that firms receiving initial adverse SOX 404 opinions for 2004 have less qualified CFOs. Adverse SOX 404 opinion recipients experience more CFO turnover in 2005, and these firms are more likely to hire CFOs having improved qualifications. Results show that simply hiring a new CFO is not associated with SOX 404 opinion improvement. Opinion improvement requires hiring a better qualified CFO.

Key Words：CFO turnover, professional qualifications, internal control, SOX 404

文章名称：公司治理与债务契约中信息和财务报告的作用

期刊名称：会计与经济学杂志

作　　者：克里斯托芬·S.阿姆斯特朗，韦恩·R.巴拉圭，宾夕法尼亚大学沃顿商学院；约瑟夫·P.韦伯，麻省理工学院史隆管理学院

出版时间：2010 年

内容提要：本文回顾了最近有关财务报告透明度减少经理人、董事、股东在公司治理上代理冲突的文献及其减少股东和债权人之间代理冲突的文献，并向研究者建议了今后的研究途径。本文主旨包括缔约双方的信息不对称现象中债务契约和公司治理机制的内在本质、缔约双方信息需求的差异以及所产生的公司治理和债务契约之间的差异。本文还强调经理人、董事、股东和债权人在促成非正式的长期合同时应当承诺财务信息的透明度。

关键词：财务会计；公司治理；董事会结构；管理层薪资水平；债务契约；非正式合同

Name of Article： *The Role of Information and Financial Reporting in Corporate Governance and Debt Contracting*

Name of Journal： *Journal of Accounting and Economics*

Authors： *Christopher S. Armstrong[a], Wayne R. Guay[a], Joseph P. Weber[b]*

a The Wharton School, University of Pennsylvania

b MIT Sloan School of Management

Issue： *2010*

Abstract： We review recent literature on the role of financial reporting transparency in reducing governance-related agency conflicts among managers, directors, and shareholders, as well as in reducing agency conflicts between shareholders and creditors, and offer researchers some suggested avenues for future research. Key themes include the endogenous nature of debt contracts and governance mechanisms with respect to information asymmetry between contracting parties, the heterogeneous nature of the informational demands of contracting parties, and the heterogeneous nature of the resulting governance and debt contracts. We also emphasize the role of a commitment to financial reporting transparency in facilitating informal multiperiod contracts among managers, directors, shareholders, and creditors.

Key Words： financial accounting, corporate governance, board structure, executive compensation, debt contracts, informal contracts

文章名称： 理解盈余质量：代理问题的回顾——决定因素及其后果

期刊名称： 会计与经济学杂志

作　　者： 帕特丽夏·德肖，维利·葛，凯瑟琳·沙兰德

出版时间： 2010 年

内容提要： 研究人员利用各种度量标准作为衡量盈余质量的指标，包括持续性、应计项目、平滑度、时效性、风险回避、投资者反应和外部指标如报表重编和证券交易委员强制执行。对于每一个度量标准，本文讨论了各种指标产生变化的原因以及后果。因为质量是依据不同的决策环境而变化的，因此，对于什么是盈余质量，本文没有得出唯一的结论。我们还指出，盈余的"质量"是一个公司基础绩效的函数。一个公司的基本绩效对其盈余质量的促进作用将会是这一领域的进一步工作。

关键词： 盈余质量；盈余管理；回顾；审查

Name of Article: *Understanding Earnings Quality: A Review of the Proxies, Their Determinants and Their Consequences*

Name of Journal: *Journal of Accounting and Economics*

Authors: *Patricia Dechow, Weili Ge, Catherine Schrand*

Issue: *2010*

Abstract: Researchers have used various measures as indications of "earnings quality" including persistence, accruals, smoothness, timeliness, loss avoidance, investor responsiveness, and external indicators such as restatements and SEC enforcement releases. For each measure, we discuss causes of variation in the measure as well as consequences. We reach no single conclusion on what earnings quality is because "quality" is contingent on the decision context. We also point out that the "quality" of earnings is a function of the firm's fundamental performance. The contribution of a firm's fundamental performance to its earnings quality is suggested as one area for future work.

Key Words: earnings quality, earnings management, review, survey

文章名称：工具变量在会计研究中的应用

期刊名称：会计与经济学杂志

作　　者：大卫·拉克尔，蒂鸠马·卢斯蒂库斯

出版时间：2010 年

内容提要：：当回归变量是内生变量时，工具变量（IV）方法普遍应用于会计研究（例如盈余管理、公司治理、行政激励和披露研究）。虽然工具变量估计方法是教科书里消除内生性问题的标准方法，但在特定的会计研究环境中，工具变量方法的适用性是不明显的。根据统计学和计量经济学最近的进展，我们识别了在什么条件下工具变量方法优于最小二乘估计，因此，研究者提出了一系列测试方法以检验采用工具变量方法所进行的研究。我们通过检验企业披露与资本成本之间的关系阐明了以上观点。

关键词：内生性；工具变量；披露；资本成本

Name of Article： *On the Use of Instrumental Variables in Accounting Research*

Name of Journal： *Journal of Accounting and Economics*

Authors： *David F. Larcker, Tjomme O. Rusticus*

Issue： *2010*

Abstract： Instrumental variable （IV） methods are commonly used in accounting research （e.g., earnings management, corporate governance, executive compensation, and disclosure research） when the regressor variables are endogenous. While IV estimation is the standard textbook solution to mitigating endogeneity problems, the appropriateness of IV methods in typical accounting research settings is not obvious. Drawing on recent advances in statistics and econometrics, we identify conditions under which IV methods are preferred to OLS estimates and propose a series of tests for research studies employing IV methods. We illustrate these ideas by examining the relation between corporate disclosure and the cost of capital.

Key Words： endogeneity, instrumental variables, disclosure, cost of capital

文章名称： 公允价值会计是导致金融危机的一个因素吗

期刊名称： 经济展望

作　　者： 雷克斯·克里斯蒂安，洛茨·克里斯蒂安

出版时间： 2010 年

内容提要： 近阶段的金融危机引发了一个关于公允价值会计的激烈辩论。许多评论家认为公允价值会计，也称为盯市会计，对金融危机的发生有很显著的促进作用，或者说，至少使其严重性更加恶化。在本文中，我们运用描述性数据和经验证据来检验公允价值会计在金融危机中扮演的角色，从而对这些论点进行评定。根据我们的分析研究，公允价值会计是加剧金融危机严重性的一个重要途径这个观点是错误的。虽然在某些特定的市场中可能存在螺旋式下跌和资产注销，但我们几乎没有发现证据表明这些现象是由公允价值会计引起的。我们也没有找到关于支持公允价值会计会导致银行减记资产主张的证据。如果有的话，迄今为止的经验检验结果表明了相反的观点，即公允价值会计会导致银行资产价值被高估。

关键词： 公允价值；金融危机；银行

Name of Article： *Did Fair-Value Accounting Contribute to the Financial Crisis*

Name of Journal： *Journal of Economic Perspectives*

Authors： *Laux Christian，Leuz Christian*

Issue： *2010*

Abstract： The recent financial crisis has led to a major debate about fair-value accounting. Many critics have argued that fair-value accounting, often also called mark-to-market accounting, has significantly contributed to the financial crisis or, at least, exacerbated its severity. In this paper, we assess these argument sand examine the role of fair-value accounting in the financial crisis using descriptive data and empirical evidence. Based on our analysis, it is unlikely that fair-value accounting added to the severity of the current financial crisis in a major way. While there may have been downward spirals or asset-fire sales in certain markets, we find little evidence that these effects are the result of fair-value accounting. We also find little support for claims that fair-value accounting leads to excessive write-downs of banks' assets. If anything, empirical evidence to date points in the opposite direction, that is, towards overvaluation of bank assets.

Key Words： fair value, financial crisis, banking

文章名称： 首席执行官的股权激励和会计违规行为

期刊名称： 会计研究

作　　者： 克里斯托弗·S.阿姆斯特朗，阿兰·D.詹格林泽，大卫·F.兰克

出版时间： 2010 年

内容提要： 本文研究探讨了首席执行官（CEO）股权控股和补偿金是否提供了操纵会计报告的动机。虽然先前的相关研究已经审查了这一重要问题，但是实验性证据是混合的，因此，首席执行官的股权激励和会计违规行为之间的联系仍然是一个悬而未决的问题。由于从先前的研究得出的推断可能被研究假设中固有的选择混淆，我们将使用倾向评分匹配来评估隐藏在更广泛样本中的偏差（忽略的变量）。与以往的大多数研究形成鲜明对比的是，在将首席执行官与其所处交易环境中可观察的特征进行匹配后，我们没有发现表明首席执行官股权激励和会计违规行为之间有正向关系的任何证据。相反，我们发现一些证据表明，首席执行官与股权激励的相关关系越高，企业中会计违规行为发生的频率越低。

关键词： 高管；股权激励；会计违规；盈余管理

Name of Article: *Chief Executive Officer Equity Incentives and Accounting Irregularities*

Name of Journal: *Journal of Accounting Research*

Authors: *Armstrong Christopher S. , Jagolinzer Alan D. , Larcker David F.*

Issue: *2010*

Abstract: This study examines whether Chief Executive Officer（CEO）equity –based holdings and compensation provide incentives to manipulate accounting reports. While several prior studies have examined this important question, the empirical evidence is mixed and the existence of a link between CEO equity incentives and accounting irregularities remains an open question. Because inferences from prior studies may be confounded by assumptions inherent in research design choices, we use propensity –score matching and assess hidden（omitted variable）bias within a broader sample. In contrast to most prior research, we do not find evidence of a positive association between CEO equity incentives and accounting irregularities after matching CEOs on the observable characteristics of their contracting environments. Instead, we find some evidence that accounting irregularities occur less frequently at firms where CEOs have relatively higher levels of equity incentives.

Key Words: executives, equityIncentives, accounting irregularities, earnings management

文章名称： *审计员与管理层谈判的策略选择：初始财务状况的灵活性和关系性质*

期刊名称： *会计、组织与社会*

作　　者： *迈克尔·吉宾斯，苏珊·麦克拉肯，史蒂文·埃斯特*

出版时间： 2010 年

内容提要： 在与被审单位管理层谈判中，通常是审计合伙人先行动，他为该谈判准备了一系列的策略。组成策略集的谈判策略可以是整合式策略（双方共赢或者至少没有损失），也可以是分配式策略（一方赢另一方输）。我们的研究集中于五种策略，其中两种属于整合式策略，分别是增加议程事项、解决问题；另三种属于分配式策略，分别是竞争、弃权让步和妥协让步。我们考察审计合伙人是否有意采取上述策略的综合战术。我们进行了一个审计谈判实验，由 140 位富有经验的审计合伙人根据案例策划了一场谈判，案例情节中融合了两个关键理论变量，即被审计单位初始会计信息状况的灵活性、审计员与客户管理层之前的关系性质。本文汇报了该实验结果。除预期策略之外，我们还考察了两种变量对减少净收益这一承诺实现的影响。我们的结果表明，比起分配式谈判策略，我们的审计合伙人谈判时普遍更喜欢使用整合式谈判策略，无论环境如何。该结果有别于通用谈判文献的研究发现，即谈判者更偏好分配式谈判策略而采取整合式谈判策略会有一定的困难。然而，当预期采用分配式谈判策略时，这两种理论变量会导致特殊的策略选择结果。举个例子，当审计合伙人认为他或她面对的客户的初始会计信息状况缺乏灵活性时，合伙人更可能采取竞争式策略，而不太可能采取弃权或妥协让步式策略。最后，我们讨论了研究结果对实践和研究带来的启示。

关键词： 策略选择；分配式谈判策略；整合式谈判策略

Name of Article: *The Auditor's Strategy Selection for Negotiation with Management: Flexibility of Initial Accounting Position and Nature of the Relationship*

Name of Journal: *Accounting, Organizations and Society*

Authors: *Michael Gibbins, Susan McCracken, Steven E. Salterio*

Issue: *2010*

Abstract: The audit partner is usually the first mover in a negotiation with client management and has an intended strategy set going into such a negotiation. Negotiation strategies that make up the set may be integrative (both parties can gain or at least not lose) and distributive (there is a winner and a loser). We focus on five strategies: two integrative (expanding the agenda or problem solving) and three distributive (contending, conceding or compromising) and measure the audit partner's intent to use these strategies' associated tactics. We report the results of an audit negotiation experiment in which 140 highly experienced audit partners planned a negotiation in response to a case scenario that incorporated two key theoretical variables: the flexibility of the client initial accounting position and the nature of the prior relationship between the auditor and client management. In addition to intended tactics, we also examine these two variables' effects on commitment to the goal of reducing net income. Our results indicate that in contrast to findings in the generic negotiation literature that show negotiators have a preference for distributive tactics and have difficulty employing integrative ones, our audit partners generally favored the use of integrative tactics over distributive ones when entering negotiations, irrespective of circumstance. However, the two theorized variables led to particular strategic choices when distributive tactics were intended; for example, when the audit partner perceived he or she was facing a client management that was inflexible in its initial accounting position, the partner was more likely to use contending tactics and less likely to use conceding and compromising tactics. Finally, we discuss implications of these results for practiceand research.

Key Words: strategy selection, integrative strategy, strategy strategy

文章名称： 会计在公司战略执行中的重要性

期刊名称： 会计、组织与社会

作　　者： 彼特·斯格帕克，谢尔·崔杰斯塔德

出版时间： 2010 年

内容提要： 本文的目标是考察会计在公司战略制定与实施中的重要性。我们的调查采用了案例民族志研究方法。根据迈克尔·卡伦关于执行力的通用概念，我们阐述了会计如何形成战略选择和公司的外部经济条件。分析过程揭示了会计如何通过结合非专业人士和相关团体来拒绝、维护和改变公司战略。我们总结本文的研究发现，强调会计在战略制定、关键战略点的确定等方面的重要性，是组成公司战略和战略调整的重要成分。

关键词： 公司战略；会计工具；整合式谈判策略

Name of Article： *The Role of Accounting Devices in Performing Corporate Strategy*

Name of Journal： *Accounting, Organizations and Society*

Authors： *Peter Skroeboek, Kjell Tryggestad*

Issue： *2010*

Abstract： The paper's aim is to examine the role of accounting in shaping corporate strategy. Our inquiry is built on a case-based ethnography. Drawing on Michel Callon's generic notion of performability, we show how accounting shapes the strategic options and the external economic conditions of the corporation. The analysis reveals how accounting devices rejects, defends, and changes corporate strategy by mobilizing lay people and concerned groups. We summarize our fndings by emphasizing the active role of accounting in relation to strategy formulation, the configuration of the identity of the key strategic actor, and in constituting strategy and strategic change.

Key Words： corporate strategy, accounting devices, strategy strategy

文章名称： 收购的盈利能力与损失确认的及时性

期刊名称： 会计与经济学杂志

作　　者： 杰尔·弗朗西斯，刘珉·马丁

出版时间： 2010 年

内容提要： 我们研究了及时确认损失与收购投资决策是否存在联系。我们采用了巴素（1997）逐段线性回归模型，并以投标者的公告收益和收购后经营业绩的变化来衡量盈利能力，发现越及时确认合并的经济损失并记入收益的公司，其收购项目的盈利能力越强。这些公司收购后进行资产剥离的可能性也更小（这与更好的事前投资决策相符合），但对剥离行为表现得更为迅速。我们还发现，对于事前代理成本更高的公司，损失确认的及时性与收购盈利能力之间的正向关系更为显著。

关键词： 及时确认损失；代理成本；会计稳健性；公司治理；收购；资产剥离

Name of Article： *Acquisition Profitability and Timely Loss Recognition*

Name of Journal： *Journal of Accounting and Economics*

Authors： *Jere R. Francis，Xiumin Martin*

Issue： *2010*

Abstract： We investigate if timely loss recognition is associated with acquisition – investment decisions. Using a Basu（1997）piece–wise linear regression model, we find that firms with more timely incorporation of economic losses into earnings make more profitable acquisitions, measured by the bidder's announcement returns and by changes in post – acquisition operating performance. These firms are also less likely to make post –acquisition divestitures（consistent with better ex ante investment decisions）, but act more quickly to divest. We also find that the positive association between timely loss recognition and acquisition profitability is more pronounced for firms with higher ex ante agency costs.

Key Words： tmely loss recognition, agency costs, accounting conservatismk, corporate governance, acquisitions, divestitures

文章名称：审计审计师：关于对审计事务所外部监管的最新改革的证据

期刊名称：会计与经济学杂志

作　　者：克莱夫·刘易斯，杰弗里·皮特曼

出版时间：2010 年

内容提要：本文分析了自上市公司会计监督委员会（PCAOB）开展检查后对审计事务所的监督情况。首先，我们发现审计客户未意识到 PCAOB 的检查报告对审计质量的信息传递价值。其次，我们证明了自 PCAOB 审查开展以来同业互查变得更为狭隘，同业互查报告的信息含量有所下降。最后，我们单独考察同业互查报告的信号作用主要源于 PCAOB 审查员不公开披露的事实。总体而言，我们的证据意味着在新的监管制度下，审计事务所的质量更少为人所知。

关键词：法规；萨班斯法案；上市公司会计监督委员会

Name of Article: *Auditing the Auditors: Evidence on the Recent Reforms to the External Monitoring of Audit Firms*

Name of Journal: *Journal of Accounting and Economics*

Authors: *Clive Lennox, Jeffrey Pittman*

Issue: *2010*

Abstract: This paper analyzes audit firm supervision since the Public Company Accounting Oversight Board (PCAOB) began conducting inspections. First, we find that audit clients do not perceive that the PCAOB's inspection reports are valuable for signaling audit quality. Second, we document that the information content of peer review reports fell after they became narrower in scope with the initiation of PCAOB inspections. Third, we isolate that the signaling role of peer review reports mainly stems from information that PCAOB inspectors do not publicly disclose. Collectively, our evidence implies that less is known'about audit firm quality under the new regulatory regime.

Key Words: regulation, Sarbanes-Oxley Act, PCAOB

文章名称：q 理论分析法下的异常收益

期刊名称：会计研究

作　　者：吴津，张璐，弗兰克·张

出版时间：2010 年

内容提要：将应计项目作为营运资本投资来理解时，我们假设在 q 理论基础上，随着贴现率的变换，企业会恰当地调整它的应计项目。一个较高的贴现率意味着较少的可盈利项目投资和较少的应计项目，而一个较低的贴现率意味着较多的可盈利项目投资和较多的应计项目。我们的证据支持这个最优投资假设：①在标准因子回归中增加一个投资因子，这会大幅减少异常收益额的数量，通常会达到不显著的水平；②收益额和由股息贴现模型估计的贴现率呈负相关，大体看来，收益额和剩余收益模型估计的贴现率也呈负相关；③会计可靠性较低的收益与资本投资的相关性较大，而会计可靠性较高的收益相对来说和资本投资的相关性较小；④以权责发生制为计量基础的交易所产生的预期回报具有时间波动性，表明近几年的收益影响恶化可能只是暂时的，在不久的将来很可能会得到恢复。

关键词：首次公开募股；风险回报权衡；横截面测试；资产定价测试；股票收益；盈余管理；长期；预期收益；证券收益；焦点难题

Name of Article： *The q-Theory Approach to Understanding the Accrual Anomaly*

Name of Journal： *Journal of Accounting Research*

Authors： *Wu Jin（Ginger），Zhang Lu，Zhang X. Frank*

Issue： *2010*

Abstract： Interpreting accruals as working capital investment, we hypothesize based on q-theory that firms optimally adjust their accruals in response to discount rate changes. A higher discount rate means less profitable investments and lower accruals, and a lower discount rate means more profitable investments and higher accruals. Our evidence supports this optimal investment hypothesis：①adding an investment factor into standard factor regressions substantially reduces the magnitude of the accrual anomaly, often to insignificant levels；②accruals covary negatively with discount rate estimates from the dividend discounting model, and for the most part, with estimates from the residual income model；③accruals with low accounting reliability covary more with capital investment than accruals with high accounting reliability；④expected returns to accruals-based trading strategies are time-varying, suggesting that the deterioration of the accrual effect in recent years might be temporary and likely to mean-revert in the near future.

Key Words： initial public offerings, risk-Return trade-off, cross-sectional Test, asset pricing tests, stock returns, earnings management, long-run, expected returns, security returns, issues puzzle

文章名称： 商业新闻的信息媒介作用

期刊名称： 会计研究

作　　者： 布什·布莱恩，克尔·约翰，维尼·格威

出版时间： 2010 年

内容提要： 本文探讨了商业新闻是否发挥了信息媒介的作用。商业新闻可能通过包装和传播信息以及通过其他新闻活动创造新信息来塑造一个企业的信息环境。我们发现，关于公司盈利公告方面的商业新闻，较大的新闻覆盖面降低了盈利公告的信息不对称（如较低的传播和较大的深度），广泛的信息传播比媒体创造的信息的数量和质量影响力更大。这些结果是对公司自愿披露的控制、公告的市场反应以及其他媒介控制的鲁棒性检验。我们的研究结果表明，商业新闻能有效减少公司盈利公告方面存在的信息问题。

关键词： 盈利公告；期望值；披露；不对称；流动资金；大规模的；贸易业

Name of Article: *The Role of the Business Press as an Information Intermediary*

Name of Journal: *Journal of Accounting Research*

Authors: *Bushee Brian J., Core John E., Guay Wayne*

Issue: *2010*

Abstract: This paper investigates whether the business press serves as an information intermediary. The press potentially shapes firms' information environments by packaging and disseminating information, as well as by creating new information through journalism activities. We find that greater press coverage reduces information asymmetry (i.e., lower spreads and greater depth) around earnings announcements, with broad dissemination of information having a bigger impact than the quantity or quality of press-generated information. These results are robust to controlling for firm-initiated disclosures, market reactions to the announcement, and other information intermediaries. Our findings suggest that the press helps reduce information problems around earnings announcements.

Key Words: earnings announcements, expectations, disclosure, asymmetry, liquidity, volume, trades

文章名称：企业文件中预测性陈述的信息——一种朴素的贝叶斯机器学习算法

期刊名称：会计研究

作　　者：李峰

出版时间：2010 年

内容提要：本文使用朴素贝叶斯机器学习算法探讨了管理层讨论与分析部分（MD&A）的 10-K 和 10-Q 文件关于企业前景预测陈述（FLS）的信息内容。文章发现，具有更好的当前绩效、较低的应计项目、较小规模、较低市场与账面价值比率、较小的公司收益波动、较低管理层讨论与分析迷雾指数和较长历史的企业，往往有更乐观的预测性陈述。预测性陈述的一般基调与未来收益，甚至与在控制其他决定未来表现因素后的未来收益呈正相关。这个结果也表明，尽管增加规定，旨在加强对管理层讨论与分析内容的披露，但是目前在管理层讨论和分析的信息内容方面依然没有得到系统性的改善。此外，MD&A 方面的基调似乎减少了对应计项目的错误定价。当管理者对未来应计项目的表现和影响发出"预警"时（例如，当应计是负（正）的时候，MD&A 的语调是乐观（悲观）的），应计和企业未来的回报是不相关的。以这三种常用的用词方式（措辞、普遍疑问，语言疑问和字数统计）为基础的基调方式通常不能积极地预测未来的表现情况。结果表明这些词眼可能不能很好地帮助分析企业文件的内容。

关键词：管理盈利预测；自愿性披露；应计项目；成本；后果；水平

Name of Article： *The Information Content of Forward-Looking Statements in Corporate Filings-A Naive Bayesian Machine Learning Approach*

Name of Journal： *Journal of Accounting Research*

Authors： *Li Feng*

Issue： *2010*

Abstract： This paper examines the information content of the forward-looking statements (FLS) in the Management Discussion and Analysis section (MD&A) of 10-K and 10-Q filings using a Naive Bayesian machine learning algorithm. I find that firms with better current performance, lower accruals, smaller size, lower market-to-book ratio, less return volatility, lower MD&A Fog index, and longer history tend to have more positive FLSs. The average tone of the FLS is positively associated with future earnings even after controlling for other determinants of future performance. The results also show that, despite increased regulations aimed at strengthening MD&A disclosures, there is no systematic change in the information content of MD&As over time. In addition, the tone in MD&As seems to mitigate the mispricing of accruals. When managers "warn" about the future performance implications of accruals (i. e., the MD&A tone is positive (negative) when accruals are negative (positive)), accruals are not associated with future returns. The tone measures based on three commonly used dictionaries (Diction, General Inquirer, and the Linguistic Inquiry and Word Count) do not positively predict future performance. This result suggests that these dictionaries might not work well for analyzing corporate filings.

Key Words: management earnings forecasts, discretionary disclosure, accruals, cost, consequences, level

文章名称：财务报告如何作用于金融危机？

期刊名称：欧洲会计评论

作　　者：巴斯·玛丽，维尼·兰兹曼

出版时间：2010 年

内容提要：我们仔细研究了财务报告对公允价值、资产证券化、衍生工具和贷款损失在金融危机中发挥的作用。由于银行在金融危机中的核心地位，我们重点分析了银行财务报告的影响。研究发现，公允价值会计信息对金融危机影响很小或几乎没有影响，但是公允价值信息的透明程度会影响投资者正确评估银行资产和负债的价值和风险。尽管 FASB 和 IASB 已经采取了积极的措施来改善有关资产证券化的披露，但是我们认为，在 IASB 制定的征求意见稿中，证券的会计确认方法要求银行在证券化执行后确认任何资产和负债要更好地反映证券交易的基本经济行为。关于金融衍生工具，我们建议披露更多的分类信息，披露金融衍生品公允价值对于市场风险变化的敏感性，并且实施风险等价的方法，以确保投资者能更好地了解衍生工具的固有杠杆效应。我们的研究还发现，由于银行监管和财务报告的目标不同，财务报告的目的是为了提高资本市场上的信息透明度，而银行监管的目的是要维持银行业的稳定性，因此对两者制度上的变化会有所不同。我们讨论了银行贷款损失准备金基于其自身的周期和资本市场有效性如何对金融危机产生影响。尽管会计准则委员会和银行监管机构应该在某些方面目标一致，但是维持金融体系的稳定是银行监管机构的责任，不是会计准则委员会制定者的责任。

关键词：公允价值；价值相关性；衍生品披露；证券投资；经验分析；市场；银行；证券；售出；风险

Name of Article： *How did Financial Reporting Contribute to the Financial Crisis?*

Name of Journal： *European Accounting Review*

Authors： *Barth Mary E. , Landsman Wayne R.*

Issue： *2010*

Abstract： We scrutinize the role financial reporting for fair values, asset securitizations, derivatives and loan loss provisioning played in the Financial Crisis. Because banks were at the center of the Financial Crisis, we focus our discussion and analysis on the effects of financial reporting by banks. We conclude fair value accounting played little or no role in the Financial Crisis. However, transparency of information associated with asset securitizations and derivatives likely was insufficient for investors to assess properly the values and riskiness of bank assets and liabilities. Although the FASB and IASB have taken laudable steps to improve disclosures relating to asset securitizations, in our view, the approach for accounting for securitizations in the IASB's Exposure Draft that would require banks to recognize whatever assets and liabilities they have after the securitization is executed better reflects the underlying economics of the securitization transaction. Regarding derivatives, we recommend disclosure of more disaggregated information, disclosure of the sensitivity of derivatives' fair values to changes in market risk variables, and implementing a risk –equivalence approach to enable investors to understand better the leverage inherent in derivatives. We also conclude that because the objectives of bank regulation and financial reporting differ, changes in financial reporting needed to improve transparency of information provided to the capital markets likely will not be identical to changes in bank regulations needed to strengthen the stability of the banking sector. We discuss how loan loss provisioning may have contributed to the Financial Crisis through its effects on procyclicality and on the effectiveness of market discipline. Accounting standard setters and bank regulators should find some common ground. However, it is the responsibility of bank regulators, not accounting standard setters, to ensure the stability of the financial system.

Key Words: fair–value, value–relevance, derivatives disclosures, investment securities, empirical–analysis, to–market, banks, securitizations, sales, risk

第三章　会计与审计学科 2010 年出版图书精选

第一节

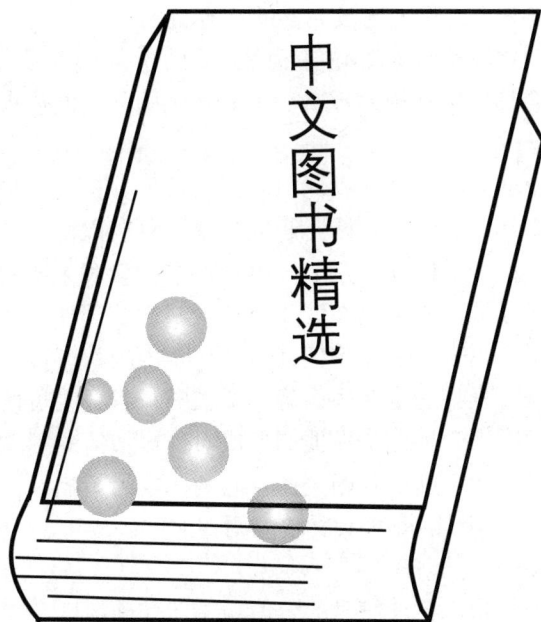

中文图书精选

书名： 会计准则国际趋同的经济后果与博弈

作者： 夏大慰、赵春光、郑德渊、邓传洲、刘凤委、
颜延 著

出版社： 经济科学出版社

出版时间： 2010 年 11 月 1 日

内容简介： 伴随着经济改革的深化和对外开放的步伐，中国会计改革一直在坚定地向前推进，在市场化和国际化方面取得了显著成果，尤其是在 2006 年 2 月颁布的基本会计准则和 38 项具体会计准则中，构建了比较完整的、有机的会计准则体系，标志着我国会计准则实现了国际趋同，对中国会计改革具有里程碑式的意义。在我国会计准则国际趋同的背景下，全书分析了新会计准则实施的经济后果和准则国际趋同过程中的博弈问题。全书分为理论篇和实证篇。

在理论篇，讨论了三个问题：会计准则国际趋同的博弈分析、计量属性的选择和会计准则国际趋同对反倾销的影响。会计准则国际趋同的博弈分析以博弈论的方法解释了会计准则国际协调的各个阶段美国 FASB、欧盟和 IASB 之间的博弈和采取的不同策略，可以看出随着环境的变化，各国所采取的策略也在变化。计量属性的选择研究采用了实验方法分析了在银行财务报表中金融工具采取公允价值计量并在表内确认、披露和不披露三种情况对投资者的投资决策的影响，发现完全在表内确认金融资产或金融负债的公允价值有助于投资者判断银行的利率风险水平，并能帮助他们形成对公司估值的判断。会计准则国际趋同对反倾销的影响讨论了新会计准则对我国企业反倾销斗争的影响，会计准则国际趋同使中国企业的成本核算更加"公允"，将降低反倾销调查的应诉成本，但并不能够从根本上消除针对中国企业的贸易保护主义。

在实证篇，讨论了四个问题：会计信息的价值相关性和谨慎性、二阶相关性、盈余管理和多元化的影响。本书以 2004~2008 年的 A 股上市公司为样本，2004 年和 2005 年代表旧准则的会计信息，2007 年和 2008 年代表新准则的会计信息，比较了新准则实施前后会计信息质量的差异，从而研究了新会计准则实施的经济后果。

财务报告的目标在于为投资者提供决策有用的信息，高质量的会计信息应该能够为投资者的决策提供依据，即该信息能够影响股票价格。价值相关性研究是针对会计信息与股票价格的关联关系的，本书采用价格模型和收益率模型研究了新会计准则的实施对会计信息价值相关性的影响，部分证据表明新会计准则提高了会计信息的价值相关性，同时会计盈余的谨慎性有所提高。IASB 在 2007 年修订了 IAS1，要求以综合收益表代替利润表，为了与国际财务报告准则协调，2009 年我国也在会计准则解释第 3 号中要求在利润表之下披露综合收益信息。本书还研究了综合收益信息的价值相关性，发现在准则要求提供综合收益信息之前，根据报表调整得到的综合收益信息不如净利润提供的相关性，在披露净利润基础上再计算综合收益也没有提供增量的价值相关性。

会计准则的变革确实对会计信息质量有重要影响，同时，公司本身的特征也影响着它对会计政策的选择，本书研究了公司的多元化经营对会计信息质量的影响，发现专业化的公司可以选择最适合自己经营模式的会计政策，所以，会计信息的价值相关性较高，谨慎性较差，而多元化经营的公司无法选择单一的会计政策适合所有从事的行业经营，所以，多元化公司会谨慎地选择会计政策，导致会计信息比较谨慎，但相关性较差。新会计准则的实施增加了公司在会计政策选择中的职业判断空间，可以提高多元化公司会计信息的价值相关性。

新会计准则的实施除了会影响会计信息的价值相关性之外，还会对股票价格的波动产生影响，即二阶相关性，本书以 Callen 和 Segal（2005）模型为基础，建立股票收益率方差分解的理论模型，并分析了新会计准则实施前后会计盈余对股票收益率方差贡献程度的变化。首先，分析非经常性损益和营业利润对股票收益率方差贡献程度的变化，发现非经常性损益和营业利润对股票收益率方差贡献增加，表明新会计准则实施后，会计信息的二阶相关性增加。其次，将营业利润分解为应计利润和经营活动现金流量，分析其对股票收益率方差贡献程度的变化，发现新会计准则实施前后，应计利润、现金流量对股票收益率波动的影响发生了重要的结构性变化，新准则实施后，应计利润、现金流量对股票收益率方差的贡献大幅提升，会计信息的二阶相关性显著增加。最后，验证新会计准则的重要理念公允价值变动损益对股票收益率方差的贡献，发现公允价值变动损益对股票收益率方差的贡献较小，尚未成为影响股票波动的重要因素。

为了提高会计信息质量，会计准则还要能够制约盈余管理的程度，过度的盈余管理会导致会计信息可靠性降低，从而影响投资者决策。本书分析了新会计准则实施前后公司利润平滑程度、损失确认及时性和微利报告倾向的差异。研究发现新会计准则实施后上市公司盈余波动性显著提高，应计利润项目变动与经营现金流量变动的负相关关系明显增强，这表明新准则实施显著降低了公司盈余平滑程度。此外，新准则的执行还显著降低了上市公司微利报告倾向，损失确认的及时性也有一定程度的提高。

本书的研究有利于评价会计准则国际趋同的影响以及新会计准则的实施效果，会计准则的制定和修订会带来相应的经济后果，从而导致利益各方的持续博弈，会计准则的经济后果导致各方的博弈，博弈又导致新的经济后果，如此往复。大部分经济后果研究是直接或间接针对会计准则制定者的，希望对评价已有的会计准则提供参考，从而为制定新准则和修改旧准则提出意见，尽量避免一些不必要的弯路。新会计准则的推出促进了我国会计准则的国际趋同，在会计准则国际趋同的过程中，会计信息质量有所提高，说明会计准则的国际趋同有利于提高会计信息质量，我国走会计准则国际趋同的道路是正确的选择。

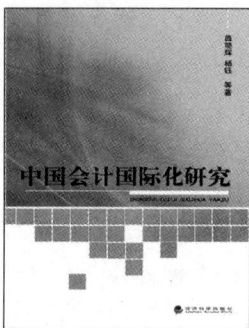

书名：中国会计国际化研究
作者：曲晓辉、杨钰等 著
出版社：经济科学出版社
出版时间：2010 年 7 月 1 日

内容简介：本书是在教育部人文社会科学研究重大项目"中国会计国际化研究"（项目批准号 02JAZD790007）的研究报告基础上进行整理、完善的成果。

本书第一章是绪论部分，主要介绍了本书的研究背景和动机，全文的结构安排和研究方法，也阐明本书的主要贡献、局限性和后续研究方向。第二章主要是会计国际化的概念辨析与量化方法概述。第三章说明了会计国际化国外的经验数据，包括会计准则国际化协调的表现形式及其经验证据和会计实务国际协调的表现形式及其经验证据。第四章说明了会计国际化的现状和趋势，在阐述了国际会计准则理事会的历程和法则之后，讨论了国际财务报告准则的情况及发展情况，接着说明主要国际组织以及主要发达国家的会计国际协调与趋向。第五章主要是中国会计国际化的一般探讨，包括中国会计国际化的进程、中国会计国际化的特点、中国会计国际化的动因。第六章是中国会计国际化的经验证据，包括中国会计准则国际化的经验证据和中国会计实务国际化的经验证据两个方面。第七章是关于中国会计准则国际化的检验，在给出研究背景后，说明了研究设计的方法，得出测量的结果并做了相关分析，接着得到主要结论和启示意义。第八章是中国会计实务国际化的检验，在本章进行了数据来源与描述性统计，得到实证的结果并进行了分析，总结出研究结论和启示。第九章是关于中国会计国际化的立场和对策，回顾了中国会计准则国际协调的策略，从国家利益角度出发，分析了中国会计准则国际协调中的国家利益，以及说明了现阶段中国会计准则国际协调的策略。第十章是中国会计准则架构的探讨，说明了中国财务会计概念框架，以及中国会计准则的制定机制，并给出中国会计准则的评价机制。第十一章是会计国际化与会计监管的内容，主要包括会计监管与会计国家化的互动关系，会计国际化对我国会计监管的双重影响，会计监管如何应对会计国际化的问题。第十二章是会计国际化与税收国际协调的内容，主要分为以下几个方面：一是税收国际协调与会计准则全球趋同的并存，二是税收国际协调与会计准则全球趋同的关系，三是宏观主体活动和利益促进了两大趋势的并存，根据这三个方面的分析得出了结论。

本书旨在探索会计国际化的理论问题和现实发展状况，分析、解释和追踪中国会计国际化的进程、背景及动因，研究中国会计准则及实务国际协调的现状，寻求相关问题的可能解决方案，探讨中国会计国际化的发展对策。

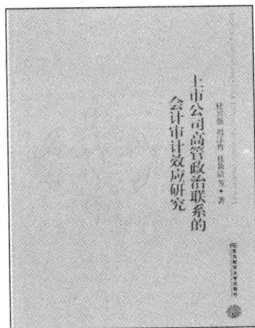

书名：上市公司高管政治联系的会计审计效应研究

作者：杜兴强、周泽将、杜颖浩等　著

出版社：东北财经大学出版社

出版时间：2010 年 11 月 1 日

　　内容简介：《上市公司高管政治联系的会计审计效应研究》由杜兴强、周泽将、杜颖浩等编著，共包括七章。除了第一章"导论"和第七章"结论、启示与进一步的研究方向"之外，其余五章由五个相互联系而又相互独立的专题构成，分别探讨政治联系的度量（含文献述评），政治联系与公司业绩，政治联系、信息披露与信息质量，政治联系与上市公司的审计问题，政治联系的其他经济后果如债务契约、银行贷款、政府补助效率、公益性捐赠、大股东资金占用与行业壁垒等。而且，每章（专题）又细分为若干节（小专题），每章的前后"节"之间，或并列研究同一个大的主题的不同问题，或前后继起、一步步深入地研究同一主题。因此，各个"节"之间往往相互独立、各有自己的架构，大多均包括实证研究的基本框架——引言、文献综述、理论分析、研究假设、实证分析、结论与进一步的研究方向等。

　　其中，第二节"政治联系、预算软约束与政府补助的配置效率"。本节以民营上市公司为研究对象，用"雇员负担"作为"政策性负担"的替代变量，以"政府补助"衡量企业获得的政府救助（补贴），实证研究了民营企业的政治联系对预算软约束及政府补助效率的影响。研究结果发现，政治联系是一把"双刃剑"：一方面，具有政治联系的民营企业容易受到"政府干预"，由此承担了较重的雇员负担，也因此获得了较多的政府补助，从而支持了林毅夫等对预算软约束从政策性负担层面提供的解释；另一方面，虽然政治联系未直接发挥"关系"作用，但若限定存在雇员，则往往影响着企业所能够获得的政府补助，即政治联系的"关系"作用增加了企业预算软约束的程度。本节进一步还发现，在具有政治联系的民营企业中，政府补助对公司绩效的促进作用显著低于无政治联系的民营企业，揭示了政治联系改变了政府补助的流向、降低了政府补助资金的配置效率。

　　第三节"政治联系与公益性捐赠"。本节选择公益性捐赠视角，将政治联系区分为政府官员类政治联系和代表委员类政治联系两类。在虚拟变量法的基础上拓宽了政治联系的度量方法，进行适当的赋值，并同时采纳"赋值法"和"虚拟变量法"，实证检验了民营企业的政治联系方式对其捐赠行为的影响。研究结果表明：无论采取"赋值法"还是"虚拟变量法"，民营上市公司的代表委员类政治联系对捐赠金额都存在显著的、正向的影响，但政府官员类政治联系对其捐赠金额无显著影响；此外"赋值法"和"虚拟变量法"的统计显著性虽然一致，但经济显著性却存在差异，赋值法能够更好地勾勒不同的政治联系层级对捐赠金额的影响。

第四节"政治联系与大股东资金占用"。本节手工搜集了中国民营上市公司高管政治联系和大股东资金占用的数据，明确区分了民营上市公司政府官员类政治联系和代表委员类政治联系，在此基础上实证检验了政治联系是否有助于抑制大股东资金占用。研究结果表明，代表委员类政治联系显著抑制了民营上市公司的大股东资金占用行为，且代表委员类政治联系层级越高，对大股东资金占用的抑制作用越强；政府官员类政治联系与大股东资金占用正相关，但不显著。

第五节"政治联系是否有助于民营上市公司打破行业壁垒"。本节手工搜集了中国资本市场"纯"民营上市公司 2004~2008 年关键高管的政治联系、政治联系类型的经验数据，实证研究了民营上市公司关键高管的政治联系是否有助于民营企业打破行业壁垒、进入管制行业。本节采取虚拟变量法、区分政治联系类型的虚拟变量法和赋值法，并明确将政治联系的类型区分为代表委员类政治联系和政府官员类政治联系。研究发现，限定其他条件，民营上市公司关键高管的政治联系（虚拟变量）与进入管制行业的概率显著正相关；在划分政治联系类型的情况下，无论是虚拟变量法还是赋值法，民营上市公司关键高管的政府官员类政治联系越强，越可能进入管制行业，但关键高管的代表委员类政治联系与进入管制行业无显著的相关性；民营上市公司的业务越多元化，越可能进入管制行业。作为附加检验，本节亦发现，进入管制行业的确促使了民营上市公司业绩的提升。

书名：套期保值会计研究：基于跨国营运的视角
作者：程六满　著
出版社：中国财政经济出版社
出版时间：2010 年 5 月 1 日

内容简介：随着我国改革开放的不断深入，国内企业"走出去"的步伐明显加快，同时中央政府在政策上也给予了大力支持。党的十七大报告指出：我国将坚持对外开放的基本国策，把"引进来"和"走出去"更好地结合起来……形成经济全球化条件下参与国际经济合作和竞争优势……支持企业在研发、生产、销售等方面开展国际化经营，加快培育我国的跨国公司和国际知名品牌。温家宝总理 2008 年 3 月在十一届全国人大代表会上所作的政府工作报告中也指出："……创新对外投资和合作的方式，完善和落实支持企业'走出去'的政策措施"。在政策支持的背景下，我国本土的大型跨国公司的数量和规模将越来越大，在海外并购中也不断赢得越来越多的主动权。如：中国移动集团以 2.84 亿美元接管巴基斯坦运营商巴科泰尔有限公司（Paktel），并向其注资 7 亿美元；中联石化以 2.6 亿港元收购马达加斯加石油企业；中铝以 8.6 亿美元拿下秘鲁铜业；中钢收购澳大利亚铁矿石公司，尽管开始遭到对方董事会的强硬抵制，但仍得到两国监管部门批准。我们有理由相信，我国跨国公司将在国民经济中扮演越来越重要的角色。

跨国公司的跨国经营必然会遇到外汇风险，人民币汇率风险日益凸显。美元兑人民币汇率已从 2005 年 7 月汇改前的 8.2766 下行至现在的 6.8263，下跌了近 18%。然而，由于货币篮子中，人民币除对美元、港元和英镑等在升值外，对欧元和日元等却在贬值，由于美元贬值幅度更大，使得人们印象中一直处于升值的人民币实际上在贬值。这使得人民币汇率风险呈两极分化趋势，汇率风险也越来越复杂。当人们还在对 2008 年经济前景充满憧憬时，由次贷危机引起的美元在国际市场上的"跌跌不休"使得美元进一步走"软"。尽管欧盟已成为当前中国最大的贸易伙伴，但我国对外贸易的 80% 以上还是使用美元这种"软币"来结算的。跟汇率赛跑已成为国内跨国经营企业的共识，汇率风险已经危及一些企业的生存底线，它们急需对外汇风险进行有效管理，来抵销汇率变动对企业利润的侵蚀。因此，外汇风险是我国跨国经营公司必须面对的一个新课题。

利用外汇衍生产品对外汇风险进行套期保值已成为国际企业进行外汇风险管理的最主要的选择方法之一。然而，当前国内企业可以用来管理外汇风险的外汇衍生产品只有远期结售汇和外汇掉期两种，且银行管理费用较高，这让一些拥有较小外汇风险头寸的企业望而却步。尽管国家允许国有企业利用境外外汇衍生产品进行套期保值，但必须经过复杂的审批手续，许多企业也只好作罢。

另外，人们对金融衍生产品存在着偏见和恐惧，如在疯牛病爆发时英国广播公司的广播员把汉堡比做"牛肉衍生产品"。盘点数次金融危机，说创新型金融衍生产品是其"祸根"并不为过。从美国一些大的资本公司倒闭，至今尚未结束的美国次贷风波所引起的全球经济动荡，都能发现创新型金融衍生产品的身影。最近香港深陷数十亿美元亏损的十几个投资者，向香港证监会投诉导致其巨额亏损的"累股票据"产品，让人们再次见识了创新型金融衍生产品的危害。需要说明的是，金融衍生产品创立的初衷是用来管理市场风险的，若我们能正确运用它们，将它们用来管理金融风险，会非常有效，也十分安全，其理论基础就是风险对冲的套期保值理论。

本书属于应用性研究，主要运用跨国公司外汇风险管理理论、套期保值理论和套期会计理论来研究中国跨国公司外汇风险管理问题。采用的研究方法有：文献研究、案例分析研究、规范研究与实证研究相结合、定性分析与定量分析相结合以及较多的数学推导等研究方法，在每个层面与侧面上各有侧重。本书的创新之处有：

首先，构建了我国跨国公司外汇交易风险套期保值的框架。在汇率风险不断扩大的现实背景下，本书在汲取前人研究成果的基础上，打破学科界限，将金融理论与会计理论结合起来。同时通过调查问卷和大量实地走访，探寻我国跨国公司外汇风险管理的现状及问题，并从财务的角度提出了我国跨国公司外汇交易风险套期保值的框架，对当前我国跨国公司进行外汇风险管理具有现实的指导价值。

其次，定量阐释了如何从会计角度度量套期关系的有效性。财政部发布的第24号准则原文及随后的指南和讲解尽管都要求套期会计的运用前提是套期关系必须有效，并规定了有效性度量的标准，但具体如何评价套期的有效性没有做出系统的说明和示例，这给准则的有效实施带来一定难度。本书在参考国外文献的基础上，以生动的实例演示了套期关系有效性测试的全部过程。因此，这一创新将为企业运用该准则提供参考。

最后，对我国套期保值会计提出一些建议。现行套期保值会计由于其复杂性、运用成本较高以及易操纵性不足等，它从制定当初就遭到批评。为此，IASB和FASB先后提出了全面公允价值计量和公允价值选择权等过渡方法，FASB在2007年2月专门就此发布了第159号准则（金融资产和负债的公允价值选择权），该准则的目的之一是企业可以不必运用复杂的套期保值会计就能恰当地报告其利用衍生产品进行套期保值的经济活动。本书在分析了全面公允价值计量和公允价值选择权对套期会计影响的基础上，对套期保值会计的发展提出一些建议。

通过上述系统研究，可以得到以下几个方面的结论：

第一，我国跨国公司当下对外汇交易风险进行套期保值管理是必要的，也是可行的。美元兑人民币的汇率从本次汇改前的8.27一路下跌至现在的6.82，累计贬值幅度达18%左右。另外，自2007年5月21日起，银行间即期外汇市场人民币兑美元交易价浮动幅度由3%扩大至5%。尽管人民币对美元汇率不断攀升，但其间也出现过反向波动，即汇率呈双向波动的态势，弹性加大，短期外汇风险已显现。此外，温家宝总理在2007年1月的全国金融工作会议上强调，稳步推进利率市场化改革，进一步完善人民币汇率形成机制。

在 2008 年政府工作报告中，温家宝指出，全面推进外汇管理体制改革，逐步增强汇率弹性……稳步发展期货市场……切实防范和化解金融风险，维护金融稳定和安全。我们有理由相信，随着汇率改革的不断深入，人民币汇率的弹性和波动幅度将呈扩大的态势，外汇风险管理已成为跨国公司不得不面对的一个新课题。

对外汇风险进行套期保值是国外跨国公司常用的方法，这一方法在我国跨国公司中运用是可行的。当下国内涉外企业能参与的外汇衍生产品有远期结售汇和外汇掉期两种业务，已有多家银行取得对客户远期结售汇业务和掉期业务经营资格，且在中国货币网官方网站每日发布人民币外汇远期/掉期的报价。国资委主任李荣融曾公开表示：对于一个国际化的企业来说，不会利用金融衍生工具来规避和对冲风险，就无法在激烈的国际竞争中获得更好的发展。本次汇率改革之后，证监会加强了对国债等金融期货期权产品的研究开发力度，央行也大力发展外汇市场和外汇市场上的各种金融产品，准备推出外汇期货等外汇衍生产品，并要求商业银行和其他金融机构能够向各种各样的客户提供更多、更好的风险管理工具。同时，衍生产品监管工作也已启动，《期货交易管理条例》已颁布实施，全国人大已经启动了《期货法》的立法程序。证监会还专门成立了一个金融期货监管部门，履行对包括股指期货在内的所有金融衍生品期货监管的职能。

此外，财政部于 2006 年 2 月发布了《企业会计准则第 24 号——套期保值》，套期保值会计的先行加快了国内衍生工具的创新速度，加速了国内衍生产品市场的形成和完善，也必将促进国内跨国公司对其外汇交易风险进行套期保值业务的繁荣和健康发展。

第二，我国跨国公司外汇交易风险套期保值的框架构建是必要的。国内已有的套期保值相关理论要么过于"金融"，要么过于简单，很难找到适合财务人员理解的文献和资料。本书认为，需要建立一个框架来指导我国跨国公司的外汇交易风险的套期保值活动，该框架是对该领域已有研究的继承和发展，同时也易于财务人员的理解和应用。套期保值活动的核心是确定套期保值比率，这也是该框架的重点内容，分别推导了基于回归技术的套期保值比率的确定、基于最小组合风险的套期保值比率的确定、基于最大效用理论的套期保值比率确定和从 B-s 模型中间接获得套期保值比率等四种确定套期保值比率的方法。四种方法各有特点，分别适合不同要求的套期保值者，跨国公司可以根据自身需要确定一种方法。

第三，套期保值会计还会继续存在。公允价值能够提供相对及时、有用的会计信息，提高企业会计信息的质量。然而，公允价值不能保证会计信息的可靠性，因为公允价值有时并不公允，尤其是在市场不发达、缺乏相同或类似产品的市场或估值者的估值水平不高时等都会影响公允价值的公允性。另外，公允价值会计要求对相关资产或负债应按其公允价值的变动调整其报告金额，同时将未实现的公允价值变动计入损益或权益中，这可能会出现在没有现金流配合的情况下资产负债表和利润表发生异动，使企业管理层有盈余管理之嫌。

由于全面公允价值计量和公允价值选择权存在上述局限性，其全面实施还有很多问题有待解决，因此，短期内套期保值会计还有继续存在的必要。

要想使我国跨国公司（其实所有涉外企业都应包含在内）更好地运用外汇衍生产品管理其面临的外汇风险，本书提出如下政策建议：

第一，着力培育我国跨国公司的外汇风险管理理念。现实是最好的教材，受次贷危机的冲击，美元一直"跌跌不休"，最近连创新低。我国跨国公司大部分涉外业务采用美元作为国际结算货币，美元的大幅贬值已经威胁到一些企业的生存，这些企业自然会关注外汇风险。然而，一些目前外汇业务较少，但其涉外业务在不断地增加的跨国公司，外汇风险不足以影响其当前的经营，它们仍没有对外汇风险予以足够的重视。因此，管理层应加大对这些跨国公司外汇风险管理的宣传，着力培育跨国公司的外汇风险管理理念，加强对外汇风险的管理。

第二，提高外汇衍生产品的研发速度，建立和完善我国外汇衍生产品市场。1997年4月1日，人民币远期结售汇业务首先在中国银行试点，这是我国外汇衍生品市场的开端；2005年8月，人民银行在银行间外汇市场推出了人民币远期交易以及人民币对外币掉期交易。目前，已有多家银行取得对客户远期结售汇业务和掉期业务经营资格，且在中国货币网官方网站每日发布人民币外汇远期/掉期的报价。但这种单一的外汇衍生工具不能满足跨国公司当前外汇风险管理的需要，所以交投并不活跃。因此，为了拓展我国跨国公司利用外汇衍生产品管理外汇风险的渠道，我们应提高外汇衍生产品的研发水平和速度，建立和完善我国外汇衍生产品市场，为跨国公司提供更多的可供选择的外汇衍生产品。仅有丰富的外汇衍生产品，没有活跃的交易市场，套期保值活动也是很难完成的，因此，需要完善、活跃的外汇衍生产品交易市场。任何一个市场的繁荣，仅靠理性的交易者是无法达到的，需要大量投机者的参与。

第三，我国跨国公司应加强外汇风险管理人才的储备和培训。在实地走访一些跨国公司和问卷调查中，我们发现一个普遍的现象，那就是一些跨国公司很希望能对外汇风险进行有效管理，但他们总感觉力不从心，关键就是缺乏这方面的人才，专业人才匮乏是他们的最大感叹。

再好的创意和决策都需要有高效执行能力的执行者去执行。当前跨国公司外汇风险管理的整体效果不理想的一个重要原因就是缺乏相应的管理人才。因此，储备相应的外汇风险管理专业人才，加强专业人才的培训和锻炼，是跨国公司有效管理外汇风险的前提和保障。

书名： 会计信息传导效率研究

作者： 李晓东　著

出版社： 中国财政经济出版社

出版时间： 2010 年 1 月

内容简介： 学术界应以总结与探索理论为己任，会计学界也不例外。会计理论研究成果的直接载体应当说是会计学术著作，而最能反映最新会计学术观点的往往是那些中青年学者的论著，会计学博士论文就是其中新鲜的、有活力的、闪耀着思想火花的论著中的一部分。时值今日，我们会计界培养了一批又一批博士生高级专门人才，他们是会计科研的新生力量并成为会计事业发展的希望。他们的创新能力强，成果产出率高，特别是在他们的博士论文中，某些观点如经深化和完善，有可能成为全新的、具有开拓性的，甚至是代表会计领域今后创新研究的学术思想。

会计方法在经济体系运转不畅时遭受尖锐批评，随即又对会计方法进行"修补"的被动现象由来已久，这在很大程度上是因为会计研究领域中，忽视了会计理论与经济学理论之间双向互动的关系，而其直接表现就是会计研究领域中缺少"会计信息作用于价格过程"的系统理论阐释，以及对这一过程全面、深入的研究。实际上，在宏观经济体系中，会计信息能够直接或间接地影响价格机制的有效性，从而维护市场经济体系正常运行的基础——产权。如证券价格的确定会受会计信息的直接影响，而其他产品价格的形成则受其间接影响。若价格机制出现失灵，宏观经济的运行便会受到严重危害，目前正经历的世界范围内的经济动荡，其诱发因素就是次贷债券定价失灵所导致的，而对这场经济动荡成因的研究与反思，则使会计的公允价值计量方法遭到来自经济学界的尖锐质疑。由此可见，会计信息对价格的形成具有重要作用，但目前会计研究领域中，还缺少"会计信息作用于价格过程"的一个基本概念，以及对这一过程的全面、深入分析。因此，本书提出"会计信息传导"概念，借此来概括、抽象这一过程，并通过对这一过程进行深入研究，发现其中阻碍会计信息传导效率的关键因素，在此基础上，提出会计信息传导机制的优化思路和具有针对性的政策建议。

本书以"知识—信息—知识"为主线，研究会计信息与市场经济运行体系中资产定价效率的内在关联性，进而从整个经济体系的视角对会计信息传导效率进行界定；通过彻底解构会计信息传导的全过程，分析会计信息流逻辑的科学性与反映经济真实的要求之间的差异；将会计信息的生成、披露和接受环节中导致传导失效的因素总结为"系统缺陷"、"披露选择"和"认知限度"，并把三者纳入一个统一的分析框架中加以研究；通过全面、系统地阐述会计信息传导的"制度性"和"技术性"特征，分析制约会计信息传导效率之症结所在，最终将研究内容落脚于提高会计信息传导效率的措施方面。

全书内容围绕会计信息传导效率问题展开，在第1章提出了会计信息传导概念，阐述了本书研究的理论意义和现实意义，从会计准则、信息不对称、信息使用者认知等三个方面回顾了国内外学者在会计信息传导领域的主要研究成果，并对本书后续研究内容进行了概念和基础约定。第2章在对会计信息传导概念进行界定的基础上，建立了会计信息与经济运行内在关系的理论分析基础，并结合信息经济学理论、行为金融学理论和新制度经济学理论论证了会计信息传导的"制度性"特征。第3章对会计信息传导及其效率的界定进行了理论研究，分析了会计信息传导模式和传导动因，指出会计信息流逻辑的顺畅和严密是会计信息实现有效传导的基础，并分析了会计信息传导环节中参与人的行为特征和传导渠道的选择问题，进而从会计信息传导的及时性、准确性、受众广度和引导作用四个方面界定了会计信息的传导效率。第4章从技术层面对影响会计信息传导效率的因素进行了深入研究，将影响因素概括为系统缺陷、披露选择和认知限度，明确了这三者的内涵，分析了它们对会计信息传导效率的影响方式和程度，并指出相对于系统缺陷和披露选择无法回避的事实，从制度层面改善会计信息使用者的认知限度，是实现会计信息有效传导的一个新思路。第5章是实证研究部分，首先阐明了"股权资本成本"作为会计信息传导效率替代变量的理论基础，据此建立了回归模型，并利用我国上海证券交易所数据对回归模型进行了检验。实证研究结果表明，会计信息披露的及时性对会计信息传导效率没有显著影响，而会计确认计量的及时性则可能对其有重要影响；财务报告重述行为会显著影响会计信息传导效率；管理层披露选择行为和信息使用者认知方面也显著地影响到会计信息的传导效率。第6章在总结前五章内容的基础上，指出实现会计信息传导效率的途径是对会计信息传导机制进行优化，并围绕如何改善会计信息使用者认知限度的问题，提出了会计信息传导机制的优化思路和政策建议。

本书通过系统研究得出的主要结论如下：①会计信息与经济效率之间存在必然联系，会计信息有效传导有助于经济效率的实现。目前，基于经济效率视角的会计信息研究相当匮乏，出现这个结果可能的原因是：首先，我们还未将会计信息与经济资源的概念联系起来，从理论上严格论证其资源属性；其次，利用会计信息衡量经济效率存在量度上的困难，会计信息在增进社会福利方面缺乏量化指标，加之会计信息成本难以量化，致使这类研究举步维艰。本书通过对股权资本成本的理论阐述，证明其中的流动性溢价部分对整个经济体系而言，是缺乏效率的，而提高会计信息传导效率能够减少股权资本成本的流动性溢价部分，从而在会计信息与宏观经济运行之间建立起合乎逻辑的内在关联，这一研究结论进一步充实了现代会计已将宏观经济领域纳入了其反映和控制范围的思想。②会计信息传导是一个连续的动态过程，对其传导效率的分析必须结合整个传导环节进行。在会计信息传导的诸环节中，系统缺陷、管理层披露选择和信息使用者认知限度均对其有显著影响，并且这三者之间还存在相互的影响。因此，为提高会计信息传导效率，需要综合考虑这三个因素的协调改善，仅着眼于其中某一因素的改进，无法从根本上改善会计信息传导现状。③本书的实证研究得出了一些有意义的结论。会计信息披露的及时与否并不能显著改善会计信息传导状况，而财务报告重述行为则被市场认为是一种会计信息质量不高的表现，因此，在对企业财务重述行为的监管方面还需要更有效的引导。在对会计信息的认知方面，专业信息使用者在其中起到了关键性作用，能够显著地提高会计信息传导效率。此外，通过对管理层披露选择行为进行适当干预，也能使会计信息传导效率得到提高。④相对于技术层面而言，会计信息传导制度层面的改进对会计信息传导效率有更为明显的作用。会计信息传导分析框架的论述和实证检验结论表明，系统缺陷与披露选择呈相互依存的同向变化关系，而认知限度与两者之间是一种反向关系，因此，围绕如何改善信息使用者认知限度问题，就为改进会计信息传导效率提供了一种新思路。本书从专业信息使用者的需求特征、会计信息披露技术、信息分析中介、对抗性程序、会计信息受众广度、对制度的信任和价格管制等七个方面系统地阐述了会计信息传导机制的优化思路，并在对抗性程序的运作、打击内幕信息、提高会计信息质量和规范信息中介行业发展等四个方面，提出了有针对性的、可供管理当局参考的政策建议。

会计信息传导效率的提高，不能仅从会计准则、会计信息披露和信息使用者的需求单方面研究，因为会计信息传导各环节间的交互影响，使单一环节的改进无法真正提高会计信息的传导效率。因此，通过对会计信息传导过程的全面分析，发现影响会计信息传导效率的症结所在，对完善会计准则的制定和执行机制、完善证券市场的会计信息披露规范，以及相关政策的制定有重大现实意义。研究有利于加强对证券市场中广大中小投资者的保护按照证券市场中参与者掌握信息数量和质量情况的不同，可将参与者分为"知情交易者"和"不知情交易者"。前者拥有明显的信息优势，能借此优势攫取利益，后者则在这场不公平的博弈中，承担了极大的"被掠夺"风险，这对证券市场的健康发展甚至社会稳定有严重的危害。因此，提高会计信息的传导效率，使投资者尽可能多的掌握经济资源的真实信息，可以避免广大投资者被任意掠夺的可能。因此，有利于提高证券市场的运行效率，证券市场的效率包括定价效率和交易效率。信息不对称会产生证券的错误定价，导致不正常的投资报酬率，而且，信息不对称也会影响单个证券的"市场深度"，使证券的价格容易被人为操作，这对证券市场的健康发展尤为不利。提高会计信息的传导效率，能有助于降低市场信息的不对称程度，消除市场中可能的套利机会，使证券的定价和交易更具效率。

书名：中国会计准则的国际协调与盈余质量研究：来自
B 股公司的经验证据

作者：刘晓华　著

出版社：经济科学出版社

出版时间：2010 年 12 月 1 日

内容简介：在借鉴国内外相关研究成果的基础上，本书以中国 B 股公司为样本，从中国会计准则与国际会计准则下盈余质量的差异以及中国会计准则下盈余质量的变化趋势两个方面分析中国会计准则的国际协调对盈余质量的影响，检验中国会计准则的国际协调是否能够提高盈余质量。

经过深入分析和系统研究，本书得出如下研究结论：①从中国会计准则与国际会计准则下盈余质量的差异来看，B 股公司国际会计准则下的盈余质量与中国会计准则下的盈余质量不存在显著性差异，国际会计准则下的盈余质量并不显著高于中国会计准则下的盈余质量；②从中国会计准则下盈余质量的变化趋势来看，随着中国会计准则国际协调进程的不断推进以及法律制度的不断完善，B 股公司中国会计准则下的盈余质量在总体上具有显著上升的趋势。

改革开放以来，中国进行了一系列旨在加强会计准则国际协调的改革，中国会计准则与国际会计准则的差异逐步缩小，中国会计准则的质量逐步提高。会计准则国际协调的最终目标是向会计信息使用者提供高质量的会计信息，以便不同国家或地区的会计信息使用者做出及时和正确的经济决策。但是，采用高质量的会计准则并不一定能够带来高质量的会计信息，因为会计信息质量（盈余质量）除受到会计准则的影响外，还受到法律制度以及公司管理层面临的机会与激励等其他因素的影响。因此，会计信息使用者、会计准则制定者、会计信息监管者以及会计研究者都十分关心中国会计准则的国际协调是否能够提高会计信息质量（盈余质量）。

会计准则的标准化或会计准则的国际趋同是会计准则国际协调的美好愿望和理想目标，而会计准则的国际协调则是会计准则标准化和会计准则国际趋同的现实选择。就目前的经济环境与经济发展水平而言，现阶段会计国际化的目标只能是协调（葛家澍、刘峰，1993）。郭道扬（2006）也指出，现阶段"会计趋同"只能在"会计协调"的基础上取得个别的或局部的渐进式变化；倘若没有持久的、反复进行的"会计协调与再协调"过程，那么，追求未来实现的"全球化统一的会计准则"只能是一个缺乏基础的、虚幻的空中楼阁。因此，在当前的经济和社会环境下，会计准则的国际协调比会计准则的标准化和会计准则的国际趋同更具有现实性和可行性。关于会计准则国际协调的概念，本书作者比较赞成王华（1999）和常勋（1990）的定义，认为会计准则的国际协调是指协调主体采取主动或被动方式不断减少各个国家或地区之间会计准则的差异，从而形成高质量且可比的会计信息的过程。本书没有采用会计国际协调或国际会计协调等概念，是因为本书主要分析和考察中国旨在加强会计准则国际协调的改革对盈余质量的影响，因此，采用会计准则的国际协调这一概念最为恰当。

本书以 1996~2007 年的 B 股公司为样本，采用应计质量模型和现金流量预测模型从中国会计准则与国际会计准则下盈余质量的差异以及中国会计准则下盈余质量的变化趋势两个方面考察中国会计准则的国际协调对盈余质量的影响，检验中国会计准则的国际协调是否能够提高盈余质量。

书名： 公司治理对会计稳健性的影响研究

作者： 董红星 著

出版社： 西南财经大学出版社

出版时间： 2010 年 7 月 1 日

内容简介： 近年来，会计稳健性成为国内外会计界研究的热点问题。《公司治理对会计稳健性的影响研究》以所有权结构理论、法和金融学理论、董事会结构理论等相关理论为基础，结合我国国有企业改革、金融体制改革及会计制度改革的相关制度背景，就我国上市公司会计稳健性问题进行理论分析与实证研究。本文首先在评述会计稳健性概念的起源、演变的基础上，系统探讨了会计稳健性与会计目标、会计信息质量特征以及会计环境的关系；围绕会计稳健性建立了一个以会计目标为中心，以会计质量信息特征为纽带，以制度环境为约束条件的概念框架，明晰了稳健性在财务会计概念框架中的地位，丰富了对稳健性存在根源的解释。

条件稳健性和无条件稳健性存在的基础相同，都源于经济环境内在的不确定性和风险，并最终都造成净资产账面价值的低估。而且，两者被一些共同的因素所激励。例如，投资者所感受到的不对称的损失函数——由相同数量收益增加的效用要小于由同样数量损失而减少的效用。

两种稳健性概念的核心区别体现在和当期消息的关系上。条件稳健性要求会计政策能够反映当期的经济事项，并且是一种不对称的反映。会计上是否稳健是以坏消息（经济损失）比好消息（经济收益）被更及时地反映为条件。而无条件稳健性和当期的消息无关，它是事前的和总体的偏见。只要在资产的生命周期内其市场价值大于账面价值，也就是账面价值被低估，就可以认为是稳健的。它并没有指明在某个期间内什么情况下会计政策选择才是稳健的，其实它也无法指明特定期间稳健性适用的条件，因为会计政策事先确定，本期的稳健性会导致后续期间的不稳健，这是无条件稳健性始终无法圆满回答的问题。所以说无条件稳健性是一个总体的偏见，与当期的经济事项无关。

在契约和公司治理背景下，两者的作用和性质有明显的不同。条件稳健性最初的动因就在于抵销经理向上虚报会计数字的动机，增进缔约的有效性，其"损失确认的及时性"观点有助于更好地理解稳健性在缔约时的角色。譬如，由于盈余对消息的好坏做出不对称反映，经济损失相对经济收益被更及时地确认，同样条件下由于盈余更及时地反映了坏消息，可以更快地向债权人传递债务契约条款可能被违背的信号，从而保护债权人的利益。同样，及时确认损失有利于抑制经理进行净现值为负的项目，或者很快放弃正在经受损失的项目，因此也增加了补偿契约和公司治理的有效性。

书名： 治理环境、控股股东代理冲突和会计稳健性研究

作者： 刘嫦 著

出版社： 暨南大学出版社

出版时间： 2010 年 5 月 1 日

内容简介： 随着美国次贷危机爆发，金融危机全球性扩张，公允价值受到了经济学界的质疑。稳健性会计原则再次成为经济学界，尤其是会计学界的关注焦点。在我国，稳健性会计经历了由弱到强的历程，但是利用激进会计方法乃至利润操纵手段获取非法资源、侵占中小股东利益的报道不时见诸报端。虽然国外就稳健性原则展开了深入广泛的研究，并取得了一系列研究成果，但是，我国的经济体制、制度环境与国外存在着很大差别。在我国，证券市场的发展依然处于转型时期，资本市场还不完善，投资者法律保护程度偏低，各地区的市场化进程存在着显著的差异。同时，我国公司股权高度集中，上市公司控股股东的现金流权和控制权分离，这使得国外相关研究结论难以直接移植到国内并解释国内各种怪异现象。

在股东—管理层的契约中，稳健性的作用主要体现在两个方面：一是抵减经理补偿契约中存在的乐观机会主义倾向。在一个不确定性环境中，当会计盈余对经理人员的报酬具有重要影响时，理性的经理人员会隐瞒不利的会计盈余信息，而理性的所有者也能够预期到经理人员的机会主义行为，会因此减少经理人员报酬对会计盈余的敏感程度。二是稳健性有利于遏制管理层的过度投资行为。Lenson 的自由现金流理论认为，随着所有权和经营权的分离，管理者和所有者的效用目标发生偏离。但两者都是效用目标的最大化追求者，必然出现一方损害另一方利益的事实，从而导致代理成本的出现。为追求企业规模扩张所带来的控制权收益和货币性收益的扩大，管理者可能将企业的自由现金流用于投资净现值（NPV）为负的项目，进而损害企业价值。会计稳健性尤其是条件稳健性对经济损失的确认比对经济收益的确认更及时，这种不对称及时性的特点有助于遏制管理人员虚估盈余和净资产的机会主义倾向，并把运用稳健性原则所带来的企业价值增加，在企业各利益团体之间分配（Watts，2003），从而保护了股东利益。基于上述理论，部分学者进一步就股权结构对会计稳健性的影响进行了研究。其中，Fan 和 Wong（2002）研究了东亚地区股权结构和会计盈余信息含量之间的关系，发现股权越集中，内部大股东和外部投资者之间的利益冲突越大，越容易使大股东为了自己的利益倾向于多发布有利于公司的好消息，隐匿坏消息，降低会计信息的稳健性。La Fond（2005）的研究得出类似的结论，即所有权分散的企业的财务报告更稳健，集中则更不稳健。

本书采用规范研究与实证研究相结合的研究方法，集中关注集中股权结构下的控股股东两大代理冲突，即控股股东和中小股东冲突以及控股股东和债权人冲突对公司会计信息稳健性程度的影响，在此基础上结合我国特殊的制度背景进一步探讨外部治理环境的改善对会计稳健性的影响。具体细化为以下三个方面：集中股权结构下控股股东—中小股东代理冲突对会计稳健性影响。该问题主要探讨控股股东的现金流权和控制权分离对稳健性会计信息的影响，在此基础上进一步探讨不同控制权水平以及不同公司产权性质对上述问题的影响。集中股权结构下控股股东—债权人代理冲突对会计稳健性影响。本书主要关注股权结构下控股股东和债权人代理冲突的集中体现，即公司的过度负债行为对会计稳健性的影响，在此基础上进一步分析公司产权性质、银企关系、预算软约束等对过度负债和会计稳健性关系的影响。治理环境与会计稳健性的关系。主要关注治理环境的改善是否缓解了控股股东代理冲突，并提高或降低公司会计信息的稳健性程度，从而为投资者保护程度和财务会计信息存在互补关系或替代关系提供实证依据。

书名：中国国债市场风险溢价研究

作者：张雪莹 著

出版社：中国财政经济出版社

出版时间：2010 年 6 月 1 日

内容简介： 本书首次将散布于债券研究中的有关国债风险溢价的理论按照一定的主线加以整理和归纳，形成了全面完整的关于国债风险溢价的理论体系。研究样本也不再局限于国债回购数据，而是采用最近几年的交易所国债现券数据，且既包括零息债券也包括附息债券。主要内容包括：

（1）在对国债风险溢价理论进行全面系统的梳理和总结的基础上，以上海证券交易所国债为样本，利用 VBA 计算机程序，在每个月末将样本国债动态地分成短期、中期和长期债券三类并计算出每个月各期限国债组合的风险溢价，结果发现，我国中长期国债现券月度风险溢价的均值显著为正，风险溢价月度序列的变化接近于正态分布，且存在显著的一阶自相关现象。这些都与国外大多数成熟市场的国债风险溢价研究结果相似。

（2）在对我国交易所国债利率期限结构信息进行分析的基础上，发现长短期利差或者利率期限结构的斜率因子和曲度因子，能够在一定程度上预测国债风险溢价月度序列的变化。而通过对某些常用随机利率模型下的国债风险溢价公式及所反映的风险溢价变化性质进行系统的梳理，并重点利用卡尔曼滤波的方法，检验三因素广义高斯仿射模型对我国交易所国债风险溢价变化情况的解释效果，结果显示，在目前的条件下，尚不适合用由随机利率模型推导而来的债券风险溢价公式来解释和预测我国国债风险溢价的实际变化。

（3）本书讨论了利率期限结构的宏观—金融研究方法以及基于消费的资本资产定价模型对国债风险溢价变化规律的研究方法和结论；并在上述理论分析的基础上选用我国的宏观数据，考察了真实经济产出、通货膨胀率、货币供应量、中央银行票据利率以及债券市场资金供求变化等因素对交易所各期限国债风险溢价的影响；实证结果表明，本书选择的宏观经济指标对交易所国债月度风险溢价的变化没有显著的预测能力，因而可只以利率期限结构信息为解释变量建立国债风险溢价变化的预测模型。

（4）在上述结论的基础上，本书将整个样本期动态地分为估计期和检验期，通过估计期和检验期的不断滚动，对以利率期限结构信息为解释变量建立的国债风险溢价预测模型进行样本外检验，发现模型所体现的各变量之间的关系及预测效果具有一定的稳定性和准确度。为此，本书以中期国债为对象，根据风险溢价预测模型，设计动态交易策略并将其与静态持债策略、债券指数以及债券型基金等进行投资绩效的比较，并探讨国债风险溢价预测模型在国债回购放大套利中的应用。

书名： 执业环境与审计判断绩效——基于时间压力和责任的视角

作者： 刘成立　著

出版社： 经济科学出版社

出版时间： 2010 年 6 月 1 日

内容简介： 本书研究了审计中的两个重要环境因素——时间压力、责任对审计判断绩效的影响。我国开展政府审计已有 20 余年，成果颇丰，但绩效审计仍处于试点阶段。近年来，社会经济环境变化迅速，政府政务公开及其施政绩效备受社会各界关注，推行绩效审计已是现实所需。健全的绩效审计制度是提升审计质量、实现审计目标的必要保障。

在近年的职业审计及学术审计的研究文献中，有很多资料都强调了审计判断在审计工作中的重要性和普遍性。审计判断是一个复杂的认知活动，对周围的环境非常敏感，然而许多杰出的学者认为，在会计审计行为研究中缺乏对判断背景的关注。随着人们对审计质量关注程度的提高，研究者开始调查会计师事务所内部的工作环境以及行为方式。在中国，时间压力作为影响审计判断绩效的环境因素，其重要性可能日益上升，而且与其他职业相比，注册会计师职业所负的责任更加重大，因此本书研究了审计中的两个重要环境因素——时间压力、责任对审计判断绩效的影响。

我们首先用问卷法调查了我国注册会计师日常审计工作面临的时间压力状况以及时间压力下注册会计师采取的行为，然后进一步用实验方法研究了时间压力、责任对审计判断绩效的影响。实验为被试间实验设计，共有两个因素，即时间压力和责任。实验任务是一个制造业客户的年末存货详细测试，包括产成品存货和积压存货的估价和完整性测试。实验的被试来自参加新执业准则与职业判断培训班的一个具有证券期货从业资格的全国性会计师事务所的注册会计师，共有 72 人。

本书共分七章。第一章为引言；第二章为文献回顾，分别回顾了心理学与审计中时间压力、责任对判断影响的文献；第三章则对我国注册会计师面临的时间压力和责任进行了理论分析；第四章用认知心理学和社会心理学理论为时间压力、责任如何影响审计判断绩效提供理论依据；第五章用问卷法调查了我国注册会计师面临的时间压力以及时间压力下的注册会计师行为；第六章则进一步用实验研究方法检验了时间压力、责任对审计判断绩效的影响；第七章总结全书的研究结论、实践意义及局限性，并提出应该进一步作出改进的方向。本书得到的主要结论包括：

（1）通过研究认为，时间压力是单位时间内加工的信息量或加工一定信息量所允许的时间，单位时间内加工的信息量越大，或加工一定信息量所允许的时间越少，时间压力越大。主要来源于：①激烈的审计市场竞争；②客户限期以及披露限期；③事务所内部的业绩评价体制。责任是事先存在的一个人要向其他人证明他的判断的预期，即注册会计师要对自己的判断负责。主要来源于：①事务所内部监管；②行业自律监管；③政府行政监管；④其他方监督。

（2）通过用认知心理学分析表明，在时间压力下，注册会计师为了减轻认知负荷，通常会利用启发法作出判断。但是启发法在提高判断效率的同时，有可能导致判断效果的下降。而用社会心理学的分析表明，当一个人对未知观点的其他人负责时，为了获得其他人的认同，往往采用复杂的信息加上策略。进一步的研究表明，对于简单的、熟练的行为，人们在有他人监督时通常能做得更好，即责任能提高审计判断效果。在高责任下，人们为了获得良好的业绩评价，会努力工作，受其他条件的影响较小，仍能保持较高的判断绩效。

（3）问卷调查表明，我国注册会计师在日常审计工作中面临的时间压力为中度。同时进一步的调查表明：①近年来审计工作面临的时间压力越来越大。②大多数的注册会计师认为激烈的审计市场竞争导致了时间压力的增加，时间压力阻碍了适当审计程序的实施，进而降低了审计质量。但大多数注册会计师认为，在他们的事务所中并不存在由于时间压力提前终止审计程序的行为。③事务所中虽然存在低报时间行为但并不严重，但在规定的时间限期内完成任务对注册会计师业绩评价非常重要，事务所在过去12个月中的时间预算比较紧张。④不同职位注册会计师对时间压力大小及变化趋势的看法存在显著差异。

（4）实验结果表明：①时间压力损害了注册会计师的审计判断效果，对审计判断效率无显著影响；②责任能显著提高审计判断效果，但对审计判断效率无显著影响；③时间压力对审计判断效果的影响受责任状况的制约，时间压力与责任的交互项对审计判断效率无显著影响。进一步的研究还表明：①时间压力、责任对不同程序审计判断效果的影响显著不同；②时间压力对审计判断加工率有显著影响，而责任主要影响了审计判断准确率，时间压力对审计判断加工率的影响受责任状况的制约；③时间压力提高了审计判断加工速度，责任对审计判断加工速度无积极影响，时间压力与责任的交互项对审计判断加工速度无显著影响。

书名：中国上市公司声誉对公司绩效的影响研究

作者：郑秀杰 著

出版社：经济科学出版社

出版时间：2010 年 6 月 1 日

内容简介：在全球经济一体化的进程中，企业之间的竞争日趋激烈，声誉管理作为一种可以提升公司竞争优势的管理方式，成为理论界和实务界关注的热点。公司声誉与公司绩效之间的关系如何，公司声誉是否确实能够提升公司绩效更是成为学术界声誉理论研究的焦点。在我国和谐社会建设的大背景下，研究企业声誉管理问题对提高企业管理水平和促进社会和谐发展都具有重要的理论和现实意义。针对国内相关研究匮乏而且侧重于定性描述，定量研究不足的缺陷，本书就中国上市公司声誉对公司绩效的影响进行了实证检验。在对声誉机制作用机理进行分析的基础上，本书分别从公司声誉对公司财务绩效的影响和对市场绩效的影响两大方面进行了检验。

本书的创新性工作主要有以下四点：

（1）建立了声誉租金理论模型。已有声誉理论将"公司声誉具有提升公司竞争力的作用"作为一种必然结论，然而关于公司声誉和公司绩效关系的实证研究并未得到一致的结论。本书认为，公司声誉并非在任何环境中都能充分发挥作用，公司声誉机制作用的发挥程度受其作用环境的影响。本书将市场环境因素纳入声誉机制作用机理的分析框架，利用贝叶斯法则构建了声誉租金理论模型，并指出市场中声誉惩罚机制的有效性、市场参与主体的类型、声誉信息的可靠性以及声誉标准等四个因素是声誉机制发挥作用的重要影响因素。

（2）提出并验证了中国上市公司声誉能够提升公司财务绩效的判断。这对提高我国企业的声誉管理意识具有现实意义。通过分析中国上市公司所处的产品市场和要素市场环境，本书提出了声誉机制在产品市场和要素市场能够发挥作用，从而提高公司财务绩效的判断并进行了检验。在构建财务绩效评价指标体系和声誉测度指标体系的基础上，运用事件研究法计算并检验了公司取得声誉后连续 3 年的超常收益，并进一步运用因子分析法构建财务绩效指数和声誉指数，利用回归模型进行了稳定性检验。研究结果表明，取得声誉公司的后续财务绩效显著高于未取得声誉的对照组公司，公司声誉越好，其后续财务绩效越高，而且良好的公司声誉会降低公司后续财务绩效对前期财务绩效的敏感度。

（3）提出并验证了中国上市公司声誉对公司市场绩效不能产生显著影响的判断。这一结论的政策含义在于中国资本市场需要进一步完善投资者保护以及信息披露等制度，为公司声誉机制在我国资本市场上充分发挥作用创造条件。本书分析了中国资本市场环境，作出了声誉机制在中国资本市场难以发挥作用的判断并进行了检验。区别于国外研究中以市场回报率等指标进行回归分析的方法，本书采用事件研究法，并运用 CAR 和 BHAR 两种相互印证的方法计算超常收益，检验了中国上市公司声誉对公司市场绩效的影响。研究发现，由于我国资本市场的有效性问题以及投资者保护机制的薄弱，使得作为公司特质信息的声誉信息没能在股价中反映出来，公司取得声誉后的 3 年内，不存在显著的超常收益。

（4）发现中国上市公司剩余声誉表征指标中的高管持股比例对公司后续市场绩效影响显著，但是对公司财务绩效没有显著影响；而独立董事制度则既对市场绩效有显著影响，又促进了公司的财务成功。由于我国公司股价并不能充分反映公司财务绩效，而且高管持股比例普遍较低，这促使持有公司股票的高管更加关注与自身利益直接相关的股价，而不是日常生产经营活动，这说明股权激励制度本身还存在缺陷，其效用还未得到充分发挥。虽然独立董事制度本身还有待完善，但它仍对公司财务绩效的提升影响显著，并在一定程度上起到了保护中小投资者利益、提高公司市场绩效的作用。此发现为我国进一步完善管理层激励和约束机制，提高公司领导管理质量，从而提高公司剩余声誉管理水平提供了经验证据支持。

书名： 我国财务困境公司重组摘帽绩效的实证研究

作者： 赵丽琼　著

出版社： 经济科学出版社

出版时间： 2010 年 3 月 1 日

内容简介： 财务困境问题始终是财务学研究的热点问题。但迄今为止，国内相关研究主要聚焦于如何构建更为精确的财务困境预测模型，而有关公司在陷入财务困境后如何摆脱困境的研究则较少涉足。赵丽琼在攻读博士学位期间潜心研究了这个问题，弥补了这一不足，她以财务困境公司的脱困（重组摘帽）行为作为研究的焦点来展开，为学术研究者找到一个研究的突破口，具有重要的学术价值。该研究的成果为陷入困境的公司尽快摆脱困境提供帮助，为进一步完善对上市公司的监管、保护投资者的利益、提高上市公司的经营绩效、完善公司治理结构，并为投资者如何对困境公司进行投资提供了建设性意见，具有很好的实际意义。

本书是赵丽琼博士在她的学位论文的基础上进一步完善而成的。她借鉴了国内外学者相关研究成果，从我国制度环境背景及财务困境公司的特征出发，构建了一个分析我国财务困境公司重组行为的研究框架，应用理论和实证的分析方法，对我国财务困境公司独特的重组行为作出客观评价。

本书第一章是绪论部分，主要界定了财务困境的定义，提出研究背景与问题，说明研究内容与框架结构等。第二章是财务困境的相关文献综述，包括国外相关财务困境研究以及国内相关财务困境的研究，并指出国内外关于财务困境的研究对我们的启示意义。第三章是财务困境公司重组的理论基础，说明了公司重组的理论，回顾了我国上市公司重组的历史，指出本书对重组内涵的界定。第四章是我国财务困境公司重组战略的研究，主要分析了重组对公司价值的影响，回顾相关文献，说明选择的样本，提出研究的假设，进行实证分析。第五章是我国财务困境公司重组摘帽的股价效应研究，分析了财务困境公司重组摘帽的公告效应，以及财务困境公司重组摘帽的长期股价绩效。第六章是我国财务困境公司的长期经营绩效，分为两个方面，分别是不考虑控制因素时财务困境公司的长期经营绩效和考虑控制因素时财务困境公司的长期经营绩效。第七章是关于公司治理因素对财务困境公司重组公司摘帽的影响，包括理论分析与研究假设，进行了相关实证分析。第八章是总结了主要结论并给出相关政策性建议，并指出本书研究的局限性及进一步研究的问题。

书名： 信息技术与会计变革

作者： 曲吉林　著

出版社： 中国财政经济出版社

出版时间： 2010 年 6 月 1 日

内容简介： 随着信息技术的发展，互联网逐步普及，出现了电子商务等新型经济活动形式。会计赖以存在的外部环境产生了很大的变化，从而对会计理论研究和会计实务都产生了重大的影响，对传统的会计理论和方法提出了许多新的挑战。这些影响既包括会计理论体系的变革等根本性问题，也包括会计信息系统变革和会计内部控制等具体问题。同时，知识经济的发展对会计工作提出了更高的要求，传统的会计已经难以满足用户的多样化需求。以计算机和互联网为代表的信息技术，为会计的变革和发展提供了新的手段。会计信息化、网络财务和企业资源计划系统（ERP）等技术的发展，为提高财务管理和决策水平提供了技术保障。

本书主要研究信息技术环境下会计的变革和发展问题。主要内容包括信息技术环境下会计理论和实务的变革和发展、会计模式的变革，以及信息时代财务信息披露的变革等问题；同时也对信息技术条件下会计决策方法进行了深入的研究，包括会计决策支持系统、数据挖掘在财务会计中的应用等前沿问题。通过研究，提出了事件驱动会计的基本模型和一种新的财务报告的披露模式，以及一种新的基于数据挖掘技术的财务危机预警的方法。

随着我国经济的发展，国内外市场竞争不断加剧，以事后核算为主要内容的核算型会计软件难以满足管理的要求，企事业单位迫切需要有事前预测、决策，事中规划、控制，事后核算和分析的"管理型"会计软件，以适应市场经济下管理的要求。1996 年在第二届全国会计电算化会议上，提出了会计软件从核算型向管理型发展的目标，为我国会计信息化发展指明了方向。利用会计核算业务提供的信息以及其他生产经营活动资料，采用各种管理模型、方法，对经营状况进行分析和评价，具有事前预测和事中控制功能的会计软件是管理型会计软件。管理型会计软件不仅使用了财务会计的核算方法和原理，而且运用了管理会计的方法和原理，以及决策科学的思想、技术、方法原理，将业务处理中的核算型会计软件上升至管理信息系统中的管理型会计软件。管理型会计软件的会计目标是提高企业的经济效益，对企业生产经营过程中人、财、物和供、产、销以及其他经营进行全面管理。它的使用对象不仅包含会计人员，而且还包含企业管理者乃至企业的高层领导，从某种角度来说，它更主要的是面向企业的高层领导。

书名：基于核准制的中国股市 IPO 定价研究

作者：牛红军　著

出版社：经济科学出版社

出版时间：2010 年 8 月 1 日

内容简介：本书基于中国股票发行核准制度的实施，对我国 IPO 定价的问题进行了全面、深入的研究。

在竞价机制下，承销商在确定 IPO 价格之前需要收集投资者的需求价格与需求数量的信息，并且拥有相对较小的股票自由分配权利（与其他方式比较），股票分配根据事先规定好的规则进行。具体的拍卖方法包括统一价格竞价和差别价格竞价。在统一价格竞价法下，主承销商对所有有效申购按价格从高到低进行累计，累计申购量达到新股发行量的价位就是有效价位，在其之上的所有申报都中标。同时，这一有效价位就是新股发行价格，所有中标申购都按该价格成交。而在差别价格竞价中，这一价位则是最低价格，各中标者的购买价格就是自己的出价。

累计投标定价方式作为市场化程度最高的定价机制在美国被广泛使用，其他定价机制很少被采用。在美国，IPO 定价机制不受管制，可以自由选择。美式的累计投标作为市场化程度最高的 IPO 定价机制，其市场化程度高，不仅表现在 IPO 价格确定前需要经过多阶段、广泛的信息搜集过程，更为重要的是美国的证券承销商可以自由地分配股票。这被认为是美式累计投标方式与其他 IPO 定价机制的本质区别。一些研究者（Sherman，2001）认为，承销商自由分配股票的权利十分重要，只有拥有根据信息分配股票的权利，承销商才能给予投资者足够的激励去正确报告他们所获得的信息，从而才使得"累计投标"及其作用的发挥成为可能。除了竞价、累计投标报价和固定价格机制之外，还可以选择混合定价机制。混合机制可以选择两种具体方式：①竞价与固定价格公开发售相结合的机制；②累计投标与固定价格发售相结合的机制。在实践中最普遍采用的是第二种方式。

本书的基本内容包括三大部分：第一部分（第一章、第二章和第三章）是理论综述与制度背景；第二部分（第四章、第五章和第六章）是本书主体，主要运用实证的方法对 IPO 发行和上市价格与公司会计指标的关系、IPO 抑价的赢者诅咒假说和流行性效应假说的适用性、IPO 上市后承销商稳定股市和托市行为进行了检验；第三部分（第七章）是研究结论和 IPO 发行制度改革的政策建议。

股票首次公开发行（IPO）的定价问题是资本市场研究的一个重要方面。本书基于股票定价理论和我国股票发行改革的逻辑脉络，对股票发行价格与公司价值、股票定价效率、IPO 后市是否存在稳市行为等问题进行了系统研究，并得出了对 IPO 定价机制改革具有借鉴意义的研究结论。

书名：基于会计信息的权益定价研究：线性信息动态过程下的分析

作者：程小可　著

出版社：北京大学出版社

出版时间：2010 年 11 月 1 日

内容简介：1900 年，著名法国数学家庞加莱（Poincare）的学生路易斯·巴舍利耶（Louis Bachelier）在他的博士学位论文《投机理论》中首次利用生物学中的布朗运动对股票价格波动进行了解释，该研究甚至比爱因斯坦运用布朗运动来描述分子运动早 5 年历史，巴舍利耶基于上述假定提出了现代期权定价模型之雏形。由于巴舍利耶的以上杰出贡献，他现在已经被公认为现代金融理论之父，金融学术界建立了巴舍利耶金融学会（Bachelier Finance Society）以纪念这位伟大的先驱，并从 2000 年开始每两年召开一次学术讨论大会。在巴舍利耶的研究基础上，Sprenkle（1961）和 Boness（1964）以及 Samuelson（1965）对期权定价模型进行了系统的讨论与拓展，进而，Black 和 Scholes（1973）最终给出了期权定价的精确公式，此后，Merton（1973）以及 Cox 和 Ross（1976）等人又对期权定价理论进行了重要的拓展。

巴舍利耶之后，Markowitze 是金融定价领域的又一开创性人物，由于他的研究主题为一般资产（包括权益证券等资产）的组合问题，且他获得了经济学博士学位，因此其研究成果对经济学理论及实务界立刻产生了深远的影响，然而作为数学家的巴舍利耶的研究成果要等到半个多世纪后才为人所熟知和认可。在 Markowitze（1952）的研究之后，Tobin（1958）、Sharpe（1964）、Lintner（1965）、Mossin（1966）以及 Black（1972）等人对资产组合以及资本资产定价理论也做出了杰出贡献，这些研究开创了资产定价（包含权益定价）理论之新纪元。

本书收集了作者近年来在分析式会计研究领域所做的一系列研究成果，从不同视角系统地分析和考察了基于会计信息的权益定价问题。本书首先建立了会计信息与权益定价之间的联系，然后考察了会计信息对经典估值理论的影响，并且拓展了剩余收益估值模型至更一般经济情景中，最后考察了各种估值模型下的盈余反应系数公式及其影响因素。本书主要分为如下四部分：①线性信息动态过程下的权益定价基础；②会计信息对经典估值理论之影响；③当代会计估值模型；④会计基础估值模型下的盈余反应系数。除了上述第一部分为全书的基础篇外，其他各部分之间各自独立成篇但又存在一定逻辑关系，全书均围绕基于会计信息的权益估值问题展开论述。

分析式会计是当代会计研究的前沿领域之一，但在中国还处于起步状态。本书是中国学者对分析式会计研究进行的初步探索。本书建立了会计信息与权益定价之间的联系，考察了会计信息对经典估值理论的影响，并将剩余估值模型拓展至一般情景。在此基础上，考察了各种估值模型下的盈余反应系数公式及影响因素。全书对分析式会计领域的经典研究进行了拓展和修订，并结合中国新会计准则的颁布、交叉持股、金融风暴等背景考察了权益估值模型的均衡解等问题。

第二节

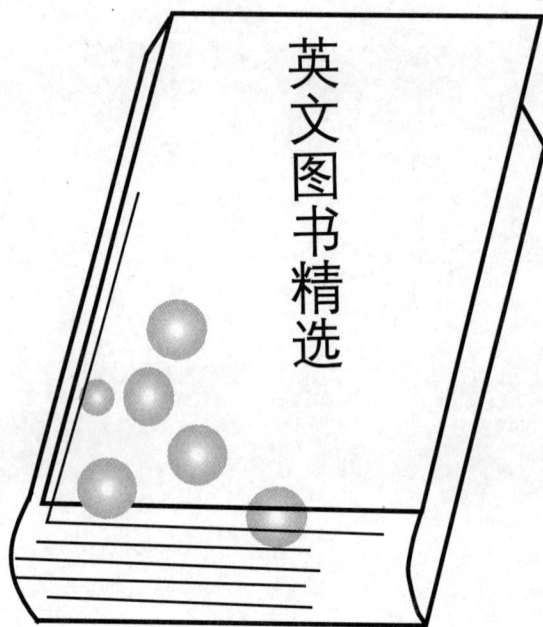

英文图书精选

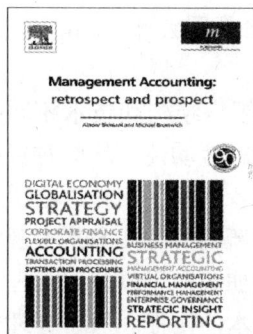

书名： 管理会计：回顾和展望

Title： *Management Accounting: Retrospect and Prospect*

作者： 比曼尼，米歇尔·布朗维奇

Authors： *Alnoor Bhimani, Michael Bromwich*

出版社： 英国管理会计师协会

Press： *Chartered Institute of Management Accountants*

出版时间： 2010 年

Date： *2010*

内容简介： 本书是伦敦大学经济学院 Alnoor Bhimani 和 Michael Bromwich 所著的一系列书籍中的第三本。之前发表的两本为《管理会计：进化而不是革命》（1989）和《管理会计：前进的路径》（1994）。本书在前两本书中提出的一些问题的基础上进行了扩展，但是，本书更进一步认为，管理会计人员的角色和管理会计实践可能发生的变化可以看成是经济环境的巨大变化的一种反应。这些变化包括全球经济危机、正在加速的经济全球化，尤其是技术的变化和前进。

这本书的目标读者很广泛，包括会计从业人员和管理会计研究者。本书汇集已公开出版的研究，但不仅仅是一本应用性的书。本书不是研究或理论导向的，并且这不是本书的预期目的。然而，它反映了现今管理会计的发展程度和发展起源。同时，作者主要关注全球经济环境下出现的新趋势，以及管理会计人员和管理会计实践所面临的挑战。

本书由五个章节组成。第一章"管理会计：过去和现在"，提供了成本会计被纳入管理会计学科发展过程的年表，同时概括了在 20 世纪后期出现的管理会计新技术，如作业成本法（ABC）、价值管理法和平衡计分卡（BSC）。这个故事始于 1919 年，成本和工程会计协会成立于这一年，现在发展成为管理会计师协会（CIMA）。本章也对"财务运行再造"最近的发展趋势进行了概述，同时，对作为组织中商业伙伴的会计人员的角色进行了回顾。作为商业伙伴的会计人员的角色是贯穿全书的主题，本书作者认为，对于会计人员来说，这一切都是水到渠成的，对于更好地理解企业技术和市场战略是必要的，同时也是专业人员生存和继续成长的关键因素。作者指出了对现代管理会计技术的应用和实施程度研究的缺乏，但是，他们利用了可得的信息。作者得出这样的结论，很多会计改革创新需要时间来被接纳，如作业成本法和平衡计分卡滞后的时间高达十年。然而，在不同的行业中，滞后时间是不同的。

第二章"成本：现在、将来和战略"，从经济学角度提出了决策中的不同成本观念。作者提出的一些成本类型都是会计人员所熟知的，包括机会成本、变动成本、固定成本、沉没成本、联合成本和增量成本与可避免成本。其余章节主要集中讨论了技术变化及其对管理会计人员和成本的影响，从而导致的对管理会计工作的影响。经济学概念中的规模经济、范围经济和资产组合效应也涵盖其中。如果管理会计人员被看作是商业合作者，那么要理解技术对管理会计人员来说是一项巨大挑战。技术变化及其为组织和会计人员创造的机会是本书中一个不变的主题。对技术的采用普遍地被称为战略管理会计（SMA），这部分内容出现在本章的最后一部分。

第三章"灵活性技术，流动性组织和数字化"，包括流动性组织结构和技术相同的部分，同时强调了管理会计的实施。技术的实施可以使组织有极大的流动性，从而对资源不断地重新配置来接受新的市场、产品、细分客户和商业机遇。作者介绍了实施这些活动的成本管理，如组织可以在很短的时间框架内选择成本结构，采用新的产品技术来实现实时产品转换。作者指出，随着对弹性和流动性技术的采用，组织更加倾向于以知识管理为导向；因此绩效评估更加注重于从人们那里获得的回报，而不是资本的回报。对于管理会计而言，这提出了实施控制的新方法。Functional Demarcations 将逐渐消失，管理会计的范围将被重新定义。

第四章"Cost Co-creation 和全球化"，本章的重点仍然是组织的性质的变化与新技术提供的机遇。消费者在产品创新或者是 Co-creation 中的角色是本章讨论的焦点。想一想 Wikipedia and Facebook，作者对此进行了有趣的讨论，这些产品成本与收入来源相分离的产物——被消费的产品的价格有可能为零，而广告提供了收入来源。这暗含了成本分配实践与会计管理策略的目标。Facebook 逐渐增加的消费者就是 Resource-intense。作者提出了一个问题：当组织对消费者行为具有有限的控制能力时，这些成本将如何被管理？介绍 Cloud Costing 仅仅是用来解释 The Cost of Cloud-based Systems 吗？然后本章对管理会计师协会的战略计分卡进行了说明。本章最后对危机时期的决策制定和风险环境中的管理进行了阐述，这一部分认为全球金融危机对管理机构具有影响。

第五章"管理会计变化的新兴发展趋势"，通过对经济环境、技术和组织的主要变化及其可能对管理会计未来形势的影响做出归纳而对本书进行了总结。在考虑由于近期环境变化和压力而产生的机遇与挑战时，作者对管理会计能否做出积极反应提出了质疑。

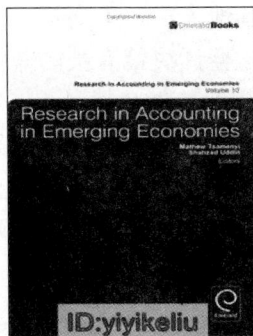

书名： 新兴经济体的会计研究

Title： *Research in Accounting in Emerging Economies*

作者： 苏塞娜·戴维，凯斯·霍珀

Authors： *S. Susela Devi，Keith Hooper*

出版社： 埃墨若德出版集团

Press： *Emerald Group Publishing*

出版时间： 2010 年

Date： *2010*

内容简介： 管理会计实践在工程师与会计人员之间一直是一个备受争议的话题，尤其是最近，当二者之间相互影响着逐渐渗入战略制定和市场营销决策制定过程中时，对管理会计的争议越发激烈。学者们已经运用了许多方法来解释组织中的会计与会计人员的角色。然而，与新兴经济体有关的管理会计文献实际上仍然由技术观点所主导，只有少量的实证研究。

本书的主要目的是帮助我们理解管理会计的角色，怎样与其他学科衔接，如工程学、质量管理学和市场营销学。主要的兴趣点是管理会计在一个汽车装配厂质量管理实施过程中的角色。通过津巴布韦一个大的汽车装配厂的案例，强调了滥用管理会计信息将会引发非计划的后果。

本书通过对津巴布韦汽车装配厂进行案例研究，选择以此为案例的原因有两个：①车辆装配/制造与高端技术联系紧密；②这也为会计人员与工程师、营销人员和组织中其他关键因素之间的交互影响提供了沃土。作者运用 Giddens 的结构理论帮助我们理解在津巴布韦汽车装配厂中管理会计的角色，以及管理会计实践是怎样产生和再生的。

作者揭示了怎样运用管理会计信息能够更好地管理组织中其他员工，以及怎样运用管理会计信息能够导致非计划的后果，如组织中的人浮于事等。作者总结出，社会环境决定了组织中不同专业人员的潜在角色，并且环境因素包含在管理会计系统的再造过程中。各个角色相互依存的观点可由控制辩证法来证明。基于会计订立的决策对员工、其他专业人员和社会普遍的影响可以从未计划中的后果捕捉到。

其他宏观经济因素也改变了交互作用的程度。由于经济形势的剧烈变化，所有的计划工具，不管是否是以会计为基础，都是多余的。本书说明管理会计不能被孤立地看做一个中立的技术方案，而是一个涉及权力和合法性的现象。这个观点在组织中未偿付阶段是可识别的，如津巴布韦在经济危机中受影响的组织。津巴布韦的政治和经济危机使相互竞争的专业人员归于统一，创造了新的企业文化。怎样能够在金融危机期间使企业文化可持续仍有待观察。

本书的创新点在于文章重点强调了在主要行业中由不同角色的作用而产生的非计划的后果，同时也强调了其对工人和更广泛的社会所产生的影响。本书也引用了能够从属于资源调动和其他法令的控制辩证法。作者对管理会计做了总结，指出管理会计实践是情景实践，反映了主流理论，而且可能会解放或束缚组织中的其他人员。本书提出，运用结构理论能够帮助我们分析会计信息，并能阐明可能发生的与会计决策有关的非计划中的后果。

本书的应用方面，会计人员应该监管会计信息的误用，证明管理者所用的政治决策是正确的。

本书也有一定的局限性，因为中心焦点转移到了金融危机中的幸存者，环境中的政治因素和经济波动因素会在工程师和会计人员之间交互作用。

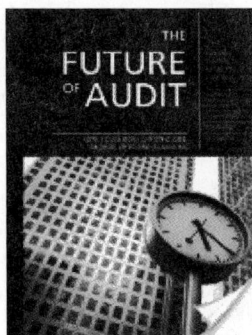

书名： 审计的未来：保持资本市场效率

Title： *The Future of Audit：Keeping Capital Markets Efficient*

作者： 凯斯·霍顿，克里斯汀·兆伯，迈克尔·肯德，
朱莉安娜

Authors： *Keith Houghton，Christine Jubb，Michael Kend，
Juliana Ng*

出版社： 澳大利亚国立大学电子出版社

Press： *ANU E Press*

出版时间： 2010 年

Date： *2010*

　　内容简介： 伴随着全球金融危机的爆发，资本市场的运作承受着前所未有的压力。本书的一个重要目的是观察审计师及其冲击和影响所提供的信息是否增强和支持了资本市场的有效性。当前很少存在一些关于审计师及其在全球金融危机中作用的负面观点，而关于银行家、监管机构、董事及高级管理人员、咨询公司、对冲基金和其他金融机构的批判却很多，很少有人关注审计师这个行业。对一些人来说这种现象可能有些意外，但是没有消息就是好消息。在某种程度上，全球金融危机可以被看做是审计行业的一次压力测试，但是结果表明这种压力并未导致审计行业的结构失败。

　　本质上，本书的目的在于就审计及其在资本市场的运作中出现的一系列问题打开一个窗口。本书的研究项目首先是规模很大，并且增长迅速。众所周知，书中的数据收集早在全球金融危机前就已开始，也告知了读者书中在这方面的局限性。但是潜在的核心问题以前存在并将一直存在于全球金融危机之中和这以后的时间里。甚至现在，书中的研究内容并不是很全面，但是我们的研究规模已经足够大了，以至于存在一些机会来探索特别的问题，并获得与这些问题相关的市场中审计服务参与人员的观点，这些观点也是相当可观的。

　　虽然作者提供了一系列结论、政策问题以及可操作的项目建议，这绝不是全面的。我们试着列出那些需要被有关组织考虑的可操作的项目以及那些在公共政策辩论中需要考虑的项目。这份清单并不被澳大利亚研究理事会或 Linkage 合作伙伴所认可，作者并不是试图提供一份确定和全面的清单，而只是将市场中观察到的一些现状汇总起来并引入到公众焦点之下以使那些做出决策的人能够感激所合成的信息的有用性。

　　本书不仅包含通过调查产生的信息，也包括通过面对面交流得到的市场中审计服务参与人员所说的话以及这些话所包含的潜在意思。我们通常都是直接引用书中所提到的权力部门或者权威人士的话，或者在最大程度上忠于他们的原意。每章中我们都试图将这些引用的话总结出来以方便那些需要汇总信息的读者们。虽然我们增加了很多汇总的信息，但是读者若想理解这些问题尚需深入阅读与之相关的报告。为方便这种情况，我们在第一章中就提到了帮助一些特殊阅读群体的方法。

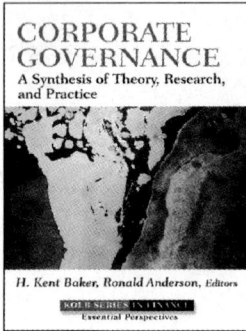

书名：公司治理：一个理论、研究和实践的结合

Title： *Corporate Governance：A Synthesis of Theory，*
Research，and Practice

作者：肯特·贝克，罗纳尔多·安德森

Authors： *H. Kent Baker，Ronald Anderson*

出版社：约翰威利父子公司

Press： *John Wiley & Sons Inc*

出版时间：2010 年 10 月

Date： *2010 October*

    内容简介：作者在本书中针对当代公司治理问题提出了一个极好的观点，该观点主要集中于管理者、股东以及其他利益相关者之间的关系。其中最有趣的和最有创造性的章节是亚历克斯·托德的关于最佳公司治理做法的讨论。和许多人一样，托德指出，公司治理由于复杂的问题和环境而不堪重负。正如我们都知道没有放之四海而皆准的道理，但你是怎么考虑所有变量的？参考托德介绍"理想的公司治理"的概念，这个概念通过构建一个框架来促进对现行做法的诊断和设计最佳的未来方案，这个框架考虑了必要的组织、所需的品种和适应能力参数。比如说，必要的组织因工作复杂程度不同而不同。托德认为一般来说任何处于较高级别的管理者应当比他的下属看得更远。董事会的集体认知能力同样应该比 CEO 具有更高的水平，比如说 25 年计划而非 5 年计划。所需的品种试图减少解决不确定问题的选择的个数。托德认为应当应用网络治理的自治系统。输入变量可能包括咨询委员会、雇员配套设施，客户论坛和供应商面板来迅速提供重要的利益相关者的利益反馈。适应能力包括在动态的不平衡状态下平衡这些系统的能力。这可能会赋予利益相关者一系列投票权。托德还讨论了一个事实，即不同的治理措施可能在不同阶段是最好的。那些寻求高价值的战略的公司将需要取信于投资者，然而早期的投资者更倾向于利润增长，这种行为通常伴随着管理层的控制。托德继续将 AGG 框架和经合组织、NACD 的原则进行比较。需要说明的是，托德的许多工作都与山·特恩布尔先生的工作相得益彰，山·特恩布尔也为本书贡献了一个章节。特恩布尔研究了当前失败企业的案例，最终得出结论认为，企业可以建立自己的合作监管机制以符合它们的利益相关者的关注。当一个企业扮演一个合作监管者促进和保护公民的利益时，其作用、成本以及政府加入企业管理活动都会适得其反。反过来，企业将需要分配和共享它们的利益相关者和其他公民的权力使这些人能够获得权力来直接保护自己的利益或者通过他人来保障他们的利益。托德和特恩布尔所设想的系统可以在企业内部有效平衡利益相关者直接的关系，从而充分发挥了系统的监督作用，因此也在很大程度上避免了政府监管的需要。政府监管的目的无外乎确定公司的经营是否满足公众利益的需求或者说是否会侵害公众利益，本书中提出的系统从公司治理的角度将这种监督内部化，满足利益相关者的需要。

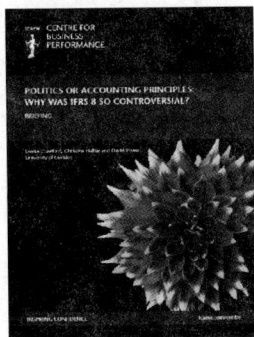

书名： 政治原因或者会计原则：为什么国际财务报告准则第
8号饱受争议？

Title： *Politics or Accounting Principles：Why Was IFRS 8 so
Controversial?*

作者： 路易丝·克劳福德，克里斯汀·海立亚，大卫·鲍尔

Authors： *Louise Crawford，Christine Helliar，David Power*

出版社： 英格兰及威尔士特许会计师协会

Press： *Institute of Chartered Accountants in England & Wales*

出版时间： 2010 年

Date： *2010*

内容简介： 近年来，欧盟引入国际会计准则被视为影响欧盟旗下公司财务报告一项最
根本的变化。虽然国际会计准则由民间组织制定，但是想要在欧盟范围内生效还必须经过
欧洲委员会及其会计监管委员会的批准，这种批准机制在 2006 年国际会计准则委员会颁
布《国际会计准则第 8 号——经营分部》时备受关注。国际会计准则第 8 号是关于分部报
告的另一项准则，欧盟却破天荒对该准则征求意见书而非仅仅依赖与国际会计准则委员会
之间的磋商，一些团体对该准则中规定的分部报告披露的一些变化进行了激烈的讨论。最
终该准则于 2007 年 11 月 14 日被批准通过，并于 2009 年 1 月 1 日起执行。

第 8 号准则的批准过程与以往的准则大不相同，本书写作目的在于研究导致该差异的
原因是由于第 8 号国际会计准则本身的变化抑或是仅因为欧盟出于主张其在准则制定过程
中权威性的企图。为实现这两个目标，本书根据利益相关者在组织中的资历，选择主要的
人群作为访谈对象，并通过分析国际会计准则第 8 号的内容以及将该准则与其他准则进行
对比。最终得到以下结论：

第一，尽管国际会计准则第 8 号由于各种团体的游说以及欧盟对准则咨询过程的煽动
看上去是一项很具争议性的准则，但是从访谈来看却并非如此。有关国际会计准则第 8 号
的争论，尤其是站在欧盟的角度上，就像车轮经过之处引起了很多其他的争议和讨论，而
不仅仅是这个争论本身。

第二，许多被访谈者并不是很在意国际会计准则第 8 号与其先前准则的差异，一些访
谈者认为公司将继续披露地理信息，因为这些信息对主要经营决策制定者来说是重要的，
而对其他人而言则显得国际会计准则第 8 号有些模棱两可，因为他们认为公司地理信息可
以通过该准则进行操纵。

第三，被访谈者认为最大的争议可能在于公布非公认会计准则规定的分部信息和
CODM 的身份。信息使用者最关心的是分部报告中披露的零散的信息可能与主要报表中披
露的汇总信息存在一定的偏差。依靠分部信息的分析师用户在构建权益价值模型时更关心
这种分散的项目可能会更具规模。

第四，所有的利益相关者都期待 2009 年 1 月 1 日后财务报告根据国际会计准则第 8

号披露原始信息，用以判断公司是否利用新准则改变分部信息披露方式。但是他们也担心这是否给管理层提供了一个减少信息披露的机会，他们相信分析师和其他投资者对经营分部的审查会禁止管理层该行为，然而来自财务报告审核委员会（FRRP）关于国际会计准则第 8 号的情况却不乐观。

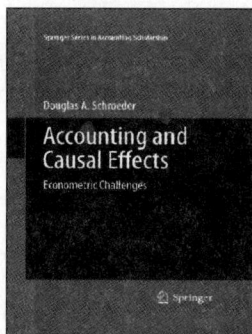

书名：会计和因果效应——计量经济学的挑战

Title： *Accounting and Causal Effects—Econometric Challenges*

作者：道格拉斯·施罗德

Authors： *Douglas A. Schroeder*

出版社：史宾格出版社

Press： *Springer*

出版时间：2010 年

Date： *2010*

内容简介：在这本书中，我们综合了大量有关会计选择及其因果效应在计量经济学方面带来的挑战的文献。由于可观察的数据很少直接和利益的因果效应挂钩，因此识别和估计内在的因果效应其实是一项挑战。常见的策略是通过贝叶斯定理使用逻辑一致的概率评估来连接可观察的数据和利益的因果效应。例如，将盈余管理视为平衡报告行为是我们探索的核心。本书并非介绍方法或者算法，而是调查研究了我们有关会计和计量经济学的一些经验。也就是说，本书集中于解决为什么而不是怎么做。

这本书可被应用在各种情况中。表面上这本书面对的是研究生科研，并且这也是本书的初衷所在。但是如果我们认真对待我们的研究，也就是说如果我们解决有趣和具有挑战性的问题，那么这就是一个很自然而然的过程。我们的研究定位于那些没有被很好理解的问题，然后在理解能力提升的同时将这些问题融入到我们的研究中，并以此提高我们的理解（换句话说，学习和研究是内在一致的）。会计是一块充满活力的学术领域，我们相信这些问题将直面本科生以及研究生的学习。我们希望所做的这些鼓励了会计的发展。于我们而言，由 Joe Demski 发起并共享的 Tuebingen 模式治疗效果的例子，才是本书真正意义上的起点。

本书布局如下：前两章介绍本书的哲学风格——在理论发展和数字例题之间不断更替。第三章到第七章介绍了有关计量经济背景的调查，之间零散有一些例题。第八章到第十三章介绍了因果效应，这是本书的核心。附录是一个关于渐进理论的调查。本书花了大量笔墨在劳动计量经济学和个体计量经济学上。对于书中综合的章节，我们并非是对于计量经济学理论的创新而是试图去相信这些资源。此外，如果说本书有微弱贡献的话，应该是将计量经济学理论和各种会计的因果效应结合在一起。

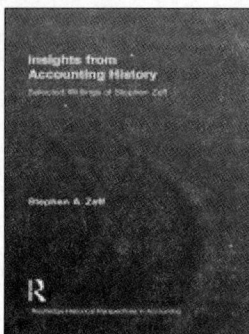

书名：洞悉会计历史：斯蒂芬·泽弗著作精选
Title：*Insights from Accounting History*：*Selected Writings of Stephen Zeff*
作者：斯蒂芬·A.泽弗
Authors：*Stephen A. Zeff*
出版社：罗德里奇出版社
Press：*Routledge*
出版时间：2010 年
Date：*2010*

　　内容简介：这是一个适当的时候来回顾会计历史，本书解决了美国和国际上会计学术界急迫的需要：重新发现历史的潜在内容，进而对未来会计实务、运营的环境以及会计的成型获得更深的理解。本书的前言由一位杰出的会计历史学家（J.R.爱德华）所写，根据作者的介绍，爱德华在 1962~2007 年共发表了 18 篇学术论文。前言主要介绍了泽弗的研究方法和他学术生涯的评论，据爱德华介绍，这部文集并未完全描述出泽弗的历史研究成果，因为这必然会忽略掉他自己的书和专著，泽弗将这些都列在了附录中。前言部分总体概括了整部书籍，介绍了各种文章的起源以及它们研究的动机。泽弗分别从三个主题出发来贯穿全书："会计准则制定的历史演进过程、会计思想的演变、会计行业和审计实践的演变"。

　　本书中泽弗提及随着相关利益集团逐渐意识到会计准则可能产生的经济后果，即可以转而通过游说来产生影响（第 17 页）。书中通过大量实例讨论了在 1941~1977 年间这种干预如何影响了会计程序委员会（CAP）、会计准则委员会（APB）与财务会计准则委员会（FASB）的工作。根据泽弗的介绍，他发表在《会计杂志》上的删减版本是他职业生涯中被最广泛引用的文章（第 22 页）。会计思想的演变是本书第一篇讨论的主题，主要是探讨当代商业实践中的更换成本理论和更早的 20 世纪作家写的关于价格水平会计的内容。本书中探讨的其他理论问题包括肯尼斯·麦克尼尔倡导的以市场为基础的估值法和美国会计概念框架的演变，这里泽弗一直追溯到了 20 世纪 20 年代的佩顿和甘宁的研究。甘宁的著作主要影响是在会计理论方面，而对于会计经济学的研究则在另外一篇单独的文章中讨论。会计学和审计行业的发展，是引言确定的最后一个主题。从 1917 年到 1972 年美国会计原则的编制是和关于政府干预的行业恐惧联系起来的（第 126 页）。在 20 世纪 70 年代，由 8 家企业发起的关于会计标准和会计准则的制定方面的倡导逐渐减少，这有很多的原因，包括通用会计准则的解释的弹性减少，它作为规章制度更加的系统化（第 143 页）。早期的行业意愿是在一系列原则中居于领导地位，这个意愿在一项解释亚瑟·安德森和公司的决定的研究中被进一步探索，1946 年亚瑟·安德森和公司决定在他们的审计报告的措辞上拆分开"现在公允"和"符合公认会计准则"（第 157~160 页）。

　　事实上，回顾泽弗的一生，他的一个主要结论是从 20 世纪 70 年代开始，美国会计行业对社会公众利益的活力和奉献逐渐削减。这种行业价值的减少在另外两篇文章中有更详细的讲解，分析美国会计职业由 70 年代之前的"专门企业变为商业企业"到安然时代的"商业企业开始提供专业服务"转变的根本原因。泽弗发现了市场上一些关于会计服务工作和管理环境的改变，并指出"近几年归因于审计公司的可疑的决策"出现的根本原因是审计公司把激励都给了它们的合作伙伴（第 437 页）。这是对历史价值的很好的研究，因为如果没有对情况进行一定了解，就不会懂得变化出现在什么地方、什么时间，就更不会理解自然变化及其产生的原因了。

从这本书中得到的一个启示就是历史能够在会计领域提供一些珍贵的见解，另外一个启示是专业人士参与的价值。泽弗对会计历史的见解是关注参与的价值，揭开事实最好的方法是无论是通过自己说的话还是写的文章，使人们知道这些事实。

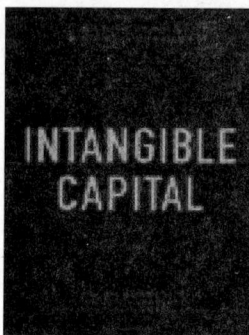

书名： 无形资本：在 21 世纪的组织中将知识用于实践

Title： *Intangible Capital: Putting Knowledge to Work in the 21st-Century Organization*

作者： 玛丽·亚当斯，迈克尔

Authors： *Mary Adams and Michael*

出版社： 瑞爵出版社

Press： *Praeger*

出版时间： 2010 年

Date： *2010*

内容简介： 在今天这个知识经济时代，在 21 世纪的组织中将知识用于现实的工作中，这是每个管理者成功和创新的关键。这本书帮助管理者建立更好、更成功的企业，实现企业组织中文化和知识的最大化。

本书的作者是前银行家，后来成为无形资本（IC）顾问，描述了现在无形资本的现状并且指出企业创造长期客户和股东价值的途径。本书主要分为三个主要部分——"新的工厂"、"新的管理"、"新的会计"。

"新的工厂"这一部分说明，如果顾客愿意为创造的价值支付的话，知识如何作为一个企业组织能力的中心来为顾客和股东创造价值。这里要传达的信息是：一个企业的未来取决于它知道什么而不是拥有什么。亚当斯和 Oleksak 将商业知识分为三类：人工资本（员工、核心能力、经验、态度、管理）、关系资本（客户、合作伙伴、品牌、信誉）、结构资本（文化、组织知识、知识产权、标准化流程）。结构资本不像人力资本，即使是员工下班离开后，结构资本也是和公司共存的。在书中第三章关于"新的工厂"这一部分作者提出将知识资产转换的方法，这也就是所谓的"无形资本工厂"成为一种价值创造体系。

书的第二部分是"新的管理"，它试图去解释四个基本问题：在知识型企业中工作是如何完成的？管理者在企业中的作用是什么？现在创新为何那么重要？当结果未知的时候你如何计划着去创新？管理者在这部分可能会发现一些相关的理论或者行动的思想，来帮助塑造他们的计划或者实施他们的规划。作者说明了网络分析如何在定义一个企业工作完成程度中发挥的强大作用。管理者认可的要素——增加的人员、提供需要的资源、学习的设施、设置的标准水平——要求现代企业在自上而下和自下而上的决策方法中掌握好微妙的平衡。第六章概述了公司如何挖掘人力、关系以及如何利用潜在的创新能力来塑造资本。

在第三部分，也就是最后一部分"新的会计"，作者提出了很多发展公司无形资本管理所需信息的方法。他们开始宣称"没有人知道在无形资本上到底支出了多少……由于美国建立了他们的知识基础设施"（第 91 页）。而且绝大部分的无形资本支出计入了当期损益，因此并没有出现在资产负债表上。而会计学者正在积极进行一些关于定义、评估、报告无形资本支出等有难度的研究，他们在这里可能找不到一些有用的见解。继现金流贴现、公允价值计量、价值创造的方法到评估无形资产，作者明智地得出这样的结论：由于未来的收益存在着很大的不确定性，财务不能很好地进行度量，因此他们开始转向非财务的度量方法。现在尚不清楚作者的提议只适用于企业内部管理分析还是对外部企业报告同样适用。在任何情况下，非财务指标的目的都是为了跟踪为企业创造价值的事项。作者特别提议，公司应该为所有的无形资本（人力、关系和结构）支出列出一个全面的清单，然后计算出和显示无形资本重要性相关的一些比率指标，如无形资本支出/有形资本支出。使用非财务指标，通常被称为关键性业绩指标（KPI），来评估企业业绩和管理者的奖励，这在上市公司是司空见惯的事情。但是这也存在着一些问题。在针对 60 家企业的现场研究和对 297 位公司高管的调查问卷研究之后，Ittner 和 Larcker（2003 年）发现大多数公司未能确定合适的非财务考核方法。大多数的公司还没有调查非财务指标和价值创造之间存在的关系。公司发展的因果模型很少选择对可持续财务结果和股东价值创造有贡献的那些非财务措施。本书这部分最大的意义是讨论了如何确定和创造长期价值密切相关的非财务措施。

大多数从事商业经济的人已经意识到知识人才、信息技术、创新、网络、信誉、绩效管理等无形资产的重要性。不像其他指导手册，无形资本显示出每一个发展趋势是如何融入无形资产全面管理的原则之中的。这本书说明了传统工业时代经济的十个模块，定义了它们在现在经济时代的等值——无形资产作为新的原材料、知识资本作为新的生产线、知识资本的评估作为新的资产负债表、网络作为新的组织结构图。

这种方式为管理者提供了一幅清晰的适应现实商业经济的指导图，帮助将新知识经济的世界转换为可理解的条款和准备实施的想法创意。综上所述，本书对企业管理者和那些对无形资本当前情况感兴趣的人意义非凡。

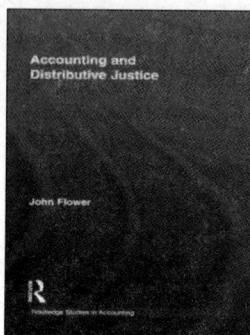

书名：会计与公平配置
Title： *Accounting and Distributive Justice*
作者：约翰·弗劳尔
Authors： *John Flower*
出版社：劳特利奇出版社
Press： *Routledge*
出版时间：2010 年
Date： *2010*

内容简介：会计和公平分配在挑战着一些基础假设，而目前实践中的财务报告正是以这些假设为基础建立的。批判性地看待世界范围内那些用来管理公司财务报告的规则的哲学基础，弗劳尔利用公司的利益相关者理论表明，企业有实现公平分配的责任，而且企业的会计应该在履行这一责任方面发挥重要作用。本书认为，企业财务报告的客观性应该辅助实现公平分配，而不是像传统资本主义模式中选择最优资源的分配模式。本书还解释了非技术层面关于公平的哲学理论原则，并且一个企业在与它的股东、雇员、供应商、顾客和其他与公司有往来业务的人员来往时，应该有寻求公平分配的道德责任，因为这些人都被认为可能成为公司的利益相关者。本书介绍了会计上公平分配的相关概念，并激发会计人员，这体现在如何让会计原则最好地服务于公平的事物。会计与公平分配既反映了一个哲学基础，也是一个实践游戏计划，只为了实现未来会计实践方面的可持续稳定发展。

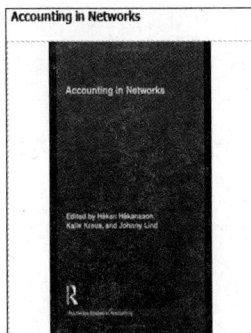

书名： 互联网会计

Title： *Accounting in Networks*

作者： 约翰尼·林德

Authors： *Johnny Lind*

出版社： 劳特利奇出版社

Press： *Routledge*

出版时间： 2010 年

Date： *2010*

　　内容简介：《互联网会计》是第一本以可理解的方式介绍会计领域出现的热点问题并且控制合法独立的组织之间边界关系的书籍。在最近的 20 年间，很多组织已经显示出对跨组织界限合作的浓厚兴趣。现在新的组织形式，例如联盟企业、合伙企业、合资企业、外包公司和网络都受到了更多的关注。这种发展趋势推动着管理会计研究人员去检验会计的横向影响。这本书讨论了会计上的这些横向影响，并且全面总结了截至目前所实现的研究成果，在此基础上预测了在接下来的 10 年间会有哪些有趣的发展。本书涵盖了一系列组织间内部的设施——联合体、网络、合资企业、公共部门——以及作为其中重要的角色之一的会计。本书也涉及了组织内部的会计技术——客户会计、目标成本、开簿会计——这是公司用来管理组织内部之间的关系和网络问题的。这本书也涵盖了一些不同的理论视角——交易费用经济学、工业网路法、行动会计理论、工业理论——在网路会计方面，每一章都专注于网路会计的一个特定的角度，假设理论，给出实证证据，总结当前的定位，辨析和讨论未来可能的研究方向问题。

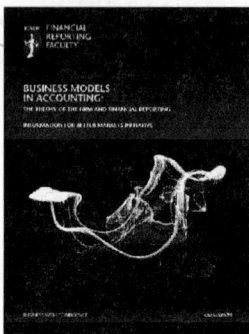

书名：会计中的商业模式：企业理论和财务报告

Title：*Business models in accounting: the theory of the firm and financial reporting*

作者：英格兰及威尔士特许会计师协会财务报告全体教员

Authors：*ICAEW Financial Reporting Faculty*

出版社：英格兰及威尔士特许会计师协会

Press：*ICAEW*

出版时间：2010 年

Date：*2010*

内容简介：这本书探索了可以从企业经济学理论中学到的观点，尤其是关于财务报告中的计量问题。

企业理论是经济研究中很重要的一个领域，它帮助我们回答一些问题，譬如企业为什么会存在；为什么市价存在于一些项目之间，而其他项目间没有；为什么需要会计信息。

这本专著用"公司理论"来指导对财务报表项目的测量。它的阅读对象包括"实务工作者和学术研究人员"。大多数经济理论会引用罗纳德·科斯 1937 年的颇有创意的观点，奥利弗·威廉姆森和其他人之后对这个观点做了改善：当自身管理生产要素的成本比在市场上购买它们的成本更低时，企业就会出现。这项工作的动机源于对某一现象的观察，即经常会出现这种情况：根据在企业商业模式中扮演角色的不同，不同的业务会以不同的方式记录相同的资产。例如，如果管理层预期会持有至到期一项债券投资，就会以摊余成本计量其价值，但是如果它是贸易投资组合的一部分或者随时可出售的，就会采用公允价值计量。一定程度上，意图会自然地包含在商业模式里，这篇专著似乎有潜力传递一些想法，帮助有思想的会计人员和准则制定者作出测量判断。

企业理论和财务报告之间的理论连接有两步：

（1）商业模式是指：企业内部会做什么，企业通过市场交易做什么；

（2）商业模式在企业理论提出的问题和个体企业的财务报告之间提供了一个连接。

第一步描述与战略文化中商业模式的定义是一致的，但它又不仅是定义本身这么简单。Osterwalder 和 Pigneur（2010）指出，商业模式是对一个组织如何创造、传递和捕捉价值的基本原理的描述。也就是说，商业模式描述了企业内部的运行内容以及对市场的界定。此外，作者接受了詹森和麦克林的告诫：试图区分企业内部和外部的一些事情是毫无意义的，它们之间有很多复杂的关系。尽管如此，作者仍然在"企业没有内部"的假设基础上采用了这一理论。

作者解释了第二步中他们打算如何去做。显然，他们不会应用商业模式的所有内容，而只对模式中的一部分感兴趣，这一部分能解释早期经济学家想象为"企业"的黑盒子内部和外部进行内容的区别。作者有四次声明：针对财务报告测量设计出一个明智的方法似乎是不可能的，因为它不能反映企业的商业模式。

在利用五章和六个附录解释企业经济理论，市场价格和负债的本质，以及可选择的测量基础（历史成本、重置成本和公允价值）后，明智的方法简要解释如下：当企业的商业模式是转换投入以创造新的资产或者服务时，我们应该意识到，历史成本通常会成为最有效的计量基础；当企业的商业模式不是转换投入，而是在相同的市场购买或出售资产以期通过市场价差获利的话，公允价值通常会成为最有效的计量基础。

专著中的关键点是，阐述中充满着张力，因为作者在得到明智的方法前，会不可避免地窥探黑盒子内部。他们的推理似乎是，转换依赖于管理经济活动的层次架构，然而交易依赖于调整它们活动的市场价。因此，不动产的开发者或者出租者应该用历史成本计量，但是没有开发或使用不动产计划的不动产投机者应该使用公允价值计量。然而一旦打开盒子的盖子，本质问题就会出现。对于不动产投机者，找到买家并谈判价格会成为商业模式中的一部分，现实是关于资产收益或损失的大部分很可能源于市场价的变动。用现实这个词的本意是掩盖一个大的方法论漏洞。一个人需要判断管理层所做的努力是否足以将企业解释为转换者而非交易者。

总之，一个企业商业模式的本质与长期坚守的原则无关，这一原则指，经营活动是价值创造的联结，但是直到商业战略因为与顾客之间的交易而生效之后，价值才会得到确认（Ohlson 等，2010）。报告最终指出，既能反映企业商业模式又能解决财务报告计量问题的方法是同时与企业理论和自身需求保持一致。

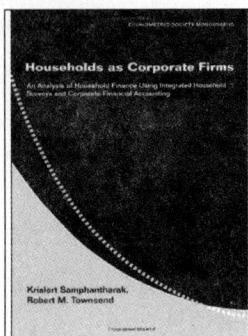

书名：家庭作为法人公司：利用综合家庭调查和公司财务会计对家庭金融所做的分析

Title： *Households as Corporate Firms: An Analysis of Household Finance Using Integrated Household Surveys and Corporate Financial Accounting*

作者：克拉勒特·萨姆芬沙拉克，罗伯特·汤森

Authors： *Krislert Samphantharak, Robert M. Townsend*

出版社：剑桥大学出版社

Press： *Cambridge University Press*

出版时间：2010 年

Date： *2010*

  内容简介：这本书尝试将家庭（通常家庭带动商业运转）视同企业，进而利用家庭数据得到国家收入、产品账户和资金流账户。这个调查为计量、分析家庭金融和经济的发展构建了一个概念框架。作者通过综合家庭调查，在依据并适当修改企业财务账户的基础上，创建了适用于发展中国家家庭的资产负债表、利润表和现金流量表。这个过程中，最重要的是提供一个概念框架，使家庭调查数据分别归类到标准账户里。作者还展示了如何将账户应用到对家庭金融的分析中，包括对家庭中的生产力分析，资本结构、流动性、融资和投资组合管理的分析等。

  这本书的构想对计量、调查问卷设计、家庭决策建模和面板数据的分析都有重要的借鉴意义。

  这本专著是作者对发展中国家家庭金融 10 余年调查研究的结果。他们设计了基本方法，并利用公布的企业财务会计准则针对家庭创建了三个主要的财务报表，即资产负债表、利润表和现金流量表。这几张表中的数据来自对发展中国家的综合家庭调查。这本书研究的目的是创建一个能帮助研究人员定义和有效测量家庭生产力、风险、流动资产管理以及其他财务状况的概念框架。这些家庭调查是必要的，因为它们增强了研究人员对发展中国家家庭行为以及其政府评价、制定政策的理解。这本专著最主要的贡献在于对账项的构想以及对利息变量的明确定义，这有利于提高调查问卷的清晰度和对问题的系统处理方法。

  作者在文中提出了利用综合家庭调查有效构建财务报表的挑战和解决方案。他们坚称，有必要对调查数据强加一个会计架构，因为这有利于研究人员对家庭金融研究从微观到宏观的结合。这个会计框架的主要优点在于，它能帮助研究者定义变量，并且三个财务报表提供了一个简单的方法将标准财务会计应用到对家庭金融的研究中。

  作者指出，对于认识该项目的目的而言，利用高频家庭调查是必要的。因此他们选择使用来自汤森泰国的月调查数据。该调查有意选择了拥有典型的和非传统挑战性交易的两种与众不同的家庭。这些调查为比较优势和异常交易的处理奠定了基础。因为案例研究很特殊，不容易推广开来，所以作者以这两种家庭所在省份划分四分位数，做了补充性的研究发现。

通过对汤森泰国的月调查得出了如下八个不同的重要发现。一是调查显示不同家庭之间的平均资产收益率很分散。二是资产收益率和权益收益率之间的差异在不同家庭之间也有很大的不同。三是当考虑估算的家庭劳动力机会成本时，资产收益率大幅下降。四是收益和现金流有很大的波动性，但是消费相对平稳。五是一些家庭似乎把财务和消费行为建立在应计净收益的基础上，而不是现金流。六是缺乏现金消费和现金流投资。七是在相对发达的地区，家庭财富的增加与现金增加有关，在相对不发达的地区不存在这种现象。八是对现金流投资的敏感性分析显示，样本中处于乡村和半城市的家庭似乎面临一种流动性约束，但是相反的情况却不一定存在。

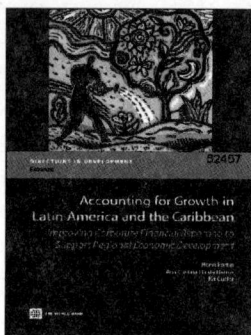

书名： 拉丁美洲和加勒比地区的会计发展——改善公司财务
报告以支持地区经济发展

Title： *Accounting for Growth in Latin America and the
Caribbean—Improving Corporate Financial Reporting to
Support Regional Economic Development*

作者： 亨利·福尔丁，安娜·克里斯蒂娜·巴洛斯，卡特

Authors： *Henri Fortin，Ana Cristina Hirata Barros，Kit
Cutler*

出版社： 世界银行

Press： *The World Bank*

出版时间： 2010 年

Date： *2010*

内容简介： 这本书由来自世界银行的三名作者所著，并由世界银行编辑校订。它描述
了拉丁美洲和加勒比地区会计以及会计和审计职业的状况和发展情况。本书将这些国家会
计和审计发展的宽泛范围分类。作者汇报了世界银行发展这一地区的成果和相关专业人员
的能力，并提出要发展该地区个体经济。他们还尝试解释相对于其他国家而言，这一地区
是如何发展如此之快的。

这本书出版于 2010 年，但是 2007 年 9 月全球金融危机中已经完成。很明显，这本书
没有报告 2009 年和 2010 年发生在这一地区某些国家的一些大的变化。它主要是基于世界
银行 ROSC（准则和法规的遵守报告）项目，作为一个近 10 年期项目的一部分，在这个项
目中，银行调查了地区关于国际财务报告准则接受度、职业发展以及透明度、问责制和管
理改善情况的现状。

作者有趣地重复主张，没有相应的执法行动的会计和审计准则的强迫接受会以虚拟准
则的形式结束，这在一些发展中国家是非常典型的。这也是为什么书里频繁地呼吁关注发
布的准则和实际遵守效果之间的差距。它还呼吁关注在这些国家和其他国家中共同存在的
情况，在这些国家存在多种标准和监督实体，有无效的努力以及浪费的财力和人力。

虽然这部著作为无数与经济发展、区域经济一体化利好、更好商业气候创造过程中好
的会计和独立审计有效性有关的概念做辩护，但它不是单纯的描述。一方面，这本书尝试
描述区域现状，另一方面，它寻求实现令人满意的改变。

这部著作的另一个发现是区域经济主要包含强大的家族式企业，其次是国有企业，排
在第三位的才是上市公司，这种情况为信息披露带来了很大的阻力（主要是家族式企业带
来的，它们担心会引起竞争），也为政府自身好消息的宣传带来了阻力（虽然也会有例外
存在）。

像之前已经说明的，这本书完成之后，地区中又发生了一些异常的变化，2010 年所有
巴西企业在合并财务报表和独立财务报表（如母子公司）中，都采用了国际财务报告准则

或者是中小型企业国际财务报告准则，其中银行和保险经纪行仅在合并财务报表中采用了这一准则。这本书中有关国家不同需求的具体情况的表格也已经过时，虽然这源于这些地区发生变化的速度。

书中提到，因为公共管理者相当不错的管理架构，总的来说，银行和保险经纪行财务报告的质量通常会超过其他企业的质量。作者强烈地批判了缺少中小型企业具体的会计准则和简化会计准则这一现象，同时有关中小型企业国际财务报告准则采用的研究也刚刚开始。

当这本书提到国有企业时，作者对它们财务报告的缺陷做了大量的评论。然而这一断言有点不完善，因为就财务报告质量而言，这些企业在一些国家（包括巴西）逐渐成为领导者，虽然它们在其他国家真的一点都不透明。

除了不可避免的过时信息外，作者对拉丁美洲和加勒比地区会计和审计职业的现状做了一个很棒的综述。因此，这本书不仅在学术领域是有用的，而且对在该地区存在经济利益的投资者和企业也是有借鉴意义的。

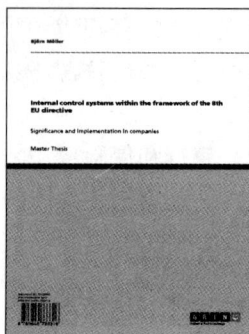

书名：第八届欧盟指令框架下的内控系统

Title： *Internal Control Systems within the Framework of the 8th EU Directive*

作者：比约恩·穆勒

Authors： *Bjorn Moller*

出版社：GRIN 出版社

Press： *GRIN Verlag*

出版时间：2010 年

Date： *2010*

内容简介：2001 年美国发生的影响深远的财务丑闻包括安然和世界通讯公司，它们涉及欺骗性的财务会计报告和大量的其他欺诈方式，这些让公司治理成为企业管理的关键问题，而且彻底粉碎了大家对资本市场的信任。美国国会因此在 2002 年 6 月份颁布了《萨班斯法案》，与此同时，欧盟也被迫颁布了同样严格的法律。这场争论中的主要问题是对企业内控过程透明度的需求。最终，第八届欧盟指令框架发布了一个具体的企业内控系统。相应地，这可以适用于欧盟受管制市场上所有拥有股票的公司，当然也包括信贷机构和保险公司。之后，越来越多的公司采用内控系统，并愈发关注内控的有效性。

这本书调查了第八届欧盟指令框架下企业的内控系统及其实施情况，主要关注信息化环境下内控的实施情况。作者分析了在欧盟制度环境下内控系统实施过程的优势、劣势，以及可能遇到的冲突和限制。在两个内控框架的基础上，理论实施指导方针是详尽的。这两个框架是：①COSO 框架，它考虑了内控的总体设计，但没考虑基于信息化的内部控制的详细结果；②COBIT 框架，它提供了信息化过程和相关控制的细节。

此外，作者对一份有 27 个内控专家、审计师和内控咨询师参与的调查发现做了分析。调查结果显示，当企业试图实施和维持一个有效的内控系统时，它们面临着很多的问题和挑战。与文献中的发现类似，调查样本将努力、资源、成本、维护以及验收、认知、交流、设计和复杂度定义为一个内控系统会面临的主要挑战和问题。在调查结果的基础上，作者针对如何判断内控系统的真实状况以及目标状况提出了自己的观点。最后，为了增加对内控系统的认知，明确在合适的时间建立内控系统的过程，本书作者建议利用 COSO 和 COBIT 框架构建一个内控系统项目。

这本书的目的是识别有效内控系统面临的问题、挑战，并与建议一起列示出来，以便很好地解决它们，建立有效的内控系统。为了实现这一目的，本书首先全面回顾了有关内控系统的文献以及实践中的应用情况。第一部分关注的是制度环境，尤其是第八届欧盟指令和对企业的潜在影响。第二部分介绍了内控系统的基本组成部分，包括基本概念和定义、原则和结构以及内控系统的目标。由于世界各地实施内控系统的方法各异，越来越需要一个明确的内控模型。所以本书第三部分介绍了两个内控系统模型，即 COSO 框架和 COBIT 框架。基于前两部分的观点，为企业制定一个"实施战略"是可能的。本书的第四部分（实务部分）实现了这一点。第五部分将数据分析的结果和作者对于建立内控系统的建议结合在一起。随后，作者提出识别内控系统实施过程中可能遇到的问题，并提供了防止这些问题出现的建议清单。

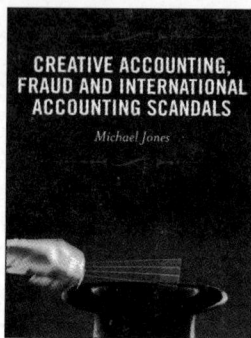

书名：粉饰决算、欺诈和国际会计丑闻

Title： *Creative Accounting, Fraud and International Accounting Scandals*

作者：迈克尔·琼斯

Authors： *Michael Jones*

出版社：奇切斯特出版社

Press： *Chichester*

出版时间： 2010 年

Date： *2010*

内容简介：这本书的基本动机是探讨会计，特别是不同国家的会计粉饰决算与会计舞弊丑闻。它包含了 20 世纪 90 年代末至 21 世纪初的会计丑闻（尤其是安然公司和世通公司）。

本书涵盖了遍及 12 个国家的 58 个引人注目的会计丑闻，同时讨论了与伪造账目和欺诈有关的其他案例。

本书共包括 23 个章节，分为三大部分。第一部分 7 个章节的探讨支撑了本书的基本主题：①背景介绍；②伪造账目和舞弊环境；③伪造账目与欺诈的动机；④伪造账目和舞弊的手段和方法；⑤伪造账目与欺诈的证据；⑥印象操纵；⑦以长远的眼光探讨会计丑闻。

第二部分包括 13 章，其中有 12 个章节侧重于一个具体的国家，一个章节侧重于一个具体部门。从 20 世纪 80 年代开始，不同的作者开始研究分析自己的国际重大会计丑闻和伪造账目案例。这些国家是：澳大利亚、中国、德国、希腊、印度、意大利、日本、荷兰、西班牙、瑞典、英国和美国。对于部门的研究主要集中在银行（西蒙·诺顿）。

该书的第三部分在最后的 3 个章节对未来预期进行了远瞻，主要包括：对于主题的确定（第 21 章）、会计丑闻和伪造账目的影响（第 22 章）以及对研究的回顾和展望（第 23 章）。

本书最后有非常有趣的附录：①按年代顺序排列的 12 个国家的重大会计案例；②20 世纪 80 年代以来，以字母顺序排列的 12 个国家的重大会计丑闻。

这本书写得很好，由 22 名作者共同创作，很有可读性。它解决了当今"流行"的会计丑闻问题。然而，似乎有些矛盾的是，并没有许多著作对这个问题进行探讨。本书的第二个主题是伪造账目，通过 Griffiths（1986）和 Smith（1992）的作品，伪造账目这个问题得到了认同。对于对会计丑闻研究有浓厚兴趣的学者来说，这本书非常有用。

总的来说，这是一本了不起的书，因为我们都知道，对大型团队的协调是非常艰巨的任务。鉴于本书的主题和作者对主题的国际性见解，以合作的方式进行这项工作是非常有必要的。编辑和撰稿人以非常一致的基调成功地作出此书，提供了许多详细的案例。对伪造账目和舞弊有兴趣的任何读者甚至专家都极有可能从中学到一些新的知识，因为这些读者实际上不太熟悉世界上的所有会计丑闻。

即使本书的缺陷强调本书必须放在国际范围内进行考虑，但这并不降低本书各个章节的质量。书中还处理了伪造账目和舞弊之间的边界之类的敏感性问题，当机构组织热衷于强调道德标准和企业社会准则的时候，这可以作为老师与学生讨论问题的一个跳板。也许，这类书的最终目的是避免更多的像"从哈佛到安然"之类的臭名昭著的标题。

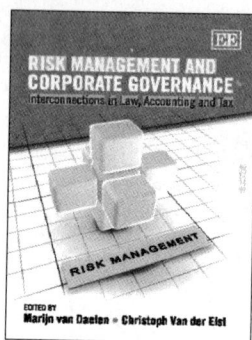

书名：风险管理与公司治理：法律、会计与税务方面的相互关系

Title：_Risk Management and Corporate Governance：Interconnections in Law，Accounting and Tax_

作者：马尔金·范·戴伦，克里斯托弗·范·德·埃尔斯特

Authors：_Marijn Van Daelen，Christoph Van Der Elst_

出版社：英国格洛斯特郡切尔滕纳姆市爱德华·埃尔加出版社

Press：_Edward Elgar_

出版时间：2010 年

Date：_2010_

内容简介：由于 21 世纪初期的金融危机以及公司失败与欺诈现象，商界对公司治理的强调点已经转向内部控制和风险管理等问题。尽管风险管理不是商业与公司治理的新特色，但其目前是公司议程的重大主题。本书从会计、商业、金融和税法等视角综合谈论了风险管理，这些领域相互关联，本书描述组织内部特定的行为表现。本书一共分为六章。第一章主要介绍了风险管理。第二章至第五章从欧盟层面，主要指一些欧盟成员国和美国，详细叙述了风险管理的发展。这些章节探讨目前与风险管理相关的讨论和改革，以确定未来可能的方向。第二章和第三章分别从会计角度和商法角度讲述风险管理。第四章和第五章分别分析了金融法和税法下的风险管理。第六章总体描述了风险管理，阐述了其发展在法律、会计和税法等方面的相互联系。风险管理在这些领域里的某些发展不只是由于某个领域本身，还有意无意地被其在其他规制上的发展所影响。第六章总结了风险管理所面临的问题和挑战。最后一章通过国际化多规制的方法从总体上阐述了风险管理对企业、对社会的整体影响，将公司治理问题提升至更高水平。总之，所有章节着重于上市公司，因为内部控制与风险管理改革特定面向上市公司，尽管也会影响到非上市公司与政府治理。

不同规制下风险及风险管理系统都是以一种单一维度的方式处理。然而，公司面临着商业内外多方面的、不同水平的风险：战略风险或总战略、经营风险、财务风险和法律风险等，风险管理系统必须能够处理所有这些不同类型的威胁。它需要一个更为整体的方法。本书为跨学科方法提供了初始动力。作者整体叙述了欧洲与美国关于内部控制与风险管理的历史条规及最新条规。接下来，强调了风险管理的必要性及其相关后果。这表明，一个综合的方法（会计、商法、金融法和税法）需要进一步改进。在不同的实务领域，尤其是会计，期望差距是可见的：服务的使用者希望服务总是可靠且不能含任何错误，因为信息系统和控制结构会增加可靠性并降低欺诈和失败的可能性，然而它不可能提供绝对的控制保证。风险管理是提高可靠性、经营和信息的总框架中的一个整合部分，包括税务管理。后者需要履行所有形式的纳税义务，并且在商业往来账户中合适地记录应付税费的金额。

本书涉及了许多热点问题，它对风险及风险管理的综合学术分析未来的发展进行了讨论。阅读本书，你可以明显感受到作者更支持会计准则和相应的风险管理方法中一种更偏向原则导向的方法。基于对规则导向方法与原则导向方法的正反两面的分析，本书表明后者使得合理的商业活动与公司的战略目标相结合会更为灵活，企业家冒险精神与合理的风险管理的关系能够保持平衡状态。这也要求一个平衡的监管制度，以阻止事先的过分冒险以及解决事后风险的失败。

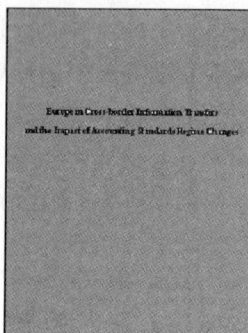

书名：欧洲跨国信息传递与会计准则制度变化的影响

Title：_European Cross-Border Information Transfers and the Impact of Accounting Standards Regime Changes_

作者：保罗·阿尔维斯，彼特·蒲柏，斯蒂文·杨

Authors：_Paulo Alves，Peter F. Pope，Steven Young_

出版社：英国伦敦 ICAEW 中心经营业绩出版社

Press：_ICAEW Centre for Business Performance_

出版时间：2010 年

Date：_2010_

　　内容简介：某公司的盈余宣告被证实会影响未宣告盈余的同行公司的股价。信息从一家公司外溢至其他公司被称作信息传递（ITs），迄今为止对该现象的研究仍局限于同一国家内公司盈余信息传递。然而，国际贸易壁垒的降低与资本流动性的增强使得公司在境外的业务越来越多。随着业务部门越来越全球化，某个国家的公司信息对其他国家的公司而言也越来越相关。本书对跨国信息传递进行了两个调查研究并描述了研究结果。第一个研究针对欧洲公司之间通过盈余预警而发生的信息传递。作者从统计上而非经济上发现股价反应显著、盈余预测明显下调以及外国未进行盈余预警宣告的公司交易量明显异常。作者还发现，相较于外国公司，本土公司的信息传递表现得更为明显。最后，作者没有发现信息传递与公司、行业以及国家特征之间存在关系。第二个研究试图确定关于盈余宣告的跨国信息传递的程度是否因宣告公司（非宣告公司）采用国际财务报告准则（IFRS）或当地公认的会计准则而不同，以及（或者）因自愿性或强制性采用国际财务报告准则而不同。作者没有发现一致的证据来证明国际财务报告准则下盈余的跨国信息传递更明显，也未证明自愿采用与强制采用 IFRS 之间的变化使得跨国信息传递更为明显。

　　印第安纳大学 Yohn 教授对本书进行了评论，认为本书有趣且发人深省。研究公司间信息传递的决定因素以及 IFRS 的采用如何影响跨国投资决策，很可能带来有价值的见解。鉴于研究设计与已有研究结果，他对该研究的第一反应是略带惊讶的，本书作者得出了复杂的证据。这似乎说明，若想发现显著的跨国信息传递以及测试随着时间信息传递的变化，需要更有力的研究设计。未来的研究或许应该增加实验的强度以及说服力，仅考察行业内最大的宣告企业或者分析中仅考虑国外销售额大的企业。Yohn 教授认为，本书的实验方法限制了结果的解释力，但也给未来的研究提出许多重要而有趣的展望。比如，未来的研究可以考察信息的相对影响，而不考虑全球化市场、公司所在国家、公司所属行业以及公司估值的特定因素等。未来还可研究相较于其他因素，会计因素对信息传递的影响。对跨国信息传递有力的实验，或许能够通过考察宣告公司采用 IFRS 时是否有更多的信息传递，或者通过考察宣告公司与未宣告公司是否采用相同的（更可比的）准则而发现 IFRS 的采用是否与可比较性或质量变化相关。此外，未来研究还可扩大样本量，考虑非欧洲国家内的公司。

总之，本书讲述了两个有趣且发人深省的研究及其结果，对未来研究提供了很好的展望，后续研究可以加强研究设计，进一步考虑影响跨国信息传递的因素。

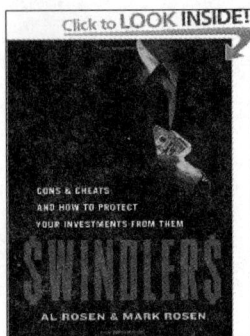

书名：诈骗者：缺点与欺骗，以及如何保护你的投资

Title： *Swindlers：Cons & Cheats and How to Protect Your Investment from Them*

作者：艾尔·罗森，马克·罗森

Authors： *Al Rosen，Mark Rosen*

出版社：加拿大多伦多市麦迪森出版社

Press： *Toronto on Canada：Madison Press Books*

出版时间：2010 年

Date： *2010*

内容简介：尽管此书针对的是加拿大股票市场投资者，所举事例也均取自加拿大，但拥有相似资本市场的其他地区的投资者和学生也能从此书借鉴、获益。艾尔·罗森是著名的会计学教授与税务会计师。本书汇总了几十年来困扰加拿大投资者的欺诈骗局以及针对加拿大资本市场不同参与者的各种争论。作者在书中多次强调以下几点：①加拿大证券市场极具风险，因为几乎所有的市场参与者都是骗子或无赖，矛盾的审计员、监管不足或缺乏、董事信息不足、狡诈的管理者以及轻信的投资者共同导致了所有丑闻；②加拿大投资者天真，也不做该做的准备；③高管们的贪婪与不实导致资本市场成为投资者的危险地带；④审计员因私利而不服务于投资者，以致被审的财务报表实际上一文不值；⑤制度的制定以制定者的利益而非公众利益为出发点；⑥欺诈者冠冕堂皇地利用原则导向报告；⑦加拿大于 2011 年规定上市公司采纳国际财务报告准则（IFRS），这一糟糕的会计准则将会使加拿大倒退 50 年；立法者与证券机构监管者对于保护投资者一事很被动，因此投资者应保持谨慎。

本书共有 30 个章节，章节标题通常容易记住，比如"现金即垃圾"、"私人配售，公众蒙羞"等。每一章节由体现章节主题的例证引出，部分章节描述了几十年来用于愚弄投资者的一些骗术，这些都是法务会计课程的有益读物。比如，第四章讲述了一场长达 12 年的对审计员的诉讼；第十六章阐述由于 GAAP 与 IFRS 允许公司交易事项从多种会计处理方法中选择，这将导致财务报表报告的数额不一致；第二十章讲述了 1996~1997 年间菲利普服务公司金属回收部门发生的会计操纵，作者并未指明公司；第二十三章中，作者把商业收益信托比作庞氏骗局。其他章节深入浅出地讲述了一些类似资料，便于读者快速阅读的同时能较深地理解。比如，第十八章讲述北电网络公司的财务报表操纵；第二十二章提到某公司将投资者的钱转至巴拿马公司后不久公司消失；第二十八章讲述的是一起失败的避税事件。本书附有十个附录，如附录 A 列示了 50 件加拿大金融惨案，可惜的是作者未给出具体时间、参考资料以及其他详细信息。

作者对审计员的批评贯穿全文。罗森认为审计员受自身利益驱动而不能完全服务于投资者。比起原则导向会计准则，本书更赞成规范导向会计准则，审计员也声称后者能减少财务操纵的可能性。他们担心由加拿大公认会计准则转换至 IFRS 会让问题更糟，因为

IFRS 过于放松以致管理层有足够的空间来操纵财务结果。本书第十章指出，加拿大监管者指控之前，美国监管者已多次起诉在美国交易所上市的加拿大公司。罗森在书中大肆批判加拿大的媒体不求实际，很少揭露金融欺诈。第二十六章标题为"与鲨同游"，主要指出经纪人的不足。除了讨论使投资者受损的有关团体，作者还指出一些极为危险的投资类型，如商业收益信托。那些投资的回报率具有误导性，因为所分配的不完全是营业收益，还包含资本返还，这类似于庞氏骗局。由于缺乏保护和监管，投资者或许认为将资金投入担保投资更为可取。尽管这类投资安全，但作者指出其很快会被通胀以及所得税所侵蚀，因而作者建议投资者可以向投资者利益受更好保护的地区寻找投资机会。

总之，本书能指导投资者，部分章节还适用于教学。本书富有热情，虽然书中充斥着个人对各种指控丑闻的愤怒与意见，但作者的确指出了多个重要问题以及提供了一些有价值的建议。

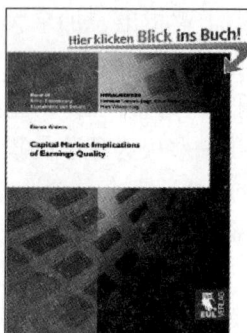

书名： 盈余质量对资本市场的影响

Title： *Capital Market Implications of Earnings Quality*

作者： 比安卡·艾伦斯

Authors： *Bianca Ahrens*

出版社： 约瑟夫出版社

Press： *Josef Eul Verlag Gmbh*

出版时间： 2010 年

Date： *2010*

　　内容简介： 美国证券交易委员会（SEC）前主席在其 1998 年的演讲中指出，信任是资本市场的基石，这务必不能被盈余质量的侵蚀所撼动。他明确表示抵制这一现象的发展已是整个金融界所面临的挑战。近年来，大量的财务丑闻动摇了人们对盈余的可能性的信任。因而，这本书探讨了盈余对资本市场的重要性是否随其质量的变化而变化。为了妥善处理研究问题，本书对盈余质量定义、质量衡量以及盈余质量对资本市场的影响等相关文献进行了综述以及评判性讨论。作者考察了在考虑所有因素的情况下关于盈余质量的资本市场影响这一众所周知的结果是否保持稳定。她解释了盈余质量如何影响公司价值、权益资本成本以及分析师预测的准确性。

　　本书由七章组成。第一章是引言。第二章叙述了一些重要的会计基础，汇总了多种盈余质量的定义。首先，本书列举多个视角下的盈余质量，找一个统一的定义并非易事。盈余质量的定义对于选择合适的盈余质量衡量标准很重要。其次，书中给出应计利润的概念及其分类。第三章综述了已有研究提出的盈余质量衡量方法，这为实证研究的盈余质量衡量标准的选择提供了依据。第四章综述了关于盈余质量对资本市场的重要性的文献研究。因为本书选取了分析师视角或资本市场视角，估值方面，具体而言，资本成本、盈余预测以及股价估值等都具有重要性。第五章讨论了盈余质量的内生性以及决定因素的分类，有助于进一步理解不同公司盈余质量衡量的差异。该章阐述为何从不同行业考察盈余质量问题。第六章实证考察了盈余质量对资本市场的影响，报告并分析了实证结果。具体来说，考察了盈余质量对投资者决策或分析师预测会考虑到的几个公司特定问题的重要程度。第七章对本书进行了总结。

　　本书主要有四个贡献。第一，对盈余质量及其衡量标准的文献进行系统化地综述。盈余质量存在着多种定义及量化标准，但作者认为已有文献尚未全面地比较和评价不同的定义以及质量衡量标准。第二，讨论并确定了盈余质量的决定因素，并对其进行了分类。这样有助于把盈余的非操纵部分与操纵部分进行区分，以便于考察盈余质量的操纵部分与资本市场的相关性。第三，本书确定了每种衡量标准对投资决策特定问题的重要程度，也就是说，哪种衡量标准分别对公司价值、资本预期成本以及分析师预测误差的影响最大。对于已有方法，本书分别从时间、衡量标准的选择和样本等方面进行了稳健性检验。此外，本书着重考察了盈余质量的操纵部分。虽已有几篇文献探讨过盈余质量的决定因素，但尚无研究分析综合控制决定因素以合理地区分操纵部分的影响。第四，本书就不同行业分析了盈余质量对资本市场的影响。

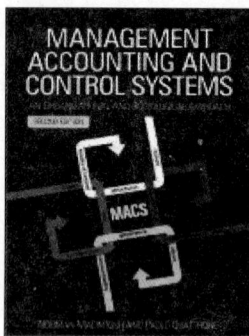

书名：管理会计与控制系统：一个组织与社会学的方法

Title：*Management Accounting and Control Systems：An Organizational and Sociological Approach*

作者：诺曼·麦金托什，保罗·奎特隆

Authors：*Norman B. Macintosh，Paolo Quattrone*

出版社：新泽西州霍博肯市约翰威立国际出版社

Press：*Hoboken，NJ：John Wiley & Sons*

出版时间：2010 年

Date：*2010*

内容简介：控制或许是我们这个时代最惹人争议的一个词。半个世界的人认为控制是强制、压制和抗议，我们应该少使用它；而其他人认为这个社会几近失去控制，我们需要更多的控制。无论哪种想法，若不考虑个人的政治立场，为了使我们的世界变得更美好，我们需要对控制进行更多仔细的研究。本书是关于一种非常重要和特别的控制：管理会计与控制系统（MACS）。在 20 世纪早期，MACS 已被认为是大型企业必需的事项。这不足为奇，控制问题一直存在，且可追溯至公司出现之前。管理会计与控制系统是一些大型跨国企业从实际上控制当代世界最主要的手段。

《管理会计与控制系统：一个组织与社会学的方法》主要从组织和社会的视角探讨管理会计与控制的设计和实施。管理会计与控制处理的是组织用于控制其管理层及员工的行政设备和方法。管理会计系统是组织激励、监控、衡量与制裁其管理层及员工的行为表现的重要方式。本书着重阐述组织如何使用控制系统来影响、激励和控制员工的行为。本书的第二版对内容进行了全面更新，更改了原书的结构，并收录了外部评论家的一些评论。本书分为四个部分十一个章节。第一部分引出了本书试图解决的问题。它定义了 MACS 的概要，并通过本书第二章节的实证案例来说明。该章引用了四个案例，使读者对 MACS 相关的特征、问题和现实考虑等有个清楚的了解。第一部分还概述了理解 MACS 的多个视角，并将其分为两类。第二部分阐述了管理会计与控制系统的本质、结构与运作模式，讨论了权力与控制以及经验观察的相关理论。在 MACS 结构分析的基础上，探讨 MACS 结构与战略、战略规划等。在 MACS 运作模式这一章节，介绍了控制的类型以及管理会计与控制系统从理念到实践的目的等内容。第三部分描述了 MACS 变化相关的问题与信息技术。本书首先合理定义 MACS 的变化与关于 MACS 变化的观点，着重从结构视角和关系视角阐述了其变化。最后一部分从责任治理与道德规范两个方面阐述 MACS 的实践，通过两个相关丑闻表明会计道德知识及责任制缺乏、治理不足等现象的存在，再次强调管理会计与控制系统的重要性。

第四章 会计与审计学科 2010 年大事记

第一节 会计与审计学科国内事件

2010 年，中国会计学会根据会计改革的几个关键领域和问题，组织会计指数研究、政府及非营利组织会计准则建设研究、中国会计监督问题研究、中国会计史研究、企业内控设计操作流程与方法研究、内控审计流程与方法、非企业内控规范、内控软件技术及操作平台示范工程等 18 项财政部会计重点科研课题。课题的研究成果为推动政府及非营利组织会计准则建设、内控规范实施提供了科学论证，对充分认识并进一步提高新形势下会计为经济社会发展服务的效能进行了深入探讨。其中，政府会计专业委员会完成的《关于加快推进我国政府会计改革的建议》研究报告，得到财政部主要领导的高度重视，为推动我国政府会计改革发挥了决策参考作用。

2010 年，中国会计学会组织了形式多样的学术活动，增强了会计学术的活力。

一是召开中国会计学会 2010 年学术年会。

二是组织第二届海峡两岸会计学术研讨，会长金莲淑率 66 人组成的大陆参访团赴台湾参会并进行深入交流。

三是召开各专业委员会、分会学术年会：会计基础理论专业委员会 2010 年专题学术研讨会暨第九届会计与财务问题研讨会——公允价值与财务列报、商誉会计理论专题学术研讨会、政府会计改革重大理论问题研讨会、政府会计改革理论与实务研讨会、财务管理专业委员会 2010 学术年会、第九届全国会计信息化年会、第三届会计学院院长系主任论坛、高等工科院校分会 2010 学术年会、财务成本分会 2010 年会暨第二十三次理论探讨会、第七次会计史学术研讨会、环境会计与西部经济发展、管理会计与应用专业委员会 2010 学术年会等。

四是组织各种形式的高层论坛，包括内部控制与风险管理高层论坛以及在北京、南京、大连、烟台和杭州等地举办的内控实施及会计准则国际趋同路线图的资深会员论坛等。

五是对审计专业委员会进行改组，成立会计监督专业委员会，围绕审计理论、注册会计师行业发展、政府会计监督等内容开展学术活动。

六是组织《会计研究》编辑出版，积极倡导务实求真的文风，强调文章的可读性，提高研究过程和结论的可理解性。根据中国科学文献计量评价研究中心发布的《中国学术期刊影响因子年报》（2010版），《会计研究》的即年影响因子为0.424，在CSSCI所列72种经济类期刊中居第二位，在CSSCI管理类期刊和国家自然科学基金委员会认定的22种A类管理学重要期刊中均名列第一。

2010年1月19日，财政部资产评估准则委员会在北京召开主席会议。财政部资产评估准则委员会主席、中国资产评估准则协会会长贺邦靖，中国证监会纪委书记、财政部资产评估准则委员会副主席李小雪，国资委副主任李伟和财政部副部长丁学东出席会议。

2010年4月8~9日，财政部国库司在海南组织召开部分地方财政部门政府会计改革工作座谈会。北京、天津、黑龙江、江苏、浙江、湖南、广东、海南、四川、甘肃财政厅（局）、海南省财政厅国库支付局代表参加了会议，会议主要研讨政府会计改革的相关问题。

2010年4月26日，财政部、证监会、审计署、银监会、保监会联合在北京召开企业内部控制配套指引发布会。财政部副部长王军、证监会纪委书记李小雪、审计署副审计长董大胜、国资委副主任邵宁、保监会主席助理袁力、银监会银行监管一部巡视员郝爱群出席会议并讲话。同日，财政部在北京召开全国先进会计工作者暨全国五一劳动奖章获得者表彰大会，对在2009年全国先进会计工作者（总会计师系列）评选表彰工作中评选出的王锦友等10名全国先进会计工作者进行表彰。

2010年4月27~28日，中国审计学会在厦门市召开国家审计在应对金融危机中的作用研讨会，60余位来自全国各级审计机关、审计学会和科研所、部分大专院校的领导、专家学者参加了会议。中国审计学会会长翟熙贵在会上作了重要讲话，他指出，在应对国际金融危机中，我国各级审计机关认真贯彻党中央、国务院的决策部署，紧紧围绕中心、服务大局，积极采取措施有计划、有步骤地开展了卓有成效的审计工作，在保障国家宏观经济政策措施的落实、促进经济平稳较快发展等方面发挥了重要的、无可替代的作用，做出了特殊贡献，得到了各级党委、政府的充分肯定。他指出，继续总结我国审计工作在应对国际金融危机中发挥的作用及创造的新鲜经验，对于进一步提高认识、理清思路、创新和发展现代国家审计工作的理论，推进有中国特色社会主义的审计理论研究有着十分重要的意义。会上11位代表作了主题发言，与会人员进行了广泛深入的讨论。通过发言和讨论，探讨了国家审计应对金融危机的机制和方法，总结了我国审计工作在应对国际金融危机中发挥的作用和取得的成果，并对后金融危机时期的审计工作提出了对策建议。会议取得了积极成果。这次会议得到了福建省和厦门市审计机关、审计学会的支持和协助。

2010年5月5~7日，《中国特色社会主义审计理论》课题组在北京召开初稿讨论会。刘家义审计长出席会议并作了重要指示，石爱中副审计长、侯凯主任分别主持了会议，11个专题的研究人员参加了会议讨论。讨论会总结了前一阶段的研究工作，认为各个专题按照第一次研讨会的要求，比较好地完成了前一阶段的研究任务。会议也对下一阶段的工作进行了安排，要求各个专题下一步的研究要以免疫系统观为统领，既要遵循审计理论研究的一般规律，也要把握审计实践的中国特色，高质量地完成课题研究任务。

2010年5月12~13日，财政部和立信大华会计师事务所派代表参加在新加坡举行的国际财务报告准则地区政策论坛第四次会议。本次会议由新加坡会计准则委员会举办，来自亚洲和大洋洲地区以及美国、英国等国家和地区共100多名代表参加了会议。

2010年5月26~28日，财政部国库司在甘肃举办了"政府会计制度体系研讨会"。国库司副主任娄洪出席研讨会并讲话。全国人大常委会预算工作委员会、财政部、部分中央单位、全国预算与会计研究会、部分地方财政厅（局）有关人员，以及英国伯明翰大学、中国人民大学、南京大学、东北财经大学、财政部财政科学研究所的有关专家共50多人参加了研讨会。会议重点就预算管理与政府会计管理之间的关系，政府预算会计与财务会计的衔接，以及政府会计制度体系的构成和主要内容等问题进行了全面深入研讨。

2010年6月3~8日，中国资产评估协会会长贺邦靖率团出席美国注册评估分析师协会在迈阿密召开的2010年度会议。本次会议有来自美国、加拿大、澳大利亚、南非、印度、韩国、俄罗斯等国家和地区的近1000人参加，贺邦靖应邀发表演讲。

2010年6月7~12日，中国会计学会与台湾政治大学共同主办的"第二届海峡两岸会计学术研讨会"在中国台湾举行。中国会计学会组织专家学者66人赴台参会，极大地增进了两岸学者之间的了解，深化相互合作。

2010年6月17~18日，中国审计学会在北京召开了"深化财政审计专题研讨会"，20余位来自部分省、市审计机关（署）业务司、特派办和派出局的领导参加了此次会议。中国审计学会会长翟熙贵主持会议，并作重要讲话。他指出，财政审计是国家审计的永恒主题；推动深化财政审计工作是贯彻落实党的十七大和十七届四中全会精神的具体举措；总结多年来我国财政审计工作的丰富经验，结合当前财政审计工作面临的形势和要求，进一步明确深化财政审计工作的目标、内容、重点以及保障措施，对推动深化财政审计工作有着十分重要的意义。会上，与会人员总结了财政审计的工作经验，针对财政审计工作中存在的问题，提出了深化财政审计工作的目标和方式方法，以及深化财政审计工作应遵循的原则和应采取的措施等。与会代表还对《审计署关于进一步深化财政审计工作的意见稿》提出了修改建议。

2010年6月28~7月1日，财政部派国库司副主任娄洪以委员身份参加了在奥地利举办的国际公共部门会计准则委员会会议，参与公共部门会计概念框架、公共部门主体合并、服务绩效报告、收付实现制准则以及财政长期可持续性报告等议题的讨论。

2010年7月3日，为加强审计基础理论和应用理论的研究，《审计研究》编辑部和北京大学光华管理学院在北京大学联合召开了"审计基本问题研究"学术研讨会。此次研讨会共收到68篇论文，其中8篇进行了会议交流。来自高校、审计机关和科研机构共计50多位作者参加了会议，大家围绕政府审计、民间审计和内部审计的一些基本问题展开了讨论。

2010年8月9日，财政部会计司与美国财务会计准则委员会（FASB）在上海举行中美会计合作会议。双方深入探讨了中美会计准则制定及其国际趋同的最新进展、国际财务报告准则的最新发展及双方的基本态度、深化中美会计合作以及推进中美会计准则等效等议题。

2010年9月11日，财政部和中国资产评估协会在北京召开"财政部资产评估准则委员会"、"中国资产评估协会资产评估准则技术委员会"和"中国资产评估协会资产评估准则咨询委员会"3个与准则建设相关的委员会的联席工作会议。财政部资产评估准则委员会主席、中国资产评估协会会长贺邦靖，财政部部长助理、财政部资产评估准则委员会副主席刘红薇，中国证监会纪委书记、财政部资产评估准则委员会副主席李小雪发表讲话。来自3个委员会的中外委员以及国际评估准则理事会、美国和中国台湾地区的评估专家共130多人参加会议。

2010年9月26日，财政部在北京召开会计信息化委员会会议，讨论企业会计准则分类标准的建设和实施等问题。财政部副部长王军出席会议并讲话。

2010年9月28~30日，财政部派会计司司长刘玉延率团参加在日本东京举行的亚洲—大洋洲会计准则制定机构组（AOSSG）第二次全体会议。此次会议由日本会计准则理事会承办，来自中国、澳大利亚、日本、韩国、马来西亚、新加坡等24个亚洲、大洋洲国家和地区会计准则制定机构的100多位代表出席了会议，国际会计准则理事会（IASB）主席戴维·泰迪爵士、4位亚洲—大洋洲理事和国际活动总监列席了会议。

2010年10月19日，国家标准化管理委员会和财政部在北京举行可扩展商业报告语言（XBRL）技术规范系列国家标准和企业会计准则通用分类标准发布会。财政部副部长王军出席发布会并发表讲话。两套标准规定了XBRL财务报告的基本要求，为构建科学完善、国际通行的会计信息化标准体系奠定了基础，成为我国会计信息化工作的一个里程碑和新起点。

2010年10月31日，中国审计准则委员会会议在北京举行，财政部副部长王军主持会议并讲话。会议审议原则通过了中国注册会计师协会修订的38项审计准则，经进一步修改完善后将由财政部正式发布，并于2012年1月1日起施行。新审计准则实现了与国际审计准则的持续全面趋同，是注册会计师行业实施国际趋同战略取得的又一项重大成果，为加快推进行业国际化发展提供了重要的技术支撑。

2010年11月1~4日，财政部派国库司副主任娄洪以委员身份参加在印度尼西亚雅加达举办的国际公共部门会计准则委员会会议，参与了公共部门会计概念框架中列报与披露、服务特许权协议、财政长期可持续性报告，以及转向权责发生制会计等议题的讨论。

2010年11月8~11日，财政部副部长王军率中国代表团出席在马来西亚吉隆坡举行的第十八届世界会计师大会。此次大会的主题为"会计师与持续价值创造"，来自世界100多个国家和地区的6000多名代表出席了大会。会上，国际会计师联合会授予财政部副部长王军"特殊贡献奖"，以表彰他在推动中国会计改革与发展，以及促进准则国际趋同方面所做的工作。

2010年12月6~8日，财政部国库司在北京举办"政府财务报告制度研讨会"，国库司副主任娄洪出席研讨会并讲话。全国人大常委会预算工作委员会、财政部、部分中央单位，全国预算与会计研究会、部分地方财政厅（局）有关人员，以及美国芝加哥伊利诺伊大学、北京大学、东北财经大学的专家近60人参加了研讨会。会议重点就政府财务报告制度总体设计、政府财务报告的分析使用、政府财务报告与财政总决算报告和部门决算报告的关系等问题进行了研讨。

2010年12月7日，财政部、证监会内地会计师事务所从事H股企业审计业务审核推荐委员会，与香港财经事务及库务局、香港证监会、香港联合交易所有限公司、香港财务汇报局、香港会计师公会在深圳举行会议，就落实内地与香港在对方上市的公司可选择以本地会计准则编制财务报表并由本地会计师事务所按照本地审计准则进行审计的事宜达成共识。以此为标志，内地大型会计师事务所获准自2010年12月15日或以后完结的会计年度期间，可以采用内地审计准则为内地在香港上市公司（H股企业）提供审计服务，H股"双重审计"政策将被取消，内地与香港会计交流与合作达到新的水平。

2010年12月17~19日，为了促进国内外实证会计研究领域的交流与合作，进一步提高实证会计的研究水平和影响力，由《中国会计评论》理事会主办、西安交通大学管理学院承办的第九届中国实证会计国际研讨会（The 9th International Symposium on Empirical Accounting Research in China）在管理学院圆满举行。来自美国哥伦比亚大学、麻省理工学院、休斯顿大学、明尼苏达大学、卡内基梅隆大学、佐治亚大学，英国的曼彻斯特大学，卡迪夫大学，新加坡南洋理工大学，澳大利亚迪肯大学，台湾大学、政治大学、香港大学、北京大学、清华大学、复旦大学、上海财经大学、南开大学等9个国家和地区60多所大学的260多名专家、学者出席了此次盛会。此次会议共收到论文278篇，其中英文30余篇，实证会议小组讨论论文72篇，参会论文101篇。

第二节　会计与审计学科国际事件

（一）国际会计会议

1. 第一次"国际管理会计会议"于2010年1月20日在伊朗德黑兰举行。本次会议的主题包括：管理会计、成本会计和管理；管理会计和财务管理；管理会计和战略成本管理；管理会计和当前金融危机；管理会计、绩效管理和审计；管理会计和绩效预算；管理会计工具和技术；基于成本管理的活动；平衡计分卡。

2. 2010年"美国会计学会年度会议"于7月31日至8月4日在旧金山举行。2010年年会的主题是"全球思想领导力"。美国会计学会的战略计划强调了思想领导力这一愿景，并通过对会计政策及准则制定的研究、教育和投入来实现这一愿景。本次会议倡导大家更多地思考如何在全球经济中实现会计思想领导力。越来越多的国家正在采用一套全球适用的财务报告准则，因为最大的会计师事务所和公司都是跨国的，需要跨越国际边界的认证，而且我们许多学院和大学正在与国外大学合作。2010 年美国会计年会就对会计的全球思想领导力做了探索。

3. 2010 年"会计与经济杂志（JAE）年会"于 10 月 1~3 日在西北大学凯洛格商学院举行，这次会议的主题是"经济衰退期面临的会计和财务信息问题"。会议主要关注对会计法规带来的预期以及未预期结果的解决方案的研究。参加本次会议的文章有：《从低质量会计到财务危机：经济周期中的信息披露规范》；《否认强制公允价值信息可靠性的自愿披露是否反映了对可靠性的合理担忧》；《会计准则和债务契约：资产负债表法是否已经损坏了资产负债表》；《危机期透明度和流动性的不确定性》；《信息质量对流动性风险的影响》；《万灵药，潘多拉的盒子，或安慰剂：银行抵押贷款相关安全控股和公允价值会计的反馈》。

4. 第 22 届"亚太地区国际会计问题会议"于 11 月 7~10 日在澳大利亚金海岸举行，有来自 20 个国家的 200 个代表参加。亚太地区国际会计问题会议是由来自世界各地的学者组成的咨询委员会组织成立的，是世界上最受尊敬的会计会议之一。会议的主要目的是为学者和实务工作人员提供一个重要的讨论场所，以增强对国际会计问题及它们在亚太地区应用状况的了解。由于金融危机及其带来的经济滑坡，2010 年会议中，来自美国的与会人员有所下降，但是亚洲地区给了很大的支持。在这次会议上 Jane（兼任新西兰证监会主席和国际证监会组织执行委员会主席，同时也是金融危机顾问小组成员）作了主题为"全球金融架构：21 世纪解决方案"的演讲。

5. 2010 年"财务报告和会计会议"于 12 月 25~26 日举行。财务报告和会计会议是加拿大首屈一指的财务报告和会计事件，它能提供有关加拿大上市公司和私营企业面临的最重要的当前及最新问题的广泛最新评论。本次会议进行幻灯片展示的论文主要有：《私营企业会计准则概述》；《小组讨论内部控制》；《私营企业会计准则下会计政策的选择》；《整体分析管理变革》；《按国际财务报告准则编制季度报表》；《企业风险管理问题》；《私营企业的金融工具》；《采矿业、软件/科技业、房地产业在国际财务报告准则方面的遵循情况》。

6. 第 25 届"当代会计研究年会"于 2010 年 11 月 5~6 日在加拿大安大略省金士顿举行。这次会议的主题是"Accounting with a Point"，所有会上展示的文章都围绕这个主题对会计在组织、市场或社会中的角色做了详细的阐释。

7. 第 33 届"欧洲会计年会"于 2010 年 5 月 19~21 日在伊斯坦布尔希尔顿会议及展览中心举行。这次会议是由欧洲会计年会和伊斯坦布尔大学工商管理学院联合举办。参与讨论的论文主要有：《可持续性公共财政》；《谁来埋单》；《国家基础建设如何影响审计质量》；《公允价值和财务危机》；《诱因还是治疗》；《中小企业财务报告：欧洲研究议程中的一项》；《欧洲财务报告准则大讨论》；等等。

8. 第 11 届"亚洲会计年会"于 2010 年 11 月 28 日至 12 月 1 日在泰国曼谷举行。这次会议聚集了来自亚洲及其他世界各地的很多会计、财务方面的教育家及专业人员。此次会议由法政商学院承办，会议主要关注大量当代会计和财务主题，并且会平衡理论和应用两部分的内容。

9. 第2届"年度首席财务官亚洲峰会"于2010年10月13~14日在新加坡举行。该峰会是亚洲金融精英相聚的顶尖论坛，大家通过交流来了解首席财务官角色的变化。峰会由亚洲《华尔街日报》做支持，聚集一些最具影响力的首席财务官，结合财务规范和战略观点，讨论首席财务官在战略发展和价值创造过程中所做的贡献。此外，还会探讨在组织复苏的过程中，首席财务官是如何克服重要挑战的。

10. 第1届"财政领导人论坛——新的金融立法将如何影响你和你的业务"于2010年11月4日在美国纽约举行。2010年7月21日，美国总统奥巴马签署了《多德—弗兰克华尔街改革和消费者保护法案》（以下简称《弗兰克法案》）。这个法案赋予政府新的权力，政府可以解散破产的金融公司；法案还规定衍生品市场要实施新的规则，并在联邦储备局创建消费者保护机构以监督家庭贷款以及信用卡相关的所有事项。这次会议检验了自1930年大萧条以来，华尔街最彻底的改革给金融服务公司和它们最重要客户的业务带来什么样的影响。

11. 2010年"萨班斯法案和内部控制更新会议"于10月24~25日在美国弗吉尼亚州泰森斯角举行。在国家会计公司专业技术人员的带领下，再加上行业专家以及来自证监会和公司会计监管委员会监管人员的支持，会议包含了讲座和现实案例讨论，以更深层次地了解会议主题。会议的学习目标是：了解关键领域的最新法规及最优实务变化；探索与《弗兰克法案》相关的实际考虑因素；评估最新会计准则对萨班斯法案一致性的影响。

12. 2010年"全球绩效论坛"于10月5日在美国波士顿举行。论坛的主要目的是发现、检查绩效管理中的创新改革。来自所有行业和工作岗位的业绩领导者聚集到一起分享他们有关绩效管理主题的知识和经验，还有九个交互作用的工作坊为与会人员提供动手实践的机会。通过会议讨论，大家可以学到战略、商业智慧和过程管理以改善公司绩效和效率。

（二）国际审计会议

1. 第16届年度国际审计学术研讨会

第16届年度国际审计学术研讨会于6月24至25日在新加坡领先的商业学院南洋商学院举办。来自世界各地的审计专家，包括南洋商学院的研究学者出席了研讨会，他们向大会提交了超过25份有关全球化企业环境下的关键性审计领域的研究报告。

新加坡会计与企业监管局（Accounting and Corporate Regulatory Authority）局长朱蒂卡·拉玛纳丹（Juthika Ramanathan）女士出席了研讨会的第一次全体会议，第一次会议的主题是"是否需要法规来保证审计质量"；第二次全体会议的主题是"审计工作中的管理决策"，主要演讲者是美国密西根大学的国际知名心理学家弗朗克·雅特斯（J. Frank Yates）教授。

南洋商学院的研究学者在研讨会整个过程中扮演了重要角色，其中包括连诺斯（Clive Steven Lennox）教授、Tan Hun Tong教授、Terence Ng Bu Peow副教授以及帕米拉·桑卡（Premila G. Shankar）副教授，他们担任了12次全体会议和并行会议中的6次会议的主席。

"国际审计学术研讨会"于 1995 年在两个学术研讨会（即美国南加州大学审计评估研讨会以及荷兰马斯特里赫特大学审计研讨会）合并的基础上成立。国际审计学术研讨会现在由四所大学共同主办，即新加坡南洋理工大学、美国南加州大学、荷兰马斯特里赫特大学及澳洲新南威尔士大学。

2. 第七届审计委员会年度会议（2010 年 10 月 18 日）

本会议专为审计委员会成员召开，这次会议通过主持小组讨论和互动的方式，探讨影响审计委员会、董事会监督的一系列问题，主题包括：

- 弗兰克法案和新的环境监管法规的实施；
- 风险监管中新的实践方法；
- 趋同及其他财务报告的发展
- IT 治理、反海外贿赂法和其他热点问题对 2011 年审计委员会议程的推动

3. 美联储审计委员会会议

众议院和参议院委员会会议于 2010 年 6 月 16 日举行，对审计改革法案进行讨论，并协商美联储审计条款的最终形式。众议院法案包括了对联邦进行审计的更严格条款。

4. 2010 年上市公司会计舞弊识别与治理专题国际学术研讨会

2010 年 7 月 10 至 11 日，"上市公司会计舞弊识别与治理"专题国际学术研讨会在天津财经大学举行。本次会议就会计舞弊根源分析与探究、会计舞弊正名与本质探寻、会计舞弊识别理论与方法和会计舞弊治理理论与方法四项内容进行了充分的研讨，对治理上市公司会计舞弊、提高会计信息质量、维护资本市场秩序，进而促进经济社会和谐发展具有十分重要的理论与实践意义。此次会议受到会计学术界高度重视。

5. 会计监管与准则

伊斯兰金融加入国际会计主流的压力渐升。伊斯兰金融是按照《古兰经》创立的金融体系，其运作严格按照《古兰经》教义进行。伊斯兰交易不允许产生利息和货币投机，另外贸易必须有实物资产作为基础。但伊斯兰金融业的规模已经壮大到无法使其再对国际间会计准则的日渐趋同之势安之若素。

英国政府放行 FRC 改革方案：英国财务报告委员会 FRC 的七大运营部门将缩减至两个：会计准则委员会 ASB、审计实务委员会 APB 和精算准则委员会 BAS 合并为法规和准则委员会；财务报告审核小组 FRRP、职业监管委员会 POB、审计监察小组 AIU 及会计与精算纪律委员会 AADB 合并为行动部。

6. 国际会计师联合会（IFAC）发布多项指南

中小事务所实务管理指南：该指南包括实务管理原则以及有关战略规划、员工关系管理和退休计划等方面的最佳实务范例。指南还以案例的形式说明概念、程序清单和表格，并包括阅读书目清单、培训和教育模型等。

中小事务所质量控制指南：旨在帮助理解和执行明晰化后的《国际质量控制准则第 1 号——会计师事务所对执行财务报表审计和审阅、其他鉴证和相关服务业务实施的质量控制》，包括更全面的案例分析、程序表和两个质量控制手册范例。

运用国际审计准则执行中小企业审计指南：第一册介绍风险导向审计的基本概念和原理，目标用户是对国际审计准则不了解或了解很少的审计师或学生。第二册为中小企业审计提供实务指导，目标用户是对国际审计准则较为熟悉的审计师。

客户承接与保持指南：根据大型国际网络所在客户承接与保持阶段如何执行《会计师事务所国际质量控制准则》的要求，总结其实务做法，讨论其在作出决策时使用的相关工具和方法，为全球其他会计师事务所提供良好实务范例。

7. 国际审计与鉴证准则理事会（IAASB）发布审计准则实施监控报告

监控报告指出，总体而言，各国在新国际审计准则的实施准备过程中没有遇到大的困难。大多数采用新准则的国家准则制定机构或会计师事务所表示，新的体例结构是一大改进，在将新准则融入国家审计准则或事务所审计方法的过程中不存在困难。很多采用者认为，新准则要求更加严格，这在当前国际金融危机的大环境下是适当、有益的。然而，对于如何在符合成本效益原则的基础上在小型企业审计中运用新准则，部分采用者对此表示忧虑。

然而，在一项对英国审计师群体进行的调查中发现：有 2/3 的审计师尚未做好迎接 ISA 的准备。一些事务所正在以此为契机对它们提供的各项业务进行评估，更有 10% 的受访者表示正在考虑取消提供审计服务，大约 71% 的受访者还表示，他们最关心的是在执行审计时所增加的成本。

新 ISA 是 IAASB 在圆满完成了其清晰化项目（Clarity Project）后的成果。该项目旨在改善于 2005 年采纳的现行 ISA，因为它们没有清晰地区分准则要求与准则指南而被认为含糊不清。该项目产生了 36 项清晰化 ISA，其中 2 项为新增、13 项为重大修订。

第五章　会计与审计学科 2010 年文献索引

第一节　中文文献索引

（一）会计基本理论

1. 付磊. 会计史研究的总结与未来研究的思考——中国会计学会第七届会计史暨会计史国际学术研讨会综述 [J]. 会计研究，2010（9）：88–91.

2. 刘昌胜，汤湘希. 会计信息产权配置理论：财富最大化假说 [J]. 管理世界，2010（1）：177–178.

3. 施先旺. 财务会计基础概念：基于产权价值运动视角的分析 [J]. 会计研究，2010（1）：35–42.

4. 周志方，肖序. 国外环境财务会计发展评述 [J]. 会计研究，2010（1）：79–86.

5. 夏明. 行为财务学发展路径探析 [J]. 会计研究，2010（2）：65–71.

6. 任世驰，李继阳. 公允价值与当代会计理论反思 [J]. 会计研究，2010（4）：13–20.

7. 谭劲松，宋顺林，吴立扬. 公司透明度的决定因素——基于代理理论和信号理论的经验研究 [J]. 会计研究，2010（4）：26–33.

8. 汤谷良，穆林娟，彭家钧. SBU：战略执行与管理控制系统在中国的实践与创新——基于海尔集团 SBU 制度的描述性案例研究 [J]. 会计研究，2010（5）：47–53.

9. 张兆国，尹开国，刘永丽. 试论现代财务学的学科性质、分析框架和研究方法 [J]. 会计研究，2010（9）：66–72.

10. 何威风，刘启亮. 我国上市公司高管背景特征与财务重述行为研究 [J]. 管理世界，2010（7）：144–155.

11. 黄志忠，熊焰韧. 哪种模式的 MBA 项目能够培养出色的经理人？——来自 CEO 变更的证据 [J]. 管理世界，2010（8）：130–138.

12. 杨肃昌，肖泽忠. 国家审计理论属性的探索 [J]. 审计与经济研究，2010，25（1）：18–23.

13. 陈波. 注册会计师行业独立型监管模式有效性研究——基于美国 PCAOB 运作情况的分析 [J]. 审计与经济研究，2010，25（1）：29-33.

14. 张林. 会计盈余功用理论的拓展研究——以盈余质量与资本配置效率为视角 [J]. 审计与经济研究，2010，25（1）：47-56，81.

15. 贺红艳，汤琪瑾，王湘衡. 资源开发的"财富悖论"探究——基于收益分配视角 [J]. 审计与经济研究，2010，25（1）：93-99.

16. 张巧良，高洁. 澳大利亚会计师专业团体会员资格的比较与启示 [J]. 审计与经济研究，2010，25（2）：75-79.

17. 于玉林. 会计规范研究方法的剖析与回归 [J]. 审计与经济研究，2010，25（3）：3-8.

18. 朱明秀. 三维价值驱动的企业业绩评价：理论框架与指标体系 [J]. 审计与经济研究，2010，25（4）：65-71.

19. 刘建秋. 信任与会计诚信：决定及均衡研究 [J]. 审计与经济研究，2010，25（6）：44-49.

20. 苏文兵，邓峰，周齐武，徐海丽. 会计参与和价值创造——基于企业非财务人员视角的调查与分析 [J]. 审计与经济研究，2010，25（6）：50-56，67.

21. 高婷. 财务与会计理论研究热点追踪：五种核心期刊关键词的分析——兼论《审计与经济研究》财务与会计栏目的发展 [J]. 审计与经济研究，2010，25（6）：105-112.

22. 廖士光. "次贷危机"背景下沪港股市溢出效应研究 [J]. 上海立信会计学院学报，2010（3）.

23. 于玉林. 会计研究：中八股、洋八股与范式 [J]. 上海立信会计学院学报，2010（6）.

（二）会计准则与制度

1. 董必荣. 关于公允价值本质的思考 [J]. 会计研究，2010（10）：19-25.

2. 袁敏，朱荣恩. 雷曼兄弟事件中的会计问题及启示 [J]. 会计研究，2010（10）：26-33.

3. 刘爱东，赵金玲. 我国企业应对反倾销的会计联动机制研究——理论框架与研究构思 [J]. 会计研究，2010（12）：24-28.

4. 王玉涛，陈晓，侯宇. 国内证券分析师的信息优势：地理邻近性还是会计准则差异 [J]. 会计研究，2010（12）：34-40.

5. 娄芳，李玉博，原红旗. 新会计准则对现金股利和会计盈余关系影响的研究 [J]. 管理世界，2010（1）：122-132.

6. 李荣林. 保险负债的公允价值研究 [J]. 管理世界，2010（2）：179-180.

7. 罗炜，饶品贵. 盈余质量、制度环境与投行变更 [J]. 管理世界，2010（3）：140-149.

8. 陈海声，梁喜. 投资者法律保护、两权分离与资金占用——来自中国 2006 年度公司法调整前后的并购公司数据 [J]. 南开管理评论，2010，13（5）：53-60.

9. 姚圣. 环境会计控制与企业环境业绩关系研究 [J]. 管理学报，2010，7（8）：1215-1220.

10. 程柯，陈志斌. 基于新会计准则的公允价值应用研究 [J]. 财会通讯，2010（1）.

11. 杨思琴，程辉. 我国企业环境会计研究综述 [J]. 财会通讯，2010（5）.

12. 欧凌燕. 新债务重组准则："中国式"重组的催化剂——基于沪深上市公司新债务重组准则实施首年的市场影响分析 [J]. 财会通讯，2010(1).

13. 李夏怡. 绿色会计报表体系构建初探——基于我国上市公司社会责任报告的研究 [J]. 财会通讯，2010（2）.

14. 段训辉. 发出存货计价方法选择及其影响 [J]. 财会通讯，2010（10）.

15. 杨春梅，杨志宏. 激励企业技术创新的税收政策取向 [J]. 当代经济研究，2010（11）：56–59.

16. 支晓强，童盼. 公允价值计量的逻辑基础和价值基础 [J]. 会计研究，2010（1）：21–27.

17. 张荣武，伍中信. 产权保护、公允价值与会计稳健性 [J]. 会计研究，2010（1）：28–34.

18. 李荣林，崔华清，孟林. 关于保险合同负债计量的几个问题 [J]. 会计研究，2010（1）：51–56.

19. 葛家澍，窦家春，陈朝琳. 财务会计计量模式的必然选择：双重计量 [J]. 会计研究，2010（2）：7–12.

20. 王素荣，蒋高乐. 增值税转型对上市公司财务影响程度研究 [J]. 会计研究，2010（2）：40–46.

21. 徐经长，曾雪云. 公允价值计量与管理层薪酬契约 [J]. 会计研究，2010（3）：12–19.

22. 刘维奇，牛晋霞，张信东. 股权分置改革与资本市场效率——基于三因子模型的实证检验 [J]. 会计研究，2010（3）：65–72.

23. 张娟. 政府会计与企业会计：概念框架差异与启示——基于 IPSASB 与 IASB 最新研究成果的分析 [J]. 会计研究，2010（3）：78–85.

24. 陆正飞，张会丽. 新会计准则下利润信息的合理使用——合并报表净利润与母公司报表净利润之选择 [J]. 会计研究，2010（4）：7–12.

25. 周明春，袁延松. 同一控制下形成的长期股权投资会计处理相关问题研究 [J]. 会计研究，2010（4）：21–25.

26. 陈志斌，刘静. 金融危机背景下企业现金流运行中的政策影响研究 [J]. 会计研究，2010（4）：42–49.

27. 曲晓辉，肖虹. 公允价值反思与财务报表列报改进展望——中国会计学会会计基础理论专业委员会 2010 年专题学术研讨会暨第九届会计与财务问题研讨会观点综述 [J]. 会计研究，2010（5）：90–94.

28. 刘玉廷，王鹏，薛杰. 企业会计准则实施的经济效果——基于上市公司 2009 年年度财务报告的分析 [J]. 会计研究，2010（6）：3–12.

29. 黄世忠. 后危机时代公允价值会计的改革与重塑 [J]. 会计研究，2010（6）：13–19.

30. 肖鹏. 基于防范财政风险视角的中国政府会计改革探讨 [J]. 会计研究, 2010 (6): 20-25.

31. 孙玉甫. 会计信息化条件改变了什么? [J]. 会计研究, 2010 (6): 26-31.

32. 朱丹, 刘星, 李世新. 公允价值的决策有用性: 从经济分析视角的思考 [J]. 会计研究, 2010 (6): 84-90.

33. 王泽霞, 甘道武, 郝玉贵, 何瑞雄. 新环境下注册会计师行业发展与审计变革——中国会计学会审计专业委员会 2010 年学术年会综述 [J]. 会计研究, 2010 (6): 91-94.

34. 谢德仁. 再论经理人股票期权的会计确认 [J]. 会计研究, 2010 (7): 11-18.

35. 金智. 新会计准则、会计信息质量与股价同步性 [J]. 会计研究, 2010 (7): 19-26.

36. 孙蔓莉, 蒋艳霞, 毛珊珊. 金融资产分类的决定性因素研究——管理者意图是否是真实且唯一标准 [J]. 会计研究, 2010 (7): 27-31.

37. 葛家澍. 正确认识财务报表的计量 [J]. 会计研究, 2010 (8): 3-8.

38. 杨世忠, 曹梅梅. 宏观环境会计核算体系框架构想 [J]. 会计研究, 2010(8): 9-15.

39. 王虎超, 夏文贤. 排放权及其交易会计模式研究 [J]. 会计研究, 2010 (8): 16-22.

40. 张先治, 刘媛媛. 企业内部报告框架构建研究 [J]. 会计研究, 2010 (8): 28-35.

41. 路军伟. 我国政府会计改革取向定位与改革路径设计——基于多重理论视角 [J]. 会计研究, 2010 (8): 62-68.

42. 戚艳霞, 张娟, 赵建勇. 我国政府会计准则体系的构建——基于我国政府环境和国际经验借鉴的研究 [J]. 会计研究, 2010 (8): 69-75.

43. 赵西卜, 王建英, 王彦, 曹越. 政府会计信息有用性及需求情况调查报告 [J]. 会计研究, 2010 (9): 9-16.

44. 高晨, 汤谷良. 交互预算: 应对战略不确定性、契合管理控制的新机制——基于天津一汽丰田公司的案例研究 [J]. 会计研究, 2010 (9): 51-58.

45. 于李胜, 王艳艳. 政府管制是否能够提高审计市场绩效? [J]. 管理世界, 2010 (8): 7-20.

46. 李丹, 宋衍蘅. 及时披露的年报信息可靠吗? [J]. 管理世界, 2010 (9): 129-137.

47. 李爽. 农村集体土地资产管理 "会计化" 研究 [J]. 管理世界, 2010 (9): 175-176.

48. 程书强, 杨娜. 新会计准则下上市公司盈余管理存在的可能性及实施途径分析 [J]. 管理世界, 2010 (12): 178-179.

49. 姚海鑫, 胡可果. 上市公司会计管制执行力研究——以应收款项会计计量和披露为视角 [J]. 审计与经济研究, 2010, 25 (2): 63-69.

50. 周晓苏, 杨忠海. 控股股东行为、特征与财务报告稳健性——中国 A 股市场上市公司的经验证据 [J]. 审计与经济研究, 2010, 25 (3): 54-61.

51. 朱丹, 刘星, 晏国菀. 会计计量误差及其对公允价值会计研究的启示 [J]. 审计与经济研究, 2010, 25 (4): 78-84.

52. 张铁铸, 周红. 欧盟会计标准的国际趋同效果研究 [J]. 审计与经济研究,

2010，25（5）：69-76.

53. 董必荣. 试论公允价值的本质及其计量的可靠性 [J]. 审计与经济研究，2010，25（6）：57-61.

54. 葛家澍. 我的公允价值观 [J]. 上海立信会计学院学报，2010（2）.

55. "政府管制与企业价值创造研究"课题组：张先治，甄红线，薛晓宇. 基于企业价值目标的政府管制研究 [J]. 上海立信会计学院学报，2010（2）.

56. 王建新. 基于新会计准则的会计信息价值相关性分析 [J]. 上海立信会计学院学报，2010（3）.

57. 王雄元，刘立红，王珊. 澄清公告可信度的市场反应 [J]. 上海立信会计学院学报，2010（4）.

58. 刘运国. R&D 支出研究文献回顾与展望 [J]. 上海立信会计学院学报，2010（4）.

59. 朱松. 会计稳健性根源探析 [J]. 上海立信会计学院学报，2010（4）.

60. 姚圣. 企业环境评价与监管研究——基于会计控制的视角 [J]. 上海立信会计学院学报，2010（6）.

61. 于永生. 企业会计准则公允价值应用研究 [J]. 上海立信会计学院学报，2010（6）.

62. 孙刚. 金融生态环境、债务治理效应与现金持有价值 [J]. 上海立信会计学院学报，2010（6）.

63. 戴佳君，季晓婷，张奇峰. 投资性房地产计量模式转换的财务影响与决定因素——以世茂股份为例 [J]. 上海立信会计学院学报，2010（6）.

64. 刘志远，白默. 公允价值计量模式下的会计政策选择——基于上市公司交叉持股的实证研究 [J]. 经济管理，2010，32（1）：118-124.

65. 吴秋生. 会计准则性质的系统认识 [J]. 经济管理，2010，32（10）：127-133.

66. 姜英兵，张爽. 新会计准则与应计异象 [J]. 经济管理，2010，32（11）：115-123.

（三）成本与管理会计

1. 潘飞，陈世敏，文东华，王悦. 中国企业管理会计研究框架 [J]. 会计研究，2010（10）：47-54.

2. 王斌，吴应宇，张昉. 金融危机与中国管理会计——中国会计学会管理会计与应用专业委员会 2009 年年会综述 [J]. 会计研究，2010（2）：86-88.

3. 中央财经大学会计学院管理会计研究课题组. 管理会计研究方法体系框架的构建与应用——基于国内外现有研究成果的初步分析 [J]. 会计研究，2010（5）：30-38.

4. 赵保卿，盛君，姚长存. 成本预算视角下的国家审计质量控制 [J]. 审计与经济研究，2010，25（4）：8-15.

5. 万寿义，崔晓钟. 制定成本会计准则的必要性——基于价格管制和政府采购的视角 [J]. 上海立信会计学院学报，2010（3）.

（四）财务管理

1. 黄惠平，彭博. 市场估值与价值投资策略——基于中国证券市场的经验研究［J］. 会计研究，2010(10).

2. 花贵如，刘志远，许骞. 投资者情绪、企业投资行为与资源配置效率［J］. 会计研究，2010(11).

3. 陈俊，陈汉文. IPO 价格上限管制的激励效应与中介机构的声誉价值——来自我国新股发行市场化改革初期的经验证据（2001~2004）［J］. 会计研究，2010(12).

4. 宋晓华，陈宝珍，郭亦玮. 基于出租人收益的项目融资租赁租金计量模型研究［J］. 会计研究，2010(12).

5. 章卫东. 定向增发新股与盈余管理——来自中国证券市场的经验证据［J］. 管理世界，2010（1）.

6. 邱冬阳，陈林，孟卫东. 内部控制信息披露与 IPO 抑价——深圳中小板市场的实证研究［J］. 会计研究，2010(10).

7. 郭洪，何丹. 基于剩余收益价值模型的权益资本成本计量及其运用［J］. 管理世界，2010（1）.

8. 朱松，陈超，马媛. 双向资金占用与上市公司资本投资［J］. 南开管理评论，2010（1）.

9. 吕长江，许静静. 基于股利变更公告的股利信号效应研究［J］. 南开管理评论，2010（2）.

10. 逯东，孟子平，杨丹. 政府补贴、成长性和亏损公司定价［J］. 南开管理评论，2010（2）.

11. 张洪辉，王宗军. 政府干预、政府目标与国有上市公司的过度投资［J］. 南开管理评论，2010（3）.

12. 王志强，张玮婷，林丽芳. 上市公司定向增发中的利益输送行为研究［J］. 南开管理评论，2010（3）.

13. 龙振海. 机构投资者与公司价值关系研究——来自上市公司要约收购的证据［J］. 南开管理评论，2010（4）.

14. 李善民，刘永新. 并购整合对并购公司绩效的影响——基于中国液化气行业的研究［J］. 南开管理评论，2010（4）.

15. 杨兴全，张照南，吴昊旻. 治理环境、超额持有现金与过度投资——基于我国上市公司面板数据的分析［J］. 南开管理评论，2010（5）.

16. 郝颖，林朝南，刘星. 股权控制、投资规模与利益获取［J］. 管理科学学报，2010（7）.

17. 何威风. 财政分权、制度环境与企业债务期限结构［J］. 管理学报，2010（7）.

18. 王国俊，梁上坤，陈冬华. 我国证券市场真的存在"功能锁定"吗?——基于契约角度的新解释［J］. 管理学报，2010（8）.

19. 张小蓉，文拥军. 财务杠杆效应对资本结构配置的影响分析——对伊利案例的思考 [J]. 财会通讯，2010（1）.

20. 许小乔. 债券融资对公司绩效的影响——来自上市公司的实证研究 [J]. 财会通讯，2010（8）.

21. 何丽梅. 上市公司定向增发研究述评 [J]. 财会通讯，2010（3）.

22. 安青菊，赵书东. 上市公司营运资本管理与盈利能力相关性的实证研究 [J]. 财会通讯，2010（1）.

23. 陆孟兰. 企业海外并购财务风险控制与规避 [J]. 财会通讯，2010（2）.

24. 杨敏，施晶，余玉苗. 资本结构影响因素的实证研究——基于创业板与中小板上市公司比较的视角 [J]. 财会通讯，2010（5）.

25. 乐娜. 上市中小企业融资结构与公司绩效实证研究 [J]. 财会通讯，2010（3）.

26. 杜晓君，白汶松，刘赫. 中国企业对外直接投资绩效实证研究——以中国上市公司在海外投资为例 [J]. 财会通讯，2010（6）.

27. 王婷. 负债融资与企业过度投资行为研究 [J]. 财会通讯，2010（2）.

28. 唐建新，苏磊，潘红波. 融资约束与政治关系——来自深市中小板的证据 [J]. 财会通讯，2010（1）.

29. 刘安兵. 创业板市场与中小企业融资模式创新的关联性分析 [J]. 宏观经济研究，2010（3）.

30. 原磊. 国际金融危机下中国企业并购行为研究 [J]. 宏观经济研究，2010（7）.

31. 马金城，李时. 企业跨境并购中控制权缺失下的整合问题研究 [J]. 宏观经济研究，2010（11）.

32. 陈金龙，谢建国. 系族企业内部资本市场存在性及效率研究 [J]. 宏观经济研究，2010（11）.

33. 刘怀义. 营运资本管理政策影响因素实证研究 [J]. 南开经济研究，2010（3）.

34. 王星懿，方霞. 财务风险与现金持有：基于制造业上市公司的实证分析 [J]. 上海经济研究，2010（4）.

35. 王家庭，赵亮. 我国上市公司的融资约束及其影响因素的实证分析 [J]. 产业经济研究，2010（3）.

36. 刘运国，吴小蒙，蒋涛. 产权性质、债务融资与会计稳健性——来自中国上市公司的经验证据 [J]. 会计研究，2010（1）.

37. 季华，魏明海，柳建华. 资产注入、证券市场监管与绩效 [J]. 会计研究，2010（2）.

38. 张济建，苗晴. 中国上市公司市值管理研究 [J]. 会计研究，2010（4）.

39. 孔宁宁，张新民，李寅迎. 成长型公司财务报表分析与股票未来收益——来自中国上市公司的经验证据 [J]. 会计研究，2010（6）.

40. 罗正英，周中胜，詹乾隆. 中小企业的银行信贷融资可获性：企业家异质特征与金融市场化程度的影响 [J]. 会计研究，2010（6）.

41. 刘圻. 企业价值管理创新模式研究——基于自发秩序与程序理性的视角 [J]. 会计研究，2010 (8).

42. 袁淳，荆新，廖冠民. 国有公司的信贷优惠：信贷干预还是隐性担保？——基于信用贷款的实证检验 [J]. 会计研究，2010 (8).

43. 中国海洋大学企业营运资金管理研究课题组. 中国上市公司营运资金管理调查：2009 [J]. 会计研究，2010 (9).

44. 黄莲琴，屈耀辉. 经营负债杠杆与金融负债杠杆效应的差异性检验 [J]. 会计研究，2010 (9).

45. 朱红军，钱友文. 中国 IPO 高抑价之谜："定价效率观"还是"租金分配观"？[J]. 管理世界，2010 (6).

46. 浦军，范丽，刘娟. 转轨经济下 IPO 发行抑价问题研究——基于中国 A 股市场的实证分析[J]. 管理世界，2010 (7).

47. 李卫东，刘畅，郭敏. 结构调整、贷款集中度与价值投资：我国商业银行信贷投向政策实证研究 [J]. 管理世界，2010(10).

48. 方军雄. 民营上市公司真的面临银行贷款歧视吗？[J]. 管理世界，2010(11).

49. 张敏，张胜，申慧慧，王成方. 政治关联与信贷资源配置效率——来自我国民营上市公司的经验证据[J]. 管理世界，2010(11).

50. 汤四新. IT 环境下理财系统业务流程的模型化与标准化 [J]. 审计与经济研究，2010 (3).

51. 施平. 企业增长、规模与财务风险的相关性研究 [J]. 审计与经济研究，2010 (6).

52. 张健光，张俊瑞. 企业资产流动性评价指标设计 [J]. 上海立信会计学院学报，2010 (1).

53. 姜英兵，崔刚，汪要文. 上市公司财务报表重述的趋势与特征：2004~2008[J]. 上海立信会计学院学报，2010 (2).

54. 段军山. 社会责任投资与价值投资相悖吗？——基于国际经验的比较 [J]. 上海立信会计学院学报，2010 (5).

55. 蒋尧明，刘剑民. 母子公司财务控制模式的内在机制 [J]. 经济管理，2010 (6).

56. 曹强. 中国上市公司财务重述原因分析 [J]. 经济管理，2010 (10).

（五）审计

1. 王春飞，伍利娜，陆正飞. 企业集团统一审计与审计质量 [J]. 会计研究，2010(11).

2. 吴溪，王晓，姚远. 从审计师成为客户高管：对旋转门现象的一项案例研究[J]. 会计研究，2010(11).

3. 刘峰，赵景文，涂国前，黄宇明. 审计师聘约权安排重要吗？——审计师声誉角度的检验[J]. 会计研究，2010(12).

4. 申慧慧，吴联生，肖泽忠. 环境不确定性与审计意见：基于股权结构的考察[J]. 会计研究，2010（12）.

5. 彭华彰，刘誉泽.论我国审计权的法律保障［J］. 审计研究，2010（1）.

6. 李春青. 试析审计机关中的 IT 决策权分配［J］. 审计研究，2010（1）.

7. 周德铭. 关于企业内部审计 OACS 审计模式的初步设想［J］. 审计研究，2010（1）.

8. 殷丽丽，李媛媛. 经济危机下的内部审计战略［J］. 审计研究，2010（1）.

9. 刘文军，米莉，傅倞轩. 审计师行业专长与审计质量——来自财务舞弊公司的经验证据［J］. 审计研究，2010（1）.

10. 王少飞，唐松，李增泉，姜蕾. 盈余管理、事务所客户资源控制权的归属与审计质量——来自中国证券市场的经验证据［J］. 审计研究，2010（1）.

11. 黄崑，张立民. 监管政策、审计师变更与后任审计师谨慎性［J］. 审计研究，2010（1）.

12. 辽宁省审计学会课题组. 加强审计现场管理的对策研究［J］. 审计研究，2010（2）.

13. 上海市审计局课题组. 审计公开制度体系建设研究［J］. 审计研究，2010（2）.

14. 陈艳，王二平. 基层审计机关负责人工作压力与工作满意度的研究［J］. 审计研究，2010（2）.

15. 王芳，周红. 政府审计质量的衡量研究：基于程序观和结果观的检验［J］. 审计研究，2010（2）.

16. 郑敏，陈韶君，柏露萍. 工程质量审计的逻辑起点和实务框架研究［J］. 审计研究，2010（2）.

17. 张涛，吴联生. 审计师变更与审计质量：一个理论分析［J］. 审计研究，2010（2）.

18. 杜兴强，周泽将. 政治联系与审计师选择［J］. 审计研究，2010（2）.

19. 王爱国，尚兆燕. 法律惩戒、审计意见与审计变通行为——来自上市公司的数据［J］. 审计研究，2010（2）.

20. 廖义刚，张玲，谢盛纹. 制度环境、独立审计与银行贷款——来自我国财务困境上市公司的经验证据［J］. 审计研究，2010（2）.

21. 王兵，辛清泉. 分所审计是否影响审计质量和审计收费？［J］. 审计研究，2010（2）.

22. 高雷，张杰. 产权性质、不良贷款率与审计费用——来自上市商业银行的经验证据［J］. 审计研究，2010（2）.

23. 崔文迁，陈敏. 非经常性损失与监管利润关系及对审计的启示［J］. 审计研究，2010（2）.

24. 韦德洪，覃智勇，唐松庆. 政府审计效能与财政资金运行安全性关系研究——基于审计年鉴数据的统计和实证研究［J］. 审计研究，2010（3）.

25. 李越冬. 内部审计职能研究：国内外文献综述［J］. 审计研究，2010（3）.

26. 陈武朝. 内部审计有效性与持续改进［J］. 审计研究，2010（3）.

27. 王晓霞. 国有企业风险管理审计的责任与目标构建［J］. 审计研究，2010（3）.

28. 贾平，陈关亭. 公允价值计量下审计质量的作用研究［J］. 审计研究，2010（3）.

29. 刘更新，蔡利. 审计管制、审计责任与审计质量研究——基于法律标准不确性影响的分析 [J]. 审计研究，2010 (3).

30. 冯延超，梁莱歆. 上市公司法律风险、审计收费及非标准审计意见——来自中国上市公司的经验证据 [J]. 审计研究，2010 (3).

31. 刘明辉，何敬. 审计期望差距的心理学分析 [J]. 审计研究，2010 (3).

32. 朱松，夏冬林，陈长春. 审计任期与会计稳健性 [J]. 审计研究，2010 (3).

33. 孟焰，张军. 萨班斯法案 404 条款执行效果及借鉴 [J]. 审计研究，2010 (3).

34. 张宣波. 国家审计在应对金融危机中的作用分析及建议 [J]. 审计研究，2010 (4).

35. 徐权. 金融创新与审计监督——兼论政府审计在维护国家金融安全中的作用 [J]. 审计研究，2010 (4).

36. 何洪彬. 后金融危机时期深化财政绩效审计的思考 [J]. 审计研究，2010 (4).

37. 赵彩霞，张立民，曹丽梅. 制度环境对政府绩效审计发展的影响研究 [J]. 审计研究，2010 (4).

38. 覃易寒. 我国政府绩效评估运行方式改进与政府绩效审计 [J]. 审计研究，2010 (4).

39. 黄溶冰，单建宁，时现. 绿色经济视角下的党政领导干部经济责任审计 [J]. 审计研究，2010 (4).

40. 孙岩，张继勋，周冉. 审计谈判研究综述 [J]. 审计研究，2010 (4).

41. 潘克勤. 实际控制人政治身份、自律型治理与审计需求——基于 IPO 前民营化上市公司的经验证据 [J]. 审计研究，2010 (4).

42. 刘启亮，周连辉，付杰，肖建. 政治联系、私人关系、事务所选择与审计合谋 [J]. 审计研究，2010 (4).

43. 叶建芳，陈辉发，蒋义宏. 法律渊源、投资者保护与审计质量——来自全球主要股票市场的证据 [J]. 审计研究，2010 (4).

44. 李晓慧，王璐. 执业团队中注册会计师的情感与表达行为的关系 [J]. 审计研究，2010 (4).

45. 董大胜. 财政审计大格局思考 [J]. 审计研究，2010 (5).

46. 白日玲. 构建财政审计大格局的思路和保障措施 [J]. 审计研究，2010 (5).

47. 秦荣生. 无影灯效应原理与我国政府审计监督 [J]. 审计研究，2010 (5).

48. 蔡春，谢赞春，孙婷，苗连琦. 20 国集团国家审计在应对金融危机中的作用与经验借鉴 [J]. 审计研究，2010 (5).

49. 王芳，王景东. 统计假设检验在审计抽样工作中的应用研究 [J]. 审计研究，2010 (5).

50. 曾亚敏，张俊生. 会计师事务所合并对审计质量的影响 [J]. 审计研究，2010 (5).

51. 李明辉，刘笑霞. 会计师事务所合并的动因与经济后果：一个文献综述 [J]. 审计研究，2010 (5).

52. 吴昊旻，王华. 代理冲突及其制度渊源、事务所规模与审计质量 [J]. 审计研究，2010 (5).

53. 伍利娜，朱春艳. 股权分置改革的审计治理效应 [J]. 审计研究，2010（5）.

54. 王守海，郑伟，张彦国. 内部审计水平与财务报告质量研究——来自中国上市公司的经验证据 [J]. 审计研究，2010（5）.

55. 杨德明，胡婷. 内部控制、盈余管理与审计意见 [J]. 审计研究，2010（5）.

56. 周冉. 审计人员谈判咨询、客户谈判知识与审计谈判判断 [J]. 审计研究，2010（6）.

57. 陈运森，王玉涛. 审计质量、交易成本与商业信用模式 [J]. 审计研究，2010（6）.

58. 张敏，李伟，张胜. 审计师聘任的实际决策者：股东还是高管？ [J]. 审计研究，2010（6）.

59. 伍利娜，郑晓博，岳衡. 审计赔偿责任与投资者利益保护——审计保险假说在新兴资本市场上的检验 [J]. 管理世界，2010（3）.

60. 沈玉清，戚务君，曾勇. 审计师任期、事务所任期与审计独立性 [J]. 管理评论，2010（9）.

61. 杨明增，张继勋. 经验、努力程度对审计判断偏误的影响研究 [J]. 南开管理评论，2010（2）.

62. 张蓁. 独立审计质量影响因素研究：一个文献综述 [J]. 财会通讯，2010（7）.

63. 金莲花，张志花，朴庆真. 关于审计费用与审计质量的实证研究 [J]. 财会通讯，2010（1）.

64. 温国山. 会计师事务所规模与审计质量实证研究评述 [J]. 财会通讯，2010（3）.

65. 刘世林. 基于决策、执行、监督分离治理模式下的企业内部审计地位探讨 [J]. 会计研究，2010（2）.

66. 陈高才，周鲜华. 会计师事务所与审计客户之间谈判的经济分析：研究评述及未来研究 [J]. 会计研究，2010（2）.

67. 陆建桥，林启云. 国际会计审计及其监管的最新发展与中国对策——欧盟国际会计审计发展大会综述 [J]. 会计研究，2010（3）.

68. 杨肃昌，肖泽忠. 关于中国审计体制改革原则体系的问卷调查研究 [J]. 会计研究，2010（5）.

69. 黄溶冰，王跃堂. 我国省级审计机关审计质量的实证分析（2002~2006） [J]. 会计研究，2010（6）.

70. 王咏梅，邓舒文. 事务所合并可以提高审计质量吗？——基于中国审计市场的研究 [J]. 管理世界，2010（12）.

71. 李新. 基于绩效管理的公共部门绩效审计研究 [J]. 管理世界，2010（9）.

72. 王烨，孙慧倩. 审计侵权责任中第三人范围认定的经济学分析 [J]. 审计与经济研究，2010（1）.

73. 杜英. 强制更换会计师事务所对审计质量的影响——对企业更换中天勤等事务所的实证分析 [J]. 审计与经济研究，2010（1）.

74. 王光远，严晖. 内部审计准则的国际比较 [J]. 审计与经济研究，2010（2）.

75. 方宝璋，朱灵通. 论国家审计信息产品的属性和价格 [J]. 审计与经济研究，2010（3）.

76. 张晓岚，杨春隆. 自愿性变更审计师与审计意见关系的验证 [J]. 审计与经济研究，2010（3）.

77. 陈艳萍，杨淑娥. 我国注册会计师审计市场集中度与竞争态势分析 [J]. 审计与经济研究，2010（3）.

78. 戴捷敏，方红星. 控制风险、风险溢价与审计收费——来自深市上市公司 2007 年年报的经验证据 [J]. 审计与经济研究，2010（3）.

79. 武恒光. 审计证据、审计风险及不规则关系研究——基于一个舞弊博弈模型的分析 [J]. 审计与经济研究，2010（4）.

80. 崔宏. 工作压力、学习负担对注册会计师职业倦怠影响的实证研究 [J]. 审计与经济研究，2010（4）.

81. 余玮，郑颖. 民营化对上市公司业绩与会计师事务所选择的影响研究 [J]. 审计与经济研究，2010（4）.

82. 王善平，宋艳. 我国国家审计文化建设的内涵和路径研究 [J]. 审计与经济研究，2010（5）.

83. 董志强，汤灿晴. 审计市场竞争与审计合谋：历史与理论考察 [J]. 审计与经济研究，2010（5）.

84. 毛洪涛，张正勇. 社会责任审计理论研究述评——根据国内 1993~2009 年研究的分析 [J]. 审计与经济研究，2010（5）.

85. 肖小凤，唐红. 新股发行市场的审计师选择——来自 2006~2008 年的数据 [J]. 审计与经济研究，2010（6）.

86. 方军雄. 审计职业声誉损害、独立性与市场反应 [J]. 上海立信会计学院学报，2010（2）.

87. 谢盛纹，孙俊奇. 审计行业专门化与审计质量相关性分析——基于内生性视角的实证研究 [J]. 上海立信会计学院学报，2010（3）.

88. 张影. 日本内部控制审计及其对中国的启示 [J]. 上海立信会计学院学报，2010（4）.

89. 刘成立. 业绩预告、业绩"变脸"与审计治理效应 [J]. 上海立信会计学院学报，2010（4）.

90. 李晓慧，王璐. 我国注册会计师应对工作不满意情境的行为反应研究——基于对 EVLN 模型的有效性验证 [J]. 上海立信会计学院学报，2010（5）.

91. 曾祥飞，林钟高，崔亭亭. 控制权视角下内部控制的治理功能研究 [J]. 上海立信会计学院学报，2010（5）.

（六）公司治理

1. 张纯，高吟. 多元化经营与企业经营业绩——基于代理问题的分析 [J]. 会计研究，2010（9）.

2. 万晓文，李明望，王秀. 基于财务视角的投资者关系管理研究评述与启示 [J]. 会计研究，2010（9）.

3. 吴育辉，吴世农. 高管薪酬：激励还是自利——来自中国上市公司的证据 [J]. 会计研究，2010（11）.

4. 陈冬华，梁上坤，蒋德权. 不同市场化进程下高管激励契约的成本与选择：货币薪酬与在职消费 [J]. 会计研究，2010（11）.

5. 周仁俊，杨战兵，李礼. 管理层激励与企业经营业绩的相关性——国有与非国有控股上市公司的比较 [J]. 会计研究，2010（12）.

6. 唐跃军，左晶晶. 终极控制权、大股东治理战略与独立董事 [J]. 审计研究，2010（6）.

7. 南开大学公司治理评价课题组. 中国上市公司治理状况评价研究——来自 2008 年 1127 家上市公司的数据 [J]. 管理世界，2010（1）.

8. 王化成，孙健，邓路，卢闯. 控制权转移中投资者过度乐观了吗？[J]. 管理世界，2010（2）.

9. 陈仕华，郑文全. 公司治理理论的最新进展：一个新的分析框架 [J]. 管理世界，2010（2）.

10. 吴联生，林景艺，王亚平. 薪酬外部公平性、股权性质与公司业绩 [J]. 管理世界，2010（3）.

11. 赵晶，关鑫，高闯. 社会资本控制链替代了股权控制链吗?——上市公司终极股东双重隐形控制链的构建与动用 [J]. 管理世界，2010（3）.

12. 佟岩，陈莎莎. 生命周期视角下的股权制衡与企业价值 [J]. 南开管理评论，2010（1）.

13. 李维安，刘绪光，陈靖涵. 经理才能、公司治理与契约参照点——中国上市公司高管薪酬决定因素的理论与实证分析 [J]. 南开管理评论，2010（2）.

14. 刘春，孙亮. 薪酬差距与企业绩效：来自国企上市公司的经验证据 [J]. 南开管理评论，2010（2）.

15. 王明琳，陈凌，叶长兵. 中国民营上市公司的家族治理与企业价值 [J]. 南开管理评论，2010（2）.

16. 李婧，贺小刚，茆键. 亲缘关系、创新能力与企业绩效 [J]. 南开管理评论，2010（3）.

17. 宋渊洋，李元旭. 控股股东决策控制、CEO 激励与企业国际化战略 [J]. 南开管理评论，2010（4）.

18. 潘红波，余明桂. 政治关系、控股股东利益输送与民营企业绩效 [J]. 南开管理评论，2010（4）.

19. 田存志，吴新春. 公司股权和管理层激励对信息非对称程度的影响研究 [J]. 南开管理评论，2010（4）.

20. 权小锋，吴世农. CEO 权力强度、信息披露质量与公司业绩的波动性——基于深交所上市公司的实证研究 [J]. 南开管理评论，2010（4）.

21. 黄志忠，白云霞，李畅欣. 所有权、公司治理与财务报表重述 [J]. 南开管理评论，

2010（5）.

22. 任颋，王峥. 女性参与高管团队对企业绩效的影响：基于中国民营企业的实证研究 [J]. 南开管理评论，2010（5）.

23. 肖作平. 所有权和控制权的分离度、政府干预与资本结构选择——来自中国上市公司的实证证据 [J]. 南开管理评论，2010（5）.

24. 蔺元. 我国上市公司产融结合效果分析——基于参股非上市金融机构视角的实证研究 [J]. 南开管理评论，2010（5）.

25. 关鑫，高闯，吴维库. 终极股东社会资本控制链的存在与动用——来自中国 60 家上市公司的证据 [J]. 南开管理评论，2010（6）.

26. 林润辉，范建红，赵阳，张红娟，侯如靖. 公司治理环境、治理行为与治理绩效的关系研究——基于中国电信产业演进的证据 [J]. 南开管理评论，2010（6）.

27. 贺小刚，李婧，陈蕾. 家族成员组合与公司治理效率：基于家族上市公司的实证研究 [J]. 南开管理评论，2010（6）.

28. 王福胜，刘仕煜. 基于 Ohlson 会计评价模型的公司治理评价研究 [J]. 管理科学，2010（5）.

29. 黄波，陈正旭. 中国 A 股上市公司董事会治理结构的影响因素研究 [J]. 管理科学，2010（6）.

30. 郝颖，刘星，林朝南. 资本投资控制权的私有利益攫取研究：评述与探析 [J]. 管理评论，2010（2）.

31. 朱星文，廖义刚，谢盛纹. 高级管理人员变更、股权特征与盈余管理——来自中国上市公司的经验证据 [J]. 南开管理评论，2010（2）.

32. 吴建华，刘睿智. 上市公司高管薪酬激励与盈余管理实证分析 [J]. 财会通讯，2010（8）.

33. 陈珩，贡文竹. 股权结构与公司绩效的实证研究——基于沪市制造业上市公司的数据 [J]. 财会通讯，2010（8）.

34. 彭启发，李彬. 上市公司治理结构对会计信息披露质量影响的实证研究 [J]. 财会通讯，2010（3）.

35. 蒙立元，李苗苗，张雅淘. 公司治理结构与环境会计信息披露关系实证研究 [J]. 财会通讯，2010（3）.

36. 张欣. 浅析上市公司股利分配政策 [J]. 财会通讯，2010（9）.

37. 卢馨，陈睿. 经理人股权激励文献综述 [J]. 财会通讯，2010（11）.

38. 张志花，金莲花. 公司治理与真实活动盈余管理的实证研究 [J]. 财会通讯，2010（4）.

39. 李世新，涂琳. 中小企业板上市公司高管激励效果的实证研究 [J]. 财会通讯，2010（8）.

40. 丁朝霞，黄亮. 西方公司股利政策理论研究综述 [J]. 财会通讯，2010（3）.

41. 刘瑞明，石磊. 国有企业的双重效率损失与经济增长 [J]. 经济研究，2010（1）.

42. 李培功，沈艺峰. 媒体的公司治理作用：中国的经验证据［J］. 经济研究，2010（4）.

43. 张学勇，廖理. 股权分置改革、自愿性信息披露与公司治理［J］. 经济研究，2010（4）.

44. 陈冬华，范从来，沈永健，周亚虹. 职工激励、工资刚性与企业绩效——基于国有非上市公司的经验证据［J］. 经济研究，2010（7）.

45. 罗炜，朱春艳. 代理成本与公司自愿性披露［J］. 经济研究，2010（10）.

46. 苏冬蔚，林大庞. 股权激励、盈余管理与公司治理［J］. 经济研究，2010（11）.

47. 陈初昇，衣长军. 基于人力资本视角的治理模式与企业所有权配置［J］. 宏观经济研究，2010（7）.

48. 李秉成，徐鑫波. 控制人性质与支持程度关系研究——基于 ST 公司摘帽的经验证据［J］. 宏观经济研究，2010（11）.

49. 陈丁，张顺. 薪酬差距与企业绩效的倒 U 型关系研究——理论模型与实证探索［J］. 南开经济研究，2010（5）.

50. 黄建山. 公司治理改善公司效率的作用：兼论"效率导向"监管理念［J］. 上海经济研究，2010（2）.

51. 王臻，杨昕. 独立董事特征与上市公司信息披露质量的关系——以深证 A 股上市公司为例［J］. 上海经济研究，2010（5）.

52. 蒋言. 股权结构、大股东侵害与股东表决权制度［J］. 上海经济研究，2010（9）.

53. 左晶晶，唐跃军. 过度激励与企业业绩——基于边际递减效应和中国上市公司高管团队的研究［J］. 产业经济研究，2010（1）.

54. 刘星，安灵. 大股东控制、政府控制层级与公司价值创造［J］. 会计研究，2010（1）.

55. 章卫东，李海川. 定向增发新股、资产注入类型与上市公司绩效的关系——来自中国证券市场的经验证据［J］. 会计研究，2010（3）.

56. 步丹璐，蔡春，叶建明. 高管薪酬公平性问题研究——基于综合理论分析的量化方法思［J］. 会计研究，2010（5）.

57. 高汉祥，郑济孝. 公司治理与企业社会责任：同源、分流与融合［J］. 会计研究，2010（6）.

58. 周宏，张巍. 中国上市公司经理人薪酬的比较效应——基于相对业绩评价的实证研究［J］. 会计研究，2010（7）.

59. 姚立杰，罗玫，夏冬林. 公司治理与银行借款融资［J］. 会计研究，2010（8）.

60. 孟晓俊，肖作平，曲佳莉. 企业社会责任信息披露与资本成本的互动关系——基于信息不对称视角的一个分析框架［J］. 会计研究，2010（9）.

61. Morck, Randall Wolfenzon, Daniel, 杨贤，卢昌崇. 公司治理，经济设防与经济增长（上期）［J］. 管理世界，2010（3）.

62. 贾明，张喆. 高管的政治关联影响公司慈善行为吗?［J］. 管理世界，2010（4）.

63. Morck, Randall Wolfenzon, Daniel Yeung, Bernard, 卢昌崇. 公司治理、经济设防与经济增长（下期）［J］. 管理世界，2010（4）.

64. 周宏，刘玉红，张巍. 激励强度、公司治理与经营绩效——基于中国上市公司的检验 [J]. 管理世界，2010（4）.

65. 汪林，储小平，黄嘉欣，陈戈. 与高层领导的关系对经理人"谏言"的影响机制——来自本土家族企业的经验证据 [J]. 管理世界，2010（5）.

66. 吴育辉，吴世农. 企业高管自利行为及其影响因素研究——基于我国上市公司股权激励草案的证据 [J]. 管理世界，2010（5）.

67. 陆正飞，张会丽. 所有权安排、寻租空间与现金分布——来自中国 A 股市场的经验证据 [J]. 管理世界，2010（5）.

68. 唐雪松，杜军，申慧. 独立董事监督中的动机——基于独立意见的经验证据 [J]. 管理世界，2010（9）.

69. 涂国前，刘峰. 制衡股东性质与制衡效果——来自中国民营化上市公司的经验证据 [J]. 管理世界，2010（11）.

70. 纪信义，曹寿民. 公司治理结构对财务报告品质可靠性的影响——从盈余门坎的角度分析 [J]. 审计与经济研究，2010（1）.

71. 杨兴全，张照南. 治理环境、控制权与现金流权分离及现金持有量——我国民营上市公司的实证研究 [J]. 审计与经济研究，2010（1）.

72. 肖继辉，彭文平. 基金管理公司内部治理及其效应分析——以开放式基金为样本 [J]. 审计与经济研究，2010（1）.

73. 张俊生，曾亚敏. 上市公司多元化经营、盈余管理与业绩背离 [J]. 审计与经济研究，2010（4）.

74. 杜兴强，周泽将. 制度环境、公司治理与独立董事——依据伊利股份案例的研究 [J]. 审计与经济研究，2010（6）.

75. 雷新途，李世辉. 债权人相机控制的机理、类型与机制构建——以不完备契约理论为视角 [J]. 审计与经济研究，2010（3）.

76. 朱红军. 转轨经济中的公司治理与控制权私人收益 [J]. 上海立信会计学院学报，2010（1）.

77. 陈冬华，梁上坤. 在职消费、股权制衡及其经济后果——来自中国上市公司的经验证据 [J]. 上海立信会计学院学报，2010（1）.

78. 王成方，罗明琦，张胜，张敏. 投资效率、企业产权与高管变更——基于中国上市公司的经验证据 [J]. 上海立信会计学院学报，2010（1）.

79. 雷光勇，张引，金鑫. 股权分置改革、大股东行为变迁与盈余管理幅度 [J]. 上海立信会计学院学报，2010（2）.

80. 吕久琴，周红. 衡量上市公司信息披露程度研究综述 [J]. 上海立信会计学院学报，2010（2）.

81. 马元驹. 上市公司的"信息界圈"现象及其治理 [J]. 上海立信会计学院学报，2010（3）.

82. 龙凌虹，陈婧婧. 控股权性质、税收成本与盈余管理——基于会计-税收利润差异的研究 [J]. 上海立信会计学院学报，2010（4）.

83. 肖成民. 公司治理的若干维度及与代理冲突之间的关系 [J]. 上海立信会计学院学报，2010（5）.

84. 林志伟，胥佚萱，郭琳. 投资者监督、政府干预与企业价值——基于机构投资者的经验证据 [J]. 上海立信会计学院学报，2010（5）.

85. 沈洪涛，程辉，袁子琪. 企业环境信息披露：年报还是独立报告？[J]. 上海立信会计学院学报，2010（6）.

86. 罗宏，张玮倩. 会计信息披露与资本市场配置效率的实验研究 [J]. 上海立信会计学院学报，2010（6）.

87. 王烨. 国有控股、股权控制链与盈余质量 [J]. 经济管理，2010（2）.

88. 江伟. 董事长过度自信对上市公司融资偏好行为的影响 [J]. 经济管理，2010（2）.

89. 李胜楠. 民营企业上市方式、两权偏离度与现金持有价值 [J]. 经济管理，2010（3）.

90. 王俊秋，张奇峰. 政府控制、制度环境与上市公司财务重述行为 [J]. 经济管理，2010（4）.

91. 雒敏. 公司特征、预算松弛与盈余管理 [J]. 经济管理，2010（4）.

92. 袁淳，刘思淼，高雨. 大股东控制与利益输送方式选择——关联交易还是现金股利 [J]. 经济管理，2010（5）.

93. 张天舒，张人骥，黄俊. 产权保护、业务变更与企业绩效 [J]. 经济管理，2010（6）.

94. 肖红军，张俊生，曾亚敏. 企业高管的政府背景与企业社会责任事件的溢出效应——基于"环保风暴"下金沙江水电项目紧急叫停案的研究 [J]. 经济管理，2010（9）.

95. 张国清. 多个终极大股东、产权组合与公司绩效 [J]. 经济管理，2010（10）.

（七）内部控制与风险管理

1. 张俊民，林野萌，刘彬. 上市公司会计舞弊识别及治理理论研究现状与展望——"上市公司会计舞弊识别及治理"专题国际学术研讨会观点综述 [J]. 会计研究，2010（9）.

2. 池国华. 基于管理视角的企业内部控制评价系统模式 [J]. 会计研究，2010（10）.

3. 缪艳娟. 企业内控规范实施机制的新制度经济学分析 [J]. 会计研究，2010（11）.

4. 高红贵. 现代企业社会责任履行的环境信息披露研究——基于"生态社会经济人"假设视角 [J]. 会计研究，2010（12）.

5. 程新生，宋文洋，游晓颖，王慧. 信用风险管理：从内部绩效评价到客户公司治理风险评价——基于LS公司信用风险管理系统的案例研究 [J]. 会计研究，2010（12）.

6. 张颖，郑洪涛. 我国企业内部控制有效性及其影响因素的调查与分析 [J]. 审计研究，2010（1）.

7. 杨玉凤，王火欣，曹琼. 内部控制信息披露质量与代理成本相关性研究——基于沪市2007年上市公司的经验数据 [J]. 审计研究，2010（1）.

8. 申慧慧. 环境不确定性对盈余管理的影响 [J]. 审计研究，2010 (1).

9. 张龙平，王军只，张军. 内部控制鉴证对会计盈余质量的影响研究——基于沪市 A 股公司的经验证据 [J]. 审计研究，2010 (2).

10. 张晓杰. 建立矩阵式内部控制机制的设想 [J]. 审计研究，2010 (3).

11. 黄寿昌，李芸达，陈圣飞. 内部控制报告自愿披露的市场效应——基于股票交易量及股票收益波动率的实证研究 [J]. 审计研究，2010 (4).

12. 钟玮，唐海秀. 内部控制系统要素功能耦合与动态演进 [J]. 审计研究，2010 (4).

13. 田高良，齐保垒，李留闯. 基于财务报告的内部控制缺陷披露影响因素研究 [J]. 南开管理评论，2010 (4).

14. 齐保垒，田高良，李留闯. 上市公司内部控制缺陷与财务报告信息质量 [J]. 管理科学，2010 (4).

15. 王珍义，常亚平，阎俊，章艳. 中国会计不道德行为影响因素的实证研究——基于组织和社会环境的视角 [J]. 管理学报，2010 (6).

16. 马畅. 上市公司盈余管理动机研究综述 [J]. 财会通讯，2010 (6).

17. 刘朝霞，孙丽娜. 上市公司信息披露质量研究 [J]. 财会通讯，2010 (8).

18. 吴丹红，罗幼喜. 上市公司社会责任报告影响因素研究 [J]. 财会通讯，2010 (8).

19. 丁园. 国际视角下的中小企业社会责任：理论与实践 [J]. 财会通讯，2010 (8).

20. 杨帆，张梅芳. 企业社会责任：理论述评与思考 [J]. 财会通讯，2010 (1).

21. 陈伟军，邓博夫，张欢，卢建境，贾飞. 识别盈余管理与盈余操纵——基于南京高科的案例分析 [J]. 财会通讯，2010 (12).

22. 雷鸣. 上市公司内部控制信息披露程度影响因素分析 [J]. 财会通讯，2010 (5).

23. 傅倞轩. 内部控制鉴证报告披露的市场反应研究——来自深市 2006 年至 2008 年经验数据 [J]. 财会通讯，2010 (5).

24. 吕秀芝. 公司治理框架下的内部控制研究 [J]. 当代经济研究，2010 (7).

25. 罗琦，王寅. 投资者保护与控股股东资产偏好 [J]. 会计研究，2010 (2).

26. 王竹泉，隋敏. 控制结构+企业文化：内部控制要素新二元论 [J]. 会计研究，2010 (3).

27. 袁广达. 基于环境会计信息视角下的企业环境风险评价与控制研究 [J]. 会计研究，2010 (4).

28. 杨棉之，孙健，卢闯. 企业集团内部资本市场的存在性与效率性 [J]. 会计研究，2010 (4).

29. 南京大学会计与财务研究院课题组. 论中国企业内部控制评价制度的现实模式——基于 112 个企业案例的研究 [J]. 会计研究，2010 (6).

30. 张瑞君，陈虎，张永冀. 企业集团财务共享服务的流程再造关键因素研究——基于中兴通讯集团管理实践 [J]. 会计研究，2010 (7).

31. 崔志娟. 柜台市场效率与会计信息配置模式的优化 [J]. 会计研究，2010 (8).

32. 王峰娟，谢志华. 内部资本市场效率实证测度模型的改进与验证 [J]. 会计研究，2010（8）.

33. 肖成民，吕长江. 利润操纵行为影响会计稳健性吗?——基于季度盈余不同汇总方法的经验证据 [J]. 会计研究，2010（9）.

34. 刘明辉. 内部控制鉴证：争论与选择 [J]. 会计研究，2010（9）.

35. 薛爽，肖泽忠，潘妙丽. 管理层讨论与分析是否提供了有用信息——基于亏损上市公司的实证探索 [J]. 管理世界，2010（5）.

36. 刘银国，高莹，白文周. 股权结构与公司绩效相关性研究 [J]. 管理世界，2010（9）.

37. 邵春燕. 终极控制股东对企业盈余可靠性影响的实证研究——依据 2005~2008 年中国制造业上市公司的数据 [J]. 审计与经济研究，2010（1）.

38. 董美霞. 增强企业内部控制评价效果的思考——基于《企业内部控制评价指引（征求意见稿）》[J]. 审计与经济研究，2010（1）.

39. 刘剑民. 基于中间组织协调视角的母子公司财务控制研究 [J]. 审计与经济研究，2010（2）.

40. 孙芳城，杨兴龙，田冠军. 企业内部控制的属性差异和功能分化 [J]. 审计与经济研究，2010（6）.

41. 方红星，孙翯. 交叉上市公司内部控制缺陷披露的影响因素与市场反应——基于兖州煤业的案例研究 [J]. 上海立信会计学院学报，2010（1）.

42. 池国华，原国英，乔跃峰. 辽宁省上市公司内部控制信息披露：现状与建议——基于 2009 年沪深两市 A 股主板公司的数据分析 [J]. 上海立信会计学院学报，2010（4）.

43. 刘启亮，陈冬，唐建新. IFRS 强制采用与盈余操纵——来自 2006 年亏损上市公司的经验证据 [J]. 经济管理，2010（6）.

44. 朱晓洋，邵一飞，杨青. 中国上市银行内部治理机制与综合绩效 [J]. 经济管理，2010（8）.

第二节　英文文献索引

（一）会计基本理论

1. Koonce Lisa, Lipe Marlys Gascho. Earnings Trend and Performance Relative to Benchmarks: How Consistency Influences Their Joint Use. Journal of Accounting Research.

2. Jackson Scott B., Liu Xiaotao (Kelvin). The Allowance for Uncollectible Accounts, Conservatism, and Earnings Management. Journal of Accounting Research.

3. Elliott W. Brooke, Krische Susan D., Peecher Mark E. Expected Mispricing: The Joint

Influence of Accounting Transparency and Investor Base. Journal of Accounting Research.

4. Sapra Haresh. Discussion of Expected Mispricing: The Joint Influence of Accounting Transparency and Investor Base. Journal of Accounting Research.

5. Bushee Brian J., Core John E., Guay Wayne. The Role of the Business Press as an Information Intermediary.Journal of Accounting Research.

6. Nikolaev Valeri V. Debt Covenants and Accounting Conservatism. Journal of Accounting Research.

7. Wu Jin (Ginger), Zhang Lu, Zhang X. Frank. The q-Theory Approach to Understanding the Accrual Anomaly.Journal of Accounting Research.

8. Christensen John. Accounting Errors and Errors of Accounting. Accounting Review.

9. Cready William, Lopez Thomas J., Sisneros Craig A. The Persistence and Market Valuation of Recurring Nonrecurring Items. Accounting Review.

10. Gaa James C. Accounting and Business Ethics: An Introduction. Accounting Review.

11. Kachelmeier Steven J. Introduction to a Forum on Individual Differences in Accounting Behavior.Accounting Review.

12. Napier Christopher.Principles before Standards: The ICAEW's " N Series" of Recommendations on Accounting Principles 1942-1969. Accounting Review.

13. Koonce Lisa, Williamson Michael G., Winchel Jennifer. Consensus Information and Nonprofessional Investors' Reaction to the Revelation of Estimate Inaccuracies.Accounting Review.

14. Liang Pierre Jinghong. Accounting Disclosure and Real Effects.Accounting Review.

15. Sack Robert J. Early Warning and Quick Response: Accounting in the Twenty-First Century. Accounting Review.

16. Gow Ian D., Ormazabal Gaizka, Taylor Daniel J. Correcting for Cross-Sectional and Time-Series Dependence in Accounting Research. Accounting Review.

17. Stubben Stephen R. Discretionary Revenues as a Measure of Earnings Management. Accounting Review.

18. Kang Sok -Hyon, Zhao Yuping. Information Content and Value Relevance of Depreciation: A Cross-Industry Analysis. Accounting Review.

19. McNichols Maureen. Earnings Quality. Accounting Review.

20. Rahaman Abu, Neu Dean, Everett Jeff. Accounting for Social -Purpose Alliances: Confronting the HIV/AIDS Pandemic in Africa. Contemporary Accounting Research.

21. Fung Simon Yu Kit, Su Lixin (Nancy), Zhu Xindong (Kevin). Price Divergence from Fundamental Value and the Value Relevance of Accounting Information. Contemporary Accounting Research.

22. Gunny Katherine A. The Relation Between Earnings Management Using Real Activities

Manipulation and Future Performance: Evidence from Meeting Earnings Benchmarks. Contemporary Accounting Research.

23. Bandyopadhyay Sati P., Chen Changling, Huang Alan G. Accounting Conservatism and the Temporal Trends in Current Earnings' Ability to Predict Future Cash Flows versus Future Earnings: Evidence on the Trade-off between Relevance and Reliability. Contemporary Accounting Research.

24. Riedl Edward J. Discussion of "Accounting Conservatism and the Temporal Trends in Current Earnings' Ability to Predict Future Cash Flows versus Future Earnings: Evidence on the Trade-off between Relevance and Reliability". Contemporary Accounting Research.

25. Beatty Anne, Liao W. Scott, Weber Joseph. The Effect of Private Information and Monitoring on the Role of Accounting Quality in Investment Decisions. Contemporary Accounting Research.

26. Reppenhagen David A. Contagion of Accounting Methods: Evidence from Stock Option Expensing. Review of Accounting Studies.

27. Olsson Per. Discussion of "Contagion of Accounting Methods: Evidence from Stock Option Expensing". Review of Accounting Studies.

28. Chen Chih-Ying. Do Analysts and Investors fully Understand the Persistence of the Items Excluded from Street Earnings?. Review of Accounting Studies.

29. Callen Jeffrey L., Segal Dan, Hope Ole-Kristian. The Pricing of Conservative Accounting and the Measurement of Conservatism at the Firm-year Level. Review of Accounting Studies.

30. DeFond Mark L. Earnings Quality Research: Advances, Challenges and Future Research. Journal of Accounting & Economics.

31. Dechow Patricia, Ge Weili, Schrand Catherine. Understanding Earnings Quality: A Review of the Proxies, Their Determinants and Their Consequences. Journal of Accounting & Economics.

32. Richardson Scott, Tuna Irem, Wysocki Peter. Accounting Anomalies and Fundamental Analysis: A Review of Recent Research Advances. Journal of Accounting & Economics.

33. Lewellen Jonathan. Accounting Anomalies and Fundamental Analysis: An Alternative view. Journal of Accounting & Economics.

34. Larcker David F., Rusticus Tjomme O. On the Use of Instrumental Variables in Accounting Research. Journal of Accounting & Economics.

35. Bargeron Leonce L., Lehn Kenneth M., Zutter Chad J. Sarbanes-Oxley and Corporate Risk-taking. Journal of Accounting & Economics.

36. Dey Aiyesha. The Chilling Effect of Sarbanes-Oxley: A discussion of Sarbanes-Oxley and Corporate Risk-taking. Journal of Accounting & Economics.

37. Bol Jasmijn C., Moers Frank. The Dynamics of Incentive Contracting: The Role of Learning in the Diffusion Process. Accounting, Organizations and Society.

38. Kuasirikun Nooch, Constable Philip. The Cosmology of Accounting in Mid 19th-century Thailand. Accounting, Organizations and Society.

39. Walker Stephen P. Child Accounting and "the Handling of Human Souls". Accounting, Organizations and Society.

40. O'Regan Philip. "A Dense Mass of Petty Accountability": Accounting in the Service of Cultural Imperialism during the Irish Famine, 1846-1847. Accounting, Organizations and Society.

41. Hall Matthew. Accounting Information and Managerial Work. Accounting, Organizations and Society.

42. Spence Crawford. Accounting for the Dissolution of a Nation State: Scotland and the Treaty of Union. Accounting, Organizations and Society.

43. Carmona Salvador, Donoso Rafael, Walker Stephen P. Accounting and International Relations: Britain, Spain and the Asiento Treaty. Accounting, Organizations and Society.

44. Gray Rob. Is Accounting for Sustainability Actually Accounting for Sustainability and How Would We Know? An Exploration of Narratives of Organisations and the Planet. Accounting, Organizations and Society.

45. Oler Derek K., Oler Mitchell J., Skousen Christopher J. Characterizing Accounting Research. Accounting Horizons.

46. Miller Paul B. W., Bahnson Paul R. Continuing the Normative Dialog: Illuminating the Asset/Liability Theory. Accounting Horizons.

(二) 会计准则和制度

1. Balakrishnan Ramji, Eldenburg Leslie, Krishnan Ranjani. The Influence of Institutional Constraints on Outsourcing. Journal of Accounting Research.

2. Dye Ronald A. Disclosure "Bunching". Journal of Accounting Research.

3. Hollander Stephan, Pronk Maarten, Roelofsen Erik. Does Silence Speak? An Empirical Analysis of Disclosure Choices During Conference Calls. Journal of Accounting Research.

4. Ricchiute David N. Evidence Complexity and Information Search in the Decision to Restate Prior-Period Financial Statements. Journal of Accounting Research.

5. Miller Brian P. The Effects of Reporting Complexity on Small and Large Investor Trading. Accounting Review.

6. Botosan Christine A. Developments in New Reporting Models. Accounting Review.

7. Mills Lillian F., Robinson Leslie A., Sansing Richard C. FIN 48 and Tax Compliance. Accounting Review.

8. Lemon W. Morley. Called to Account: Fourteen Financial Frauds that Shaped the American Accounting Profession. Accounting Review.

9. Jamal Karim, Tan Hun-Tong. Joint Effects of Principles-Based versus Rules-Based Standards and Auditor Type in Constraining Financial Managers' Aggressive Reporting. Accounting Review.

10. Kadous Kathryn.Experimental Research in Financial Reporting: From the Laboratory to the Virtual World. Accounting Review.

11. Blouin Jennifer L., Gleason Cristi A., Mills Lillian F. Pre-Empting Disclosure? Firms' Decisions Prior to FIN No. 48.Accounting Review.

12. Brochet Francois. Information Content of Insider Trades before and after the Sarbanes-Oxley Act. Accounting Review.

13. Li Siqi. Does Mandatory Adoption of International Financial Reporting Standards in the European Union Reduce the Cost of Equity Capital?. Accounting Review.

14. Williams Michael G., Hughes John S., Levine Carolyn B. Influence of Capital Gains Tax Policy on Credibility of Unverified Disclosures.Accounting Review.

15. Armstrong Christopher S., Barth Mary E., Jagolinzer Alan D. Market Reaction to the Adoption of IFRS in Europe.Accounting Review.

16. Bamber Linda Smith, Jiang John (Xuefeng), Petroni Kathy R. Comprehensive Income: Who's Afraid of Performance Reporting?. Accounting Review.

17. Lang Mark H. Research, Standard Setting, and Global Financial Reporting.Accounting Review.

18. Campbell John L., Dhaliwal Dan S., Schwartz William C. Jr. Equity Valuation Effects of the Pension Protection Act of 2006. Contemporary Accounting Research.

19. Lasser Dennis J., Wang Xue, Zhang Yan. The Effect of Short Selling on Market Reactions to Earnings Announcements. Contemporary Accounting Research.

20. Riedl Edward J., Srinivasan Suraj. Signaling Firm Performance through Financial Statement Presentation: An Analysis Using Special Items. Contemporary Accounting Research.

21. Horton Joanne, Serafeim George. Market Reaction to and Valuation of IFRS Reconciliation Adjustments: First Evidence from the UK. Review of Accounting Studies.

22. Lerman, Alina, Livnat, Joshua. The New Form 8-K Disclosures. Review of Accounting Studies.

23. Baiman Stanley. Special Issue on Determinants of Accounting Policy. Review of Accounting Studies.

24. Chen Zhihong, Dhaliwal Dan S., Xie Hong. Regulation Fair Disclosure and the Cost of Equity Capital. Review of Accounting Studies.

25. D'Souza Julia, Ramesh K., Shen Min. Disclosure of GAAP Line Items in Earnings

Announcements. Review of Accounting Studies.

26. Lambert Richard. Discussion of "Implications for GAAP from an Analysis of Positive Research in Accounting". Journal of Accounting & Economics.

27. Kothari S. P., Ramanna Karthik, Skinner Douglas J. Implications for GAAP from an Analysis of Positive Research in Accounting. Journal of Accounting & Economics.

28. Beyer Anne, Cohen Daniel A., Lys Thomas Z. The Financial Reporting Environment: Review of the Recent Literature. Journal of Accounting & Economics.

29. Dechow Patricia M., Myers Linda A., Shakespeare Catherine. Fair Value Accounting and Gains from Asset Securitizations: A Convenient Earnings Management Tool with Compensation Side-benefits. Journal of Accounting & Economics.

30. Barth Mary, Taylor Daniel. In Defense of Fair Value: Weighing the Evidence on Earnings Management and Asset Securitizations. Journal of Accounting & Economics.

31. Francis Jere R., Martin Xiumin. Acquisition Profitability and Timely Loss Recognition. Journal of Accounting & Economics.

32. Roychowdhury Sugata. Discussion of: "Acquisition Profitability and Timely Loss Recognition". by J. Francis and X. Martin. Journal of Accounting & Economics.

33. Seifert Deborah L., Sweeney John T., Joireman Jeff. The Influence of Organizational Justice on Accountant Whistleblowing. Accounting, Organizations and Society.

34. Davison Jane. Visible [in] Tangibles: Visual Portraits of the Business Elite. Accounting, Organizations and Society.

35. Stevens Douglas E., Thevaranjan Alex. A Moral Solution to the Moral Hazard Problem. Accounting, Organizations and Society.

36. Desir Rosemond, Fanning Kirsten, Pfeiffer Ray J. Are Revisions to SFAS No. 5 Needed?. Accounting Horizons.

37. Gramling Audrey A., Jenkins J. Gregory, Taylor Mark H. Policy and Research Implications of Evolving Independence Rules for Public Company Auditors. Accounting Horizons.

38. Hail Luzi, Leuz Christian, Wysocki Peter. Global Accounting Convergence and the Potential Adoption of IFRS by the U.S. (Part Ⅱ): Political Factors and Future Scenarios for U.S. Accounting Standards. Accounting Horizons.

39. McAnally Mary Lea, McGuire Sean T., Weaver Connie D. Assessing the Financial Reporting Consequences of Conversion to IFRS: The Case of Equity-Based Compensation. Accounting Horizons.

40. Hail Luzi, Leuz Christian, Wysocki Peter. Global Accounting Convergence and the Potential Adoption of IFRS by the US (Part Ⅰ): Conceptual Underpinnings and Economic Analysis. Accounting Horizons.

41. Nagy Albert L. Section 404 Compliance and Financial Reporting Quality. Accounting

Horizons.

42. Ohlson James A., Penman Stephen, Bloomfield Robert. A Framework for Financial Reporting Standards: Issues and a Suggested Model. Accounting Horizons.

43. Palmrose Zoe-Vonna. Balancing the Costs and Benefits of Auditing and Financial Reporting Regulation Post-SOX, Part Ⅱ: Perspectives from the Nexus at the SEC.Accounting Horizons.

44. Daugherty Brian, Tervo Wayne. PCAOB Inspections of Smaller CPA Firms: The Perspective of Inspected Firms. Accounting Horizons.

45. Dickhaut John, Basu Sudipta, McCabe Kevin.Neuroaccounting: Consilience between the Biologically Evolved Brain and Culturally Evolved Accounting Principles. Accounting Horizons.

46. Dilla William N., Janvrin Diane J. Voluntary Disclosure in Annual Reports: The Association between Magnitude and Direction of Change in Corporate Financial Performance and Graph Use.Accounting Horizons.

47. Mosso David.Transparency Unveiled: Financial Crisis Prevention through Accounting Reform. Accounting Horizons.

48. AAA FASC.Response to the Financial Accounting Standards Board's and the International Accounting Standard Board's Joint Discussion Paper Entitled Preliminary Views on Financial Statement Presentation.Accounting Horizons.

49. King Ronald R. The PCAOB Meets the Constitution: The Supreme Court to Decide on the PCAOB's Conformity with the Separation of Powers Doctrine and Appointments Clause. Accounting Horizons.

（三）成本和管理会计

1. Li Feng. The Information Content of Forward-Looking Statements in Corporate Filings-A Naive Bayesian Machine Learning Approach. Journal of Accounting Research.

2. Baiman Stanley, Netessine Serguei, Saouma Richard. Informativeness, Incentive Compensation, and the Choice of Inventory Buffer. Accounting Review.

3. Bol Jasmijn C., Keune Timothy M., Matsumura Ella Mae. Supervisor Discretion in Target Setting: An Empirical Investigation. Accounting Review.

4. Feng Mei, Koch Adam S. Once Bitten, Twice Shy: The Relation between Outcomes of Earnings Guidance and Management Guidance Strategy. Accounting Review.

5. Keung Edmund C. Do Supplementary Sales Forecasts Increase the Credibility of Financial Analysts' Earnings Forecasts?. Accounting Review.

6. Cadman Brian, Klasa Sandy, Matsunaga Steve. Determinants of CEO Pay: A Comparison of Execu-comp and Non-execu comp Firms. Accounting Review.

7. Feng Mei, McVay Sarah. Analysts' Incentives to Overweight Management Guidance When Revising Their Short-Term Earnings Forecasts. Accounting Review.

8. Kachelmeier Steven J., Williamson Michael G. Attracting Creativity: The Initial and Aggregate Effects of Contract Selection on Creativity-Weighted Productivity. Accounting Review.

9. Sun Yan. Do MD&A Disclosures Help Users Interpret Disproportionate Inventory Increases?. Accounting Review.

10. Weiss Dan. Cost Behavior and Analysts' Earnings Forecasts. Accounting Review.

11. Ansari Shahid. The Execution Premium: Linking Strategy to Operations for Competitive Advantage. Accounting Review.

12. Robinson John R., Sikes Stephanie A., Weaver Connie D. Performance Measurement of Corporate Tax Departments. Accounting Review.

13. Tayler William B. The Balanced Scorecard as a Strategy-Evaluation Tool: The Effects of Implementation Involvement and a Causal-Chain Focus. Accounting Review.

14. Guttman Ilan. The Timing of Analysts' Earnings Forecasts. Accounting Review.

15. Bamber Linda Smith, Hui Kai Wai, Yeung P. Eric. Managers' EPS Forecasts: Nickeling and Diming the Market?. Accounting Review.

16. Hunton James, Arnold Vicky, Reck Jacqueline L. Decision Aid Reliance: A Longitudinal Field Study Involving Professional Buy-Side Financial Analysts. Contemporary Accounting Research.

17. Chen Qi, Mittendorf Brian, Zhang Yun. Endogenous Accounting Bias when Decision Making and Control Interact. Contemporary Accounting Research.

18. Brown Lawrence D., Mohammad Emad. Is Analyst Earnings Forecast Ability Only Firm Specific?. Contemporary Accounting Research.

19. Gupta Mahendra, Pevzner Mikhail, Seethamraju Chandra. The Implications of Absorption Cost Accounting and Production Decisions for Future Firm Performance and Valuation. Contemporary Accounting Research.

20. Hodge Frank D., Hopkins Patrick E., Wood David A. The Effects of Financial Statement Information Proximity and Feedback on Cash Flow Forecasts. Contemporary Accounting Research.

21. Luft Joan. Discussion of "The Effects of Financial Statement Information Proximity and Feedback on Cash Flow Forecasts". Contemporary Accounting Research.

22. Houston Joel F., Lev Baruch, Tucker Jennifer Wu. To Guide or Not to Guide? Causes and Consequences of Stopping Quarterly Earnings Guidance. Contemporary Accounting Research.

23. Tan Hun-Tong, Libby Robert, Hunton James E. When Do Analysts Adjust for Biases in Management Guidance? Effects of Guidance Track Record and Analysts' Incentives.

Contemporary Accounting Research.

24. Lev Baruch, Li Siyi, Sougiannis Theodore. The Usefulness of Accounting Estimates for Predicting Cash Flows and Earnings.Review of Accounting Studies.

25. Cohen Daniel, Mashruwala Raj, Zach Tzachi. The Use of Advertising Activities to Meet Earnings Benchmarks: Evidence from Monthly Data. Review of Accounting Studies.

26. Tse Senyo, Tucker Jennifer Wu. Within-industry Timing of Earnings Warnings: Do Managers Herd?. Review of Accounting Studies.

27. Dutta Sunil, Reichelstein Stefan. Decentralized Capacity Management and Internal Pricing. Review of Accounting Studies.

28. Goex Robert F. Discussion of "Decentralized Capacity Management and Internal Pricing". Review of Accounting Studies.

29. Li Xi. The Impacts of Product Market Competition on the Quantity and Quality of Voluntary Disclosures. Review of Accounting Studies.

30. Karuna Christo. Discussion of "The Impact of Product Market Competition on the Quantity and Quality of Voluntary Disclosures". Review of Accounting Studies.

31. Basu Sudipta, Markov Stanimir, Shivakumar Lakshmanan. Inflation, Earnings Forecasts, and Post-earnings Announcement Drift. Review of Accounting Studies.

32. Xu Weihong. Do Management Earnings Forecasts Incorporate Information in Accruals?. Journal of Accounting & Economics.

33. Jackson Scott B., Rodgers Theodore C., Tuttle Brad. The Effect of Depreciation Method Choice on Asset Selling Prices.Accounting, Organizations and Society.

34. Cardinaels Eddy, Van Veen-Dirks Paula M. G. Financial Versus Non-financial Information: The Impact of Information Organization and Presentation in a Balanced Scorecard. Accounting, Organizations and Society.

35. Frow Natalie, Marginson David, Ogden Stuart. "Continuous" Budgeting: Reconciling Budget Flexibility with Budgetary Control. Accounting, Organizations and Society.

36. Lukka Kari, Modell Sven.Validation in Interpretive Management Accounting Research. Accounting, Organizations and Society.

37. Knechel W. Robert, Salterio Steven E., Kochetova-Kozloski Natalia. The Effect of Benchmarked Performance Measures and Strategic Analysis on Auditors' Risk Assessments and Mental Models. Accounting, Organizations and Society.

38. Jorgensen Brian, Messner Martin. Accounting and Strategising: A Case Study from New Product Development. Accounting, Organizations and Society.

39. Choi Jong-Hag, Myers Linda A., Zang Yoonseok. The Roles that Forecast Surprise and Forecast Error Play in Determining Management Forecast Precision. Accounting Horizons.

（四）财务管理

1. Bushman Robert M., Smith Abbie J., Wittenberg-Moerman Regina. Price Discovery and Dissemination of Private Information by Loan Syndicate Participants. Journal of Accounting Research.

2. Chen Hanwen, Chen Jeff Zeyun, Lobo Gerald J. Association between Borrower and Lender State Ownership and Accounting Conservatism. Journal of Accounting Research.

3. Li Ningzhong. Negotiated Measurement Rules in Debt Contracts. Journal of Accounting Research.

4. Kang Qiang, Liu Qiao, Qi Rong. Predicting Stock Market Returns with Aggregate Discretionary Accruals. Journal of Accounting Research.

5. Cready William M., Gurun Umit G. Aggregate Market Reaction to Earnings Announcements. Journal of Accounting Research.

6. Shivakumar Lakshmanan. Discussion of Aggregate Market Reaction to Earnings Announcements. Journal of Accounting Research.

7. Kumar Alok. Self-Selection and the Forecasting Abilities of Female Equity Analysts. Journal of Accounting Research.

8. Sapienza Paola. Discussion of Self-Selection and the Forecasting Abilities of Female Equity Analysts. Journal of Accounting Research.

9. Han Jun, Tan Hun-Tong. Investors' Reactions to Management Earnings Guidance: The Joint Effect of Investment Position, News Valence, and Guidance Form. Journal of Accounting Research.

10. Keung Edmund, Lin Zhi-Xing, Shih Michael. Does the Stock Market See a Zero or Small Positive Earnings Surprise as a Red Flag?. Journal of Accounting Research.

11. Fischer Paul E., Stocken Phillip C. Analyst Information Acquisition and Communication. Accounting Review.

12. Barua Abhijit, Lin Steve, Sbaraglia Andrew M. Earnings Management Using Discontinued Operations. Accounting Review.

13. Lisowsky Petro. Seeking Shelter: Empirically Modeling Tax Shelters Using Financial Statement Information. Accounting Review.

14. Monahan Steven J. Financial Accounting and Investment Management, vol 1, vol 2. Accounting Review.

15. Beatty Anne, Liao Scott, Weber Joseph. Financial Reporting Quality, Private Information, Monitoring, and the Lease-versus-Buy Decision. Accounting Review.

16. Fan Yun, Barua Abhijit, Cready William M. Managing Earnings Using Classification Shifting: Evidence from Quarterly Special Items. Accounting Review.

17. Resutek Robert J. Intangible Returns, Accruals, and Return Reversal: A Multiperiod Examination of the Accrual Anomaly. Accounting Review.

18. Barton Jan, Hansen Thomas Bowe, Pownall Grace. Which Performance Measures Do Investors Around the World Value the Most–and Why?. Accounting Review.

19. Christensen Peter O., de la Rosa Leonidas E., Feltham Gerald A. Information and the Cost of Capital: An Ex Ante Perspective. Accounting Review.

20. Guenther David A., Sansing Richard. The Effect of Tax–Exempt Investors and Risk on Stock Ownership and Expected Returns. Accounting Review.

21. Kim Dongcheol, Qi Yaxuan. Accruals Quality, Stock Returns, and Macroeconomic Conditions. Accounting Review.

22. McVay Sarah E. Line–Item Analysis of Earnings Quality. Accounting Review.

23. Robinson Leslie A. Do Firms Incur Costs to Avoid Reducing Pre –tax Earnings? Evidence from the Accounting for Low–Income Housing Tax Credits. Accounting Review.

24. Seybert Nicholas. R&D Capitalization and Reputation–Driven Real Earnings Management. Accounting Review.

25. Lee Charles M. C. Estimating the Cost of Capital Implied by Market Prices and Accounting Data, Foundations and Trends (R) in Accounting. Accounting Review.

26. McInnis John. Earnings Smoothness, Average Returns, and Implied Cost of Equity Capital. Accounting Review.

27. Gao Pingyang. Disclosure Quality, Cost of Capital, and Investor Welfare. Accounting Review.

28. Barniv Ran, Hope Ole –Kristian, Myring Mark. International Evidence on Analyst Stock Recommendations, Valuations, and Returns. Contemporary Accounting Research.

29. Ayers Benjamin C., Laplante Stacie Kelley, Mcguire Sean T. Credit Ratings and Taxes: The Effect of Book –Tax Differences on Ratings Changes. Contemporary Accounting Research.

30. Wilson Ryan. Discussion of "Credit Ratings and Taxes: The Effect of Book –Tax Differences on Ratings Changes". Contemporary Accounting Research.

31. Peek Erik, Cuijpers Rick, Buijink Willem. Creditors' and Shareholders' Reporting Demands in Public Versus Private Firms: Evidence from Europe. Contemporary Accounting Research.

32. Bushman Robert M. Discussion of "Creditors' and Shareholders' Reporting Demands in Public Versus Private Firms: Evidence from Europe". Contemporary Accounting Research.

33. Elliott John A., Ghosh Aloke, Moon Doocheol. Asymmetric Valuation of Sustained Growth by Bond–and Equity–holders. Review of Accounting Studies.

34. Baldenius Tim, Meng Xiaojing. Signaling Firm Value to Active Investors. Review of Accounting Studies.

35. Wagenhofer Alfred. Discussion of "Signaling Firm Value to Active Investors". Review of Accounting Studies.

36. Aboody David, Lehavy Reuven, Trueman Brett. Limited Attention and the Earnings Announcement Returns of Past Stock Market Winners. Review of Accounting Studies.

37. Amir Eli, Guan Yanling, Oswald Dennis. The Effect of Pension Accounting on Corporate Pension Asset Allocation. Review of Accounting Studies.

38. Hwang Lee-Seok, Sohn Byungcherl Charlie. Return Predictability and Shareholders' Real Options. Review of Accounting Studies.

39. Jian Ming, Wong T. J. Propping through Related Party Transactions. Review of Accounting Studies.

40. Frankel Richard, Mayew William J., Sun Yan. Do Pennies Matter? Investor Relations Consequences of Small Negative Earnings Surprises. Review of Accounting Studies.

41. Rees Lynn, Thomas Wayne. The Stock Price Effects of Changes in Dispersion of Investor Beliefs During Earnings Announcements. Review of Accounting Studies.

42. Hanlon Michelle, Heitzman Shane. A Review of Tax Research. Journal of Accounting & Economics.

43. Cohen Daniel A., Zarowin Paul. Accrual-based and Real Earnings Management Activities around Seasoned Equity Offerings. Journal of Accounting & Economics.

44. Balakrishnan Karthik, Bartov Eli, Faurel Lucile. Post Loss/profit Announcement Drift. Journal of Accounting & Economics.

45. Atwood T. J., Drake Michael S., Myers Linda A. Book-tax Conformity, Earnings Persistence and the Association between Earnings and Future Cash Flows. Journal of Accounting & Economics.

46. Hugon Artur, Muslu Volkan. Market Demand for Conservative Analysts. Journal of Accounting & Economics.

47. Chan K. Hung, Lin Kenny Z., Mo Phyllis L. L. Will a Departure from Tax-based Accounting Encourage Tax Noncompliance? Archival Evidence from a Transition Economy. Journal of Accounting & Economics.

48. Aboody David, Johnson Nicole Bastian, Kasznik Ron. Employee Stock Options and Future Firm Performance: Evidence from Option Repricings. Journal of Accounting & Economics.

49. Christensen Mark, Skaerbaek Peter. Consultancy Outputs and the Purification of Accounting Technologies. Accounting, Organizations and Society.

50. Cianci Anna M., Kaplan Steven E. The Effect of CEO Reputation and Explanations for Poor Performance on Investors' Judgments about the Company's Future Performance and

Management. Accounting, Organizations and Society.

51. Van Veen –Dirks Paula. Different Uses of Performance Measures: The Evaluation Versus Reward of Production Managers. Accounting, Organizations and Society.

52. Toms J. S. Calculating Profit: A Historical Perspective on the Development of Capitalism. Accounting, Organizations and Society.

53. Koch Christopher, Schmidt Carsten. Disclosing Conflicts of Interest–Do Experience and Reputation Matter. Accounting, Organizations and Society.

54. Murray Dennis. What Are the Essential Features of a Liability?. Accounting Horizons.

55. Comiskey Eugene E., Clarke Jonathan E., Mulford Charles W. Is Negative Goodwill Valued by Investors?. Accounting Horizons.

（五）审计

1. Doogar Rajib, Sivadasan Padmakumar, Solomon Ira. The Regulation of Public Company Auditing: Evidence from the Transition to AS5. Journal of Accounting Research.

2. Reichelt Kenneth J., Wang Dechun. National and Office–Specific Measures of Auditor Industry Expertise and Effects on Audit Quality. Journal of Accounting Research.

3. Kanagaretnam Kiridaran, Krishnan Gopal V., Lobo Gerald J. An Empirical Analysis of Auditor Independence in the Banking Industry. Accounting Review.

4. Menon Krishnagopal, Williams David D. Investor Reaction to Going Concern Audit Reports. Accounting Review.

5. Reffett Andrew B. Can Identifying and Investigating Fraud Risks Increase Auditors' Liability. Accounting Review.

6. Hatfield Richard C., Houston Richard W., Stefaniak Chad M. The Effect of Magnitude of Audit Difference and Prior Client Concessions on Negotiations of Proposed Adjustments. Accounting Review.

7. Ng Terence Bu –Peow, Shankar Premila Gowri. Effects of Technical Department's Advice, Quality Assessment Standards, and Client Justifications on Auditors' Propensity to Accept Client–Preferred Accounting Methods. Accounting Review.

8. Bowen Robert M., Call Andrew C., Rajgopal Shiva. Whistle –Blowing: Target Firm Characteristics and Economic Consequences. Accounting Review.

9. Brazel Joseph F., Carpenter Tina D., Jenkins J. Gregory. Auditors' Use of Brainstorming in the Consideration of Fraud: Reports from the Field. Accounting Review.

10. Gul Ferdinand A., Goodwin John. Short –Term Debt Maturity Structures, Credit Ratings, and the Pricing of Audit Services. Accounting Review.

11. Hammersley Jacqueline S., Bamber E. Michael, Carpenter Tina D. The Influence of Documentation Specificity and Priming on Auditors' Fraud Risk Assessments and Evidence

Evaluation Decisions. Accounting Review.

12. Hope Ole-Kristian, Langli John Christian. Auditor Independence in a Private Firm and Low Litigation Risk Setting. Accounting Review.

13. Caskey Judson, Nagar Venky, Petacchi Paolo. Reporting Bias with an Audit Committee. Accounting Review.

14. Chen Shimin, Sun Sunny Y. J., Wu Donghui. Client Importance, Institutional Improvements, and Audit Quality in China: An Office and Individual Auditor Level Analysis. Accounting Review.

15. Laux Volker, Newman D. Paul. Auditor Liability and Client Acceptance Decisions. Accounting Review.

16. Tan Hun-Tong, Trotman Ken T. Effects of the Timing of Auditors' Income-Reducing Adjustment Concessions on Financial Officers' Negotiation Judgments. Contemporary Accounting Research.

17. Dhaliwal Dan, Naiker Vic, Navissi Farshid. The Association Between Accruals Quality and the Characteristics of Accounting Experts and Mix of Expertise on Audit Committees. Contemporary Accounting Research.

18. Lim Chee-Yeow, Tan Hun-Tong. Does Auditor Tenure Improve Audit Quality? Moderating Effects of Industry Specialization and Fee Dependence. Contemporary Accounting Research.

19. Desai Vikram, Roberts Robin W., Srivastava Rajendra. An Analytical Model for External Auditor Evaluation of the Internal Audit Function Using Belief Functions. Contemporary Accounting Research.

20. Saito Yoshie, Mcintosh Christopher S. The Economic Value of Auditing and Its Effectiveness in Public School Operations. Contemporary Accounting Research.

21. Trompeter Greg, Wright Arnold. The World Has Changed – Have Analytical Procedure Practices?. Contemporary Accounting Research.

22. Radcliffe Vaughan S. Discussion of "The World Has Changed –Have Analytical Procedure Practices?". Contemporary Accounting Research.

23. Lennox Clive, Pittman Jeffrey A. Big Five Audits and Accounting Fraud. Contemporary Accounting Research.

24. Mittendorf Brian. The Role of Audit Thresholds in the Misreporting of Private Information. Review of Accounting Studies.

25. Lennox Clive, Pittman Jeffrey. Auditing the Auditors: Evidence on the Recent Reforms to the External Monitoring of Audit Firms. Journal of Accounting & Economics.

26. DeFond Mark L. How Should the Auditors be Audited? Comparing the PCAOB Inspections with the AICPA Peer Reviews. Journal of Accounting & Economics.

27. Engel Ellen, Hayes Rachel M., Wang Xue. Audit Committee Compensation and the Demand for Monitoring of the Financial Reporting Process. Journal of Accounting & Economics.

28. Wysocki Peter. Corporate Compensation Policies and Audit Fees. Journal of Accounting & Economics.

29. Gibbins Michael, McCracken Susan, Salterio Steven E. The Auditor's Strategy Selection for Negotiation with Management: Flexibility of Initial Accounting Position and Nature of the Relationship. Accounting, Organizations and Society.

30. O'Donnell Ed, Prather-Kinsey Jenice. Nationality and Differences in Auditor Risk Assessment: A Research Note with Experimental Evidence. Accounting, Organizations and Society.

31. Mennicken Andrea. From Inspection to Auditing: Audit and Markets as Linked Ecologies. Accounting, Organizations and Society.

32. Schultz Joseph J. Jr., Bierstaker James Lloyd, O'Donnell Ed. Integrating Business Risk into Auditor Judgment about the Risk of Material Misstatement: The Influence of a Strategic-systems-audit Approach. Accounting, Organizations and Society.

33. Tanyi Paul, Raghunandan K., Barua Abhijit. Audit Report Lags after Voluntary and Involuntary Auditor Changes. Accounting Horizons.

34. Li Chan, Xie Yuan, Zhou Jian. National Level, City Level Auditor Industry Specialization and Cost of Debt. Accounting Horizons.

35. Hunton James E., Rose Jacob M. 21st Century Auditing: Advancing Decision Support Systems to Achieve Continuous Auditing. Accounting Horizons.

36. Palmrose Zoe-Vonna. Balancing the Costs and Benefits of Auditing and Financial Reporting Regulation Post-SOX, Part I: Perspectives from the Nexus at the SEC. Accounting Horizons.

37. Abbott Lawrence J., Parker Susan, Peters Gary F. Serving Two Masters: The Association between Audit Committee Internal Audit Oversight and Internal Audit Activities. Accounting Horizons.

38. Allen Arthur, Woodland Angela. Education Requirements, Audit Fees, and Audit Quality. Auditing: A Journal of Practice &Theory.

39. Casterella Jeffrey R., Jensen Kevan L., Knechel W. Robert. Litigation Risk and Audit Firm Characteristics. Auditing: A Journal of Practice & Theory.

40. Chang Hsihui, Cheng C. S. Agnes, Reichelt Kenneth J. Market Reaction to Auditor Switching from Big 4 to Third-Tier Small Accounting Firms. Auditing: A Journal of Practice & Theory.

41. Bagley Penelope Lee. Negative Affect: A Consequence of Multiple Accountabilities in Auditing. Auditing: A Journal of Practice &Theory.

42. Emby Craig, Favere-Marchesi Michael. Review Partners and Engagement Partners: The Interaction Process in Engagement Quality Review. Auditing: A Journal of Practice & Theory.

43. Messier William F. Jr., Kozloski Thomas M., Kochetova-Kozloski Natalia. An Analysis of SEC and PCAOB Enforcement Actions against Engagement Quality Reviewers. Auditing: A Journal of Practice & Theory.

44. Agoglia Christopher P., Brazel Joseph F., Hatfield Richard C. How Do Audit Workpaper Reviewers Cope with the Conflicting Pressures of Detecting Misstatements and Balancing Client Workloads. Auditing: A Journal of Practice & Theory.

45. Bedard Jean C., Johnstone Karla M. Audit Partner Tenure and Audit Planning and Pricing. Auditing: A Journal of Practice & Theory.

46. Choi Jong-Hag, Kim Jeong-Bon, Zang Yoonseok. Do Abnormally High Audit Fees Impair Audit Quality?. Auditing: A Journal of Practice & Theory.

47. Brandon Duane M. External Auditor Evaluations of Outsourced Internal Auditors. Auditing: A Journal of Practice & Theory.

48. Gramling Audrey A., O'Donnell Ed, Vandervelde Scott D. Audit Partner Evaluation of Compensating Controls: A Focus on Design Effectiveness and Extent of Auditor Testing. Auditing: A Journal of Practice & Theory.

49. Griffin Paul A., Lont David H. Do Investors Care about Auditor Dismissals and Resignations? What Drives the Response?. Auditing: A Journal of Practice & Theory.

50. Charles Shannon L., Glover Steven M., Sharp Nathan Y. The Association between Financial Reporting Risk and Audit Fees before and after the Historic Events Surrounding SOX. Auditing: A Journal of Practice & Theory.

51. Chen Charles J. P., Su Xijia, Wu Xi. Auditor Changes Following a Big 4 Merger with a Local Chinese Firm: A Case Study. Auditing: A Journal of Practice & Theory.

52. Choi Jong-Hag, Kim Chansog (Francis), Kim Jeong-Bon. Audit Office Size, Audit Quality, and Audit Pricing. Auditing: A Journal of Practice & Theory.

53. Hurtt R. Kathy. Development of a Scale to Measure Professional Skepticism. Auditing: A Journal of Practice & Theory.

54. Pomeroy Bradley. Audit Committee Member Investigation of Significant Accounting Decisions. Auditing: A Journal of Practice & Theory.

55. Schelleman Caren, Knechel W. Robert. Short-Term Accruals and the Pricing and Production of Audit Services. Auditing: A Journal of Practice & Theory.

56. Tan Hun-Tong, Shankar Premila Gowri. Audit Reviewers' Evaluation of Subordinates' Work Quality. Auditing: A Journal of Practice & Theory.

57. Rennie Morina D., Kopp Lori S., Lemon W. Morley. Exploring Trust and the Auditor-

Client Relationship: Factors Influencing the Auditor's Trust of a Client Representative. Auditing: A Journal of Practice & Theory.

58. Coyne Michael P., Biggs Stanley F., Rich Jay S. Priming/Reaction-Time Evidence of the Structure of Auditors' Knowledge of Financial Statement Errors. Auditing: A Journal of Practice & Theory.

59. Hoogduin Lucas A., Hall Thomas W., Tsay Jeffrey J. Modified Sieve Sampling: A Method for Single- and Multi-Stage Probability-Proportional-to-Size Sampling. Auditing: A Journal of Practice & Theory.

60. Payne Elizabeth A., Ramsay Robert J., Bamber E. Michael. The Effect of Alternative Types of Review on Auditors' Procedures and Performance. Auditing: A Journal of Practice & Theory.

61. Feldmann Dorothy A., Read William J. Auditor Conservatism after Enron. Auditing: A Journal of Practice & Theory.

（六）公司治理

1. Wang Xue. Increased Disclosure Requirements and Corporate Governance Decisions: Evidence from Chief Financial Officers in the Pre- and Post-Sarbanes Oxley Periods. Journal of Accounting Research.

2. Armstrong Christopher S., Jagolinzer Alan D., Larcker David F. Chief Executive Officer Equity Incentives and Accounting Irregularities. Journal of Accounting Research.

3. Core John E. Discussion of Chief Executive Officer Equity Incentives and Accounting Irregularities. Journal of Accounting Research.

4. Grace Martin F., Leverty J. Tyler. Political Cost Incentives for Managing the Property-Liability Insurer Loss Reserve. Journal of Accounting Research.

5. Hales Jeffrey, Williamson Michael G. Implicit Employment Contracts: The Limits of Management Reputation for Promoting Firm Productivity. Journal of Accounting Research.

6. Ederhof Merle. Discretion in Bonus Plans. Accounting Review.

7. Cadman Brian, Klasa Sandy, Matsunaga Steve. Determinants of CEO Pay: A Comparison of ExecuComp and Non-ExecuComp Firms. Accounting Review.

8. Peecher Mark E., Piercey M. David, Rich Jay S. The Effects of a Supervisor's Active Intervention in Subordinates' Judgments, Directional Goals, and Perceived Technical Knowledge Advantage on Audit Team Judgments. Accounting Review.

9. Bamber Linda Smith, Jiang John (Xuefeng), Wang Isabel Yanyan. What's My Style? The Influence of Top Managers on Voluntary Corporate Financial Disclosure. Accounting Review.

10. Dyreng Scott D., Hanlon Michelle, Maydew Edward L. The Effects of Executives on

Corporate Tax Avoidance. Accounting Review.

11. Bagnoli Mark, Watts Susan G. Oligopoly, Disclosure, and Earnings Management. Accounting Review.

12. Song Chang Joon, Thomas Wayne B., Yi Han. Value Relevance of FAS No. 157 Fair Value Hierarchy Information and the Impact of Corporate Governance Mechanisms. Accounting Review.

13. Shaw Kenneth W., Zhang May H. Is CEO Cash Compensation Punished for Poor Firm Performance?. Accounting Review.

14. Ahn Tae Sik, Hwang Iny, Kim Myung –In. The Impact of Performance Measure Discriminability on Ratee Incentives. Accounting Review.

15. D'Souza Julia M., Ramesh K., Shen Min. The Interdependence between Institutional Ownership and Information Dissemination by Data Aggregators. Accounting Review.

16. Givoly Dan, Hayn Carla K., Katz Sharon P. Does Public Ownership of Equity Improve Earnings Quality?. Accounting Review.

17. Leone Andrew J., Liu Michelle. Accounting Irregularities and Executive Turnover in Founder–Managed Firms. Accounting Review.

18. Pizzini Mina. Group–Based Compensation in Professional Service Firms: An Empirical Analysis of Medical Group Practices. Accounting Review.

19. Zerni Mikko, Kallunki Juha –Pekka, Nilsson Henrik. The Entrenchment Problem, Corporate Governance Mechanisms, and Firm Value. Contemporary Accounting Research.

20. Cohen Jeffrey, Krishnamoorthy Ganesh, Wright Arnie. Corporate Governance in the Post–Sarbanes–Oxley Era: Auditors' Experiences. Contemporary Accounting Research.

21. Vance Thomas W. Subcertification and Relationship Quality: Effects on Subordinate Effort. Contemporary Accounting Research.

22. Kelly Khim. Accuracy of Relative Weights on Multiple Leading Performance Measures: Effects on Managerial Performance and Knowledge. Contemporary Accounting Research.

23. Balachandran Sudhakar, Mohanram Partha. Are CEOs Compensated for Value Destroying Growth in Earnings?. Review of Accounting Studies.

24. Dittmann Ingolf. Discussion of "Are CEOs Compensated for Value Destroying Growth in Earnings?". Review of Accounting Studies.

25. Armstrong Christopher S., Guay Wayne R., Weber Joseph P. The Role of Information and Financial Reporting in Corporate Governance and Debt Contracting. Journal of Accounting & Economics.

26. Brickley James A., Zimmerman Jerold L. Corporate Governance Myths: Comments on Armstrong, Guay, and Weber. Journal of Accounting & Economics.

27. Li Chan, Sun Lili, Ettredge Michael. Financial Executive Qualifications, Financial

Executive Turnover, and Adverse SOX 404 Opinions. Journal of Accounting & Economics.

28. Murphy Kevin J., Sandino Tatiana. Executive Pay and "independent" Compensation Consultants. Journal of Accounting & Economics.

29. Cadman Brian, Carter Mary Ellen, Hillegeist Stephen. The Incentives of Compensation Consultants and CEO Pay. Journal of Accounting & Economics.

30. Kornberger Martin, Carter Chris, Ross-Smith Anne. Changing Gender Domination in a Big Four Accounting Firm Flexibility, Performance and Client Service in Practice. Accounting, Organizations and Society.

31. Grafton Jennifer, Lillis Anne M., Widener Sally K. The Role of Performance Measurement and Evaluation in Building Organizational Capabilities and Performance. Accounting, Organizations and Society.

32. Cho Charles H., Roberts Robin W., Patten Dennis M. The Language of US Corporate Environmental Disclosure. Accounting, Organizations and Society.

33. Jones Michael John. Sources of Power and Infrastructural Conditions in Medieval Governmental Accounting. Accounting, Organizations and Society.

34. Skaerbaek Peter, Tryggestad Kjell. The Role of Accounting Devices in Performing Corporate Strategy. Accounting, Organizations and Society.

35. Graham Cameron. Accounting and the Construction of the Retired Person. Accounting, Organizations and Society.

36 Barua Abhijit, Davidson Lewis F., Rama Dasaratha V. CFO Gender and Accruals Quality. Accounting Horizons.

（七）内部控制和风险管理

1. Evans John Harry Ⅲ, Nagarajan Nandu J., Schloetzer Jason D. CEO Turnover and Retention Light: Retaining Former CEOs on the Board. Journal of Accounting Research.

2. Zechman Sarah L. C. The Relation Between Voluntary Disclosure and Financial Reporting: Evidence from Synthetic Leases. Journal of Accounting Research.

3. Langberg Nisan, Sivaramakrishnan K. Voluntary Disclosures and Analyst Feedback. Journal of Accounting Research.

4. Ramanna Karthik, Roychowdhury Sugata. Elections and Discretionary Accruals: Evidence from 2004. Journal of Accounting Research.

5. Guay Wayne. Discussion of Elections and Discretionary Accruals: Evidence from 2004. Journal of Accounting Research.

6. Cassar Gavin, Gerakos Joseph. Determinants of Hedge Fund Internal Controls and Fees. Accounting Review.

7. Rose Jacob M., Norman Carolyn Strand, Rose Anna M. Perceptions of Investment Risk

Associated with Material Control Weakness Pervasiveness and Disclosure Detail. Accounting Review.

8. Hunton James E., Gold Anna. A Field Experiment Comparing the Outcomes of Three Fraud Brainstorming Procedures: Nominal Group, Round Robin, and Open Discussion. Accounting Review.

9. Masli Adi, Peters Gary F., Richardson Vernon J. Examining the Potential Benefits of Internal Control Monitoring Technology. Accounting Review.

10. Brown Lawrence D., Hugon Artur, Lu Hai. Brokerage Industry Self-Regulation: The Case of Analysts' Background Disclosures. Contemporary Accounting Research.

11. Simpson Ana. Analysts' Use of Nonfinancial Information Disclosures. Contemporary Accounting Research.

12. Feldman Ronen, Govindaraj Suresh, Livnat Joshua. Management's Tone Change, Post Earnings Announcement Drift and Accruals. Review of Accounting Studies.

13. Hannan R. Lynn, Rankin Frederick W., Towry Kristy L. Flattening the Organization: the Effect of Organizational Reporting Structure on Budgeting Effectiveness. Review of Accounting Studies.

14. Young Richard A. Discussion of: "Flattening the Organization: the Effect of Organizational Reporting Structure on Budgeting Effectiveness". Review of Accounting Studies.

15. Kravet Todd, Shevlin Terry. Accounting restatements and information risk. Review of Accounting Studies.

16. Smith Steven D. Confidence and Trading Aggressiveness of Naive Investors: Effects of Information Quantity and Consistency. Review of Accounting Studies.

17. Chen Xia, Cheng Qiang, Lo Kin. On the Relationship between Analyst Reports and Corporate Disclosures: Exploring the Roles of Information Discovery and Interpretation. Journal of Accounting & Economics.

18. Altamuro Jennifer, Beatty Anne. How Does Internal Control Regulation Affect Financial Reporting?. Journal of Accounting & Economics.

19. Heitzman Shane, Wasley Charles, Zimmerman Jerold. The Joint Effects of Materiality Thresholds and Voluntary Disclosure Incentives on firms' Disclosure Decisions. Journal of Accounting & Economics.

20. Lo Kin. Materiality and Voluntary Disclosures. Journal of Accounting & Economics.

21. LaFond Ryan, You Haifeng. The Federal Deposit Insurance Corporation Improvement Act, Bank Internal Controls and Financial Reporting Quality. Journal of Accounting & Economics.

22. Chenhall Robert H., Hall Matthew, Smith David. Social Capital and Management Control Systems a Study of a Non-government organization. Accounting, Organizations and

Society.

23. Arena Marika, Arnaboldi Michela, Azzone Giovanni. The Organizational Dynamics of Enterprise Risk Management. Accounting, Organizations and Society.

24. Bezemer Dirk J. Understanding Financial Crisis through Accounting Models. Accounting, Organizations and Society.

25. Mundy Julia. Creating Dynamic Tensions through a Balanced Use of Management Control Systems. Accounting, Organizations and Society.

26. Norman Carolyn Strand, Rose Anna M., Rose Jacob M. Internal Audit Reporting Lines, Fraud Risk Decomposition, and Assessments of Fraud Risk. Accounting, Organizations and Society.

27. Nicholls Alex. Institutionalizing Social Entrepreneurship in Regulatory Space: Reporting and Disclosure by Community Interest Companies. Accounting, Organizations and Society.

28. Eldenburg Leslie, Soderstrom Naomi, Willis Veronda. Behavioral Changes Following the Collaborative Development of an Accounting Information System. Accounting, Organizations and Society.

29. Henri Jean-Francois, Journeault Marc. Eco-control: The Influence of Management Control Systems on Environmental and Economic Performance. Accounting, Organizations and Society.

30. Plumlee Marlene, Yohn Teri Lombardi. An Analysis of the Underlying Causes Attributed to Restatements. Accounting Horizons.

31. Akresh Abraham D. A Risk Model to Opine on Internal Control. Accounting Horizons.

后　记

　　一部著作的完成需要许多人的默默贡献，闪耀着的是集体的智慧，其中铭刻着许多艰辛的付出，凝结着许多辛勤的劳动和汗水。

　　本书在编写过程中，借鉴和参考了大量的文献和作品，从中得到了不少启悟，也汲取了其中的智慧菁华，谨向各位专家、学者表示崇高的敬意——因为有了大家的努力，才有了本书的诞生。凡被本书选用的材料，我们都将按相关规定向原作者支付稿费，但因为有的作者通信地址不详或者变更，尚未取得联系。敬请您见到本书后及时函告您的详细信息，我们会尽快办理相关事宜。

　　由于编写时间仓促以及编者水平有限，书中不足之处在所难免，诚请广大读者指正，特驰惠意。

图书在版编目（CIP）数据

会计（审计）学学科前沿研究报告/陈宋生，罗少东主编. —北京：经济管理出版社，2013.1
ISBN 978-7-5096-2217-9

Ⅰ. ①会… Ⅱ. ①陈… ②罗… Ⅲ. ①会计学 ②审计学 Ⅳ. ①F230 ②F239.0

中国版本图书馆 CIP 数据核字（2013）第 281381 号

组稿编辑：张 艳
责任编辑：张 艳 杨 雪
责任印制：杨国强
责任校对：李玉敏

出版发行：经济管理出版社
　　　　　（北京市海淀区北蜂窝 8 号中雅大厦 A 座 11 层 100038）
网　　　址：www. E-mp. com. cn
电　　　话：(010) 51915602
印　　　刷：北京银祥印刷厂
经　　　销：新华书店
开　　　本：787mm×1092mm/16
印　　　张：24.75
字　　　数：553 千字
版　　　次：2013 年 7 月第 1 版　2013 年 7 月第 1 次印刷
书　　　号：ISBN 978-7-5096-2217-9
定　　　价：89.00 元